KB261865

신약**강해**설교전집 4

신약**강해**설교전집 4

랄프 G. 턴불 편집

원광연 옮김

◀ 데살로니가전후서
◀ 디모데전후서
◀ 디도서
◀ 빌레몬서
◀ 히브리서

크리스찬
다이제스트

PROCLAIMING THE NEW TESTAMENT

Edited by Ralph G. Turnbull

데살로니가전후서

해럴드 존 오켄가

머리말

　　바울이 데살로니가 교인들에게 보낸 이 서신은 아마 신약 성경에서 맨 처음 쓴 것일 것이다. 우리가 데살로니가전후서를 읽을 때 이 점을 반드시 염두에 두어야 한다. 그 밖의 다른 신약 성경이 데살로니가전후서를 설명하는 데 도움이 되겠지만, 이방 도시에서 새로운 개종자들로 이루어진 교회를 위하여 이 서신들을 썼을 때에는 아직 다른 신약 성경들은 없었다.

　　이 서신들은 주로 종말론적 사건과 관계가 있다. 바울은 틀림없이 상당한 시간 동안 이 데살로니가 개종자들에게 그리스도의 재림에 관하여 가르쳤을 것이다. 바울이 어떤 자료를 이용하였는지는 모르지만 구약 성경을 언급하였을 것으로 짐작되는데 이때에 다니엘의 예언도 언급하였을 것이다.

　　데살로니가 교인들은 재림에 대한 오해로 인하여 재림이 아주 임박하였기 때문에 일할 필요없이 재림만 기다리면 된다고 생각하였다. 어떤 선생들이 써 보낸 편지와 바울에게서 받았다고 하는 편지(살후 2:2)를 통하여 그들이 이런 생각을 하게 되었을 것이다. 어떤 사람들은 다니엘서에 따라 역사의 그 사람의 상을 공부하면서 그들이 그 상의 발의 시대에 있다는 것을 분명히 깨달았을 때 그들은 사람의 손으로 하지 않은 돌이 그 상을 때려 부수고 영원한 나라를 세울 것을 기대하였다고 생각한다. 그러므로 바울은 그들의 그릇된 생각을 바로잡아 주기 위하여 어떤 징조들이 나타나기 전에는 주 예수 그리스도의 날이 이르지 않을 것임을 제시하는 둘째 편지를 그들에게 써야만 했다. 솔직히 말해서 "막는 것"과 "유혹"과 같은 이런 말이 무슨 말인지 해석하기가 쉽지 않다. 그렇지만 어린 교회에 아주

소중하였던 데살로니가전후서의 진리가 오늘날 세계적인 사건들을 비추어
볼 때 우리에게도 소중하다. 이제 우리는 이 서신서를 신약 성경 전체와
연관하여 해석해야 할 필요가 있다.

　이 서신서 설교는 종말론적 사건들에 관한 확신을 다시 갖게 하고 다시
말해야 되는 날에 아주 도움이 될 것이다.

해럴드 존 오켄가
보스턴 , 매사추세츠

차례

데살로니가전서

데살로니가전서 제1장

교회의 탄생

5절 상반절 "이는 우리(의) 복음이 말로만 너희에게 이른 것이 아니라 오직
능력과 성령과 큰 확신으로 된 것이니."

I. 역사적 배경

이 본문은 복음이 그리스의 데르마이코스 만에 있는 도시 데살로니가에
들어간 경위를 설명하고 있다. 이 데살로니가는 치료 효과가 높은 온천수
덕분에 자연스럽게 상업과 휴양지의 중심지가 되었다. B.C. 315년에 알렉
산더 대왕의 한 장군인 카산더(Cassander)가 이 도시를 재건하여 알렉산
더 대왕의 여동생 데살로니카의 이름을 따서 이 도시를 명명하였다. 로마
의 통치하에서는 데살로니가가 제2의 마케도니아 속주의 중심 도시였다.
북 에게해의 빌립보에서 아드리아해로 연결된 로마의 도로 비아 에그나티
아(Via Egnatia) 도상에 자리를 잡고 있던 이 데살로니가는 전략상 요지
였다. 제2차 세계대전 당시 이 데살로니가에서 독일군과 그리스군이 치열
한 공방전을 벌였다. 바울과 실라와 디모데와 누가는 빌립보를 떠난 뒤(행
16:35-40) 그들의 진로를 서쪽 방향으로 잡고 비아 에그나티아를 따라 암
비볼리와 아볼로니아를 거쳐 데살로니가로 갔다.

II. 용어 해설

그리스어에서 복음(gospel)이란 말은 유앙겔리온이다. '에반젤리칼'
(evangelical)는 "복음에 부속된"을 뜻한다. 설교의 내용이 복된 소식이라
는 것을 절대로 잊어서는 안 된다. 유앙겔리온의 뒤에 오는 소유격(그리스

어 원문에서 소유격이 뒤에 나온다 ― 역자주)은 때로는 원천(하나님 ― 하나님의 복음)을 표시하며, 때로는 주제(그리스도 ― 그리스도의 복음)를, 때로는 계승 혹은 인간 전달자(나의 ― 바울의 복음)을 표시한다. 능력이란 말은 에너지를 의미하는 두나미스이다. 이 말은 성령을 통하여 힘써 복음을 선포하는 신적인 힘을 표시한다(참조. 행 1:8; 고전 2:4; 딤후 1:7). 확신이란 말은 플레로포라로부터 "충분히 전해진" 즉 확고한 신념에 도달하는 것을 뜻한다.

Ⅲ. 교리적 의의

여기서 강조점은 하나님의 말씀에 대한 성령의 증거에 있다. 말씀(혹은 복음)은 성령의 증거에 의하여 활기를 띠고 강력하게 되었다. 성령이 없다면 말씀이 자연인에게는 미련하게 보인다(고전 2:14). 성령의 사역이 없다면 죄의 자각도 회개도 그리스도 안에서 진리에 대한 헌신도 전혀 없을 것이다(요 16:7, 8). 성령의 증거 없이 전파된 복음은 효과가 없고 열매를 거두지 못한다.

Ⅳ. 실천적 목표

고대 헬레니즘 세계에서든 현대 세계에서든 비기독교도들을 회심시키는 것은 복음 전파와 성령의 사역에 달려 있다는 것을 강조하기 위함이다. 전제 조건이 충족되어서 성령의 능력이 역사하였을 때 초자연적인 결과가 삶의 변화와 교회의 설립과 그 나라의 확장에서 나타났다.

Ⅴ. 설교 개요

제목: "교회의 탄생."

도입부

이 서신서를 쓸 때 바울은 그 일세기 교회의 설립을 자세히 말하였다. 서신서를 공부함으로써 우리는 이 놀랄 만한 경험을 다시 경험하게 될 것이다.

데살로니가전후서가 아마 전체 신약 성경 중에서 가장 먼저 쓰였을 것이다. 이 서신서가 쓰인 연대는 A.D. 49에서 53년 사이이거나 예수님이 죽으시고 부활하신 뒤 약 20년이 지난 때였다. 이 서신서에서 우리는 초기 교회의 교훈과 생활을 자세히 배우게 된다. 이 서신서는 모든 학자들이 바울 서신으로 인정하였으며 역사적 사실도 이에 일치하고 있다. 이 서신서에서 교회를 설립하게 된 사도적 복음 사역의 방법과 메시지를 보여준다. 데살로니가에서 이 몇 주간의 복음 전도의 결과는 경이적인 것이었다(행 17:1-9).

이 교회의 설립은 복음이 한 공동체 속으로 들어가서 씨로 뿌려져서 뿌리를 내린 다음 마침내 기독교 문명으로 결실을 맺는 방법의 강력한 예이다. 상업, 종교, 도덕, 정치 할 것 없이 아주 철저하게 이교적인 환경이었다. 그러나 이런한 환경에서 거듭난 자들의 거룩한 기독교 공동체 곧 천국의 식민지가 수립되었다. 그와 같이 부름을 받은 백성들 속에 불어넣어지고 그 환경에 전달된 그 생명은 그 사회에 변화를 초래하였다. 아주 미숙한 것이 아니라 완전히 세속적인 우리 시대의 새로운 이교주의를 변화시킬 수 있는 희망은 기독교 진리와 생명에 달려 있다.

A. 복음이 들어감.

바울은 "우리 복음이 … 이른 것과" "우리가 어떻게 너희 가운데 들어간 것"(9절)을 말한다. 2차 전도 여행에서 복음이 데살로니가에 들어갔다. 바울과 그 일행은 드로아에서 마게도냐인의 부름을 받는 즉시 빌립보로 건너가 빌립보 교회를 세우고 채찍질당하고 감옥에 갇혔다가 풀려난 뒤에 데살로니가에서 계속 전도하였다. 우리가 아는 대로 바울은 데살로니가에서 3주 동안 머물렀다(행 17:2). 그러나 사도행전에 언급된 대로 유대인과 귀부인과 경건한 자들과 이교도들이 회심하기 위해서는 더 많은 시간이 필요하였을 것이라고 생각할 사람도 있을 것이다. 하지만 우리가 살펴볼 수 있는 대로 유대인들이 바울을 시기하여 대적하기 전까지는 그 전도 활동은 아주 성공적으로 이루어졌다. 마찬가지로 그 복음은 그 이래 세상의 공동체 속으로 계속 들어가고 있다.

바울은 회당과 가까이하는 것을 중요하게 생각하였다. 바울이 회당에서 랍비 대접을 받았기 때문이다. 회당에서 바울은 성경으로부터 추론하였다. "뜻을 풀어 그리스도가 해를 받고 죽은 자 가운데서 다시 살아야 할 것을 증명하고 이르되 내가 너희에게 전하는 이 예수가 곧 그리스도라 하니"(행 17:3). 그 결과 그 메시지를 믿는 사람과 적의를 가지고 대적하는 사람이 항상 있었다. 그러므로 바울은 그들이 "많은 환난 가운데서 성령의 기쁨으로 도"(6절)를 받았다고 말하게 되었다. 회당 사람들이 복음을 반대하고 바울을 거부하였을 때마다 바울은 그들 믿는 자들을 데리고 나와서 한 가정에서 독립된 교회를 세워 그곳을 그의 복음 전도의 중심으로 삼았다.

바울이 전한 복음은 이 서신서 자체에서 요점이 되풀이되었는데, 이는 삼위일체 교리, 성령의 사역, 선택, 회심, 불신자에 대한 하나님의 진노, 교회의 환난, 개인의 거룩, 재림, 기도, 견인이 강조된 것을 보기 때문이다. 복음은 데살로니가에서 일어났던 것처럼 삶과 가정과 공동체를 충분히 변화시킬 수 있는 유일하게 적절한 근거이다.

B. 복음의 체험.

바울은 복음이 "말로만 … 이른 것이 아니라 오직 능력과 성령과 큰 확신으로 된 것이니"라고 하였다. 여기서 우리는 복음이 아니다(not)라는 것을 본다. 복음은 웅변의 말, 사실의 말, 진리의 말 등과 같이 단지 말만이 아니다. 오히려 복음은 생명과 구원과 은혜이다. 복음은 인간의 지혜의 말이 아니라 하나님의 계시의 말씀이다. 우리의 복음이 하나님의 임재와 사역의 확신 대신에 오직 말, 말, 말로만 되어 있다면 슬픈 일이다. 신약 성경에서는 복음이 구원을 주시는 하나님의 능력이라는 것을 분명하게 밝히고 있다(롬 1:16; 고전 1:24). 그와 같은 능력은 데살로니가 사람들의 삶이 변화된 것에서 입증되었다. 메마른 윤리적 논문은 결코 그와 같은 변화를 만들어내지 못할 것이다. 그 변화는 활활 타오르는 열정의 말로써 일어나는 것임에 틀림없다. 복음은 성령으로 이른 것이었다. 이것은 열정이나 열심을 말하는 것이 아니라 설교자로부터 청중에게 전해져서 그들에게 죄를 깨닫게 한 확신을 말한다. 성령의 능력을 통하여 그들은 죄를 깨닫고 회개하고 거룩하게 되어 그들의 삶이 변하였다. 그것은 또한 큰 확신으로 되었다. 기독교가 많이 파멸하는 원인은 기독교의 담대함과 확신과 능력이 아니라 기독교의 공허함과 불확실성과 망설임이다. 성경은 우리가 확신해도 좋다고 선언한다(롬 8:16; 히 10:15; 행 5:32).

이와 같은 설교는 신앙 부흥을 일으킨다. 이와 같은 설교가 있을 때마다 어떤 일이 일어난다. 데살로니가에서 일어난 일이 세계 도처의 여러 공동체에서 수없이 겪는 것처럼 다시 일어날 수 있다.

C. 복음 전도의 효과.

바울은 "우리와 주를 본받은 자가 되었으니"(6절) 하고 말하였다. 그리스도인은 필연적으로 다른 회심자에게 영향을 준다. 우리는 그렇게 생각하지 않을지 모르지만 회심자들은 즉시 우리를 모방하기 시작한다. 그러므로 우리는 반드시 우리의 행동과 모범에 주의해야 한다. 이런 이유 때문에 바울은 그의 자신의 영향에 관하여 아버지와 유모와 선생과 같은 비유적 표현을 많이 사용하였다. 회심자는 결국 그의 눈을 그리스도에게 고정시키게 되기까지 구원의 사자로부터 그의 눈을 위로 계속 향하게 되지만 이것이 당장에 이루어지는 것은 아니다. 그러므로 회심자는 반드시 그 사자에게서 그리스도를 보지 않으면 안 된다. 만일 사자가 그리스도를 나타내지 못하면 그것은 치명적이다. 바울은 "내가 주 예수 그리스도를 본받는 자 된 것 같이 너희는 나를 본받는 자 되라"고 말할 수 있을 정도로 살았다. 이러한 결과로 그들은 "모든 믿는 자의 본"이 되었다. 그 여파는 연못에 조약돌을 던졌을 때 물결이 퍼져 나감과 같다. 그 파문이 연못 가장자리까지 퍼져 나갔다. 따라서 누구든지 죽고 사는 것이 자기에게만 미치고 끝나는 것이 아니라 접촉하는 많은 다른 사람에게도 영향을 주게 된다.

이처럼 교회가 탄생하여 그 교회를 통하여 끝없는 힘이 세계 구석구석까지 퍼져 나갔다. 당신이 속한 공동체와 당신이 복음을 보낼 수 있는 어디에서나 그 과정이 되풀이되게 하라.

데살로니가전서 제1장

교회의 성장

2-4절 "우리가 너희 무리를 인하여 항상 하나님께 감사하고 기도할 때에 너
희를 말함은 너희의 믿음의 역사와 사랑의 수고와 우리 주 예수 그리스
도에 대한 소망의 인내를 우리 하나님 아버지 앞에서 쉬지 않고 기억함
이니 하나님의 사랑하심을 받은 형제들아 너희를 택하심을 아노라."

Ⅰ. 역사적 배경

이 말은 바울의 제 2차 전도 여행 마지막에 고린도에서 바울이 쓴 것이
다(행 18:1, 3). 디모데와 실라가 어린 데살로니가 교회에 대한 위로와 가
르침의 사역을 마치고 막 돌아와서 사도에게 그 교회의 소식을 전하였다
(행 18:5). 그들의 보고를 받고 데살로니가 교회를 설립할 때 겪은 사건을
상기하게 된 바울은 용기를 얻어 더욱 담대하게 고린도에서 복음을 전했
고 그와 동시에 그들의 믿음과 사랑과 소망으로 인하여 하나님께 감사하
면서 이 편지를 써서 그들이 믿음 가운데 더욱 더 굳게 서기를 명하고 있
다. 실라와 디모데도 바울과 함께 그 편지를 쓰고 있다.

Ⅱ. 용어 해설

교회(1절)란 말은 에클레시아이며 문자적으로는 "부름을 받아 나옴" 혹
은 회중을 뜻한다. 교회는 한 도시나 지역 사회의 그리스도인 공동체 혹은
회중을 의미하기도 하고 세상에 있는 전체 그리스도인을 의미하기도 한다.
여기서는 지역 회중을 말한다.

은혜란 말은 특별한 호의를 의미하는 카리스이다. 이것은 아랫사람이 윗

사람에게서 받게 되는 특별한 호의를 말한다. 하나님의 은혜와 관련하여 이 말은 자비, 사랑, 친절 이상의 분수에 넘치는 호의를 의미한다. 그것은 하나님께서 사람을 하나님의 모양으로 만들기 위하여 사람의 죄에 대하여 화목과 속량과 회복을 추진하는 하나님의 사랑이다. 은혜는 성경에 나오는 중요한 말 중의 하나이다.

택하심(에크로게)은 "골라 뽑아 냄" 혹은 "추려냄" 혹은 "선택"을 의미한다. 선택은 유기와 정반대이다(참조. 롬 8:29, 30; 벧전 1:2; 엡 1:4, 5; 살후 2:13). 복음에 대한 이 사람들의 확실한 반응은 그들이 택하심을 받았다는 증거였다.

III. 교리적 의의

큰 개념이 여기서 소개되었다: 은혜, 평강, 기도, 역사, 믿음, 사랑, 인내, 택하심. 교리적 진리의 성질은 이처럼 성경 신학에 의하여 그 원천을 찾아 낼 수 있도록 드러나 있다. 성경에서 이런 개념들의 맨 처음 언급에서부터 마지막 언급까지 이런 교리들이 전개되었다. 이 교리들 각각에 대한 우리의 개념에 현재 참고 도서로 보탤 것이 과연 어떤 것일까? 바울의 이 첫 서신이 교리적이라기보다는 실천적이라고 하는 비난을 막기 위하여 데살로니가전서에서 다룬 많은 교리들을 열거한다.

IV. 실천적 목표

기도와 개인이나 교회의 영적 성장과, 택하심의 견인의 상호 관련을 여기서 강조하였다. 그리스도인은 새로운 신자들의 영적 생활을 증진시키고 어린 교회를 굳게 세우고 보존하는 중보 기도의 능력을 깨달아야 한다. 믿음의 역사와 사랑의 수고와 소망의 인내는 바울의 기도에 좌우되었다. 부모가 자기 자녀를 위하여 그렇게 중보 기도하고 목회자가 교인들을 위하여 그렇게 중보 기도하면 좋으련만. 그렇게만 되면 은혜 안에서 성장하는 것이 눈에 띄게 나타날 것이다.

V. 설교 개요

제목: "교회의 성장"

도입부

이 서신은 데살로니가 교인들에 대한 바울이 은혜와 평강의 인사말과 함께 시작된다. 존 헨리 자우엣(John Henry Jowett)은 이렇게 말하였다. "은혜란 자비 이상의 것이다. 은혜는 동정심 많은 자비 이상의 것이다. 은혜는 사랑 이상의 것이다. 은혜는 순수한 사랑 이상의 것이다. 은혜는 거룩한 사랑이지만, 은혜는 거룩하지 못하고 사랑스럽지 못한 자를 향하여 열렬히 구하여 나아가는 자발적인 움직임이 있는 거룩한 사랑이다. … 은혜는 노예를 자유롭게 하기 위하여 그리고 모든 인류에게 사면을 선포하기 위하여 십자가로 나아갔다. 십자가에서 죄와 죽음의 무서운 폭군은 말로 표현할 수 없는 하나님의 아들의 죽음으로 죽는다. 그것은 은혜의 모든 것이다." 그와 동시에 은혜는 성부와 성자의 속성이다. 인간을 위한 삼위일체의 모든 활동은 은혜에서 나온 것이다. 은혜란 전혀 사람이 받을 만한 것이 아니라 모두 값없이 베풀어진 것이다. 평강은 하나님의 은혜로부터 사람에게 흐르는 한 가지 유익이다. 십자가를 만들어낸 은혜는 평강을 가져온 은혜이다.

바울의 동역자 실라와 디모데는 바울과 함께 데살로니가 교인들에게 은혜가 있기를 소원하였다. 그들이 데살로니가로부터 가지고 온 소식이 이 서신서를 쓰게 한 중요한 이유였다. 그 소식은 바울에게 복음이었다. 왜냐하면 그 소식에서 그들이 박해와 현실적인 문제에서도 흔들리지 않음이 나타났기 때문이다. 개개인의 신자나 교회의 성장은 모두 은혜에 좌우된다. 이교도의 환경은 순결과 정직과 사랑에 대해 적대적이다. 그리스도인들은 이교도의 공동체와 맞지 않다. 그들은 유대인과 믿지 않은 이방인들의 박해를 받았다. 교회는 몇몇 교사가 있었지만, 기록된 성경도 과거의 경험도 전혀 없었다. 바울이 그 교회를 염려할 수밖에 없었다. 이런 점에 비추어 볼 때 바울이 데살로니가전후서에서 그들에게 그리스도의 재림의 소망을 강조하였다는 것은 흥미있다. 이 교리는 시련 가운데 있는 그들을 굳게 세우기 위한 것이었다.

A. 기도.

바울은 "우리가 너희 무리를 인하여 항상 하나님께 감사하고"(2절)라고 말하였다. 기도에서 바울은 데살로니가 교회에 발생한 은혜의 역사를 찬미하였다. 바울은 기도에서 개개인과 세세한 일들을 언급하고 그들의 성취와 그들의 필요를 기억하였다. 데살로니가의 큰 각성은 "능력과 성령과 큰 확신"에 의하여 설명될 수 있을 뿐이다. 그것은 바울의 믿음을 끊임없이 풍성하게 하는 경험이었다. 디모데와 실라가 그에게 전해 준 소식 때문에 바울은 고린도에서 담대하게 복음을 전하게 되었고 기도를 통하여 감사만 터져 나올 따름이었다. 그의 기도는 구체적으로 개개인과 필요한 것을 일일이 열거하고 있었다. 이런 기도는 우리가 교회와 선교와 의에 관해서 기도할 때 두루 막연하게 기도해서는 안 된다는 것을 일깨워 준다. 막연하게 모든 것을 기도하는 그리스도인들은 보통 특수한 사정에 대해서는 아무 것도 모른다. 만일 우리에게 개개인을 위한 영적인 열망이 있다면, 우리는 반드시 신령한 능력의 방출에 의하여 그 열망이 더욱 깊어지고 확장되고 계발될 수 있도록 하나님께 이것을 표현해야 한다. 만일 당신이 당신의 설교자나 당신의 청중이 은혜 안에서 자라기를 바라면, 그들을 위하여 기도하라. 그들의 영적인 발전은 당신의 계속적인 기도에 달려 있을 것이다. 우리 교회들에서 가장 필요한 것은 중보 기도 사역을 실행할 사람들을 위한 것이다. 중보 기도 사역의 계속적인 활동으로 그들을 추가적인 사역에서 능력과 확신을 위해 목적과 중재를 달성했던 그 선한 일들은 기억할 것이다.

B. 과정.

바울은 "너희의 믿음의 역사와 사랑의 수고와 소망의 인내"를 기억하면서 말하고 있다. 이것들은 바울이 일반적으로 함께 언급하는 그리스도인의 세 가지 은혜이다. 그 순서는 자연스러운 것이다. 첫째는 모든 그리스도인의 덕의 원천인 믿음이다. 둘째는 그리스도인의 생활을 지지하는 원리인 사랑이다. 셋째는 장래의 삶으로 우리를 인도하는 등대인 소망이다. 역사와 수고와 인내는 그 의미상 전진적이고 독특하다. 믿음의 역사는 믿음에 의해 고무된 역사이다. 이것은 주격 속격이다. 믿음은 그들의 구원의 수단이지만 그 믿음은 역사가 나타난 믿음이다. 성경 전체에서는 구원받는 믿음의 증거로서 그와 같은 사역의 필요성을 강조하고 있다. 데살로니가 교인들은 복음을 믿자마자 회개와 선한 행위의 열매를 맺기 시작하였다. 그와 같은 행위가 없는 믿음은 죽은 믿음이다.

사랑의 수고는 사랑에 의해 고무된 수고이며 힘든 고생이 따르는 것이다. 그와 같이 철저한 희생과 자기 부인의 봉사의 동기는 그리스도에 대한 사랑이며(고후 5:14) 같은 인간에 대한 사랑이다. 믿음이 사랑으로 표명되는 것은 예수님 당시의 사람들에 대한 예수님의 태도를 나타낸다. 사랑이 없는 믿음은 무의미한 것이다(고전 13:1-3). 소망의 인내도 상급과 형벌이 있을 그리스도의 파루시아에 대한 소망에서 비롯한 인내를 나타내는 주격 속격이다. 이 서신서에서 그 복된 소망은 사도와 교인들에게 그들의 고난에 대한 응답이었고 환난 가운데 그들의 위로였다. 소망으로 인하여 고난과 환난과 오해 가운데서도 참고 인내할 수 있었다.

C. 예정.

바울은 "하나님의 사랑하심을 받은 형제들아 너희를 택하심을 아노라"(4절)고 말하였다. 바울이 사용한 택하심은 하나님의 은혜로 선발하여 특권을 주려고 택하는 행위를 의미한다. 택하심은 하나님께서 그들을 선택하여 하나님의 구원의 복을 받을 자로 삼으시는 것을 나타낸다. 이것은 하나님께서 그리스도 밖에 있는 사람들을 영원히 형벌하시기로 예정하신 유기와 정반대이다. 선택의 교리는 성경에서 분명하게 가르쳤다(롬 8:29; 엡 1:4; 벧전 1:3). 바울은 "너희를 택하심을 아노라"고 말함으로써 그들에게 택함을 받은 증거가 있다고 말하였다. 그들이 택함을 받았다고 아는 지식은 그가 그들에게서 보고 들은 것에서 나온 것이다. 그들은 하나님의 말씀에 확실하게 응답하였고, 믿음과 사랑과 소망의 열매를 내놓았고, 그들 마음에 확신이 있었다. 따라서 그들은 그들이 하나님께서 택하신 자들인 것을 알았다. 바울이 그와 같은 선택을 전제하는 실마리는 하나님의 사랑이다. 그들이 선택을 받은 것은 그들에게서 기인한 것이 아니라 하나님, 활동하는 하나님의 사랑인 하나님의 은혜에서 기인한 것이다. 그리스도를 아끼지 않으시고 주신 그 사랑은 우리를 그리스도 안에 있도록 택하신 그 사랑이다. 그러므로 교회의 성장은 그리스도 안에 있는 사람들에게 베풀어진 하나님의 은혜의 넘치는 사랑에 근거를 두었다. 모든 것이 은혜로 인한 것이다.

데살로니가전서 제1장

교회의 증거

7절 "그러므로 너희가 마게도냐와 아가야 모든 믿는 자의 본이 되었는지라."

I. 역사적 배경

마게도냐는 북 그리스와 인접한 지역이다. 마게도냐는 B.C. 359-336년에 마게도냐의 필립 1세(Philip I of Macedon)에 의해 세상에 알려지게 되었다. 필립 1세는 최초로 자국 영토를 모든 위협을 물리치고 확고하게 지킨 타고난 군인으로서, 자국을 튼튼히 한 다음 주변 영토를 합병하였고 계속해서 그칠 줄 모르는 정복 사업을 시작하였다. 그의 아들 알렉산더가 그의 모든 능력을 이어받아 그 당시 알려진 세계의 정복자가 되었지만 바벨론에서 33세의 나이로 죽었다. 그 후에 마게도냐 제국은 네 지역으로 분할되어 알렉산더의 네 장군에 의해 통치되었다. 마게도냐 제국은 B.C. 168년까지 내리막길을 걸었다. 그 나라는 로마에 의해 정복되어 B.C. 142년에 로마의 속주가 되었다. 아가야는 일루리곤의 그리스 남부 대륙 전체를 가리켰다. 고린도가 수도였고, 총독이 이곳에 상주하면서 그 속주를 통치하였다.

II. 용어 해설

여러 가지 흥미로운 단어가 여기에 나타난다. 6절에 나오는 "본받는 자"는 미메테스(mimetes)인데, 여기서 mimic(모방자)이라는 말이 나왔다. 이 새로운 회심자들이 복음 전도자들의 생활 방식을 모방하였다는 것을 암시하고 있다. 회심자가 굳게 서서 주께 시선을 고정시키기 전까지는 그와 같은 행동이 필연적이다. 우리 그리스도인들이 주의해서 행동해야 한다는 것이 여기서 강조되고 있다. 7절의 "본"은 튀포스란 말로 이것은 "타격이나 인상에서 받은 형상이나 상(像)"을 의미한다. 따라서 그들에게 복음이 뚜렷이 새겨짐으로써 그들이 모든 신자들에게 모범이 되게 된다. 참으로 큰 변화이다. 9절의 "돌아와서"는 에피스트레포에서 온 말로 방향 전환을 의미한다. 이 에피스트레포가 라틴어에서 쿰베르토(cumverto)로 번역되었고 데살로니가 교인들의 행동이 좋은 본이 된 회심(conversion)의 교리의 근거이다.

III. 교리적 의의

9절 후반에서 회심이 분명하게 나타났다. 우리가 바울처럼 설교하고 복음을 전한다면 우리는 이 사람들이 복음을 들었을 때 일어났던 바 이교주의에서 돌이켜서 하나님을 섬기기 시작하는 철저한 회심을 기대해야 할 것이다. 하늘로부터 임하는 예수님의 재림이 여기서 처음으로 사도의 설교의 요소와 초대 교회의 소망으로 소개되었다. 우리도 이와 같은 생각을 해야 한다. 인류에게 진노가 쏟아지기 전에 교회의 휴거가 여기서 선포되었다. 신자들은 하나님의 진노로부터 구원을 받았다. 이것이 예언적 성경의 해결의 실마리이다.

IV. 실천적 목표

데살로니가 교인들의 회심에서 발생한 뚜렷한 변화가 강조되고 설명되었다. 데살로니가 교인들은 돌이켰고, 섬겼고, 기다렸고, 본이 되었고, 주의 말씀을 전했다. 여기에는 모든 그리스도인을 위한 교훈과 권고와 모범 항목들이 있다. 우리가 이런 효과를 내놓는 기준은 우리가 교회를 성공적으로 세우는 기준이다. 당신의 교회의 증거는 무엇인가?

V. 설교 개요

제목: "**교회의 증거**"

도입부

교회의 개개인에게 증거가 있을 수 있다. 평범한 그리스도인인 어떤 남부 목축업자가 한 친구를 만났는데, 그 친구가 그에게 "너는 언제 스스로 증거하려고 하는가?" 하고 물었다. 자기 생활을 살펴보니까 그에게는 증거가 전혀 없었다. 그 다음부터 그는 죄와 관계를 끊고 그리스도를 영접하고 성경 공부 그룹을 지도하게 되었다. 현재 그는 그리스도를 아주 능력있게 증거하고 있다. 교회에도 증거가 있다. 선교하는 교회로 알려진 교회들이 있는가 하면, 훌륭한 복음 전도 센터로, 청소년 사역으로, 정통파의 본산으로 알려진 교회들이 있다. 그 교회들의 증거는 삶에 대한 그 교회들의 강조에서 나온다. 데살로니가 교회의 증거는 다른 교회의 모범이 될 만큼 그리스도를 닮고자 하는 역사와 수고와 인내의 열심에서 나온 것이었다.

A. 증거의 내용.

바울은 이렇게 말하였다. "너희가 … 하나님께로 돌아와서 … 하나님을 섬기며 … 기다린다." 우상에게서 돌이킬 수 있기 위해서는 그들이 이교 우상 숭배에 빠져 있었던 사실이 있어야 한다. 바울에 의하면 우상은 아무 것도 아니지만 귀신 숭배는 실제적인 것이다. 그때나 지금이나 귀신 숭배는 사람의 생각과 감정을 지배할 수 있다. 이 사람들은 회심하였을 때 전혀 우상 숭배를 하지 않게 되었다. 그들은 그 즉시 살아 계신 하나님을 섬기게 되었다. 그들은 옛 멍에를 벗고 새 멍에를 메었다. 그런데도 역설적으로 이것은 완전한 자유였는데 이는 자유가 두 세력 사이에서 당하는 괴로움에서 해방되는 것이기 때문이다. 지금 그들이 섬기게 된 주(主)는, 헛된 상상, 공상, 간절히 바라는 것에 의해 형성된 죽은 우상이 아니라, "사시고 참되신 하나님"이셨다. 그분은 말씀하시고 구원하시고 부양하시고 인도하시는 하나님이시다. 그들의 멍에는 자유의 멍에와 사랑의 수고와 소원의 원동력이 되었다. 이것은 이방 신들을 섬길 때에 전혀 알지 못하던 것이다. 이제 그들은 그리스도의 재림을 생각하면서 살았다. 이 동기에 의해서 삶이 바뀌어지고 있다. 이러한 동기가 있는 사람은 그리스도께서 오실 때 그가 하고 있는 것을 보시기를 바라는 것만 하게 된다(계 22:12). 이 진리가 사도의 가르침의 중심을 이루고 있었다. 만일 오늘날 교회가 이것을 안다면, 우리 삶을 순결하게 하고 봉사에 전념하는 동기가 될 것이다.

B. 증거의 특징.

데살로니가 교인들이 많은 환난 가운데서 기쁨으로 말씀을 받았을 때 그 소식이 널리 알려지게 되었다. 그들이 받은 환난은 박해였다. 그리고 그들의 기쁨은 그들에게 주신 성령에게서 나온 것이었다. 그와 같은 기쁨은 "시련이 함께 나타날 수 있는 보통의 감각적인 기쁨과 반대되는" 것이다. 그러므로 그들에게로부터 "주의 말씀이 들렸다". 일어난 일이 그들의 평판을 나쁘게 하려고 한 원수들과 그들의 변화된 삶에 감탄한 친구들에 의해 널리 퍼졌다. 이렇게 하여 말씀이 널리 퍼졌고 그들은 복음 전도자가 되었다. 이것은 구원을 받은 사람들에게서 나오는 필연적인 결과이다. 구원을 받으면 그것을 나누어주지 않을 수 없다. 참된 믿음은 믿음과 사랑과 소망의 놀라운 행위에 의해 증명되었다. 그리하여 바울은 그가 그들에 관하여 더 말할 것이 없다고 말하였다. 왜냐하면 그들의 증거가 이미 마게도냐와 아가야에 널리 알려졌기 때문이었다.

C. 증거의 결과.

데살로니가 교회의 영향은 그들 도시를 넘어서 저 멀리 로마와 그리스까지 전해졌다. 기독교는 깨닫는 것(caught)이지 지식을 전달받는 것(taught)이 아니다. 그 교회가 튼튼하게 자라면, 다른 교회를 튼튼하게 할 것이며, 그 교회가 약해지면 다른 교회도 용기를 잃게 될 것이며, 그 교회가 영적이면 다른 교회가 더욱 큰 일을 하도록 격려하게 될 것이다. 바울은 그들의 믿음이 "각처에" 퍼졌다고 말하였다. 그와 같은 증거의 영향력을 측정할 수는 없다. "들렸다(sounded forth)"란 말은 말씀의 선포를 나팔 소리나 천둥에 비유하는 것이다. 그들의 믿음과 생활이 이방의 공동체에 그처럼 강한 충격을 주었다. 교회의 증거는 항상 그러해야 한다. 교회의 증거가 소멸되거나 엄하지 않거나 소홀해서는 안 되며 방심하지 않고 각성시키고 자극하고 계속 작용해야 한다. 교회는 혼란한 세상 도처에 들리는 하나님의 목소리의 수단이 되어야 한다. 교회는 은혜와 심판, 덕성과 윤리, 삶과 행위에 어떤 의미를 주어야 한다. 만일 우리가 데살로니가 교인들이 한 것처럼 한다면 그렇게 될 것이다.

데살로니가전서 제2장

교회에서 중상을 일삼는 자들

3절 "우리의 권면은 간사에서나 부정에서 난 것도 아니요 궤계에 있는 것도
아니라."

I. 역사적 배경

바울은 환상에 의하여 마게도냐로 청함을 받았다(행 16:9). 그 마게도냐
사람은 "건너와서 우리를 도우라"고 말하였다. 즉시 바울과 실라와 디모데
와 누가는 아시아에서 유럽으로 건너가 빌립보에서 전도하였다. 그러고 나
서 그들은 암비볼리와 아볼로니아를 지나서 데살로니가와 베뢰아에 이르
렀다(행 16:9-17:14). 이 일은 제2차 전도 여행 때에 일어났다. 바울이 데
살로니가를 떠났을 때 실라와 디모데는 계속 남아서 사역을 하도록 하였
다(행 17:14, 15; 18:5). 이후에 여러 명의 마게도냐인들이 바울의 일행에
합류하였고(행 19:29) 마게도냐 그리스도인들은 유대 수도 예루살렘의 가
난한 성도들을 위하여 구제 연보를 하였다(롬 15:26; 고후 8:1-5).

II. 용어 해설

2절의 "고난"은 "고통"을 의미하는 아고니아에서 온 말이다. 이 말은 심
한 정신적 갈등과 강렬한 감정을 묘사한다. 빌립보에서 채찍에 맞음으로써
겪었던 육체적 고통을 동반한 이 정신적 갈등과 감정의 고통의 상태는 바
울이 데살로니가에 전도하던 당시의 상태를 뚜렷이 나타냈다. 바울은 고린
도에 갔을 때에도 계속 이러한 고통을 겪고 있었다(참조 고전 2:3). 4절의
"복음 전할 부탁(trust)을 받았으니"에서 하나님 대신 사람을 대상으로 피

스튜오를 사용하고 있다. 우리는 하나님을 신뢰(피스튜오)하라는 말을 많이 들었지만 여기서는 그 순서가 바뀌어서 하나님께서 그 종에게 복음을 부탁(trust)하신다. 4절의 "사람을 기쁘게 하려 함이 아니요"는 이 단락의 강조이다. 바울의 성실과 견실성과 겸손과 충성은 하나님을 기쁘게 하고 오직 하나님께만 영광을 돌리려는 것이었다. 이것은 그리스도인의 수고의 참된 동기이다.

III. 교리적 의의

"우리가 하나님 나라에 들어가려면 많은 환난을 겪어야 할 것이라"(행 14:22) 하는 것이 기본 진리이다. 바울이 이 데살로니가 교회를 세웠을 때 바울이 겪은 몸과 마음과 영혼의 환난은 엄청났다. 데살로니가 교인들은 "많은 환난 가운데서 말씀"을 받았다(6절). 복음을 위하여 환난 가운데 빠질 때 신자는 누구든 "이상한 일 당하는 것같이"(벧전 4:12) 생각해서는 안 된다. 이는 그와 같은 환난은 그리스도인의 사역에서 흔한 것이기 때문이다(벧전 1:6-8; 4:12-16). 복음으로 사는 그리스도인 사역자들의 권리를 6절에서 분명하게 말하였지만 바울은 그들 가운데 잘 증거하기 위하여 이 권리를 포기하였다(참조. 고전 9:7-18).

IV. 실천적 목표

여기서 바울의 가장 큰 목적은 복음의 대적들의 고소에도 비난을 당하지 않을 수 있는 그리스도인의 성품을 발휘하는 것이었다. 만일 바울이 그들 가운데 복음을 전하였을 때 언행이 일치되지 않게 살았다면 그를 중상모략하는 자들에게 그처럼 쉽게 대항하지 못하였을 것이다. "거룩하고 옳은"(참조. 2:10) 삶이 그때나 지금이나 비난하는 자들에게 가장 효과적인 대답이다. 이 그리스도인들에 대한 바울의 친절과 애정과 관심이 자기 자녀를 기르는 유모에 비유되었다.

V. 설교 개요

제목: "교회에서 중상을 일삼는 자들."

도입부

디모데가 데살로니가로부터 고린도에 와서 바울에게 보고하였을 때, 디모데는 바울에게 유대인들이 그의 사역과 인격을 헐뜯고 있다고 말하였다(참조, 2:1, 2, 14, 15). 이 유대인들은 바울이 데살로니가에 있을 때 시기하여 바울을 대적하였다. 그들은 바울이 간사하고 부정하고 기만하는 자라고 비난하였다(3절). 이 말은 곧 바울을 음유 시인, 마술사, 점성가, 협잡꾼, 당대의 사기꾼과 동류로 취급하는 것이며, 바울이 다신교와 관련된 고린도의 이교 제사장들처럼 부도덕한 행위를 한다는 것이며, 바울이 가난한 미혹된 추종자들의 기부금으로 착복하는 종교적 협잡꾼이라는 것이었다. 이러한 비난은 바울의 예민한 정신에 상처를 주고 데살로니가에서 그가 회심시킨 자들에게도 영향을 줄지 모르기 때문에 바울은 이 비난에 응수하지 않으면 안 되겠다고 생각하였다. 바울은 그들 가운데서 산 삶의 태도와 그가 전한 메시지와 그가 복음을 전하게 된 동기를 생각나게 함으로써 비난에 응수하였다.

A. 바울의 삶의 태도.

바울은 이렇게 말하였다. "형제들아 우리가 너희 가운데 들어감이 헛되지 않은 줄을 너희가 친히 아나니"(2:1). 그가 하나님 앞에서 한 호소(5절)는 깨끗한 양심을 가졌다는 것과 아첨하지도 않았고 탐심도 없었고 이기주의적이 아니었다는 것이었다(5, 6절). 바울은 또한 그들에 대한 그의 깊은 애정이 자기 자녀를 기르는 유모의 심정과 같았던 것을 그들에게 상기시켰다. 바울은 부드럽게 데살로니가의 회심자들에게 먼저 그를 생각하게 한 다음 그들에 대한 양육과 공급과 보호와 사랑을 논증하였다(7, 8절). 바울은 그들과 함께 있을 때 그가 처신한 행동을 생각하라고 하였다. 그들에게 짐을 지우지 않으려고 자비량한 육체적인 수고와 애쓴 것과 인격적인 순결한 삶과 거룩과 자기 자녀의 안녕에 대한 아버지의 관심처럼 그들의 안녕에 대한 부성적인 관심에서 그가 그렇게 처신하였던 것이다. 이와 같이 바울은 그들이 그리스도인다운 삶의 표준에 이를 수 있도록 그들을 권면하고 위로하고 경계하였다(9-11절).

B. 바울의 삶의 메시지.

바울은 이렇게 말하였다. "오직 하나님의 옳게 여기심을 입어 복음 전할 부탁을 받았으니 우리가 이와 같이 말함은"(2:4 상반절). 바울의 메시지는 하나님께서 그에게 맡기신 것이었다. 그 메시지의 핵심 내용은 그의 인격을 증명하였다. 왜냐하면 이런 복음을 전하는 사람은 사기꾼이 될 수 없기 때문이다. 그들을 회심시킬 때 하나님께서 그 진실함을 입증하셨다. 바울의 메시지의 내용은 복음이었다. 서신 전체에서 바울이 인간의 죄 있음, 부패, 무능력과, 하나님의 어린 양이 그 백성을 위하여 십자가에서 하나님의 거룩을 만족시킨 것과 그리스도의 부활로 그들의 구원이 보증을 받았음을 전하였다는 것이 나타나고 있다. 바울은 아덴에서도 바로 이 메시지를 전하였는데 그때 아덴 사람들은 이 메시지를 "허탄한 말"로 생각하였다. 이 메시지는 바울의 삶의 책임이었다. 바울은 그것을 부탁받은 대로 말하고 알려 주고 전하였다. 구원을 받은 바울은 이 메시지를 다른 사람들에게 전할 책임이 있었다.

C. 바울의 삶의 동기.

바울은 이렇게 말하였다. "사람을 기쁘게 하려 함이 아니요 오직 우리 마음을 감찰하시는 하나님을 기쁘시게 하려 함이라"(2:4 하반절). 여기서 바울은 하나님께서 그의 종들의 마음을 감찰하신다는 사실을 다시 확인하였다. "오 주여, 나를 살피시고 나를 시험하소서"하고 말하는 것은 거룩한 자의 부르짖음이다. 하나님은 "모든 마음을 아시는 분"이시다. 하나님께서 그 종을 시험하시는 시험은 어떤 것이든 그들의 헌신과 삶의 진의를 드러내기 위함이다. 이런 것을 알고 있으면 개인의 삶의 순결함과 거룩함과 의를 이루고자 열심히 노력하게 된다. 아무것도 하나님에게서 숨길 수 없다. 주의 종이 추구하는 목표는 하나님을 기쁘게 하려는 것이지 사람을 기쁘게 하려는 것이 아니다. 하나님께서 의롭고 견실한 삶이라고 인정해 주실 믿음이 모든 봉사와 희생을 각오하게 하는 힘이다. 그리하여 바울은 자기를 중상 모략하는 자들을 하나님의 주권적인 처분에 맡길 수 있었다. 하나님께서 이렇게 약속하셨다. "원수 갚는 것이 내게 있으니 내가 갚으리라." 그리고 하나님께서 사람들에게 이렇게 경고하셨다. "나의 기름 부은 자를 만지지 말라." 그러므로 우리도 바울을 본받아서 "숯불을 우리 원수의 머리에 쌓아 놓자."

데살로니가전서 제2장

교회와 하나님의 말씀

13절 "이러므로 우리가 하나님께 쉬지 않고 감사함은 너희가 우리에게 들은 바 하나님의 말씀을 받을 때에 사람의 말로 아니하고 하나님의 말씀으로 받음이니 진실로 그러하다 이 말씀이 또한 너희 믿는 자 속에서 역사하느니라."

Ⅰ. 역사적 배경

데살로니가전서가 신약 성경 중에서 가장 먼저 쓰인 책일 것이다. 구약 성경에서 마지막으로 기록된 말씀인 말라기와 신약 성경의 최초의 말씀 사이의 큰 간격이 이제 좁혀졌다. B.C. 420년부터 A.D. 48년 혹은 50년까지 기록된 성경이 한 권도 없었다. 이 중간기 동안에 기록된 외경은 유대인들이 정경으로 받아들이지 않았다. 개신교는 유대인들의 정경 관점을 그대로 따르고 있는데, 이것은 또한 의심할 여지없이 예수님의 관점이었다. A.D. 48년에서 96년 사이에 신약 성경이 다 기록되었다.

Ⅱ. 용어 해설

"하나님의 말씀"이 여기서 "사람의 말"과 대립되어 있다. 이것에서 성경이 크게 두 종류로 나뉜다. 성경이 하나님의 말씀이든지 아니면 사람의 말이든지 둘 중 하나이다. 바울은 그가 사람에게서 복음을 받은 것이 아니라 주께로부터 받은 것이라고 주장하였다(참조. 갈 1:12). 그러나 바울이 복음을 전하였을 때 데살로니가 교인들이 받은 것은 기록된 말씀이 아니라 구술한 말씀이었다는 것을 기억해야 한다. 그들이 지금 서면으로 말씀을 받았다는 사실은 그 말씀이 기록된 것을 말해 주지만, 처음에 그들이 그 말씀을 들었을 때에 그 말씀은 구두로 한 것이었다. 이것은 구두로 한 말씀과 기록된 말씀의 관계의 문제를 제기한다. 하나님의 말씀은 성경만이 증거를 가지고 있지만 동일시되어서는 안 되는 성경과 다른 것인가? (신정통주의 입장). 하나님의 말씀은 성경 외에 또 존재하여 마리아와 연옥과 베드로의 권위 등에 관한 여분의 정보를 제공하는 전통과 동일시되어야 하는 것인가? (로마 가톨릭의 입장). 아니면 성경이 하나님의 말씀으로 불려서 모든 것이 성경에 의해 판단받도록 하기 위하여 하나님의 말씀이 이제 기록된 것인가? (정통 개신교 입장).

III. 교리적 의의

그들은 하나님의 말씀을 " … 진실로 그러하다"고 받았다. 교리의 주체로서 그들에게 전해진 이 진리의 내용은 무엇이었던가? 이 서신의 내용에서 그것을 재현함으로써 그것이 신약 성경 진리의 내용이라는 것을 보게 된다. 그에 대한 좀더 충분한 진술이 나중에 로마서에서 나온다. 그러나 그 뼈대는 이때에 충분하게 형성되었다. 이처럼 데살로니가전서는 우상들에 대한 하나님과 구원자 그리스도와 선택과 회심과 거룩과 기도와 재림과 부활과 성령의 사역을 언급하고 있다. 이 서신서는 어떤 사람들이 주장하는 비교리적인 논문과는 거리가 멀다.

IV. 실천적 목표

청중과 독자들에게 하나님의 말씀으로 전파되고 기록되어서 신뢰할 만하고 권위가 있는 사도들의 메시지를 받아들일 것을 촉구하기 위함이다. 신약 성경의 메시지가 하나님의 말씀이라는 이 확실성은 믿음의 통일성과 설교의 권위와 모든 그리스도인의 생활의 규범의 원천이다. 성경이 그렇게 제시되고 받아들여지는 어디에서나 성경은 "효과적으로 역사한다."

V. 설교 개요

제목: **"교회와 하나님의 말씀."**

도입부

바울은 "쉬지 않고" 하나님께 감사한다는 감사의 말로 시작하고 있다. "쉬지 않고"는 "멈추지 않고"라고 번역해도 된다. 그것은 바울의 글에서 계속 강조되고 있다. 하나님께서 큰 일을 행하시고 은혜를 내리시고 사람의 마음을 여시고 기도에 응답하시거나 바울을 구출하셨을 때마다 바울은 무척 감사하였다. 감사하는 일은 그리스도인의 속성일 것이다(참조 4:6). 우리 그리스도인은 늘 감사해야 할 일을 의식해야 할 것인데 왜냐하면 이렇게 하는 것이 기도에 대한 더 많은 응답의 근거이기 때문이다.

바울은 하나님께 감사하였다. 그는 "우리가 하나님께 감사함은"이라고 말하였다. 모든 은혜의 근원은 하나님이시다(약 1:17). 그리스도인은 천지 만물이 감독을 받고 명령을 받고 지배를 받고 있다는 것을 알아야 한다. 우리에게 일어나는 것은 하나님으로부터 기원하는 것이다. 영적으로 해석된 천지 만물 대신 자기 충족성을 말하는 것은 하나님을 모독하는 것이다. 참된 그리스도인이라면 아무도 "나는 내 영혼의 주이다"라고 말하지 않을 것이다.

바울이 감사를 발하게 되는 구체적인 원인은 바울이 데살로니가에서 경험한 유대인들과 헬라인들과 경건한 자들이 하나님 나라로 들어온 놀라운 신앙 부흥의 잊지 못할 경험이었다. 이것은 아덴에서 바울에게 일어났던 것과 그 다음에 고린도에서 그가 직면하고 있었던 문제와는 강한 대조를 이루었다. 그와 같이 신앙 부흥이 일어나게 된 것은 그들이 그의 메시지를 하나님의 말씀으로 받아들인 때문이었다.

A. 계시의 말씀.

바울은 "너희가 우리에게 들은 바 하나님의 말씀을 받을 때에 … 하나님의 말씀으로 받음이니"라고 말하였다. 그는 여기서 복음의 내용의 전달을 묘사하기 위하여 전문적인 용어를 쓰고 있다. 바울이 그들에게 복음의 내용을 넘겨 주는 것은 계주 선수가 그 다음 선수에게 그의 권위의 상징을 넘겨 주는 것에 비교될 수 있다. 바울이 복음 전도로써 그들에게 넘겨 준 이 진리의 주체는 바울이나 제자들에게서 시작한 것이 아니었다. 그는 받은 것을 전달하였다(참조. 고전 15:3; 갈 1:12). 충성스러운 사도의 표는 하나님의 말씀으로 불리는 진리의 주체를 넘겨 주는 데 있다. 이 진리의 주체를 보존하고 전달하는 것이 진리의 주체를 맨 처음 전한 사도들의 책임이었던 것과 마찬가지로 오늘날 그리스도인들의 큰 책임이기도 하다. 그 진리는 바울이 이 편지를 쓰기 전까지는 기록되지 않은 것이었다. 사도들은 부활하신 예수님에게서 그 진리를 받았는데, 예수님은 40일 동안 계시면서 사도들에게 그의 성육신과 그의 삶과 죽음과 부활의 의미를 해석해 주셨다. 그것은 소위 "사도의 가르침"(행 2:42)이라는 것의 구성 요소가 되었다. 일단 그것이 성령의 영감으로 기록되었으면 그 다음에는 이 성경이 "하나님의 말씀"으로 불릴 수 있다. 그것은 하나님께서 말씀하셨다는 것과, 하나님의 입으로 말씀한 말씀이 영감으로 기록되었다는 것과, 그 기록된 말씀이 권위 있다는 것을 나타낸다.

B. 설교의 말씀.

이 하나님의 말씀을 설명할 때 바울은 "너희가 우리에게 들은 바"란 말을 덧붙이고 있다. 그가 전한 그 메시지는 하나님의 말씀이었다. 성경으로부터 도출된 동일한 메시지가 오늘날에도 전해져야 한다. 그것은 오로지 구원의 하나님의 말씀이어야 한다. 죄와 죄의 결과, 십자가로 말미암은 속죄, 회개와 믿음의 필요성, 용서와 생명의 결과로 생기는 은사에 관하여 어떤 것도 하나님의 말씀을 대신해서는 안 된다. 우리는 의무와 책임과 성실로써 죽어가는 사람으로서 죽어가는 사람에게 하나님의 말씀을 전할 의무가 있다.

이 무오한 말씀의 전달자인 바울은 그 자신이 완전하거나 무오한 것이 아니었다(빌 3:13). 보물이 질그릇에 담겨 있었지만 성령의 영감하에 이 사도들은 권위있는 계시의 매체가 되었다. 마찬가지로 불완전하지만 우리도 그리스도의 헤아릴 수 없는 풍성함을 알리고 두려운 책임 의식을 가지고 메시지를 전하고자 하는 소원이 있어야 한다. 우리는 천박하고 준비없고 비난하는 일이 없이 효과적으로 말해야 하고, 세월을 아껴서 큰 자나 작은 자나 할 것 없이 모두에게 증거하여야 한다. 그런 식으로 오늘날 하나님의 말씀은 설교를 통하여 전달될 수 있다. 그 다음에 우리는 하나님께서 그 말씀을 통하여 말씀하시기 때문에 하나님의 말씀이 효력이 있다는 것을 신뢰할 수 있다. 만일 우리가 하나님의 계시를 신뢰한다면 우리는 하나님의 계시가 예리하고 강력하고 구원에 효과가 있으리라는 것을 금방 알게 된다.

C. 믿음의 말씀.

바울은 "너희가 우리에게 들은 바 하나님의 말씀을 받을 때에 사람의 말로 아니하고 하나님의 말씀으로 받음이니 진실로 그러하다"고 말하였다. 그 성경의 메시지의 내용을 사람의 말로 생각할 수 있다. 만일 성경의 메시지가 사람의 말이라면, 우리가 그 말씀을 판단하고, 우리가 승인하는 것을 받아들이고, 우리가 인정하지 않는 것을 받아들이지 않아도 될 것이다. 이것은 성경이 잘못되고 오류가 있고 믿을 수 없는 것으로 취급하는 어떤 자들이 하는 짓이다. 이런 태도는 말씀의 능력을 훼손하고 무효로 만들며 성경 안에서 참된 것과 거짓된 것을 가려낼 수 있는 뛰어난 어떤 다른 표준을 필요로 한다. 그러나 그 말씀은 하나님의 말씀으로도 생각할 수 있으며, 구원에 이르는 회개와 믿음의 필요에 관한 하나님의 메시지와 우리에게 생명의 길을 설명하는 것으로 받아들일 수 있다. 그 말씀의 권위와 진정성을 인정하는 길은 그 말씀에 순종하는 것이다. 받아들임으로써 복종하게 된다. 데살로니가 교인들은 정확히 바울이 전한 말 혹은 메시지를 하나님의 말씀으로 생각하였다. 바울은 하나님을 위하여 말하고 있다고 주장하였고 그의 메시지는 하나님의 말씀이라고 주장하였다. 만일 그의 메시지가 하나님의 말씀이 아니었다면 바울의 말이 하나님의 말씀이라고 끝까지 주장하는 도덕적인 결과는 가장 비난할 만하며 바울이 말한 어떤 것을 받아들인 우리에게까지 영향을 미친다.

데살로니가 교인들은 그 말씀을 믿었다. 그와 같은 믿음은 그리스도인의 경험에 본질적인 것이다. 말씀의 내용에 대한 지식을 갖게 되면 그 사람은 반드시 그것에 동의해야 하며 그 삶을 그 진리에 전적으로 맡기게 된다. 이러한 결과 하나님 나라에 들어가게 되며 믿음으로 의롭다 함을 얻는 체험을 하게 된다. 그래서 바울은 "너희 믿는 자 속에서 역사하는" 말씀이라고 말할 수 있었다. 그들에게 그 말씀은 그들을 확신시키고 회심시키고 깨끗게 하여 변화시킨 살아있는 말씀이 되었다. 이런 점에서 하나님의 말씀은 구원하는 말씀이라고 부를 수 있을 것이다. 데살로니가 교인들의 행복한 반응이 되풀이되는 곳마다 하나님의 말씀이 개개인에게 효과적으로 역사하여 구원에 이르게 한다.

데살로니가전서 제2장

교회와 유대인

15절 "유대인은 주 예수와 선지자들을 죽이고 우리를 쫓아내고 하나님을 기
쁘시게 아니하고 모든 사람에게 대적이 되어."

I. 역사적 배경

바울은 유대인이었다(참조. 빌 3:4-6). 그는 그의 동포 유대인들에게 쓰
고 있었다. 그는 그들의 구원에 대한 큰 책임을 느끼고(참조. 롬 9:1-5) 유
대인 회당에서(행 17:1-3) 랍비로서 자신의 특권을 발휘하여 먼저 그들에
게 복음을 전하였다(롬 1:16). 그런데도 유대인들은 그의 사역을 방해하고
그를 개인적으로 박해하는 주범이었다. 그들은 바울이 회심한 직후 그를
죽이려고 하였고(행 9:22-25), 바울이 산헤드린에서 증언한 뒤에는 그를
죽이기로 맹세하였고(행 23:20, 21), 루스드라에서는 그리스인들을 선동하
여 그를 돌로 쳤다. 바울의 인내심은 이 본문의 글을 썼을 당시 한계에 이
르렀다.

II. 용어 해설

유대인이란 말은 원래 유다 지파에 속한 사람을 의미하였다. 바벨론 포
로에서 귀환한 뒤에는 유다 지파이건 아니건간에 회복된 히브리인 신분을
가진 사람들이면 누구나 이렇게 부르게 되었다. 바벨론 유수 뒤에 다른 열
지파의 사람들은 유다에 합병되었다. 본국 귀환자와 그 후손들은 열렬한
유대교인들이었고, 히브리 종교의 그 형태는 모든 유대인들의 큰 관심인

엄격한 율법 준수를 강조한 에스라에 의해 시작되었다. 그 다음부터 유대인이란 말은 히브리인 또는 유대교 지지자를 가리키게 되었다. 오늘날 유대인은 순수한 셈계 혈통을 그대로 유지하고 있는 것이 아니라 그들이 거주하는 여러 나라의 혈통과 혼합되어 있다.

Ⅲ. 교리적 의의

여기서 유대인들이 그리스도와 복음을 배척한 것이 분명하게 언급되었다. 이것은 사실(史實)에 바탕을 둔 움직일 수 없는 사실이다. 이것은 유대인 지도자들이 예수 그리스도를 정죄하여 십자가에 달 것을 요구하였던 것에서 확증된 것이었다. 예수님은 집 주인 비유를 말씀하시면서 이것을 분명하게 예언하셨다(마 21:33-43). 당면하여 임박한 하나님의 진노에 대한 가르침이 유대인과 관련하여 이야기되었다.

Ⅳ. 실천적 목표

특권을 가진 백성이 무관심과 완악으로 인하여 세상에 대한 하나님의 축복의 기관 노릇을 할 큰 기회를 어떻게 놓치고 마는가 하는 것을 보여주기 위함이다. 유대인은 모든 것을 가졌지만(롬 9:1-3) 어둡게 되어(롬 11:10) 그들의 운명은 빗나가 버렸다. 그리하여 바울은 모든 신자들에게 자긍하거나 높은 마음을 품지 말라고 경계하고 있다(참조. 롬 11:17-24). 영적인 특권은 반드시 활용해야지 그렇지 않으면 잃어버리게 된다. 오늘날 이스라엘은 "하나님의 백성이 아니다."

Ⅴ. 설교 개요

제목: "교회와 유대인."

도입부

반유대주의는 부패하고 타락한 사회에서 자라는 곰팡이와 같다. 유대인은 종종 무책임한 정치인과, 자기 결백을 주장하지만 서투른 정치가의 희생양이 되었다. 유대인은 전쟁과 불황과 도덕의 붕괴와 비행과 공산주의와 혁명에 대한 비난을 받아 왔다. 일부 유대인들이 많은 이방인들과 함께 이런 일에 가담한 것은 틀림없지만 그 민족 전체에게 책임을 돌리는 것은 반유대주의가 범한 잘못이다.

반유대주의는 애굽의 바로 시대로부터 오늘날 러시아 독재자에 이르기까지 역사에서 정기적으로 나타났다. 바벨론의 아하수에로, 그리스의 안티오커스 에피파네스, 로마의 티투스, 스페인의 토르케마다(Torquemada), 러시아의 알렉산더 5세, 독일의 히틀러, 미국의 쿠프린(Coughlin) 신부가 반유대주의를 조장하였다. 심지어 미국도 반유대주의 운동에서 예외는 아니었다. 국가 의회 정보국(National Council Information Service)은 오늘날에도 이런 운동이 활발하게 활동하고 있는 것이 엄연한 사실이라고 주장한다. 수년 전 포춘지(Fortune magazine)가 여론 조사를 실시한 결과 미국인 14%만이 반유대주의 경향이 있는 것으로 나타났다. 때로는 유대인 조직체들에서 지나치게 방어적인 조치를 취하여 스스로 도발적인 것 같다.

바울은 반유대주의자였는가? 이 본문에서 바울은 자기 동족에 대하여 엄청난 고발을 하고 있다. 그러므로 주기적으로 발생한 그와 같은 박해에 대한 책임이 바울에게 있었던가? 이 본문은 바울의 심사숙고한 생각을 표현한 것인가 아니면 유대인들이 보인 적대감에서 기인한 단순한 감정의 폭발이었나? 이것은 시달림을 당한 한 인간의 인간적인 반응이었는가 아니면 한 종족에 관한 하나님의 말씀이었는가? 이것은 유대인에 대한 폭넓은 성경적 관점의 문제를 제기한다.

A. 유대인에 대한 바울의 고발.

이 구절에서 바울은 유대인에 대하여 일곱 가지를 고발하고 있다. 첫째, 바울은 "유대인이 주 예수를 죽였다"고 말한다. 바울에 의하면, 예수님의 죽음에 대한 책임은 유대인이 반드시 져야 한다는 것이다. 성경에서 그들이 예수님의 죽음을 요구하고 강요하고 그 책임을 지겠다고 한 것을 분명히 말하고 있다. 법적인 권한이 로마인에게만 있었기 때문에 로마인에 의해 그 행위가 이루어졌지만, 그 의도는 로마인이 아닌 유대인에게서 나온 것이다. 이런 것으로 인하여 오늘날 유대인에게 그와 같은 책임을 뒤집어 씌우고 반유대주의 활동의 이유로 삼는 것은 정당하지 못하다. 그리스도를 죽게 만들었던 이스라엘의 관원들은 백성들을 대표한 것이 아니었다. 성경에서는 "그들이 백성을 두려워하였으며" 또 "백성은 예수님의 말씀을 듣기를 즐거워하였다"고 말한다. 오늘날 유대인이든 이방인이든 누구든간에 그리스도를 배척하면 그리스도의 피가 그에게로 돌아간다. 유대인과 이방인 사이에 차이가 전혀 없다.

둘째, 바울은 그들이 선지자들을 죽였다고 말한다. 예수님이 이에 대하여 그들을 고발하였고(마 23장), 스데반이 그것을 고발하였고 바울이 그에 대하여 그들을 고발하였다(롬 11:1-12).

바울은 그들이 "우리를 쫓아내었다"고 말하였다. 로마 세계 도처에 복음을 전하면서 바울이 겪은 경험에서 그리스도와 교회에 대한 그들의 반감이 예증되었다. 그들은 기독교의 보편주의를 배척하였다. 복음이 전파된 곳마다 그들에 의해 선동된 핍박이 극심하였다.

바울은 "그들이 하나님을 기쁘시게 아니하였다"고 말하였다. 이것은 하나님께서 유대인을 택하신 그 목적이 이루어지지 않았다는 것을 의미한다. 그들은 거룩한 나라, 특별한 백성, 땅 위의 모든 열방에 대한 본이 되지 못하였다. 그들은 그들의 특권에 어울리는 생활을 한 것이 아니라 스데반에 의하면 목이 곧고 패역한 백성이 되었다.

바울은 그들이 "모든 사람에게 대적"이 되었다고 말한다. 이것은 그 당시 이교도들이 흔히 쓰던 말이었는데 바울이 그의 동족을 그 당시 사람들이 하던 식으로 평가하게 되었는지는 문제점이 있다. 그러나 바울이 그들을 "우리가 이방인에게 말하여 구원 얻게 함을 금하는" 것으로 묘사함으로써 그 대적이 강조되었다. 그들의 대적은 이방인들에 대한 복음의 주로 말미암은 것이었다.

바울은 "자기 죄를 항상 채우매"라고 말하였다. 이 표상은 구약 유월절의 축복의 잔에서 취한 것이다. 만일 그 잔이 불경스럽게 되었거나 악용되었다면 그것은 진노의 잔이 되었을 것이다. 그리하여 이스라엘의 죄가 극에 달함으로써 이스라엘의 메시야를 배척하고 그 복음을 배척하기에 이르렀다. 이스라엘의 심판은 오래지 않아 예루살렘이 함락당하고 유대인들이 뿔뿔이 흩어지는 큰 이산으로 나타날 것이었다.

바울은 "노하심이 끝까지 저희에게 임하였다"고 말하였다. 이것은 지금 모든 악한 자들에게 임하는 바로 그 진노이며 마지막 때에 모든 믿지 않는 자에게 임할 바로 그 진노이다. 그것은 심판날에 불경건한 자들에게 쏟아질 진노이다.

B. 유대인에 대한 바울의 해석.

동족에 대한 이 감정의 분출은 반드시 이스라엘의 지위에 대한 바울의 심사숙고한 철학에 비추어 이해되어야 한다. 이것은 바울이 구원받기를 간절히 바라는 자기 동족에 대한 사랑의 확언과 걱정으로 시작되는 로마서 9-11장에 들어 있다.

실제로 바울의 주장은 이스라엘이 하나님의 구속하신 백성의 원감람나무 가지였다는 것이다. 그들은 하나님의 축복의 기관이 되기 위하여 열국 백성 중에서 택하신 자들이었다. 그들은 주의 포도나무였고 그들은 감람나무였고 그들은 그 특권을 누렸다. 그러나 바울에 의하면, 그들은 그들의 특권을 거부하였으며 이제는 하나님의 백성이 아니다. 가지인 그들은 감람나무에서 잘렸다. 게다가 돌감람나무 가지들이 접붙임되었다. 이 가지들은 원래 하나님의 감람나무로 의도되지 않았지만 믿음의 회개로 하나님의 이스라엘과 아브라함의 자녀가 된 이방인을 나타낸다. 이 시대에서는 유대인과 이방인 사이에 아무런 차이가 없다: 둘 다 그리스도 밖에 있는 다 잃어버린 자들이다. 둘 중 누구든지 믿으면 하나님의 감람나무의 참가지가 된다. 따라서 바울에 의하면 오늘날 이스라엘 국가는 전혀 특별한 지위가 없다. 그렇지만 바울은 만일 이스라엘이 회개를 하면 감람나무에 접붙임될 것이라고 말한다. 돌감람나무 가지가 접붙임될 수 있었다면 원가지는 더욱 그러할 것이다. 그리하여 바울은 우리에게 남은 자가 이제 구원을 받고 모든 이스라엘이 마침내 구원을 받을 것이라고 말한다.

C. 유대인에 대한 바울의 초청.

바울은 항상 복음을 가지고 유대인에게 먼저 갔다(롬 1:16, 17). 이러한 것은 로마에서 취한 그의 행동에서 예증되었다. 죄수로서 로마에 도착하자마자 바울은 그리스도의 분부를 알려 주기 위하여 유대인 지도자들을 청하였다(행 28:23). 마지막 기회에서조차도 그들이 그리스도를 배척하는 것을 보고 바울은 무척 슬퍼하였다. 그때에 그는 이후로는 구원이 더 이상 유대인에 한정되지 않고 이방인에게로 갈 것이라고 예언하였다. 사실은 유대 백성이 오순절에 베드로에게서 복음을 들었지만 그 복음을 배척하였다. 그들은 바울에게서 복음을 들었지만 거절하였다. 그러므로 장자로서의 특권적인 지위는 더 이상 없게 되었다. 이제 복음은 유대인과 이방인 모두를 초청하여 그들이 구원을 받을 수 있도록 회개하고 메시야를 믿게 한다. 그렇지만 유대인에 대한 하나님의 섭리적 목적은 여전히 남아 있어서 바울의 말처럼 "모든 이스라엘이 구원을 얻을 것이다."

데살로니가전서 제3장

교회의 부족을 온전케 함

10절 "주야로 심히 간구함은 너희 얼굴을 보고 너희 믿음의 부족함을 온전케
하려 함이라."

Ⅰ. 역사적 배경

바울은 그들이 처한 상태의 진상을 알 수 있도록 한 사건들을 묘사하는
데, 서신서에서 그는 이것을 썼다. 아덴에서 바울은 이 어린 데살로니가 교
회의 회심자들로 인하여 노심초사하였다(3:1). 그는 좀더 사역하기 위하여
그들에게 진작 돌아가고 싶었지만 유대인들의 핍박 때문에 돌아갈 수가
없었다(2:18). 그리하여 디모데에게 위험이 따를 수 있었지만 그는 디모데
를 데살로니가로 보내서 교회의 진행 과정을 알아 오도록 했다(3:2). 디모
데는 그들의 믿음에 대한 좋은 소식과 그들의 질문을 가지고 돌아왔다
(3:6-8). 바울은 그들을 굳게 세우고 그들을 격려하고 죽은 지체들을 염려
하는 자들을 위로하기 위하여 서둘러 편지를 썼다.

Ⅱ. 용어 해설

6절에서 바울은 디모데의 보고를 말하면서 유앙겔리조란 말을 쓰고 있
는데, 이 말은 좋은 소식을 선언하다는 의미이다. 이 말이 이런 식으로 사
용된 적이 한 번도 없고 바울이 디모데로부터 그 교회의 사정을 보고받았
을 때의 기쁨을 강조하였다. 13절에서 바울은 주께서 그의 모든 성도와 함
께 강림(파루시아)하실 것을 말한다. 그 파루시아는 어떤 사람의 강림
(coming)의 결과로서 실재를 의미하며, 그러므로 그 강림(the coming)

이다. 그리스도께서 이렇게 그의 성도들과 함께 강림하시기 때문에 사람들은 그들이 있는 그 상태 그대로 확고하게 있을 것이다. 바울은 이 데살로니가 교인들이 그 강림 때에 거룩함에 흠이 없기를 바랐다. 파루시아의 용도와 데살로니가후서 2:8의 파루시아의 빛남을 비교해 보라. 이것은 똑같은 단어이다.

III. 교리적 의의

3절에서 바울은 환난이 있다는 것을 말한다(참조. 행 14:22; 요 16:33). 그리스도인은 이생에서 환난을 회피할 생각을 해서는 안 된다. 이 세대는 그 악한 자의 지배를 받고 있으며 복음을 대적하고 그 복음을 전하는 사람들에게 적개심을 품는다. 여기서 바울은 온전(10절), 흠 없음, 거룩함(13절)을 이야기한다. 그리스도의 강림의 임박함과 성화의 교리가 조화를 이루고 있다. 재림은 복음 전도에 박차를 가하게 할 뿐만 아니라 더욱 거룩에 힘쓰게 한다(요일 3:2). 바울은 그들의 믿음과 헌신을 더욱 굳게 하고 그들이 온전히 거룩해지도록 하기 위하여 그 교회에 다시 갈 수 있기를 소원하였다. 이것은 더욱 깊은 생활 상담 계획이다.

IV. 실천적 목표

이 그리스도인들에 대한 바울의 걱정에서 그리스도인 사역자들이 자신의 회심자들에 대한 영적인 큰 책임을 본받도록 하기 위함이다. 바울이 그들이 마음을 굳게 하고 사랑으로 온전하고 거룩하고 흠이 없고 그리스도의 재림을 생각하면서 살게 하려고 애썼다. 이렇게 걱정하고 애쓰면 어떤 교회든지 진리와 기독교적 삶 가운데 굳게 잘 설 것이다. 중보 기도는 그리스도인의 사역에서 그러한 목적에 큰 도움이 될 것이다(10절). 회심자들에 대한 그와 같은 헌신이 없으면 그들이 굳게 서지 못한다.

V. 설교 개요

제목: "교회의 부족을 온전케 함."

도입부

그들 속에 그리스도의 형상이 이루기까지(갈 4:19) 바울은 아버지가 자기 자녀에게 하듯(2:11)(갈 4:19) 그의 회심자들에 대한 큰 책임을 느꼈다. 이 때문에 바울은 데살로니가에 재차 방문하기를 희망하였다. 끝까지 믿음을 지킨다면 주의 강림하실 때 그의 기쁨의 면류관이 될 이 회심자들의 믿음을 온전하게 하는 것이 바울의 목적이었다. 바울은 칭의가 거룩의 수단일 뿐 목적 그 자체가 아니라는 것을 알고 있었다. 바울은 그리스도인들이 더 심오한 경험을 하기를 기대하였다. 이런 목적을 이루려는 바울은 사단의 방해를 받았다(2:18). 그것은 동족의 핍박이라는 형태로 나타났다. 그리하여 그는 자기 대신 디모데를 그들에게 보내(3:2) 그들의 마음을 굳게 하고 위로하였다. 돌아온 디모데에게서 그들이 믿음 가운데 굳게 서 있다는 소식을 듣고서 바울은 몹시 기뻐하였다(6절).

바울은 그의 회심자들이 믿음 가운데 굳게 서서 유혹이나 실수나 박해에 흔들리지 않는 모습을 보기를 열망하고 있다. 바울은 데살로니가 교인들의 믿음이 가르침을 받아 온전해져야 한다는 것을 알고 있었다. 회심은 즉시 일어나는 것이지만 그리스도인다운 신앙 경험에서의 성숙은 발전하는 것이다. 이런 목적을 위해서는 가르치는 사역이 필수적이다. 바울은 성부께서 열매를 맺게 그가 좀더 충분히 사역할 수 있도록 해달라고 기도하였다(살전 3:11). 그의 길을 그들에게 직행하게 하셔서 그들이 사랑과 거룩함에 온전한 그의 목표는 그들에 대한 부단한 중보 기도에 의해 한층 더 강화되었다.

A. 믿음이 온전해지는 경험,

"너희 믿음의 부족함을 온전케 하기 위하여" 바울은 기도하였다. 히브리서 6:1, 2에서 우리는 우리가 온전한 데로 나아가기 위해서 버려야 하는 그리스도의 도의 초보를 읽게 된다. 신자들이 늘 이러한 기본적인 진리들을 묵상의 목표로 삼을 것이 아니라 성경의 충만한 구원이라 불리는 것으로 나아가야 한다는 것이 바울의 뜻이었다.

회심한 뒤에 죄가 여러 형태로 신자의 삶을 주장하려고 하는 것은 필연적이다. 이것 때문에 개인의 믿음이 상처를 입고 확신이 심하게 흔들리게 된다. 만일 그리스도인 선생들이 회심자들을 그와 같은 상태에 그대로 방치해 둔다면 그것은 그들을 퇴보하게 하거나 배교하게 하는 것이다. 그들에게 그리스도 안에서 그들의 신분에 대해서(롬 6장), 새로운 삶 가운데서 그들에게 유효한 그 능력에 대해서(롬 8장), 그들이 사모해야 하는 완전의 수준에 대해서(빌 3장) 알게 해야 할 필요가 있다. 그러므로 신자가 이러한 상태에 들어가기 위해서는 계발하고 성별하고 복종하는 일이 필요하다. 사도행전에서 우리는 그러한 상태에 들어가지 못한 사람들의 여러 실례를 보게 된다. 이러한 것은 아볼로(행 18:26 이하)와 에베소의 열두 사람에게도(행 19:1, 6) 해당되었다. 이 사람들은 좀더 완전히 이해하고 경험해야 했다.

B. 온전한 믿음의 발휘.

바울은 이렇게 기도하였다. "또 주께서 … 너희도 피차간과 모든 사람에 대한 사랑이 더욱 많아 넘치게 하사"(12절). 그와 같은 사랑은 율법의 완성이다(롬 13:10). 그리스도인다운 삶의 한 가지 성경적 표준은 사랑이다. 신자는 율법 아래 있지 아니하고 사랑에 의하여 능동적으로 율법을 이룬다. 율법은 소극적인 반면 사랑은 적극적이다. 사랑은 정직과 성실과 순결과 자비와 충성을 불러 일으킨다. 율법은 다음의 두 계명으로 요약되었다: " … 주 너의 하나님을 사랑하고 또한 네 이웃을 네 몸과 같이 사랑하라"(눅 10:27, 28). 사랑의 봉사는 능력과 피부 빛깔과 신조와 신분을 뛰어넘어 모든 사람이 해야 할 의무이다.

그와 같은 사랑은 두려움을 내어쫓는다(요일 4:18). 완전한 사랑의 삶은 심판의 두려움에서 완전히 벗어난다. 사랑 안에 거하는 것은 하나님 안에 거하는 것이며 하나님에 의해 살게 되는 것이다. 12절에 따르면 사랑은 모든 생각과 말과 행동의 동기가 된다. 이러한 목표를 위해 그리스도의 사랑이 큰 모범이다. 그리스도인에게서 사랑이 부족하다는 것은 그의 믿음이 온전해져야 할 필요가 있다는 것을 나타낸다. 우리가 하나님이나 형제나 인류를 사랑하지 못하면 하나님은 우리가 더욱더 그리스도인의 경험을 하게 하신다.

C. 믿음을 온전케 하는 목적.

거룩함이 믿음을 온전케 함으로써 달성하려는 목적이다(13절). 그와 같이 거룩한 흠없음이 그리스도의 의를 믿는 믿음으로 신자에게 전가되었지만 그것은 성령의 사역을 통하여 신자에게 나누어지게 되었다. 하나님의 영이 우리 속에서 이 거룩함을 일으킨다. 기도는 거룩한 상태에 도달하게 하는 데 크게 기여한다. 바울이 이 데살로니가 교인들의 성화를 위하여 쉬지 않고 기도하였듯이 우리도 우리로 거룩의 목표에 도달하게 할 정결을 위하여 기도하여야 한다. 이렇게 함으로써 그리스도를 더욱 믿게 되고 더욱 알게 된다.

주 예수 그리스도의 재림은 거룩에 큰 자극이 된다. 우리가 주를 보고 그와 함께 있기 위하여 주와 같이 순결하기를 바라야 한다(요일 3:2; 4:17). 주께서 강림하실 때 그와 같이 거룩하지 못하면 우리는 분명히 심판대에 서게 될 것이다(고후 5:9; 계 22:12; 고전 3:10). 하나님 앞에 서려면 완전한 성화가 필요하다. 이 완전한 성화는 하나님의 은혜를 우리에게 적용함으로써만이 이룰 수 있을 뿐이다. 우리가 주 앞에 설 때 사랑 가운데 거룩하고 흠없고 온전하기를 하나님은 바라신다. 이것은 바울이 데살로니가 교인들에게 바란 것이었다.

데살로니가전서 제4장
도덕적 순결에 대한 교회의 표준

7절 "하나님이 우리를 부르심은 부정케 하심이 아니요 거룩케 하심이니."

I. 역사적 배경

디모데가 데살로니가에서 돌아와서 그 어린 교회의 문제점을 이야기하였다(3:6). 이것은 성(性)과 일과 죽음과 관련된 문제였다. 그래서 바울은 이 서신서에서 이 문제를 다루었다. 바울이 다룬 첫째 문제는 도덕적 방종과 불결함이 팽배한 이교의 태도와 대조적인 성에 대한 기독교적 가르침이었다. 이것은 우상 숭배를 버리고 나아온 회심자들로 구성된 교회 안의 품행에 관한 사도적 규범(행 15:29)의 목표였다. 그리스 사랑의 여신 아프로디테를 종교적 숭배의 대상으로 섬기고 있는 데에서는 간음이 공공연하게 용인되었다. 바울이 편지를 쓰고 있었던 고린도에는 신전과 관련된 창기의 수가 천 명에 달하였다.

II. 용어 해설

"종말로"(로이폰)라는 말은 이 실제적인 권고와 바울이 방금 기도한 것 곧 그들이 거룩함에 흠이 없기를 기도한 것과 연결하고 또 바울이 취급하는 문제가 그들의 실제적인 문제로 옮겨 갔다는 것을 나타낸다. "너희가 아느니라"(오이다테)(2절)는 소급하여 바울의 기도와 그들의 생활 방식을 위한 "하나님의 뜻"의 내용의 실례를 가리킨다. 하나님의 뜻은 주 예수 그리스도의 명령에 나타났다. "자기 그릇을 취하다"(개역 한글판은 "자기의 아내 취할 줄"로 되어 있다)(4절)의 의미에 관해서는 논쟁의 여지가 많다.

두 가지 설명이 있다: (1) 자기 몸을 지키는 것, (2) 하나님의 명령을 이행하기 위하여 자기 아내를 취하는 것. 따라서 그 권고는 소극적으로는 금한 것을 삼가는 것이며, 적극적으로는 최초의 결혼에 관한 명령과 관련하여 순결하라는 것이다.

III. 교리적 의의

"거룩함"(3절) 곧 하기아스모스가 여기서는 거룩의 특별한 영역에 제한되지만 그 본질은 개괄적인 것이다. 하나님의 뜻은 우리의 거룩함이다. 여기서 그 의미는 타락한 습관으로부터 구별되는 거룩함이다. 거룩함의 일차적인 의미는 악으로부터 분리이며 이차적인 의미는 하나님께 성별됨이다. 바울은 흠없는 상태로서 거룩함에 관하여 이 서신서에서 많이 말하고 있다(참조. 살전 3:13; 5:23).

IV. 실천적인 목표

신약 성경의 그리스도인들은 그리스-로마 세계의 방탕하고 부도덕한 사회로부터 구원을 받았다. 그들이 그들의 환경의 악한 습관에 물들어 있었다는 것이 고린도전서 6:9-11에 분명하게 나타난다. 회심자들에게 위험한 것은 환경의 압박에 기인한 이런 죄에 다시 빠지게 되는 것이었다. 그리하여 사도의 교회는 이 문제에 관하여 규례를 정하고(행 15:29), 이 문제에 관하여 설교하고(살전 3:1-8), 그리스도인들이 순결의 표준에서 벗어났을 때 그들을 징계하였다(고전 5:1-13). 비슷한 상황이 오늘날 현대 사회에도 존재하기 때문에 교회의 교사들이 오늘날 문제를 다룰 때 사도들의 표준과 실천으로 돌아가는 것이 중요하다.

V. 설교 개요

제목: "교회의 도덕적 순결의 표준"

도입부

4장의 서두에서 바울의 글은 변증적인 것에서 권고적인 것으로, 신학적인 것에서 실천적인 것으로 바뀐다. 바울은 필요에 따라서는 아주 무뚝뚝하였겠지만 또한 아주 사교적이었을 것이다. 바울은 이 데살로니가 교인들이 더 많이 힘쓰기를 원하였지만 현재만큼 달성한 그들을 실망시키기를 원치 않았다. 그래서 그는 지금까지 행하던 대로 계속 힘쓰라고 말하였다. 이 행보에 있어서 그들이 좀더 가르침을 받아야 할 필요가 있었기 때문에 바울은 이제 성(性)의 압박감과 창조적인 작업의 필요성과 죽은 신자의 상태와 재림의 부대 상황에 관하여 계속 가르쳤다.

그의 가르침은 "행하며 하나님을 기쁘시게 할 것"이란 구절에 요약되었다. 인간 행동의 최고의 동기는 하나님을 기쁘게 하는 삶을 사는 것이다. 그의 행동이 하나님의 뜻에 기초를 두고 있는 자는 완전한 자유에 도달하였다. 바울이 지금 그들에게 가르치려고 한 것은 데살로니가에서 복음을 전할 때 그들에게 전한 것("우리에게 받았으니")과 일치하였다.

초대 교회는 성 문제로 어려움이 많았다. 최초의 사도의 공의회에서 음행의 문제에 대한 규례를 제정하였다(행 15:29). 데살로니가 교인들이 그 문제에 직면하고 있었지만 그들은 성적인 방종으로 떨어지지 않았는데, 이는 더욱 엄한 징계가 실행되었을 것이기 때문이다(고전 5:1-13). 그러나 바울은 그들에게 그리스도인의 노력의 이 범위 안에서 하나님을 기쁘게 하는 법을 가르쳤다. 하나님의 뜻은 이교의 표준으로부터 깨끗이 단절할 것을 요구하였다. 이 시대의 두려운 성적 압박을 받고 있는 우리는 그리스도인의 행동에 관한 사도의 가르침을 새겨볼 필요가 있다.

A. 그리스도인의 도덕적 표준은 순결이다.

필립스(Phillips)는 7절을 "하나님의 부르심은 부정케 하심이 아니요 순결을 통한 최상이 되게 하심이다"로 번역하고 있다. 사도의 권고는 이 거룩한 길로 행하라는 것이었다: "우리가 … 너희에게 구하고 권면하노니 너희가 마땅히 어떻게 행하며 … 더욱 많이 힘쓰라." 그 권고는 사람이 이 영역에서 자유롭게 판단한다는 것과, 그 사람이 그의 과거나 그가 처한 환경이나 그가 받은 교육의 희생자가 아니라는 것과, 그에게 그리스도인의 순결의 표준에 따를 책임이 있다는 것을 나타낸다. 오직 그와 같은 거룩한 행동만이 하나님을 기쁘게 하는 것이다. 주 예수님께서 이 표준을 제시하셨다. 바울은 "우리가 주 예수로 말미암아 너희에게 무슨 명령으로 준 것을 너희가 아느니라"고 말하였다. 이 표준은 바울이 만들어낸 것이 아니라 주 예수께로부터 온 권위있는 명령이었다. 원래 이것은 믿음의 자녀들에게 십계명으로 주었다. 주 예수께서 산상보훈을 말씀하실 때 그것을 다시 말씀하셨는데, 그 말씀을 하실 때 예수님은 간음과 음행의 문제를 그러한 행실로 다루시지 않으시고 오히려 마음과 생각의 상태에서 다루셨다. 예수님은 자신의 삶에서 도덕적 순결의 극치를 보여주셨다.

성화 혹은 거룩함은 여기서 자신을 순결하게 지키는 것으로 설명되었다. 이것은 몸의 온갖 부패로부터 삼가는 소극적인 면과 거룩한 결혼에서 하나님의 최초의 명령을 성취하는 적극적인 면이 있다. 여기에 또 하나의 계시가 있는데 그것은 초대 교회가 결혼에 대해서 금욕주의를 취하지 않았다는 것이다. 여기서 성화는 분리와 성별을 뜻한다. 이것은 개인의 힘으로 충분히 할 수 있지만 결과적인 거룩은 그리스도의 영향의 결과이다(고전 1:30). 그리스도와 연합함으로써 성령이 우리를 거룩하게 할 수 있고 거룩한 상태를 만들어 낼 수 있다.

B. 이교의 부도덕으로부터 분리.

3절의 필립스역은 "하나님의 계획은 너희를 거룩하게 만들고 무엇보다도 성적인 부도덕한 행위로부터 깨끗한 단절을 수반하는 것"이다. 그 권고는 이교 세계의 음행을 피하는 것이다. 성경에서는 난잡한 성 행위와 단정치 못한 여인들과 품행이 나쁜 관계와 혼전 관계를 경계하고 있다. 이것은 신약 성경 시대에도 맞는 말이고 오늘날에도 맞는 말이다. 그리스도인의 관점에서 보면 몸은 잘 절제되어 있어야 한다. 다시 4,5절에 대한 필립스의 번역을 인용해 보면 다음과 같다. "너희 모두는 그의 몸을 억제하는 것을 배워서 순결을 유지하고 조심스럽게 몸을 다루어야 할 것이며, 하나님을 모르는 이방인들이 하듯이 몸을 자기 욕구 충족의 수단으로 간주해서는 결코 안 될 것이다." 여기에서 온전한 성 관계는 하나님께 받아들여졌다. 몸에 대한 훈련은 기혼과 미혼에서 반드시 있어야 한다. 몸은 마음과 영혼과 마찬가지로 거룩하게 되어야 한다.

바울은 그와 같은 부도덕이 결국 형제를 속이는 것이라는 것을 부언하였다. 욕구 충족이나 이기주의에 근거를 둔 이성과의 관계는 항상 다른 사람을 속이고 해를 입히고 상처를 준다. 그렇게 함은 하나님의 자녀인 남녀의 품위를 포기하는 것이다. 그것은 사람을 인격으로 대하지 않고 물건으로 취급하는 것이다. 그와 같은 악습의 결과 수많은 사람들이 심한 고통을 겪고 있다.

C. 그리스도인의 순결의 원천.

바울은 순결이 "하나님의 뜻에 따른" 것이라고 말한다. 남녀에 대한 하나님의 계획은 출산과 사랑과 책임과 성품 함양이 있는 일부일처의 결혼의 성스러운 관계이다. 우리의 몸은 기혼이든 미혼이든간에 하나님께 대해 의로운 관계를 유지해야 한다. 그러므로 사람은 거룩한 몸과 혼과 영이어야 하며 우리 주 예수 그리스도의 강림하시는 날까지 흠없이 보전되어야 한다.

하나님께서 이 도덕적 규범을 어기는 사람은 누구든지 벌하실 것이다(6절). 심판은 하나님의 역할이며 그리스도에게 위임되었고 그리스도의 강림하실 때에 악인에게 집행될 것이다. 그렇다고 해서 현재의 심판에서 그와 같은 죄의 주관적인 결과가 없어지는 것이 아니다. 성적인 범죄는 무감각하게 되고 이기적으로 만들어 그 희생자를 노예로 삼는다. 그러므로 부정한 생활에 빠져 드는 사람들은 영적으로 대단히 위태롭다.

하나님께서 우리에게 주신 성령으로 그와 같은 노예 상태 혹은 유혹으로부터 구출할 준비를 하셨다(8절). 우리를 회개시키고 우리 안에 거하시고 우리에게 힘을 주시는 성령님은 또한 우리를 하나님의 거룩에 참여하게 하실 수 있다. 그러므로 성령을 통하여 우리는 우리 자신을 거룩하게 한다. 어떤 육체의 죄는 하나님의 영을 근심하게 하고 우리 속에서 성령의 사역을 차단할 것이지만, 또 죄를 깨닫게 하고 징계하고 책망하시는 성령의 사역을 다시 시작하게 할 것이다. 신약 성경의 표준은 우리가 비기독교 세계의 방종한 도덕적 표준에 동조해서는 안 된다는 것이다.

데살로니가전서 제4장

일에 대한 교회의 태도

11절 "또 너희에게 명한 것같이 종용하여 자기 일을 하고 너희 손으로 일하기를 힘쓰라."

I. 역사적 배경

바울이 데살로니가전서를 썼을 당시 로마 제국의 절반 이상의 사람들이 노예였다. 그들은 일하거나 일하지 않을 자유가 전혀 없었다. 자유민은 장인이 되었고 때때로 재정적인 독립을 하기도 하였다. 은퇴한 군인들은 종종 이탈리아나 속주에서 작은 토지를 얻어서 농부가 되었다. 시민들과 식민지 주민들이 일하는 것은 노예가 되지 않으려면 반드시 필요한 일이었다. 그것은 큰 노력을 요하는 것이었고 귀찮은 것이었다. 비록 본문의 이 말씀이 노예들이 한 일에 적용될 수도 있지만 그 일차적인 적용은 자유민 신분에 대한 것이다. 아마 데살로니가 교인들의 구성원들은 유대인들과 그리스의 자유민들로 이루어졌을 것이다.

II. 용어 해설

"형제 사랑"(필라델피아)은 그리스도인의 덕과 행동의 대요이다. 이것은 신약 성경의 모든 저자들이 강조하였다(참조. 요 15:12; 롬 13:8; 갈 5:13, 14; 요일 3:17; 4:7). 이 형제 사랑은 올바른 사회 관계의 기초이다. 사랑의 철학 안에서 사람들은 다른 사람에게 짐이 되지 않기 위하여 일할 것이고 일한 것으로 다른 사람을 도와야 할 것이다. 형제 사랑은 그리스도인 행동의 기본이다(참조. 롬 14:7-13; 고전 8:1-13).

III. 교리적 의의

기독교 편에서는 근면이 교회의 가르침인가? 어떤 사람에게 부족이 있을 때 그 사람은 그 부족을 채우기 위하여 기대해야 하는 것은 정부인가 아니면 사회인가 아니면 교회인가? 많은 그리스도인들이 절약심이 없고 정부의 온정주의를 받아들임으로써 하나님의 말씀의 이 기본적인 가르침을 포기하였는가? 아마 성실, 순결, 근면, 사랑은 교리보다는 윤리라고 불러야 더 적절하겠지만 그 말들 대부분은 확실하게 교리에 적용되었고 신약 성경에서 특별히 가르쳤다. 사람이 견실한 그리스도인이 되지 못하면 그의 삶에서 이러한 덕을 포기하게 된다.

IV. 실천적 목표

사람들이 점점 더 복권과 경마 도박과 정부 배급품, 보험 증권에 의한, 공짜로 어떤 것을 기대하고 있는 요즈음 이 성경의 가르침은 반드시 강조되어야 한다. 현재 공공 복지 공문서 보관소에서 뒷받침된 알콜 중독과 매춘과 게으름뱅이들에 관한 것이 신문 지상에 공공연히 발표되었다. 그와 같은 상태를 야기하고 근검 절약하는 사람을 궁지에 몰아넣는 제도는 그리스도인들이 절대 지원해서는 안 된다. 어딘가 사회 안전에도 좋지가 않다. "만일 어떤 부부가 1937년 이래 최고의 세금을 지불하였고 지금 둘다 65세이며 기대 수명 이상을 넘어서 살고 있다면, 그들은 그들이 지불한 1434달러와 고용주가 지불한 동일한 금액에 대하여 총액 36,400달러를 지급받을 것이다"(상원의원 에스 비 페턴질〈S. B. Pettengill〉). 그러나 모든 미국인은 한 사람에게서 받아서 다른 사람에게 주는 이 제도를 수용하고 있다. 사회적 관행에 적용된 성경 원리의 새로운 연구가 오늘날 도움이 될 것이다.

V. 설교 개요

제목: "일에 대한 교회의 태도."

도입부

바울은 형제 사랑이 그리스도인의 행동의 표준이라는 것을 지적하고 있다. 그에 의하면 이 형제 사랑은 그리스도인의 직관적인 경험이었다. 바울은 "너희가 친히 하나님의 가르치심을 받아 서로 사랑함이라"고 말하였다. 그리스도인은 진리에 관하여 복음주의의 직관을 가지고 있다(요일 2:20). 그리스도인은 어떤 교사나 운동이 성경의 진리에서 벗어날 때 어떤 것이 잘못된 것임을 느끼면서 성경의 가르침을 받아들이도록 되어 있다. 그리스도인은 직관적으로 진리를 아는 동시에 직관적으로 하나님과 그리스도와 진리와 하나님의 백성과 하나님의 일을 사랑한다. 하나님의 영이 그리스도인에게 사랑하는 방법을 가르친다. 거칠고 귀에 거슬리는 말을 하고 다투기를 좋아하는 신자가 있다면 그 사람은 그리스도인으로서 좀 문제가 있다.

이 진리는 이 데살로니가 교회의 어린 그리스도인들에 의해서 증명되었다. 바울은 "너희가 온 마게도냐 모든 형제를 대하여 과연 이것을 행하도다"고 말하였다. 이것은 마게도냐 그리스도인들이 다른 사람들에게 형제애를 자발적으로 발휘한 것이었다. 신자가 수고를 아끼지 않는 일과 증거와 예배에서 다른 신자와 힘을 합치는 것은 아주 자연스러운 것이다. 이와는 정반대의 일이 오늘날 조직된 교회 안에서 나타나는데 이는 진리에서 많이 벗어났기 때문이다. 신자들은 그리스도의 신성과 보혈의 속죄와 주의 재림의 귀중한 진리를 부인하는 자들과 함부로 손을 잡지 않는다. 그러나 참된 기독교의 가르침과 삶이 나타나는 곳이면 어디서나 직관적인 사랑이 신자들을 주장하게 된다. 아무것도 이 직관적인 사랑을 막지 못하게 해야 하는데, 이는 직관적인 사랑이 우리의 영적 경험의 핵심이기 때문이다. 바울은 이 그리스도인들에게 사랑으로 더욱더 자라가라고 명하였다. 이것은 사랑의 실천이 사랑하는 능력을 증가시키는 반면 사랑의 오용은 사랑의 능력을 위축시킬 것이라는 사실에 근거를 두었다. 이러한 삶의 특성은 여러 면으로 우리를 괴롭히는 이교적인 생각과 정반대이다.

A. 영혼의 평안.

바울은 형제애와 나란히 "종용하며"란 말을 덧붙였다. 이 말을 문자적으로 번역하면 이렇게 번역할 수 있다. "고요한 삶을 사는 것을 너희의 간절한 소망이 되도록 하라." 테이어(Thayer)는 이것은 여기저기 분주히 돌아다니지 않고 집에서 자기 일에 열중하는 사람을 설명한다고 말한다. 필립스는 이것을 "전혀 갈망하지 않는 것을 너희의 간절한 소망으로 삼아라"로 번역한다. 우리는 이것을 아무것도 하려고 해서는 안 되는 것으로 잘못 이해해서는 안 된다. 그보다는 하나님의 뜻 외에 다른 어떤 소원도 없다는 뜻으로 이해해야 한다. 여기서 가르치고 있는 것은 우리가 만족해야 한다는 것이다. 이것은 흥분되고 분주하고 의욕이 솟구치는 때에도 평온하고 고요하고 만족할 것을 말한다. 그와 같은 생활을 이루는 사람은 누구든지 그것은 구하고 추구하고 노력해야 하는 것이지 그렇지 않고서는 절대로 생기지 않는다는 것을 알고 있다. 성경의 다른 여러 곳에서도 이것을 뒷받침한다(참조. 사 30:15; 32:17). 하나님의 뜻 안에서 우리가 복되다. 하나님의 뜻은 아주 힘써 노력하는 것일 수도 있지만 그러는 가운데 우리는 확신과 힘과 안식을 가지게 될 것이다. 예수님은 "내 멍에는 쉽고 내 짐은 가벼우니라"고 말씀하셨다. 이 영혼의 평안에 대한 묘사는 매력과 명성과 권력과 여행과 자극과 성공을 최고로 생각하는 현대의 생활관과는 아주 대조를 이룬다.

이 진리는 다른 사람들보다도 그리스도인의 삶에서 훨씬 더 잘 경험될 수 있다. 의의 결과는 평안과 안전이다(사 32:17). 만일 하나님께서 우리 삶을 전혀 관리 감독하시지도 않고 우리에 대한 계획도 전혀 없으시다면 우리는 우리 스스로 우리 삶을 계획해야 한다. 이것은 우리 불안의 원인이다. 불안의 경험은 불의한 자의 특징이다(사 57:2). 거듭나지 않은 사람에게는 하나님 나라에 속한 자의 특징이 되는 이 영혼의 평안이 전혀 없다.

B. 창조적인 활동.

바울은 창조적인 활동이 영혼의 평안과 일치되게 한다. 그는 "자기 일을 하고 너희 손으로 일하기를 힘쓰라"고 말하였다. 현대의 대부분의 일은 영혼의 평안과는 거리가 멀다. 조립 라인 생산, 기계와 같은 인간의 작업, 장인의 솜씨와 창조성이 결여되어 있는 곳마다 우리는 일의 저주를 경험한다. 현대의 일은 대부분 개성을 무시하고 삶의 의미를 제거하고 목적을 상실하게 한다. 일이란 것이 대부분 단지 살기 위하여 무익하거나 가치 없는 노력을 하게 하는 것이다. 그런 일들에서는 사람이 영원한 상급이나 자랑이나 보상을 전혀 받을 수 없다. 이런 이유 때문에 윌리엄 제임스 (William James)는 "삶을 잘 사용한다는 것은 삶이 오래도록 남게 할 어떤 것을 위하여 삶을 사용하는 것이다"고 말하였다. 대부분 사람들이 단조롭고 고된 무의미한 생활을 하기 때문에 술과 도박과 음행을 도피처로 삼는다. 엘튼 트루블러드(Elton Trueblood)는 "자기 일에 푹 빠져서 일하지 않는 사람은 단지 돈만을 위해서 일하는 것이며 돈을 받으면 그는 반드시 그 상당량을 일이 주지 못하는 쾌감을 얻기 위하여 사용한다"고 말하였다. 그리고 토머스 에디슨은 발명품을 만들어 내기 위한 그의 부단한 노력에 대해서 말하면서 "그 일이 재미있다"고 말하였다. 자신에게 있는 모든 능력을 쏟아 부을 수 있는 일을 가지고 있는 사람은 행복한 사람이다.

늘 틀에 박힌 일을 하지 않으면 안 되는 사람들에게 짧은 일주일에 대한 보상이 있다. 이것은 그 사람들에게 정원을 가꾸고 사진을 찍거나 음악 활동을 하거나 글을 쓰거나 그림을 그리거나 다른 취미 생활을 할 기회를 준다. 우리가 소모하는 것보다 더 빠르게 생산하는 현대 산업 사회는 여가 시간을 가능하게 한다. 우리가 단순한 수공업 시대로 시간을 돌이킬 수는 없지만 여유 있는 시간을 이용하여 건설적인 일을 위하여 여가를 선용할 수 있다.

우리는 우리의 직업에 관하여 어떤 일을 할 용기가 있어야 한다. 우리는 장인이 되기 위하여 우리의 제일 원인의 능력을 일으켜서 발휘하려고 의도적으로 노력해야 하는데, 이는 우리가 하나님의 형상대로 만들어졌기 때문이다. 우리가 우리 노동의 산물을 바라볼 수 있도록 우리가 창조적인 일을 할 때 우리는 우리 자신을 잊고 이 목표에 몰입하여 열중하게 되기 때문이다. 그렇다면 시간은 아무도 요소가 아니다. 이렇게 될 수 없는 처지에서 사람이 일련의 삶을 사는 것이 종종 가능하다. 여인들이 이렇게 산다. 처녀 시절이 있고 결혼 생활이 있고 자녀가 자란 뒤에 그들의 생애가 있다. 그와 같은 사람은 사회와 인류와 보상적인 쾌감을 불러일으킬 다른 사람들에게 봉사할 수 있다.

C. 공동체 증거.

바울은 평안이라는 창조적 영혼의 개인적인 보상을 뛰어넘어서 그와 같은 개인에게 있었던 공동체 증거까지도 보았다. 그는 "이는 외인을 대하여 단정히 행하고"라고 말하였다. 그와 같은 삶의 투자는 그리스도를 믿지 않는 공동체가 칭찬할 만하였다. 불신자들은 그리스도인의 증거를 경계하였다. 그들은 이렇게 묻는다. "기독교가 도움이 되는가? 기독교가 개인에게 평안과 만족을 주는가? 일하는 습관과 윤리와 인간 관계에서 기독교가 차이를 나타내는가?" 그러므로 우리는 늘 정직하고 근면하고 창조적이어야 할 필요가 있다. 이것은 받은 봉급에 대해서 정확한 수의 시간으로 근무하는 것을 의미하며, 또 한편으로는 우리가 하는 노동에 대한 적절한 봉급 기준을 주는 것을 의미한다. 기독교는 이 모든 사회적 문제와 관계가 있다.

그 목적은 "아무 궁핍함이 없게 하려 함"이다. 성경은 빈곤과 의존과 결핍을 전혀 장려하지 않는다. 성경의 위인들은 의로울 뿐만 아니라 부유하였다. 욥, 아브라함, 야곱, 다윗 등등은 남에게 의존하지 않았고 부유하였다. 현대의 부에 대한 경시는 성경의 가르침에서 나온 것이 아니다. 궁핍하게 되어 가진 사람에게 구걸하기보다는 궁핍한 사람에게 줄 수 있는 것을 가지고 있는 것이 더 낫다는 것이 신약 성경의 진리이다. 어떤 점에서 게으른 자가 근검 절약하는 사람과 똑같이 생활비를 받는데 성경에서 균등화의 교리를 뒷받침해 주는 것이 전혀 없다. 사회의 가장 화급한 문제의 대부분을 해결해 주고 오늘날 개개인들에게 평안과 복을 가져다 줄 사회 대변혁의 실마리가 여기에 있다.

데살로니가전서 제4장

부활에 관한 교회의 가르침

13절 "형제들아 자는 자들에 관하여는 너희가 알지 못함을 우리가 원치 아니
하노니 이는 소망 없는 다른 이와 같이 슬퍼하지 않게 하려 함이라."

I. 역사적 배경

바울이 전도한 결과 데살로니가 교인들은 주께서 재림하실 때 그들을
그의 영광스러운 영원한 왕국으로 인도하시리라는 것을 믿었다. 그들은 실
제로 주께서 그들이 살아있는 생전에 오실 것으로 기대하였다. 그들만 그
렇게 기대한 것이 아닌데, 교회의 이후 세대 중에서 그와 같은 지나친 기
대로 인한 우려할 만한 결과를 나타낸 예가 역사 가운데 여러 번 있었기
때문이다. "예컨대 10세기에 A.D. 1000년 혹은 1000년경에 세상이 마지막
이 될 것이라는 것이 지배적인 생각이었다. 이 사건은 아담과 그리스도 사
이의 오천 년과 그리스도의 탄생 이후 천년으로 계산되는 육천 년이 끝나
는 천년의 일곱째 안식 기간을 예고하는 것이었다. 그리고 14세기에 기근
과 전염병이 돌았을 때 채찍질 고행파가 일어나서 종말이 빠르게 다가오
고 있다고 선전하였다"(Lightfoot, *Notes on the Epistles of Paul*,
Macmillan, New York, 1895, p. 62).

II. 용어 해설

13절의 "자는"과 14절의 "예수 안에서 자는"은 다 같이 죽음을 언급한
다. 이것이 죽었을 때 영혼이 잠을 자는 것을 의미하는가 하는 문제가 제
기되었다. 마틴 루터도 죽은 사람의 영혼은 부활할 때까지 잔다고 믿었다.

요한복음 11:11에서 예수님은 나사로에 대해서 말씀하실 때 이렇게 말씀하셨다. "우리 친구 나사로가 잠들었도다. 그러나 내가 깨우러 가노라." 그러나 예수님은 그의 죽음을 말씀하셨다(요 11:13, 14). "그는 그의 열조와 함께 잠들었다"고 말하는 것이 구약 성경의 관행이었으며, 그것은 죽음의 외적인 현상을 말하였다. 성경은 죽을 때 영혼이 잔다고 가르치지 않는다(psychopannychia) (참조. 눅 23:43; 고후 5:1-8; 빌 1:20-23; 마 22:32). 사람이 죽으면 영혼은 그리스도와 함께 있기 위하여 떠나며 몸은 부활할 때까지 잠잔다.

III. 교리적 의의

이 구절에서 신자의 부활과 교회의 휴거와 그리스도의 재림을 분명하게 가르쳤다. 그리스도 안에서 죽은 자는 강림하실 때에 일어날 것이다. 이것은 사랑하는 자를 잃은 데살로니가 교회의 신자들에게 위로를 주는 가르침이다. 이 부활은 "저희와 함께 구름 속으로 끌어 올려" 가는 휴거 전에 발생할 것이다. 주가 강림하실 때에 살아있는 성도와 부활한 성도가 함께 휴거될 것이다. 호령과 천사장의 소리와 하나님의 나팔로 강림하게 될 것이다. 오늘날 이 가르침에 대해서 어떻게 생각하든 신약 성경의 교회에서 이것을 가르쳤고 믿었다.

IV. 실천적 목표

슬퍼하는 자들을 위로하기 위함이다(18절). 그리스도께서 금방 오실 것을 기대한 이 그리스도인들은 그 사건이 일어나기 전에 죽은 그들의 사랑하는 사람들에게 어떤 일이 일어날지 걱정이 되었다. 이 가르침으로 그들은 그 큰 사건에서 그들과 함께 있을 것이라는 소망을 가지게 되었다. 재림을 강조함으로써 또한 그들이 마음에 준비를 하게 되었고 그리하여 그들은 항상 대비하게 되었다. 예수님이 오신 이후로 복음의 사역자들은 하나님의 성도의 장례식에서 이 성경 구절을 인용해 왔다. 주의 재림은 우리의 큰 소망이다(딛 2:11-15).

V. 설교 개요

제목: "부활에 관한 교회의 가르침."

도입부

"너희가 알지 못함을 우리가 원치 아니하노니"라는 바울의 표현은 바울이, 발생한 실제적인 문제와 그들이 제출한 난제와 전혀 일치가 없었던 개인적인 문제에 관하여 그들에게 설명하여 줄 때 사용하였다. 주께서 강림하시기 전에 죽은 성도들이 그 나라에 들어갈 것인가? 바울의 대답에서, 잠으로 묘사될 수 있는 바 무의식 상태 속에 있는 영혼의 존재에 관한 어떤 생각과 이 죽은 사랑하는 사람들의 미래에 관한 의심에서 생긴 슬픔과 불멸에 관한 회의(懷疑)가 있었다는 것이 암시된다. 그들에게 한 그의 대답은 "주의 말씀으로" 한 것이었다. 이런 일에 관한 지식은 전혀 다른 출처가 없다. 그 밖의 모든 것은 추측이다. 그리스도인은 기록된 하나님의 말씀을 부정하고 철학자들의 글을 옹호해서는 안 된다. 죽은 자에 관한 데살로니가인들의 문제에서 죽은 자의 상태에 관하여 하나님의 말씀에 들어 있는 가르침의 중요한 내용을 상세히 설명할 필요가 있음이 뚜렷이 나타났다.

바울의 메시지는 데살로니가 사람들에게 위로를 주기 위한 것이었다. 그래서 바울은 "이 여러 말로 서로 위로하라"고 말하였을 것이다. 그들은 주께서 재림하실 때에 그들을 그의 영광스러운 영원한 왕국으로 데리고 가실 것이라고 믿었다. 이 믿음은 바울이 그들과 함께 있을 때 가르친 가르침에 근거를 둔 것이었다. 그러나 사랑하던 사람들이 죽자 그들은 마음이 동요하게 되었다. 죽은 자는 어떤 상태로 있는 것인가? 죽은 자가 휴거될 것인가? 그들의 사랑하던 자들이 하나님의 품 안에 있고, 그들과 함께 주의 강림에 참여하게 되며, 주의 강림과 더불어 부활하게 될 것이라고 그들에게 말한 바울의 대답이 이 서신서의 중요한 내용이다. 이것은 죽음과 부활의 주제를 최초로 풍부하게 가르친 가르침이다.

A. 죽음의 경험.

그 구절은 "자는 자들" 혹은 "예수 안에서 자는 자들"을 이야기한다. 이 것은 죽은 사람을 가리킨다. 오직 신자들만이 여기서 문제로 되어 있다. 그 들은 "예수 안에" 있다고 선언되었다. 구약 성경에서는 "그의 열조와 잔 다"고 표현되었는데, 그것은 신자에게 일어난 죽음의 외적인 현상을 언급 하였다. 그러나 말의 이런 표상은 반드시 하나님의 말씀의 풍부한 가르침 과 조화를 이루어야 한다. 우리는 살든지 죽든지간에 그리스도와 연합되었 다고 한다(빌 1:23; 눅 23:43; 고후 5:7-9). 믿음으로 우리는 이제 그리스 도와 연합하였고, 죽음과 부활에서 그와 함께 있을 것이다.

바울은 죽음에 처한 불신자의 상태를 "소망 없는 슬픔"으로 표시한다. 이방인에게 죽음은 끝이다. 그에게는 부활의 소망도 불멸의 소망도 내세에 대한 소망도 전혀 없다. 그는 "소망이 없고 하나님도 없는" 자였다(엡 2:12). 이방인들과는 달리 이스라엘 사람에게는 소망이 있었다(욥 19:25). 그래서 구약 성경이나 신약 성경의 신자는 죽음이 영영 이별하는 것이 아 니었기 때문에 전혀 소망이 없는 자들처럼 슬퍼하지 않았다.

그리스도 안에서 죽은 자의 상태는 신약 성경에서 분명하게 이야기되었 다. 죽으면 그 영혼은 육체로부터 분리된다(고후 5:3). 영혼은 그리스도 앞 으로 가서 구속받은 자의 최종적인 상태가 확증될 몸의 부활이 있을 때까 지 일정한 기간을 기다린다. 이것은 모든 신자에게 똑같이 일어날 것이다. 신약 성경의 가르침에서 나사로의 이야기와 모세와 엘리야를 동반하셨던 예수님의 변용에 관한 기록에서 우리는 이 중간 상태에서도 우리가 우리 의 사랑하는 사람들을 알 것이라는 것을 깨닫게 된다.

B. 그리스도의 모범.

바울은 "예수의 죽었다가 다시 사셨다"는 사실이 신자의 부활과 관계가 있다는 것을 말한다. 우리가 그리스도 안에서 잠잘 수 있도록 하기 위하여 예수님은 실제로 죽으셨다. 그는 우리를 대신하여 십자가의 부끄러움과 모 욕과 고통을 참으셨다. 그러나 이 고난은 갈보리에서 그의 죽으심으로 끝났으며 그의 무덤에 묻히심과 함께 종결되었다. 예수님이 죽은 자 가운데서 살아나셨다는 사실은 미래의 상태에 대한 우리 믿음의 기초가 된다. 그는 첫열매이며 우리는 수확물이다. 우리의 부활이 주 예수 그리스도의 부활과 같은 것이라는 주장이 고린도전서 15장에 나온다. 이 큰 진리는 사도행전에 기록된 사도들의 모든 설교에 나타나는 바 교회의 사도의 가르침이 되었다. 그것은 내세의 삶에 대한 우리 자신의 믿음의 기초이다.

바울은 "우리가 … 믿을진대"라는 말로써 그리스도의 객관적인 죽으심과 부활에 대해서 그리고 우리가 그리스도와 연합한 것에 대해서 믿는 믿음이 필요함을 보여주고 있다. 그 때문에 사망의 쏘는 것이 신자에게서 제거되었다(히 2:14). 우리가 죽으면 영적인 상태에서 그리스도와 함께 있게 되며, 그리스도께서 다시 오실 때 우리가 그리스도의 어떠하심과 같이 되기 위하여 우리 몸이 변화된 상태로 부활하게 될 것이다.

C. 부활에 대한 기대.

이 성경 구절에서 바울은 부활의 순서를 분명하게 말한다. 물론 그리스도께서 부활의 첫열매이셨지만 수확기에 그리스도 안에서 죽은 자들이 먼저 일어날 것이라고 말한다. 죽은 신자들의 부활과 살아 있는 신자들의 변화 사이에 차이가 뚜렷이 나타난다. 불신자는 본문에서 전혀 고려되지 않는다. 이 본문과 둘째 부활을 이야기하고 있는 요한계시록 20장의 본문을 비교해서는 안 된다. 이 구절은 오직 한 부활만 이야기한다. 만일 전천년주의가 사실이라면, 신자의 부활과 불신자의 부활을 나누는 천년의 기간이 있지만 그러나 다니엘 12:2이나 요한복음 5:29이나 이 본문에서 그와 같은 기간에 대한 언급이 전혀 없으므로 만일 요한계시록 20장을 문자적으로 해석한다고 하면 그렇게 해석해야 된다.

그 사건들은 고린도전서 15:20-25에서 한 진술문으로 결합되어 있다. 여기서는 그리스도의 부활과 신자들의 부활을 구별하였다. 그러나 끝이 그리스도의 강림이냐 아니면 그보다 더 뒤의 시기이냐 하는 것이 문제이다. 이것은 그리스도께서 그의 원수들을 지금 죽이시는 것으로 해석하든지 아니면 천년 왕국 동안 죽이시는 것으로 해석해야 한다.

부활의 시간은 분명하게 나타난다. 바울은 "하나님이 저와 함께 데리고 오시리라"와 "저희와 함께 구름 속으로 끌어 올려"를 말한다. 부활의 시간은 그리스도께서 영광 가운데 오시는 때이다. 이 때에 천사와 구름과 호령과 나팔 소리도 함께 나타난다. 여기서는 은밀하게 오신다는 암시가 전혀 없고 승리의 구주께서 호령하는 분위기 가운데서 만날 것이라고 생각하게 한다. 이것은 살아있는 신자들의 휴거라고 한다. 성경은 한 세대의 신자가 죽음을 맛보지 않고 하늘로 올라갈 것이라는 놀라운 기대를 가지게 한다. 이 세대가 에녹처럼 변화될 것이다(고전 15:51, 52). 그러나 그와 같은 일이 죽은 자들 혹은 잠자는 자들보다 먼저 일어나지 않을 것인데 이는 그리스도 안에서 죽은 자들이 먼저 일어나고 우리가 함께 구름 속으로 끌어 올려질 것이기 때문이다. 은혜의 시대가 끝나고 택함을 받은 자들의 수가 다 차고 이방인의 시대가 끝날 때 이 일이 발생할 것이다. 성경은 이것이 언제 일어날지에 대해서 전혀 구체적인 언급이 없다. 사도들도 그 정확한 시기는 몰랐는데 이는 그것이 말씀에서 보는 바 영감의 한계를 뛰어넘는 것이었기 때문이다.

이 구절에서 부활의 본질이 완전히 드러나지 않았다. 신약 성경의 다른 구절을 언급할 필요가 있다(참조. 빌 3:20, 21; 요일 3:2; 롬 8:23; 고후 5:1-8; 고전 15:35-50). 우리가 주 예수 그리스도와 같이 될 것은 확실한데, 이는 우리가 땅의 형상으로 태어난 것처럼 하늘의 형상을 반드시 입을 것이기 때문이다. 부활과 휴거를 통하여 신자들은 영원히 주와 함께 있을 것이다. 영원히 헤어지지 않을 것이다. 주께서 계시는 곳에 우리가 있을 것이다. 그러므로 위로의 말씀이다.

데살로니가전서 제5장

그리스도의 오심에 관한 교회의 가르침

2절 "주의 날이 밤에 도적같이 이를 줄을 너희 자신이 자세히 앎이라."

I. 역사적 배경

이 신자들은 그리스도께서 자기 사역을 완수하시고 그의 죽으심과 부활로써 구속을 완성하신 시대에 살고 있었다. 그들이 살던 시기는 그리스도의 초림과 시간적으로 멀지 않았다. 그래서 바울이 그들에게 그리스도의 재림을 기대하라고 가르쳤을 때 그들은 자연스럽게 재림이 금방 일어날 것으로 생각하게 되었다. 그들에게는 이천 년 뒤에 사는 우리와 같은 시각이 전혀 없었다. 그들은 그 전조와 부대 상황과 결과로 "주의 날"로 불린 이 사건을 걱정하였다. 금방 오실 것으로 기대함으로써 그들은 일과 책임을 등한시하게 되었다.

II. 용어 해설

"때"(크로노스)와 "시기"(카이로스)는 전문적인 용어이다. 크로노스는 긴 혹은 짧은 시간의 기간을 표시하기 때문에 어떤 특별한 사건의 "그 날짜"와 관련이 있다. 카이로스는 시간뿐만 아니라 장소에도 쓰이기 때문에 "적절한 단위"를 의미한다. 그러므로 그것은 적합하다는 인식을 수반하는 "적절한 순간"이다. 그것은 "어떤 것을 할, 혹은 피할 기회"를 의미하기도 한다. 그것은 양보다는 오히려 질을 가리킨다. "때"는 그 사건까지의 기간을 암시하고 "시기"는 그 때를 나타낼 위기나 징조를 암시한다. 그 두 가지 기본적 문제는 다음과 같이 구별될 것이다. "주님께서 오시기까지 얼마나 긴 시간이 걸릴까?"와 "주님이 오시기 전에 무슨 일이 일어날까?"이다.

III. 교리적 의의

주이신 그리스도의 재림에 관한 교리가 강조되었다. 이것은 성경의 가르침과 신조들(사도신경 참조)과 교회 신학에서 으뜸가는 교리이다. 성경의 가르침에서 이것을 삭제하거나 그 생각을 영적인 의미로 해석하거나 그 이야기를 비신화화해서는 절대로 안 된다. 데살로니가전후서는 사도 바울의 설교와 가르침의 내용과 초대 교회의 믿음에는 영광 가운데 심판하시기 위하여 오시는 예수 그리스도의 오심이 들어 있고 강조되어 있음을 보여준다.

IV. 실천적 목표

그리스도의 재림에 대한 소망에서 그리스도인은 근신하고 경건하고 봉사하는 삶을 살고자 하는 큰 의욕이 생긴다(참조. 2:11-15). 그리스도께서 다시 오실 때 그리스도께서 우리를 보시는 그 상태대로 우리가 인정받을 것이다. 우리가 죄 가운데 있으면 진노 아래 있게 될 것이고, 만일 의롭다면 긍휼을 입게 될 것이다. 주의 만찬과 관련된 특성은 재림에 비추어 평가되어야 한다. 재림에 대한 소망 때문에 신자는 흠없이 되고자 한다(살전 5:23; 요일 3:2, 3).

V. 설교 개요

제목: "그리스도의 오심에 관한 교회의 가르침."

도입부

영광과 능력 가운데 오시는 그리스도의 재림에 관한 생각은 우리로 하여금 그와 같은 사건에 수반되는 때와 시기에 관하여 관심을 가지게 한다. 재림에 관하여 생각하는 그 순간 사람들은 언제 어떻게 무엇을 묻게 된다(참조. 마 24:3; 행 1:7). "때"와 "시기"에 관한 바울의 언급에서 그가 그들에게 이 주제에 관한 기독교의 가르침을 상세히 설명하였던 것이 분명하다. 이 가르침은 그 때는 알 수 없지만(행 1:7; 마 24:36) 재림의 징조는 볼 수 있고 알 수 있다는 것이다. 다니엘 12:10에서 지혜 있는 자로 불리는 신자들은 그 때를 알 것인데 이는 그들이 그 징조에 주의하기 때문이다. 그러므로 그들은 모르고 있다가 갑자기 당하여 놀라거나 당황하지 않을 것이다. 다니엘 12:10에 의하면 악한 자인 불신자들은 알지도 못하고 주의도 하지 않을 것인데 이는 그들이 영적으로 잠자고 있어서 그들에게 그 날이 갑자기 임할 것이기 때문이다. 바울은 그들이 주의 오심에 대한 이 징조를 자세히 안다고 믿었기 때문에 그들에게 그것에 관하여 다시 쓸 필요가 없었다. 우리가 그의 언급을 읽을 때에는 주의 재림에 관하여 어떤 의문이 생긴다.

A. 주의 날은 그리스도의 날과는 어떤 차이가 있는가?

세대주의자는 "그리스도의 날"과 "주의 날"이란 표현에는 큰 차이가 있다고 주장한다. 여기서 그리스도의 날은 완전히 그리스도가 오실 때 성도들이 받는 상급과 복과 관련이 있고 주의 날은 심판과 관련이 있다고 한다. 해리 아이언사이드(Harry Ironside)는 "'주의 날'이란 이 표현은 그때에 어떤 사람들이 생각한 것처럼 공중으로 주의 교회를 끌어 올리기 위하여 주께서 강림하시는 것을 말하는 것이 아니라 주의 나라를 세우시기 위하여 눈에 보이는 영광으로 주께서 나타나심을 말한다"고 주장하였다. 모든 세대주의자들이 취하는 입장은 휴거 혹은 그리스도의 날과 계시 혹은 주의 날 사이에 7년의 예언적 주간(week)이 있다는 것이다.

심판과 진노와 환난의 날과 동의어인 주의 날에 대한 구약 성경의 사용을 분석하면 도움이 될 것이다(사 2:12, 19; 암 5:18-20; 습 1:14-18; 욜 2:1-3; 렘 33:7). 또 신약 성경의 언급을 분석하면 도움이 될 것이다(마 24:29-31; 행 2:19, 20; 살후 2:1-3; 벧후 3:10; 유 1:6; 계 6:12-17; 19:11-21). 신약 성경에서 그리스도의 날에 있을 상급과 복에 대해서 언급하는 구절들이 많이 있다(고전 1:8; 고후 1:14; 빌 1:6; 1:10; 2:16; 살전 2:19; 5:23; 딤후 4:8). 성경은 세상에서 회계하기 위하여 오시는 주 예수 그리스도의 오심을 언급하기 위하여 그리스도의 날 혹은 주의 날이라는 그 말을 동의어적으로 사용하는 것 같다. 부활(살전 4:14)과 휴거(살전 4:17)와 노하심(살전 5:9)과 환난과 심판(살후 1:9)과 같은 그런 사건의 수많은 부대 상황을 다 이루기 위해서는 24시간이라는 하루보다 더 긴 시간이 필요한 것 같다.

주의 날은 두 가지 관점에서 생각해 볼 수 있다. 곧 상급을 받기 위하여 주와 함께 있게 되고 하나님의 쏟아지는 진노를 피할 신자들의 관점에서 생각해 볼 수 있고 주의 날의 형벌을 받기 위하여 남아 있는 악인의 관점에서 생각해 볼 수 있다. 주의 이 날은 현재의 모든 징조가 가리키고 있는, 그리스도의 오심에 의하여 예고된 파국적인 심판이다.

B. 주의 날은 그 시간을 미리 알게 되는가?

불신자은 주의 날의 그 시간을 모른다. 그들은 "어두움"에 있다. 그들에게는 그것이 예기치 못한 것이 될 것이다: "주의 날이 밤에 도적같이 너희에게 임하지 못할 것이다"(참조. 벧후 3:10; 계 16:15; 마 24:43, 45; 25:13). "저희가 평안하다, 안전하다 할 그 때에" 주의 날이 갑자기 임할 것이다. 성경에서는 완전히 그릇된 안전 의식과 "평안하다, 평안하다"고 말하지만 "전혀 평안이 없는" 때와 주의 오심으로 갑자기 중단될 쾌락과 방종과 부를 추구하는 때를 묘사한다. 이 주의 오심은 파멸적이고 최종적이다: "그때에 잉태된 여자에게 해산 고통이 이름과 같이 멸망이 홀연히 저희에게 이르리니." 이것은 공중에 끌려 올라감을 당하는 교회를 말하는 것이 아니라 구속받지 못한 세상을 말하는 것이다.

신자들은 주의 오시는 때를 알게 될 것이다. 바울은 "너희는 어두움에 있지 아니하매 그 날이 도적같이 너희에게 임하지 못하리니" 하고 말하였다. 신자들은 빛과 이해와 지혜와 통찰력의 자녀이다. 그들은 그 때에 관한 교훈을 알고 있고, 주께서 처음부터 정하신 그 징조를 알며 주의 오심을 기다리고 있다. 이것이 참된 신자의 표이다. 그는 진지하게 때의 징조에 관한 성경의 가르침을 받아들여서 눈을 높이 들어서 주의 오심을 기다리고 있다. 자고 있는 그리스도인은 주의 오심을 모를 수 있겠지만 휴거의 때는 알게 될 것이다. 휴거는 모든 신자, 모든 거듭난 자들, 모든 하나님의 자녀에게 차별없이 있게 될 것이다. 그들이 받을 상급에는 차이가 있겠지만 그들이 주와 함께 있게 되는 것에는 아무런 차이가 없다. 그래서 필립스는 그 말씀을 이렇게 번역하고 있다. "낮에 속한 사람인 우리는 우리의 흉배로 믿음과 사랑을 붙이고 우리의 투구로 구원의 소망을 쓰고 경계해야 한다." 그리스도인이 세속적이 되고 세상과 동행하고 어둠과 죄 가운데 사는 것은 잘못된 상태에 있는 것이다. 만일 그와 같은 상태에 있다면 그 사람들은 자신들의 믿음이 거짓된 확신을 하고 있든지 아니면 모순된 삶을 살고 있다고 평가해야 할 것이다. 진실한 신자의 특성은 깨어 있고 조심하고 근실하게 사는 것이다. 그러한 사람에게 "하나님이 노하심에 이르게 하지 않고 오직 우리 주 예수 그리스도로 말미암아 구원을 얻게 하신다."

C. 주의 날에 죽은 신자들과 살아 있는 신자들 사이에 어떤 차별이 있는가?

바울은 "우리를 위하여 죽으사 우리로 하여금 깨든지 자든지 자기와 함께 살게 하려 하셨느니라"고 말하였다(10절). 그리스도의 죽으심은 자든지 살든지 모든 신자의 구원을 보장하였다. 신자가 죽으면 그리스도와 함께 있게 된다. 그리스도께서 재림하실 때 신자의 몸은 영적인 몸으로 부활하게 될 것이다. 그런 다음 영적인 형체로 그는 영광스러운 나라에서 그리스도와 함께 영원히 있게 될 것이다. 죽은 성도의 상태에 관한 데살로니가 교인들의 질문에 대한 바울의 대답은 그들이 지금 구원받았고 장차 노하심에서 구원을 받아 그리스도께서 오실 때 그의 영광에 참여하게 될 것이라는 것이다. 어둠과 죄와 노하심에서 신자가 구원을 받음은 지금 완성되었다. 신자의 운명은 그리스도와 함께 영원히 있게 되는 것이다. 그리하여 바울은 "우리가 그리스도와 함께 살 것이다"라고 말한다. 그리스도와 이러한 신비한 연합은 지금 시작되어 절대로 중단되지 않을 것이다. 이 연합의 결과는 위로이다(11절). 이러한 진리에 대한 재확인으로 인하여 신자들이 서로 권면하게 되고 서로 덕을 세우게 된다.

데살로니가전서 제5장

교회가 그 자녀에게서 기대하는 것

5, 8절 "너희는 다 빛의 아들이요 낮의 아들이라 우리가 밤이나 어두움에 속
하지 아니하나니 … 우리는 낮에 속하였으니 근신하여 믿음과 사랑의 흉
배를 붙이고 구원의 소망의 투구를 쓰자."

I. 역사적 배경

일세기의 세상은 어둠의 세상이었으며 세상의 자녀는 어둠 가운데 있었
다. 정치적으로는 로마가 철권으로 통치하였고 그의 속국 어디에서든 자유
나 독립의 기미만 보이면 모조리 무참하게 짓밟아 버렸다. 철학적으로는
플라톤과 아리스토텔레스의 큰 사상 체계에서 에피쿠로스주의와 스토아주
의와 궤변학파(Sophism)로 바뀌었다. 이상주의가 물질주의로 대체되었다.
그리스 신비 종교가 최대의 영향력을 가지고 있었다. 도덕적으로는 냉소주
의와 방종이 관심의 대상이었다. 어떤 것에서든 소망이 좀처럼 보이지 않
았다. 사람들이 어둠과 사망의 그늘에 앉아 있었다.

II. 용어 해설

9절의 "이르게 하심"은 에세토이다. 이것은 1:3에서 사용되었고 "택하
심"(에크로게)으로 번역된 것과 똑같은 말이 아니다. 이 말은 진노가 아니
라 구원받기로 예정된 성도들을 말한다. 이 말은 개개인을 언급하는 것이
아니다. 9절의 "얻다"라는 말은 페리포에신이며 "소유" 혹은 구매하여 소
유하는 것을 의미한다(참조. 행 20:28 "사신 교회", 그리고 엡 1:13, 14).
이 구원은 그리스도의 역사적 사역에 좌우되거나 그것을 통하여(디아) 완

성되었다. 소테리오스란 말은 여기서 미래와 현재의 의미가 있다. 그 생각은 재림으로 말미암아 하게 되었지만 바울은 그리스도께서 행하신 구원에 대한 간략하지만 간명한 진술을 하게 되었다.

III. 교리적 의의

구속의 큰 교리가 5:10에서 상세하게 설명된 것이 아니고 암시적으로 언급되었다. 구속이 이 데살로니가전후서에서는 예외적이라고 할 수 있는 1:9과 함께 여기서 유일하게 언급된 반면에 로마서와 고린도전서와 갈라디아서에서는 매우 중요하게 나타난다. 잠깐 언급하고 지나갔다는 것은 그가 데살로니가에 있을 때 이미 전하고 가르쳤고 또 그들이 그것을 이해하였다는 것을 보여준다. 그래서 그는 그 문제에 몰두하지 않고 다른 문제를 다루었다. 이 구절(10절)은 그리스도께서 우리를 위하여(페리) 죽으심으로써 구원을 이루셨다는 것과, 구원을 통하여 그리스도와 신비한 생명으로 연합되었다는 것을 선언한다. 알렉산더 맥클라렌(Alexander Maclaren)은 다음과 같이 말하였다: "세상 죄를 담당하고 그 결과 나의 죄를 담당한다는 점 이외에, 어떤 점에서 예수 그리스도의 죽음이 나에게 이로운 것인가?" 여기서 바울이 가르친 교훈의 의미는 그의 다른 서신서들에서 구속의 주제에 관하여 충분히 다룬 것에서 잘 추론할 수 있다. 십자가에서 예수 그리스도의 죽으심으로 말미암아 진노로부터 생명으로 이르게 한 구원의 완성은 데살로니가전서에서 디모데후서까지 바울의 신학을 구성하였다.

IV. 실천적 목표

덕을 세우는 것(11절)은 그리스도의 오심에 대한 생각과 그로 인한 확신과 우리 주 예수 그리스도의 죽으심을 통한 구원에 대한 획신의 결과이다. 덕을 세우는 것은 신자가 예배와 가르침과 하나님 백성과 사귀는 사귐에서 받는 유익의 요약이다. 우리는 덕과 지식과 사랑과 봉사와 은혜로써 피차 격려해야 한다. 이렇게 함으로써 성도가 된다.

V. 설교 개요

제목: "교회가 그 자녀에게서 기대하는 것."

도입부

바울은 주 예수 그리스도의 오심에 관하여 언급하면서 빛의 자녀와 어둠의 자녀를 대조하여 말한다. 그가 다루고 있는 주제는 주 예수 그리스도께서 그의 교회를 위하여 그리고 불경건한 자들을 심판하시기 위하여 다시 오심이다. 바울은 예수 그리스도께서 어떤 일정한 날에 친히 눈에 보이게 영광스럽게 땅으로 다시 오실 것임을 강조한다. 이와 더불어 성도의 부활과 휴거가 있을 것이고, 또 하나님의 진노와 심판이 선포될 것이다. 그 오시는 때는 알지 못하지만 신자들이 준비할 수 있도록 신자들에게 경고가 되는 징조가 미리 나타난다.

예수 안에서 자는 자든 그때에 살아 있든 빛의 자녀로 불리는 교회의 모든 지체들에게 재림은 그들의 몸의 구속이 완성됨을 의미하며 환난의 이 세상 무대로부터 완전히 옮겨짐을 의미할 것이다. 불경건한 자 혹은 어둠의 자녀들에게는 이것은 우주적인 대재난과 자연의 격변과 불로 인한 멸망에서 하나님의 노하심을 당하게 되는 것을 의미할 것이다. 성경에서는 이 사건을 무시무시하게 묘사하고 있다. 이 날을 주의하고 기다리고 있는 사람에게는 이것이 복된 소망인 반면에 다른 사람에게는 두려움과 고통의 날이다. 그것을 생각하면서 귀신들은 예수님께 이렇게 말하였다. "때가 이르기 전에 우리를 괴롭게 하려고 여기 오셨나이까?"

빛의 자녀 혹은 교회의 지체가 되는 것에는 어떤 필요 조건이 따른다. 교회의 지체들은 하나님의 자녀처럼 행하여야 하지 어둠의 자녀처럼 행해서는 안 되는 것이다. 교회의 자녀이기 때문에 그들에게서 다른 행동 표준과 다른 생활의 질과 다른 행동 방식이 나오기를 바란다. 기독교의 주장이 힘이 있는 것은 바로 이 사실 때문이다. 회심한 사람이 이전과 똑같은 일을 계속하지만 다른 정신에서 그 일을 한다고 하는 것은 좀 잘못된 생각이다. 성경에서는 어둠에서 빛으로 옮겨온 사람에게서는 완전히 다른 생활이 나타난다고 가르친다. 교회의 큰 소망을 공유하기 전에 그 사람은 진리를 믿고 그리스도인의 생활을 증거해야만 한다.

A. 교회 자녀의 성격.

바울은 "너희는 다 빛의 아들이요"라고 말하였다. 성격은 우리 본성을 나타낸다. 열매는 나무에서 자라고, 말씀은 생각과 마음에서 나오고, 행동은 성질에서 나온다. 예수님은 "마음에서 나오나니 이것이야말로 사람을 더럽게 하느니라", "그 열매로 그들을 알지니라"고 말씀하셨다. 타락한 인간들은 빛의 자녀가 아니라 어둠의 자녀이다(렘 17:9; 요 8:46; 롬 3:10-23; 엡 2:2-3). 보통 은혜에 의하여 타락한 인간들이 그리스도인의 성격과 닮은 성격을 흉내낼 수는 있지만 그리스도인의 성격을 소유하지는 못한다. 타락한 사람들은 그들 자신의 발명과 행사의 미로 속에서 방황하고 있다. 「사회주의자의 비극」(*The Socialist Tragedy*)에서 아이버 토머스(Ivor Thomas)는 "사회주의가 인간 본성에 걸려 반드시 부서질 수밖에 없다는 주장을 확증하기 위하여 우리는 신학자에게 도움을 구하는 것이 유리할 것이다. 건전한 신학과 마찬가지로 건전한 정치 철학은 타락한 인간으로부터 시작하여야 한다"고 말하였다. 사람의 본성은 그의 성격에서 나타난다. 만일 본성이 은혜로 회복되었다면 그 성격이 의롭고, 만일 본성이 회복되지 못하였다면 그 성격은 의롭지 못하다.

신생으로 본성이 변하고 빛의 자녀의 성격이 만들어진다. 웨스트민스터 소요리문답에서는 이것을 이렇게 정의하고 있다. "효력 있는 부르심은 하나님의 성령이 하시는 일로서, 우리의 죄와 비참을 깨닫게 하시고 우리의 마음을 밝게 하여 그리스도를 알게 하시고, 우리의 의지를 새롭게 하시어, 우리로 하여금 복음 가운데 값없이 주시는 예수 그리스도를 확신을 가지고 영접하게 하시는 일입니다." 예수님은 이것을 그를 따르는 것으로 설명하셨다(마 16:24; 요 8:12). 그와 같이 예수님을 따르는 방식은 자신을 그리스도께 맡기고 그를 의지하는 결심에 의하여 결정된다. 이것에는 동시에 일어나고 완전하고 영구한 회개가 수반된다. 바울은 그것을 세례를 받아

신적 성품에 참여하여 우리가 그리스도의 죽음과 부활에서 그리스도와 연합하는 것으로 묘사한다.

회개한 사람에게 영적 조명이라고 부를 수 있는 지식이 있게 된다. 바울은 "너희는 어두움에 있지 아니하매 그 날이 도적같이 너희에게 임하지 못하리니"(4절) 하고 말하였다. 그 본성을 중생시킨 바로 그 성령께서 새로운 피조물의 마음을 조명하신다(딛 3:5; 롬 12:2; 엡 2:24; 고전 2:9). 새로 회심한 자는 그에게 중생한 마음이 없었을 때 그에게 없었던 성경의 하나님의 계시에 대한 새로운 이해가 생긴다. 그가 교리와 진리의 체계로 화합할 수 있는 말씀에서 이제 그는 새로운 것을 발견하고 즐거워한다.

B. 교회 자녀의 행동.

바울은 "우리는 다른 이들과 같이 자지 말고 오직 깨어 근신할지라"고 말하였다. "다른 이들과 같이"는 세상과 정반대를 묘사한다. 여기서 표상의 변화가 있는데 잠이란 말을 죽음을 표상하여 쓰던 것을 도덕적인 무감각을 표상하는 말로 쓰고 있다. 마찬가지로 여기서 깨어 근신하는 것을 의미하는 살아 있는(alive)이란 말과 관련하여 표상의 변화가 있다. 잠자는 이 세상 사람들은 하나님께서 생명으로 초대하는 것과 노하심과 심판에 대한 하나님의 경고와 영적 일에 대한 하나님의 훈계에 무감각하다. 이 잠자는 세상 사람들은 죄악된 일에 탐닉하고 쾌락과 재물의 보증과 힘을 과신한다. 그의 양심은 죽었고 그의 도덕적 본성은 잠자고 있다.

이런 데서 우리는 예외적으로 현세적이고 근신함이 없는 세속적 그리스도인이 어떤 사람인지 알게 된다. 교회의 자녀가 어둠 가운데 행하는 것은 모순된 일이다. 우리는 빛의 자녀이기 때문에 순결하고 깨끗하고 거룩하고 의롭게 행해야 한다. 별들에서 나타나는 바로 그 요소가 우리 안에서 발견되듯이, 그리고 태양 안에 있는 바로 그 요소가 한 줄기의 빛에 있듯이 그리스도 안에 있는 바로 그 특성이 우리 안에서 발견되어야 한다. 그러나 성경은 현세적이고 미성숙하고 세속적인 그리스도인에 대해서 이야기한다. 이 경고에 비추어 그런 사람은 책망받아야 한다. 그들은 조심해야 한다. 바울은 "깨어 근신하라"고 말하였다. 근신하는 것은 실제로 삶에서 소유하고 즐거워하는 모든 것을 사용할 때 절제하는 것을 의미한다. 그와 같은 근신은 16절에서 19절까지 묘사된 기쁨과 광채와 열정과 일치하는 것이다. 그리스도인은 빛과 순결과 의의 영역인 날에 속하기 때문에 명랑함과 밝음이 신자에게서 발할 것이다.

C. 교회 자녀의 특징.

8절에서 바울은 "믿음과 사랑의 흉배를 붙이고 구원의 소망의 투구를 쓰자"고 말한다. 여기서 바울은 1장 4절에서 진술한 그의 최초의 비유로 돌아간다. 믿음으로 말미암아 신자들은 빛과 교회의 자녀가 된다. 신자를 의롭게 한 믿음은 또한 구원을 받게 하고 계속 빛이 들어오게 하는 수단이다. 신자는 믿음으로 산다. 그의 믿음에서 선한 행실이 나온다. 믿음을 통하여 기도하고 수고하고 희생하고 인내할 수 있다. 교회의 자녀인 그는 사랑의 자녀이다. 그는 사랑으로 웃어른을 존경한다. 이 사랑의 철학은 세상에서 가장 혁명적이다. 이것은 감상적인 생각이 아니라 엄격한 동기 부여이다. 사랑은 사악함이 군림하지 못하게 하며 그릇된 생각이 지배하지 못하게 한다. 간단히 말해서, "사랑은 율법을 완성한다." 신자는 또한 소망의 자녀이다. 그는 구원의 소망 가운데 산다. 이 사람은 지금 죄책과 죄의 세력에서 구원받은 것처럼 죄의 실재로부터 구원받을 그 계시의 날을 대망한다. 그래서 기독교는 세상에서 가장 암울한 상태에서도 참된 낙관주의를 가지게 된다.

데살로니가전서 제5장

교회의 규례

14절 "또 형제들아 너희를 권하노니."

I. 역사적 배경

이 형제들은 직분자들에게 순종하는 평신도와 같은 어떤 특정한 계층이 아닌 전체 교회를 대표한다. 교회는 하나이며 모든 사람은 형제이며 교회를 다스리는 개개인들은 주님 밑에서 회중의 대표로서 자기 직무를 수행한다. 이것은 교회가 성직자들로 이루어진다고 하는 로마 가톨릭의 관점과는 현저히 다르다. 어떤 주석가들은 이것이 직분자에 대한 것이라고 하기에는 교회사에서 너무 이르다고 생각하지만 우리는 이렇게 추론하는 이유를 전혀 모르겠다. 오히려 그것은 아주 초기 교회 조직 형태를 시사한다(12절).

II. 용어 해설

코피아오에서 파생한 "수고하다"란 말은 "지칠 정도로 일하다"(테이어), "힘써 일하다"(필립스)라는 의미이다. 바울의 복음 전도의 일을 묘사하기 위하여 사용된 말이다(고후 10:15; 살전 3:5). 여기서 이 말은 장로로서 평신도들을 다스리도록 임명된 평신도의 사역을 나타낸다(딛 1:5). 교회의 초기 조직은 간단하게 회중의 영적 책임과 물질적 책임을 맡은 장로들과 집사들로 이루어져 있었다. 그와 같은 직분자들은 은사와 헌신을 발휘하여 지도자로 뽑혔고 "주 안에서 너희를 다스리는" 자로 임명을 받고 위임을 받았다.

"마음이 약한"은 문자적으로 올리고프쉬코스("정신이 유치한")에서 파생된 "나약한"이다. 그것은 동요되는 사람, 낙심하는 사람, 나약한 사람을 뜻한다. 교회의 어느 시대나 유혹과 장애와 사별과 핍박으로 말미암아 이런 사람들이 늘 있다. 힘이 없는 자들을 "지지하며"는 "붙들어 준다"는 것이다(개역 한글판은 "붙들어 주며"로 번역되었다). 닐(Neil)은 그것을 안테코에서 취하여 "힘 없는 자를 너의 두 팔로 감싸 안아라"로 번역한다.

III. 교리적 의의

만일 우리 교회 조직이 성경적이 되려면 우리는 신약 성경의 교회가 회중을 "다스리는" 집사와 장로로서 사역할 사람들을 따로 세웠던 것을 반드시 알아야 한다. 그들은 교인들을 "다스리고 가르치고 돌보아야" 했다. 교인들은 그들을 "존중하고 순종하고 존경해야" 한다. 혼란과 부조화와 약함에 대한 교정 수단으로서 그와 같은 질서가 확립되었다. 회중의 예배와 징계는 이 직분자들에게 맡겨야 한다.

IV. 실천적 목표

교회를 위하여 여기에 지도자와 하나님의 백성의 생활과 예배의 표준이 서술되었다: 장로에 대한 교인들의 태도, 온갖 부류의 교인들 ― 완고한 자, 연약한 자, 쉽게 흔들리는 자 ― 에 대한 장로의 태도, 영적인 일에서 온갖 행위. 교회 관계에 대한 이 기본적인 규례가 지켜지면 회중들의 인간적인 관계에서 일어나는 문제들이 해결될 것이다. 경험과 실행의 높은 수준이 제시되었지만 도달할 가능성이 없는 것이 아니다. 이것은 신자 모두 회중 개개인이 노력해야 할 목표이다.

V. 설교 개요

제목: "교회의 규례"

도입부

형제들이란 말은 5:12, 14에서 주의 회중 가운데 동등하지만 두 그룹으로 나누어진 자들을 말하기 위하여 사용되었다. 한 그룹은 주 안에서 다스리는 자들을 공경해야 하는 사람들이고, 다른 한 그룹은 주 안에서 그들의 형제들을 다스려야 하는 사람들이다. 형제들을 다스려야 하는 자들은 직분자로 불렸고, 그들의 활동과 권위와 그들에게 위임된 일은 12절에 서술되었다. 능력과 시간과 노력이 담긴 그들의 수고는 신자들의 안녕을 위해 들인 것이었다. 이 수고에는 많은 일이 포함되었다. 그들의 권위는 형제들을 다스리거나 예배와 영적 생활에서 그들을 감독하는 것이었다. 그들에게 위임된 일은 그들을 권고하는 것 즉 형제들을 가르치고 훈계하고 권징하는 것이었다. 말씀을 전하고 성례를 집행하는 일이 없이는 도무지 참된 교회일 수가 없다. 그런 수고를 하도록 뽑힌 형제들은 다른 형제들에게서 존경을 받아야 하는데 이는 그들의 지위가 영예롭고 소중하기 때문이다. 나중에 바울은 처음 믿은 사람이 회중 가운데 그 같은 지위에 올라서는 결코 안 된다고 권면하고 있다. 그러나 어떤 사람이 그 지위에 오르면 교인들의 사랑을 받아야 할 것을 말하였다. 이러한 결과 회중은 "너희들끼리 화목" 한 것이다. 권위와 지도자에게 복종하지 않겠다는 것은 반항하고 파벌을 조장하는 것이다. 고린도전서 3:3, 4에 서술된 것에서 이러한 실례를 보여 준다. 그와 같이 불화하게 되면 교회가 약해져서 힘도 없고 발전도 없게 된다. 교회 직분자들에 대한 형제의 태도와 전체 교회 지체들과 교회 생활에 대한 직분자의 태도는 병행한다.

A. 지체 가운데 문제 자녀들,

교회 지체들 가운데는 경고를 받고 고침을 받아야 하는 자들이 항상 있었고 앞으로도 있을 것이다. 이 사람들은 늘 불만과 불평과 시기심과 완고함이 있다. 교회 지체 가운데 그런 사람들이 있다는 것은 모든 사람에게서 이전의 변화되지 않은 삶이 아직 깨끗이 청산되지 않았음을 나타낸다. 그러므로 직분자들은 규모 없는 자들을 훈계하여야 한다. '규모 없는' 이란 말의 문자적인 번역은 '무질서한' 이며, 직장을 버리고 일도 하지 않으면서 그리스도의 파루시아를 기다리는 자들을 말한다. 이로 말미암아 그들은 게으름뱅이가 되었고 일하는 사람들에게 무거운 짐이 되었다. 그와 같은 행동은 불신 세계 속에서 사는 회중의 위엄있고 훌륭하고 도덕적인 생활에 손상을 끼쳤다. 그와 같이 무질서한 행동을 하는 사람들에게는 치리가 반드시 실시되어야 했다. 그와 같은 치리가 대부분의 현대 교회들에서는 실시되지 않고 있다.

그리고 직분자들은 마음이 약한 자 혹은 의지가 약한 자들을 위로해야 하였다. 핍박으로 상처를 받고 반대를 받아 동요하는 사람들을 의심하지 않고 신자로서 따뜻하게 대하면 마음이 약한 자에게 큰 위안이 될 것이다. 화합 속에 힘이 있고 그리고 그와 같이 동요하는 개개인들을 격려하는 것이 교회 직분자들이 할 일이다.

또 직분자들은 힘이 없는 자들을 붙들어야 하였다. 여기에 교회의 행동 규범은 힘없는 형제들을 우리의 행동과 활동의 시금석으로 삼아야 한다는 인식이 있다. 로마서 14장에서 바울이 말한 세 가지 규칙 중 하나는 약한 형제를 걸려 넘어지게 해서는 안 된다는 것이다. 우리 모두 어떤 특정한 것에서는 약한데 이는 어떤 신자도 그리스도의 완전한 윤리에 도달하지 않았기 때문이다. 따라서 우리가 약한 자를 붙들어 주어야 할 뿐만 아니라 우리 스스로 어떤 부분에서는 약하여 넘어질 수 있다는 것도 기억해야 한다.

마지막으로 직분자는 모든 사람에 대해 오래 참아야 한다. 아무리 화가 나더라도 앞에서 말한 모든 부류의 사람들에 대해서 관대한 마음을 나타내야 한다. 게으른 자들과 마음이 흔들리는 사람들과 완고한 지체들에 대해서 자제하지 못하고 와락 성미를 내기 쉽다. 참지 못하면 불화가 생긴다. 우리가 오래 참는 것은 성령의 열매의 표시이다. 교회의 치리자들이 이러한 충고를 받아들였더라면 오늘날 심하게 분열된 기독교계가 좀 덜 분열되었을 것이다.

B. 교회 지체들의 인격적 태도.

　　바울이 열거한 여러 가지 태도는 산상보훈의 표준과 비슷하다. 맨 먼저 바울은 그리스도인이 누구에게나 선해야 한다는 것을 선언한다(15절). 그리스도인의 보편적인 도덕법은 그리스도인이 악으로 악을 갚지 말고 선을 좇아야 한다고 요구한다(마 5:32 이하; 롬 12:16 이하). 기독교에서 보복과 원한은 금지되었다. 형제들이 기분 나쁘게 행동하는 태도를 볼 때 때때로 이런 유의 반응이 나타나게 된다. 그러나 이런 반응은 그리스도인의 삶에 위배되는 것이다. 우리는 기독교의 사랑의 삶을 나타냄으로써 세상을 정복할 책임이 있다. 심지어 우리를 대적하는 사람들에게도 선을 좇아 행해야 한다.

　　교회의 지체들은 쾌활한 성격이어야 한다. 그들은 "항상 기뻐"해야 한다. 비극과 손실과 실망과 괴로움 앞에서도 그와 같이 기뻐할 수 있는 것은 하나님 자신의 주권으로써 모든 일을 선하게 하시는 하나님을 믿는 믿음이 있기 때문이다. 그런 사람들은 오히려 "의를 위하여 핍박을 받은 자는 복이 있나니"라고 말할 수 있다. 고난 가운데서조차도 그리스도인으로 하여금 기뻐할 수 있도록 하는 근원적인 행복이 있다. 한 개인이 할 수 있는 최선은 이 표준에 가까워지는 것인데, 이는 참으로 슬프게도 그 표준에 도달하지 못한다는 것을 우리 각자가 알고 있기 때문이다. 그렇지만 기독교 표준 이외의 것에 대해서는 이런 심정이 있을 수 없다.

　　그 다음에 바울은 "쉬지 말고 기도하라"고 말한다. 만일 이 말이 끊임없이 기원과 찬양과 중보 기도를 목소리로 표현하는 것을 의미한다면 또 한 번 불가능한 표준이다. 바울의 삶에서 나타나는 것처럼 바울 자신은 이렇게 하지 않았다. 오히려 바울은 우리가 일하고 여행하고 대화하고 휴식할 때에 그리고 심지어 잠자는 동안도 하나님이 함께 하신다는 것을 느껴야 한다는 뜻으로 말한 것이다. 기원하고 찬양하고 예배를 드리면서 하나님을 섬기는 시기가 있을 것이며 절규하는 듯한 기도로 주께 부르짖을 때가 있을 것이지만 그 심정은 기도하는 심정이다.

　　더구나 바울은 "범사에 감사하라"고 강권하였다. 감사의 기도는 범사에 기뻐하는 것과 서로 통한다. 그것은 우리의 심정을 하나님께로 향하게 하는 것이다. 사별과 박해와 손실과 시련에서 감사한다는 것은 하나님을 의지하고 하나님의 선하심을 믿는 믿음이 있고 하나님의 지혜를 신뢰해야 가능한 일이다. 그것은 일이 우연히 일어나는 것이 아니라 우리에게 일어나는 사건들을 지휘 감독하는 한 인격자의 힘의 결과라는 것을 인정하는 것이다. 그래서 바울은 "그리스도 예수 안에서 너희를 향하신 하나님의 뜻이니라"고 말할 수 있었다. 하나님은 그리스도 안에 있는 당신들을 위한 계획이 있다. 그 계획이 이루어지면 당신들은 감사와 기쁨을 경험하게 된다.

C. 교회 지체들의 공적 예배.

초대 기독교 예배의 비공식적 본질이 고린도전서 14:23 이하에 서술되었다. 성령의 감독은 교회 예배 모임에서 아주 중요한 역할을 담당하였다. 그 순서에는 찬송시와 가르치는 말씀과 계시와 통역함이 포함되었는데 덕을 세우기 위하여 이 모든 것을 해야 했다. 그렇지만 이렇게 하는 가운데 성령을 소멸해서는 안 되었다. 예배드리는 가운데 성령의 인도를 받은 사람을 제지해서는 결코 안 되었다. 여기서 우리는 두 가지 극단을 피해야 한다: 하나는 성령을 따르고자 하는 사람들의 시도에서 극단적인 형식주의에 대한 반발이다. 이것은 성실하고 세련된 사람들을 쫓아낸다. 또 하나는 그런 개인적인 표현을 모두 금지시키고 예배의 규정된 형식에만 의지하는 것이다. 교회에서 심지어 성령조차도 예배의 이 규정된 형식을 어길 수 없다. 질서와 성령께서 사역하실 기회 사이에 적절한 균형을 유지하려는 것이 바울의 의도였다. 성령의 활동이 나타나는 것을 싫어해서도 안 되고 그것만 구해서도 안 된다.

교회 예배에서 그들은 예언하는 것을 멸시해서는 안 된다. 예언의 본질은 예고하는 것이 아니라 복음을 말하는 것 혹은 선언하는 것이다. 때로는 설교가 아주 빈약하여 사람들은 그로 인해 몹시 조바심을 내게 된다. 그러나 바로 말씀에 의해서 하나님의 말씀이 알려지고 영혼이 구원을 받는 것이다. 이런 이유 때문에 강해 설교가 다른 것보다 훨씬 높은 위치에 있는

데 이는 강해 설교가 하나님의 말씀의 내용을 알려 주기 때문이다. 우리에게는 완전한 계시가 있기 때문에 우리는 이제 건설적으로 설교를 평가할 수 있다. 왜냐하면 하나님의 말씀이 모든 신자에게 열려 있기 때문이다.

또 그들은 모든 것을 시험해 보아야 한다. 이것은 개개인의 주장이 교회의 공동의 양심과 판단에 종속되어야 한다는 의미이다. 이렇게 되면 정신 이상의 개인들이 교회의 책임 있는 자리에 앉는 일이 없을 것이다. 교회는 일을 시험해 보는 비판적 기능을 결코 상실해서는 안 될 것이다. 교회는 영을 분변할 줄 알아야 하고 거짓과 진실을 구별할 줄 알아야 한다.

따라서 교회는 선한 것 곧 참된 것을 꼭 붙들어야 한다. 진실된 일을 배척하는 잘못된 일에 반발하는 경향이 있다. 우리는 양극단을 조심해야 한다. 교회의 오랜 경험은 극단적인 수단이나 종교적 열광을 안정시키는 데 도움이 될 것이다. 최종적인 표준은 성경의 계시이어야 하며 이것에 의하여 예배의 진위(眞僞)가 가려져야 한다. 교회의 전체 규범에서 악은 모든 모양이라도 버리는 것이 최선이다. 이것은 광신주의와 극단주의가 나타난 카리스마적 예배식에 주로 적용된다. 여기서 강조한 것은 겉모양만이 아니라 실제로 악한 모든 것으로부터의 단절이다. 이것이 구별에 대한 성경의 가르침이다. 지금까지 말한 규범에 따라 행동하는 교회는 어떤 교회든지 그리스도의 충성된 교회일 것이다.

데살로니가전서 제5장

성화에 관한 교회의 가르침

23절 "평강의 하나님이 친히 너희로 온전히 거룩하게 하시고 또 너희 온 영
과 혼과 몸이 우리 주 예수 그리스도 강림하실 때에 흠 없게 보전되기를
원하노라."

I. 역사적 배경

데살로니가 교인들은 바울이 전한 말씀을 확고하게 받아들이고 우상에
서 돌이켜서 살아 계신 하나님을 섬기고 노하심에서 구원을 받고 바울의
가르침을 적용함으로써 온 마게도냐의 모범이 된 신자들이었다. 그렇지만
그들이 흠이 없거나 완전하게 된 것은 결코 아니었다. 게으름과 부도덕과
의심의 문제가 그들을 괴롭혔으며 불화의 씨가 그들 가운데 싹트고 있었
다. 그들은 그들의 삶에서 더욱 깊은 은혜의 작용이 긴박하게 필요한 상태
가운데 있었다. 그리하여 바울은 도덕적 문제에서 그들의 성화를 호소하고
(4:3), 영적인 일과 물질적인 일에서 그들의 성화를 위하여 기도한다
(5:23). 이 초대 교회에서 기독교의 가르침의 목표가 하나님의 율법을 지
키는 것에서 기인한 성품의 거룩함이었다는 것을 알 수가 있다.

II. 용어 해설

여기서 제기된 문제는 인간 본성에 관한 것이다. 인간은 영과 혼과 몸으
로 구성되어 있는가? 만일 이렇게 구성되어 있다면 영적인 것과 물질적인
것 외에 그 실체는 무엇인가? 아무도 제3의 실체를 가정할 수 없다. 기독
교는 인간이 영적 존재와 물질적 존재로 되어 있다고 믿는 이분설의 입장

이다. 영적인 존재는 유물론자들을 반대하고 물질적 존재는 관념론자들을 반대한다. 그렇다면 혼은 무엇인가? 혼은 인간의 자의식을 말하며 영과 같을 수도 있고 몸과 같을 수도 있다. 영이 사람에게 그의 하나님의식을 주고 몸이 사람에게 그의 세상의식을 주듯이 혼은 사람에게 자의식을 준다. 인간은 신령한(프뉴마티코스) 삶을 살 수도 있고 세속적인(사르키코스) 삶을 살 수도 있다. 성화는 전인(全人)과 관계가 있다. "온전히"(홀로클레로스)는 실제로 영에만 한정된다. 하지만 "흠 없게"란 말을 사용한 것은 그것의 의미가 전인(全人) 곧 몸과 혼과 영까지 확대되어 있다는 것을 보여준다.

III. 교리적 의의

신학의 학설에 따라 성화란 말을 달리 해석되었다. 웨슬리주의에서는 이 말이 완전한 구원 혹은 그리스도인 생활의 완전성을 나타내는 것으로 본다. "사람의 거룩함은 도덕적 혹은 종교적 상태이다. 성화는 하나님의 은혜로운 행위로서 이것에 의하여 그 상태가 만들어졌다"(Miley, *Systematic Theology*, Vol. II. p. 354). 성화는 내적인 정화에 의하여 우리의 본성의 더러운 것을 제거하는 중생에서 시작하지만 불완전하다. 성화는 이차적 축복에 의하여 완전하게 되며 대부분 웨슬리주의자들은 이 현세 생활에서 이것을 이룰 수 있다고 주장한다. 중생한 개인에게서 난잡한 영향을 근절하고 제거해 버리고 기질과 말과 행동이 거룩하게 하심(성화)의 영향을 받게 함으로써 이것이 이루어진다.

개혁주의 견해는 이렇게 정의할 수 있다. "성화는 하나님이 값없이 주시는 행위로서, 이로써 우리가 하나님의 형상을 좇아 새로운 사람이 되고 점점 더 죄에 대하여 죽고 의에 대하여 살게 된다." 그것은 성령에 의하여 중생에서 시작된 동일한 일이지만 이 일에서 신자들이 그들의 임의로 쓸 수 있는 은혜의 수단을 사용하여 협력한다. 성화는 신자의 전생애 동안 일어나며 오직 죽을 때 완성된다. 성화는 십자가로 옛 죄악된 본성과 그 행위를 억제하고 전인을 감동시켜서 새로운 피조물로 하여금 선한 일을 하도록 하는 것이다.

IV. 실천적 목표

그리스도인 안에 거룩함을 만들어 내는 것이 목표이다. 이것이 구속의 목적이다. 하나님은 사람들을 구원하셔서 그들을 거룩하게 하신다. 온갖 형태의 악으로부터 분리하는 것은 소극적인 면이다. 이것이 필요하지만 이것만 지나치게 강조해서는 안 된다. 복음은 "너는 하지 말지니라"고만 되어 있는 것이 아니다. 성화는 거룩한 소원과 의도와 성향에서 나오는 신자의 본성이다. 개인이 행동 규칙을 준수함으로써보다는 거룩하게 하시는 성령에 복종함으로써 거룩이 생기는 것이다.

V. 설교 개요

제목: "성화에 관한 교회의 가르침."

도입부

12절에서 22절까지 포함된 규범들은 성화를 경험함으로써 성취될 수 있다. 가장 최고의 상태가 이 일반 규범들에 내포되어 있으며 이 규범들을 완전히 준수하고자 할 때 실망한 나머지 좌절하게 될지도 모른다. 따라서 우리는 이런 규범들을 지키라는 훈계를 따르기 위하여 성화에 대한 이와 같은 어떤 가르침을 자연스럽게 기대하게 될 것이다. 그리스도인의 성품의 이런 고상한 모습에서 우리는 죄와 부족을 깨닫게 될 것이다. 만일 이러한 행위 규범이 겸손하게 하지 않는다면, 그것은 우리의 무감각에 기인한 것이거나 아니면 어느 정도 거룩에 이를 수 있는 우리의 지각에 기인한 것이다.

거룩은 구속의 결과로 추구하고 소원하게 된 목표이다. 하나님께서 사람으로 하여금 계속 죄 가운데 살라고 사람을 구원하신 것이 아니다. 하나님은 구속받은 사람의 삶을 온갖 형태의 죄에서 분리하여 온갖 형태의 의를 내놓게 할 셈이다. 이런 것은 계명으로 이루어지는 것이 아니라 내주하시는 성령의 역사를 통하여 이루어진다.

그러면 거룩의 이 고상한 상태에 신자는 어떻게 들어가는가? 표준을 알고 있는 것으로 충분하지 않다. 성화의 복된 경험의 방법론을 들어야 할 필요가 있다. 거룩에 대한 어떤 열망과 사모함이 있다고 해서 거룩에 이르는 것은 아니다. 그러므로 바울의 데살로니가전서의 마지막에 있는 이 큰 가르침을 잘 헤아려서 음미해야 한다.

A. 성화의 의미.

바울은 "평강의 하나님이 친히 너희로 온전히 거룩하게 하시고"라고 말하였다. 성화의 명사형은 하기아스모스이며 이 말의 뜻은 효과적인 성별인 마음과 삶의 성화라고 정의를 내릴 수 있다. 그 동사의 뜻은 "영혼의 개혁에 의하여 내적으로 깨끗하게 하다"라고 정의를 내릴 수 있다. 성화의 권한이 바울에 의하여 하나님께 위임되었다. 제사장이 예물을 분리하여서 성별하여 거룩하게 하듯이 하나님께서 신자를 거룩하게 하신다. 하나님께서 자기를 위하여 신자를 구별하신다(시 4:3). 오직 하나님만이 특별 은혜로 신자로 하여금 그리스도인의 삶의 이 규범을 이루도록 하실 수 있었다. 흠이 없는 혹은 완벽한 성화는 모든 점에서 완전하고 완벽한 성화이다. 이러한 성화가 데살로니가의 새 신자의 상태처럼 요구된다. 성화의 이 주제는 논란이 많다. 영과 혼과 몸이 그렇게 흠이 없을 수 있는가? 우리가 그와 같은 것을 추구해야 하는 것인가? 그렇다면 우리의 실패와 우리의 죄는 어떻게 해석해야 할까?

신자가 거룩해야 한다는 것을 성경은 아주 분명하게 가르치고 있다(벧전 1:16; 히 12:14). 신분상으로는 의롭다 함을 받은 신자가 거룩하게 되었다. 실제로는 성화에 의하여 거룩하게 된다. 신자가 회개한 뒤에 영적 경험을 하게 된다는 것은 사도행전과 바울의 서신들(롬 6:1-8:39)의 성경 교훈에서 분명히 나타난다. 개개인을 정결케 하는 일을 하시는 성령의 내주(內住)에 관해서 강조하고 있다. 신자가 회개할 때 성령께서 오셔서 거하심으로 그를 새로운 피조물로 만드시고 조건이 충족될 때 그를 충만케 하신다. 이것은 대개 실패를 직시하고 자기 부족을 고백하고 성령 충만해지기를 구하는 신자 쪽의 비판적인 경험을 요구한다. 우리는 그것을 근절 혹은 억압이라 불러서는 안 되고 내주라고 불러야 한다. 성경에는 승리와 사귐과 만족을 가져다 주는 "영적"으로 묘사된 그리스도인의 경험의 상태가 있다. 하나님은 우리가 우리 삶에서 가지는 거룩에 대한 열망으로써 우리를 우롱하지 않으신다(고전 2:10-3:3; 마 5:7).

B. 성화의 수단.

바울은 "평강의 하나님이 … 거룩하게 … 원하노라"고 말하였다. 여기에 언급된 요소는 원하노라(기도)와 하나님과 친히이다. 바울은 그들의 거룩을 위하여 기도하였다. 그들은 회개하였지만 바울은 그들이 생활 경험에서 완전히 거룩하게 되기를 원하였기 때문에 그들에게 더욱 높은 수준을 제시하였다. 예수님도 제자들과 그들의 말을 인하여 믿을 사람들이 거룩하게 되도록 기도하셨다(요 17:17-20). 우리 그리스도인들도 우리 자신의 성화를 위하여 기도하라는 말씀을 듣는다(눅 11:13; 요 14:13-16). 제자들은 거룩하게 하시는 성령으로 그들 모두가 충만하게 될 때까지 기다리면서 기도하고 있으라는 명을 받았다(눅 24:49; 행 1:4, 14). 사도들은 그렇게 하였고 우리도 그렇게 해야 한다.

그러나 거룩하게 하시는 분은 하나님이시다. 거룩하게 하시는 것은 삼위일체 하나님께서 하시는 일인데 특히 성령께서 대리자로서 거룩하게 하시는 일을 하신다. 성부 하나님께서는 성화로 택하시고(벧전 1:2), 그리스도께서는 우리로 하여금 새 생명에 대하여 살게 하시고(롬 6:11), 성령께서는 우리를 거룩하게 하신다(롬 15:16). 하나님의 말씀은 성령께서 죄를 깨닫게 하고 훈계하고 거룩하게 하시기 위하여 사용하시는 수단이다. 말씀은 거룩한 생각과 행동의 모든 객관적인 표준을 제시한다. 그러므로 거룩은 하나님의 말씀에서 요구한 표준에 일치하는 것이다. 성화는 이 목적에 이르는 수단이다.

예수님은 "내가 나를 거룩하게 하오니"라고 말씀하셨다(요 17:19). 예수님께서 이렇게 말씀하신 것은 예수님께서 자신을 모든 악에서 구별하셔서 하나님의 부르심에 자신을 드린 것을 의미한다. 성경은 하나님의 모든 백성은 거룩하게 되도록 자신을 드려야 할 것을 가르친다. 이것은 성화의 필요 불가결한 조건이다(고후 7:1). 그와 같이 자신을 드리고 성별함으로써 다른 사람에게 강력한 영향력을 지니게 된다.

C. 성화의 나타남.

바울은 "너희 온 영과 혼과 몸이 우리 주 예수 그리스도 강림하실 때에 흠 없게 보전되기를 원하노라"고 말하였다. 전체 인간의 본성은 윤리적으로 "죄에서 자유로울" 만큼 성화에 의해 영향을 받아야 한다. 세상에는 오직 두 실체뿐이다. 곧 물질과 영이다. 사람은 몸을 가진 영이다. 영은 사람의 지배하는 기능으로서 이 영에 의하여 사람은 보이지 않는 세계와 교통을 한다. 혼은 모든 감정과 충동의 근원이며, 몸은 혼을 물질 세계와 연결시켜 주며, 혼의 외적 행동의 도구이다. 성화는 전인이 요구되지만 오직 "온"이라는 단어에 의해 한정되는 영으로부터 시작하는 것임을 분명히 보여준다.

성화의 결과는 흠 없는 것이다. 이것의 가능성은 전적으로 죄에 대한 정의에 달려 있다. 만일 죄가 율법을 고의로 범한 것이라면 그리스도인은 과실이 없을 수 있다. 만일 죄가 모르고 범한 것이거나 무의식적으로 범한 것이거나 완전히 준수하지 못한 것이면 그리스도인은 흠 없이 될 수 없다. 우리는 이 흠 없는 상태에 이르는 것이 불가능하게 보일지라도 이 상태에 이르러야 한다. 하나님의 은혜와 삶을 변화시키는 그 능력을 과소 평가하지 말자.

이 성화된 상태가 나타나게 될 그때는 주 예수 그리스도의 재림이다. 흥미롭게도 재림에 관한 이 교훈이 서신서에서 나타나지 않은 적이 한 번도 없다. 여기서는 재림은 거룩을 유발하는 동기이다(참조 요일 3:2, 3; 계 22:12). 그리스도께서 강림하실 때, 구속받은 자들이 하나님의 아들로 나타날 것이다(롬 8:23; 살후 1:9). 이것은 우리가 양자로 불림을 받는 것이며 신자가 상속자가 되는 그때 공식적으로 하나님의 자녀로 인정받는 것이다.

"너희를 부르시는 이는 미쁘시니 그가 또한 이루시리라"는 말씀에서 격려를 받아 그와 같이 거룩하게 된다. 하나님께서는 우리에게 표준을 주시고 우리 속에 소원을 두시고 우리가 거룩에 도달할 수 있는 수단을 제공하신다. 하나님께서 우리를 우롱하시거나 낙담하게 하시거나 당황하게 하려고 하시는 것이 아니다. 하나님께서는 지금 그리고 주께서 오실 때 우리가 거룩할 수 있도록 지금 우리로 하여금 성별과 고백과 헌신으로써 우리 자신을 거룩케 하라고 요구하신다. 하나님은 우리에게 우리를 충만케 하시고 우리에게 능력을 주시고 우리 속에서 이 일을 행하시는 성령을 주셨다. 그러므로 "두렵고 떨림으로 너희 구원을 이루라. 너희 안에서 행하시는 이는 하나님이시니 자기의 기쁘신 뜻을 위하여 너희로 소원을 두고 행하게 하시느니라."

데살로니가전서 제5장

교회 새 신자의 책임

25, 26, 27절 "형제들아 우리를 위하여 기도하라. 거룩하게 입맞춤으로 모든 형제에게 문안하라. 내가 주를 힘입어 너희를 명하노니 모든 형제에게 이 편지를 읽어 들리라."

I. 역사적 배경

초대 그리스도인들은 형제 사랑의 표시로서 입맞춤으로써 믿음의 형제들을 맞이하거나 떠나 보내는 관습이 있었다(참조. 롬 16:16; 고전 16:20; 고후 13:12). 이것은 또한 "사랑의 입맞춤"이라고도 했다(벧전 5:14). 동방 교회는 지금도 서로 뺨에 입맞추는 이 풍습이 그대로 남아 있다. 이것은 그리스도인들이 서로에 대해서 반드시 간직해야 할 사랑의 관계를 상징하는 것이었다. 이것은 그들이 예수의 제자들이라는 것을 증거하는 것이다.

II. 용어 해설

27절의 "명하노니"는 엔오르키드조이며, 엄명하다, 맹세하게 하다, 엄숙히 간청하다라는 의미이다. 여기서 바울은 자신의 글이 신앙과 생활에 권위 있는 것임을 분명하게 보여준다. 그 원리는 성경의 주장이 신앙과 생활에 권위있는 규범이라는 것을 검증함으로써 확대될 수 있다(참조. 요 10:35; 14:26; 16:13-15; 살전 2:13; 딤후 2:15; 3:14-16; 벧후 1:21, 등등). 그 당시에는 인쇄가 전혀 없고 손으로 베껴 썼기 때문에 공중 앞에서 낭독하는 것이 일반적인 관행이었다.

III. 교리적 의의

영감의 교리의 근거 중 하나가 27절에서 제시되었다. 데살로니가전서 2:13과 연결해서 생각하면 바울이 자신의 글에 대해서 가졌던 중요한 관점을 보게 된다. 바울은 사도였고 그의 가르침은 성령의 영감으로 베푼 것이었다. 여기서 바울은 그의 기록된 말을 그가 구두로 가르친 가르침과 동등하게 놓고 그것을 "하나님의 말씀"으로 간주한다. 그것 자체만으로 교회에서 형제들에게 읽히는 위치에 있어야 할 것이었다. 이 서신은 바울의 열세 편의 서신 중에서 맨 처음 것이다. 열세 편 중 여섯 편은 때때로 문제가 되기도 하였지만 그 열세 편이 모두 정경으로 인정받았다.

IV. 실천적 목표

이것들은 어떤 회중에게서 영적 생활을 유지할 수 있도록 할 아주 실제적인 권고이다: 기도와 하나님의 말씀을 읽는 것과 사귐. 바울이 데살로니가 교회에서 이런 습관이 육성된 것에 관심을 가졌던 것처럼 우리도 우리 교회 안에서 이런 습관들을 장려하고 육성시키는 데 관심을 가져야 할 것이다.

V. 설교 개요

제목: "교회 새 신자의 책임."

도입부

이 데살로니가 교인들이 그리스도인으로서 경험과 생활이 짧았다는 것이 강조되어야 한다. 그들은 새 신자들이었다. 바울이 그들에게 쓰고 있었던 것은 그들의 문제 해결에 도움을 주고 그들을 믿음 가운데 굳게 세우기 위함이었다. 복음 전도의 평가 기준은 복음을 믿은 회심자들의 영속성이다. 생활의 완전한 변화로 귀착되지 않는 결심만으로는 부족하다. 그와 같은 변화는 한 개인의 전체 성향과 그의 깨달음과 그의 감정과 의지의 중생에 좌우된다. 그 다음에 새 신자는 사귐과 가르침과 봉사의 기회가 있는 교회에 가입해야 한다.

바울은 새 신자들이 굳게 설 때까지 그들에 대해서 심혈을 기울였다(갈 4:19; 살전 3:10). 회심한 사람들을 가르치고 있던 바울은 박해로 말미암아 갑자기 그들과 헤어지지 않으면 안 되었다. 여러 번 그들에게 다시 돌아갈 방도를 강구하였지만 사단의 방해를 받았다. 그 대신 바울은 디모데를 보내서 그들을 가르치고 그들에게 사역하도록 한 다음 돌아와서 그들의 상태에 관하여 보고하도록 하였다. 보고를 받은 뒤에 바울은 그들이 질문하고 있는 물음에 대한 대답으로서 이 서신서에 있는 간결하고 단도직입적이고 용기 있는 가르침을 전하였다.

진지하게 그리스도인다운 삶을 살고 있는 사람들은 반드시 그 삶을 삶의 모든 경험과 관련시켜야 한다. 그리스도인으로서 이 관계 혹은 저 관계에 대해서 어떻게 해야 하는지를 질문하는 것이 필요하다. 무엇을 믿으며 믿음을 고백하고 공중 앞에서 세례를 받은 뒤에 어떻게 살아야 하는지를 반드시 알아야 한다. 최초의 신약 성경의 저작의 이 메시지는 이교 사회에서 개종한 사람들의 삶을 다루고 있다. 결론이 너무 간단하여 지나칠 정도로 간략한 것 같지만 그것이 바로 오늘날 우리가 새 신자들에게 이야기해야 할 것이다: 첫째, 너희 사역자들을 위하여 기도하라. 둘째, 형제 그리스도인들을 사랑하라. 셋째, 성경을 읽어라.

A. 너희 사역자들을 위하여 기도하라.

바울은 데살로니가 교인들에게 "형제들아 우리를 위하여 기도하라"고 하였다. 기도는 서로 돕는 것이다. 바울은 23절에서 그들의 성화를 위하여 기도하고 있는 것을 말하였다. 어느 누구보다도 사역자가 그들의 새 신자들을 위하여 중보 기도하는 사람들이어야 하지만 교인들이 그들의 사역자들을 위하여 기도하는 것도 역시 중요한 일이다. 기도가 그들의 삶의 기본 바탕이어야 하며 그들은 사역자들이 사역할 때 사역자들의 팔을 붙들어 주어야 한다. 기도의 신앙은 그리스도인의 생각의 기초이다.

교회의 사역은 기도에 달려 있다. 바울은 기도가 절실히 필요하였다. 물리적으로 바울은 항상 위험 가운데 처하였는데, 박해를 당하고 매를 맞고 파선을 당하고 강도를 만나고 감옥에 갇히고 병에 시달렸다. 정신적으로 바울이 복음을 전하면서 겪은 어려움과 그의 가르침을 왜곡하려고 하는 그의 동족의 적의 때문에 실망하고 좌절하던 때가 있었다. 사역자에게 필요한 것은 오늘날에도 전혀 다르지 않다. 영적으로, 사역자가 예수 그리스도의 복음을 충분히 감당하여 뜻을 밝혀서 능력있게 효과적으로 전할 수 있도록 기도의 지원이 필요하다. 사역자로 하여금 사람을 그리스도께로 인도하는 자가 되고 증인이 되고 개혁자가 되고 교사가 되도록 기도하라. 육체적으로 사역자들은 그들에게 쏟아지는 끊임없는 요구를 해결할 수 있는 힘이 필요하며, 정신적으로 사역자들은 새로운 사상 조류에 대해서 깨어 있어야 할 필요가 있으며 이러한 지적 운동과 맞서서 기독교를 해석할 필요가 있다.

기도는 우리가 위해서 기도하는 사람을 변화시킨다. 바울 자신은 교인들의 기도로 말미암아 악인들로부터 구원을 받았다. 나는 장로들이 주 예수 그리스도의 재림이 임박하였다는 것을 열렬히 믿는 한 교회에 청빙을 받은 사역자 한 분을 알고 있다. 청빙받은 이 목사는 임박한 재림을 믿지도 않았고 그런 설교를 하지도 않았다. 그 목사를 비난하는 대신에 장로들은 그를 위하여 기도하기 시작하였다. 그는 불과 얼마 안 되어 그 진리를 수긍하게 되었고 우리 세대에서 재림에 관한 성경 가르침을 가장 탁월하게 강해하는 한 사람이 되었다.

교회도 마찬가지로 그렇게 하면 된다. 만일 교회가 비영적 사역자 밑에서 활기가 없다면 교인들의 기도로 교회가 바뀔 수 있다. 그러므로 그리스도인들은 그리스도인 사역자들과 선교사들과 교사들과 복음 전도자들이 실패하지 않고 능력있게 그들의 사역을 완수할 수 있도록 기도할 책임이 있다.

B. 너희 형제 그리스도인들을 사랑하라.

바울은 "거룩하게 입맞춤으로 모든 형제에게 문안하라"고 말하였다. 때때로 "사랑의 입맞춤"이라고 하는 입맞춤은 초대 교인들간에 사랑의 표시였다. 신자들이 예배드리러 모이거나 예배를 드리고 헤어질 때마다 서로 거룩한 입맞춤으로 인사하였다. 입맞춤은 그들이 서로 사랑해야 한다는 예수님의 가르침에 바탕을 둔 사랑과 사귐의 표시였다. 그와 같은 사랑은 사람들에게 정상적인 것이 아니며 그와 같은 것이 존재한다는 것은 그들의 변화된 본성의 증거였다. 그들은 주 예수 그리스도를 사랑하였기 때문에 그들은 서로 사랑할 수 있었다. 그와 같은 사랑이 진정한 것일 때 그 사랑으로 인하여 사람들이 행실와 사역과 그리스도인의 사귐의 실제적인 증거인 예배에서 하나됨을 안다. 예수님은 "너희가 서로 사랑하면 이로써 모든 사람이 너희가 내 제자인 줄 알리라"고 말씀하였다.

C. 성경을 읽어라.

바울은 "내가 주를 힘입어 너희를 명하노니 모든 형제에게 이 편지를 읽어 들리라"고 말하였다. 이 말씀에서 바울은 자기 저작과 성경을 동일하게 취급하였는데, 이 바울의 저작은 영감을 받고 권위있는 말씀이었다. 바울의 글이든 베드로의 글이든 구약 성경의 글이든 성경은 신자에게 생명의 원천이다. 성경은 마음(mind)보다는 영혼에 양식을 제공한다. 성경은 새겨진 로고스 곧 말씀(the Word)이다. 오늘날 우리가 그리스도를 알 수 있는 유일한 길은 말씀을 통해서이다. 말씀은 하나님과 세상과 사람과 죄와 구원과 예배에 관한 진리의 표준을 제시한다. 말씀은 유혹과 시련과 의심과 불확실함과 결핍에서 건져 준다. 말씀은 실제로 우리를 거룩한 형제로 만들어 준다.

이 성경은 모든 형제들이 읽어야 하는 것이다. 초대 교회에서 공중 앞에서 성경을 낭독하는 것으로 만족하지 않으면 안 되었는데, 이는 성경이 완성되지 않았고 널리 퍼지지 않았기 때문이다. 인쇄술이 발달하기 전까지는 성경 사본을 갖는 것은 무척 어려운 일이었다. 손으로 만든 성경들이 교회들에 대개 있어서 회중에게 읽혀졌다. 개인적으로 성경을 읽고 공부하는 것은 지금 모든 사람이 할 수 있게 되었고 그것은 더할 나위 없이 귀한 특권이다. 이 때문에 신자들은 성경 지식이 부족하다는 핑계를 할 수 없게 되었다. 만일 우리가 견실하고 유능한 그리스도인이 되려고 한다면 우리는 반드시 하나님의 말씀을 알아야 한다. 그러므로 헌신적인 목적과 정보를 위해서 개인적으로 성경을 읽으면 반드시 교회뿐만 아니라 신자의 영혼이 건강하게 된다. 우리는 말씀 안에서 새 신자들이 굳게 설 수 있는 길을 모색하도록 하자.

바울은 다음과 같은 말씀으로 서신을 끝맺었다. "우리 주 예수 그리스도의 은혜가 너희에게 있을지어다." 기도와 사귐과 하나님의 말씀으로 하나님의 은혜가 신자에게 전해진다. 그리스도인이 충성스럽고 조심스럽게 이런 관습을 지키면 하나님의 은혜 안에서 자라갈 것이다.

데살로니가후서

데살로니가후서 제1장

환난당하는 교회

4절 "그리고 너희의 참는 모든 핍박과 환난 중에서 너희 인내와 믿음을 인하
여 하나님의 여러 교회에서 우리가 친히 자랑함이라."

I. 역사적 배경

정밀한 연구에 의해서 우리는 이 데살로니가후서가 바울이 데살로니가
전서를 쓴 지 수 주일 혹은 많게는 몇 달 안에 고린도에서 데살로니가로
보낸 것으로서 바울과 그의 일행 디모데와 실라가 쓴 것으로 믿게 되었다.
실제로 저자들과 상황과 교회들과 시기가 두 서신에서 동일하다. 바울이
데살로니가후서를 쓰지 않았다고 생각하는 주된 이유는 데살로니가전서는
그리스도의 강림의 임박성을 암시한 반면 데살로니가후서에서는 그리스도
의 날에 일어날 어떤 현저한 징조라는 조건이 설정되어 있다는 것 때문이
다. 적어도 부분적으로는 교회 안에 있는 게으른 자들에게서 그 설명을 찾
을 수 있는데, 그들이 일하도록 하기 위해서는 주의 재림이 먼 훗날로 연
기될지 모른다는 사실을 분명하게 느껴야 할 필요가 있었다. 데살로니가후
서는 데살로니가 교인들이 데살로니가전서에서 받은 잘못된 느낌을 고쳐
준다.

II. 용어 해설

4절의 "환난"(트립시스)은 데살로니가 교인들이 유대인들과 유대인에게
선동된 사람들의 손에 당한 고통을 말한다(참조. 행 17:5-9). 바울이 떠난
뒤에도 반대가 수그러들지 않았던 것이 분명하다. 이것은 대부분 그리스도

인들이 참고 견디어야 하는 환난이다. 이 환난은 사람에게서 일어나며 교회가 환난을 당하지 않을 것이라는 암시는 전혀 없다. 감람산 강화에서(마 24:21) 예수님은 마지막 때에 임할 "대환난"(트립시스 메갈레)에 대해서 말씀하신다. 이 환난이 그리스도인들이 지금까지 겪은 것과 질적으로는 아무런 차이가 없다. 열 가지 로마의 기독교 대박해는 무시무시한 환난을 초래하였는데 거기서 그리스도인들은 구원을 받지 못하였다.

10절의 "그날"(헤메라 에케이네)은 주께서 성도들 가운데서 영광스럽게 되시고 불로써 불신자들을 형벌하시기 위하여 오실 "주 예수 그리스도의 날"을 말한다. 이 서신서에서 그리스도의 강림이 7주간으로 나누어진 두 부분으로 나뉜다는 근거를 전혀 찾아볼 수 없다. 여기서는 둘이 하나로 합쳐져 있다.

III. 교리적 의의

예수 그리스도의 "계시"(아포칼립시스)는 영광 가운데 재림하실 때 하늘로부터 예수 그리스도의 나나타심이다. 이것은 감취었던 것이 공개된다는 사상을 담고 있다. 그리스도께서 지금 하늘에 감추어져 있지만 분명하게 나타나실 것이다. 이 강림은 핍박받는 신자들을 변호하고 복음에 순종하지 않았던 자들에게 복수의 날이 될 것이다. 오순절날 성령의 강림과 영혼의 변개와 임종한 영혼을 위하여 그리스도의 오심에 적용하기 위하여 이 강림을 영적으로 해석하는 것은 있을 수 없는 일이다. 이것은 재림하시는 예수 그리스도의 인격의 문자적인 현시이다.

IV. 실천적 목표

그리스도를 위하여 박해와 고난을 당하는 가운데 위로와 용기를 얻도록 하기 위함이다. 바울은 루스드라 그리스도인들에게 "우리가 하나님 나라에 들어가려면 많은 환난을 겪어야 할 것이라"고 말하였다(행 14:22). 경건한 자들은 이 적대적인 세상에서 환난을 겪어야 할 것이다. 하나님이 우리 편이시고 그 상급과 형벌이 있을 것이라는 것을 알기 때문에 위로가 된다.

V. 설교 개요

제목: "환난당하는 교회."

도입부

교회가 환난을 당할 것이냐 그렇지 않을 것이냐 하는 문제는 논란이 많은 주제이다. 데살로니가후서는 종말론적인 책이다. 데살로니가후서에서 바울은 하나님의 백성의 환난을 이야기하고 있다.

만일 당신이 예수 그리스도의 교회의 지체라면 당신은 반드시 이 세상에서 환난을 당하지 않으면 안 되는데, 이는 세상이 당신의 신조와 당신의 성품과 당신의 행동에 대해서 적대적이기 때문이다. 환난이 많은 원인에서 발생할 것이다: 질병과 육체적인 고통에서, 다른 사람들의 적의와 핍박으로부터 겪게 되는 정신적 혹은 사회적 부적응에서. 끝까지 환난을 견딜 수 있겠는가? 하나님은 우리가 감당치 못할 시험을 허락지 않으시겠다고 약속하셨다. 실제로 고통받는 자들에게 구체적인 은혜가 베풀어진다. 환난을 당할 때 당신은 믿음으로 무장하게 될 것이다. 그리스도인은 하나님의 주권의 진리를 인정한다. 하나님은 살아 계시며 모든 것을 다스리신다. 하나님께서는 사람을 창조하시되, 죄를 지을 수 있고 하나님의 권위와 법을 거역할 수 있고 악을 행할 수 있는 자유를 주셨다. 환난은 종종 인간 활동의 다른 영역에서 작용하는 죄의 결과이다. 그렇지만 하나님께서는 이 사건들을 그의 백성의 선을 위하여 주장하신다. 하나님의 백성이 참고 견디는 환난은 그의 성품을 함양하는 훈련장이다. 언젠가 하나님께서 악인을 심판하실 것이지만 지금은 하나님께서 사람들에게 회개하고 그리스도 안에서 용서를 받을 수 있는 기회를 주시기 위하여 하나님의 진노를 억제하고 있다는 것은 위로가 된다.

A. 교회는 환난을 거치지 않으면 안 된다.

예수님과 베드로와 바울은 그리스도인들이 이 세상에서 환난을 당하리라고 가르치셨다. 데살로니가 교회는 이미 심한 핍박을 참고 견디었다. 이 핍박은 베뢰아까지 바울을 따라와서 바울이 데살로니가로 돌아가는 것을 방해하고 교회의 더욱 심한 박해를 선동한 유대인들이 바울을 핍박한 것에서 발단이 된 것이다. 데살로니가 교인들은 주님의 크고 두려운 날이 이르기 전에 있을 환난들과 이 고난을 혼동하였다. 그들이 당한 고난과 환난에 관한 혼동으로 인하여 바울이 이 데살로니가후서를 쓰지 않으면 안 되었다.

데살로니가 교회의 경험은 다른 교회의 모범이 되었다. 환난과 핍박은 사도 시대에 예상되었던 일이다. 실제로 그것은 거의 일반 규칙이었다. 달리 어떤 것일 수 있겠는가. 삶의 방식이 완전히 달라지고 전통적인 문화 환경과 단절하게 되면 주위에서 적의를 나타내게 될 것이다. 사도들이 세운 교회라 불린 작은 공동체는 새로운 문화의 출처가 되었다. 그들은 실제로 로마 이교 문화를 붕괴시키는 원리를 소개하였고 기독교 문화의 기초를 놓았다. 복음으로 말미암아 어둠의 나라가 그 기초까지 흔들렸을 때 사단의 저항이 있을 것은 예상된 일이었다. 역사를 통하여 핍박은 그리스도인의 운명처럼 되었지만, 일세기의 비기독교 문화가 기독교 메시지를 심하게 대적한 것처럼 항상 그렇게 하지는 않았다.

핍박에 대한 개요를 차례대로 간략히 언급하고 있다. 사도행전 7장에 스데반과 다른 그리스도인들에 대한 핍박이 언급되어 있는데, 그 이야기는 스데반의 순교와 그리스도인들을 참람죄로 고소하여 감옥에 잡아 넣기 위하여 다소의 사울이 동분서주하는 것으로 끝을 맺었다. 로마의 박해는 네로가 로마에 불을 지르고 그리스도인들에게 그 죄를 뒤집어씌워 그리스도인에 대한 무서운 박해를 선동하였던 64년부터 시작되었다. 그 박해로 인하여 바울이 순교를 당하게 되었고 어쩌면 베드로도 순교를 당하게 되었던 것이 분명하다. 이 로마의 박해들은 파도처럼 밀려 왔다.

그 다음 큰 핍박은 A.D. 81년에서 96년까지 도미티아누스 통치기에 있었다. 플리니우스는 기독교에 대하여 다음과 같이 말한다: "타락하고 무절제한 미신 … 고소를 당하여 유죄가 선고되면 그들은 반드시 처벌되어야 한다." 이 박해로 이그나티우스가 생명을 잃었다. 넷째 박해의 물결은

A.D. 161-180년 마르쿠스 아우렐리우스 통치기에 찾아왔는데, 그때 홍수와 지진과 염병으로 인한 대참사를 겪듯이 그리스도인들은 그리스도인이라는 이유만으로 피비린내 나는 핍박을 겪었다. 그 다음으로 받은 박해는 A.D. 249-251년 데키우스(Decius)에 의한 것이었다. 그는 아주 지독한 형벌로써 그리스도인들로 하여금 이교 종교로 돌아가도록 강요하는 칙령을 통과시켰다. 이 박해는 그때까지 겪은 것 중에서 가장 범위가 넓고 가장 잔인하였다. 또 다른 박해는 A.D. 253-260년의 발레리아누스와 A.D. 303-311년의 디오클레티아누스에 의해 일어났다. 필립 샤프는 마지막 박해에 대해서 이렇게 말하고 있다. "온갖 형태의 박해들은 최후의 가장 지독한 박해를 되돌아보았을 때 느낀 전율 속에 다 묻혀 버렸다. 태풍의 열번째 물결은 다른 폭풍들이 남겼던 흔적을 모조리 없애 버렸다. … 무쇠와 강철, 불과 칼, 고문대와 십자가, 사나운 짐승과 잔인한 인간들이 가할 수 있는 온갖 고통을 동원하여 헛된 목적을 달성하고자 하였다."

역사 후기에 스페인의 토르케마다(Torquemada)와 네덜란드의 알바 대공의 종교 재판에 의해 수천 명이 죽임을 당하였다. 이런 박해 뒤에도 성 바돌로매의 날에 위그노 교도의 대학살과 최근 나치하에서 일어난 독일 그리스도인들에 대한 무시무시한 박해와 공산 치하에서 러시아 그리스도인들에 대한 박해와 같은 것들이 주기적으로 일어났다.

이처럼 교회는 환난을 자연스럽게 예상하였다. 이상하게도 자신들은 환난을 피할 것이라고 생각하는 그리스도인들이 더러 있다. 요한계시록에 대해서 미래주의자의 해석을 따르면서 적그리스도에게 당하는 성도의 고난을 휴거 뒤에 회심한 유대인들의 고난과 동일시하는 자들이 있다. 만일 이것이 그와 같은 것이고 데살로니가 교인들이 잘못하여 그들의 고난을 대환난에 임할 고난과 동일시한 것이라면, 데살로니가 교인들에게 교회가 그 환난에서 고난을 당하지 않게 되어 있다는 것을 알려줌으로써 그들의 오해를 풀어 주는 것이 바울의 책임이었다. 그렇게 하는 대신 바울은 그들에게 주님의 주목할 만한 날이 임할 때 그들이 알게 될 징조들을 이야기하였다. 여기서 말하는 것은 하나님이 전혀 편애하시지 않는다는 것이다. 그리고 만일 하나님께서 당신의 교회로 하여금 한 세대에서 환난을 받게 하신다면 또 다른 세대에서도 환난을 받게 하실 것이다. 우리가 사람들에게 고난을 당하지 않을 것이라는 보장이 전혀 없다. 우리가 마지막 날에 하나님에게서 쏟아지는 진노를 당하지 않을 것이라는 보장은 있다.

B. 교회는 하나님의 진노로부터 구원을 받을 것이다.

"그날"과 "주의 날"로 묘사된 그 시기는 주 예수 그리스도의 날을 말한다. 이 사건에 관한 두 가지 관점을 취하여 하나는 휴거로, 다른 하나는 심판으로 말할 수 있지만 "주 예수 그리스도의 날"이란 구절은 그의 앞으로 모이는 것과 심판하러 오시는 주의 재림에 다 적용된다. 데살로니가후서 2:1-3에서 바울은 주의 그 날이 임하기 전에 일어날 그 사건들과 우리가 그의 앞으로 모이는 것을 동일한 것으로 간주한다. 이러한 사건들로는 교회 안에서 "배도하는 일"이 있겠고, "불법의 사람"이 나타나거나 적그리스도가 오는 일이 있겠고, "막는 자가 있어 그 중에서 옮길 때까지 할" 자를 죽이시는 일이 있겠고, " … 모든 속임으로 … 이는 저희가 진리의 사랑을 받지 아니하여 구원함을 얻지 못하는" 일이 있을 것이다.

그리스도인들에게 격려가 된 것은 그들이 그리스도 앞에 모이게 될 것이라는 것이다. 모든 신자가 장래 노하심에서 건짐을 받을 것이지만(살전 1:10), 사람의 진노 혹은 사람의 적의에서 발생하는 환난에서 구출될 것이라는 약속은 받지 못하였다. 성경에서 그와 같은 구원을 암시하는 곳은 한 곳도 없다. 하나님을 모르는 자들에게 복수하시기 위하여 불꽃 중에 예수 그리스도가 나타나시기 전에, 분명히 교회는 끌어올려져서 그 앞에 모이게 될 것이다(살전 4:17; 살후 2:1). 이와 같은 교회의 운명으로 인하여 교회는 박해와 환난을 잘 견딜 수 있었지만 그러한 일을 예상함으로써 운이 다한 세상의 일에 주의를 기울이는 것은 쓸데없는 짓이라고 생각하는 데살로니가 교인들이 더러 있었다. 이런 생각을 바로잡고 그들이 바른 판단을 할 수 있도록 하기 위하여 바울은 주의 강림에 관한 이 서신서를 썼다. 교회가 하나님의 진노를 결코 당하지 않으리라는 확신에서 교회가 하나님의 은혜로 사람들의 진노를 충분히 견딜 수 있으리라는 확신도 하게 된다.

C, 교회는 환난에서 교회의 가치를 나타내야 할 것이다,

성경에서는 그 나라를 위해서 고난받는 것을 높이 평가한다. 바울은 "너희로 하여금 하나님의 나라에 합당한 자로 여기심을 얻게 하려 함이니 그 나라를 위하여 너희가 또한 고난을 받으리니"라고 말하였다(5절). 바울은 땅에서 받는 고난의 정도와 대응하는 하늘의 영광을 말한다(롬 8:17: 고후 4:17: 딤후 2:12). 초기 그리스도인들은 "더 나은 부활"을 하기 위하여 순교의 면류관을 종종 추구하였다. 그리하여 그들은 예수 그리스도의 이름을 위하여 능욕 받는 일에 "합당한 자로 여기심"을 기뻐하였다(행 5:41).

그와 같은 고난은 의로우신 하나님께서 인정하실 것이다. 이것은 하나님께서 "너희로 환난 받게 하는 자들에게는 환난으로" 갚으시는 것에 대한 강조이다(6-9절). 바울은 데살로니가 교인들이 깨끗하고 인내하고 흠 없기를 기도하였는데 이제 그의 기도는 그들의 환난을 통하여 응답되었다. 더욱이 바울은 비슷한 방식으로 환난을 겪는 다른 교회들을 격려하기 위하여 이 교회가 외부 환경을 극복하고 승리한 사실을 자랑스럽게 이야기할 수 있었다. 이 신자들은 대부분 네로의 박해를 거쳐야 했다. 이 장에 나오는 바울의 말과 베드로전서 3:12-19에 나오는 베드로의 글로 인하여 그들은 환난을 견딜 수 있었다.

데살로니가후서 제1장

승리하는 교회

10절 "그날에 강림하사 그의 성도들에게서 영광을 얻으시고 모든 믿는 자에
게서 기이히 여김을 얻으시리라(우리의 증거가 너희에게 믿어졌음이
라)."

I. 역사적 배경

복음이 전파된 어디에서나 있던 것처럼 데살로니가에도 복음을 순종치
않는 자들이 있었다(8절). 하나님의 종들이 말씀을 선포하면 어떤 이들은
믿음으로 반응하고 어떤 이들은 의심한다. 이렇게 구원받을 자와 멸망받을
자로 나누어진다. 데살로니가 교인들은 불과 몇 명 안 되는 소수였다. 그렇
지만 그들은 복음을 순종하여 종족과 족속과 백성으로부터 나아올 셀 수
없는 무리를 대표하였다.

II. 용어 해설

세 단어가 데살로니가후서에서 "강림(나타나리니)"으로 번역되었다. 맨
처음 단어는 파루시아인데 그 의미는 "임재"이며 임재하시기 위하여 강림
하시는 것이다. 신약 성경에서 이 단어는 죽은 자를 살리시고 신자들을 그
에게로 이끄시기 위하여 눈으로 볼 수 있게 하늘로부터 오시는 예수님의
재림을 말한다. 둘째 단어는 아포칼립시스로 "눈으로 볼 수 있게 나타남"
을 의미한다. 지금까지 숨겨졌던 일이나 상태나 프로그램을 모든 사람에게
드러낸 사건에 이 단어가 사용되었다(참조. 고전 1:7; 벧전 1:7; 4:13). 셋
째 단어는 에피파니아로 그 의미는 "나타남"이다. 이 에피파니아로 그리스

도의 구원하시는 임재와 능력이 나타날 뿐만 아니라(딤전 1:10) 이 에피파니아는 그리스도께서 하늘로부터 찬란하게 재림하는 것이기도 하다(딤후 4:1-8; 딛 2:13; 살후 2:8). 데살로니가후서 2:8에서 "그의 강림의 빛남"(한글 개역판에서는 "강림하여 나타나심"으로 번역하였다)이란 말은 에피파네이아 테스 파루시아스이다.

III. 교리적 의의

여기서 영원한 형벌을 가르쳤다. 복음을 순종하지 않으면 영원한 멸망의 형벌을 받을 것이다. 복음을 순종하지 않으면 주의 면전에서 격리된다. 복음을 순종하지 않으면 십자가에서 예수님이 겪으신 것처럼 하나님의 버리심을 받는 것이다. 멸망이란 멸절을 뜻하는 것이 아니라 창조된 목적의 파멸을 뜻한다. 소극적 의미에서 영원한 형벌은 하나님과 관계가 끊어지는 것이다. 적극적인 의미에서 고통과 고난이 추가된다. 천국이 장소인 것처럼 지옥도 반드시 그러하다.

IV. 실천적 목표

핍박당하는 자들에게 공의가 시행되리라는 것을 알게 함으로써 위로를 주기 위함이다. 신자를 괴롭히고 박해하는 불신자들은 심판을 받을 것이다. 이 세상에서 잘못된 것을 바로잡는 이 일은 영광의 주의 강림과 동시에 일어날 것이다. 불의하고 "복음을 순종하지 않는 자들"의 운명을 믿지 않는 자들을 경고하기 위하여 여기에 불과 형벌과 파멸의 사상이 결합되어 있다. 중간 지대는 전혀 없다. 그리스도께서 공의를 시행하시기 위하여 오실 때 우리는 형벌을 받거나 상급을 받을 것이다. 문제는 지금 해결해야 하는데, 왜냐하면 그때에는 기회가 전혀 없을 것이기 때문이다.

V. 설교 개요

제목: "승리하는 교회."

도입부

경기에서 (우리가) 승리 팀에 있다는 것은 항상 격려가 된다. 학교들에서는 체육 특기자들에게 거의 뇌물 혹은 장려금에 가까운 장학금을 지불할 정도로 승리 팀을 만들어 내기를 원하고 있다. 경제에서 사람들은 이생의 좋은 것을 취하기 위하여 혹은 적어도 성공했다는 만족감을 얻기 위하여 거의 자신을 희생하면서까지 성공하려고 한다. 정치에서 사람들은 패배한 쪽에 서게 되면 어쩔 줄 모른다.

교회의 운명은 악과 싸움에서 승리하게 되어 있다. 이것은 본문에서 선언된 확신이다. 교회가 지금은 박해와 환난을 당하고 있을지 모르지만 승리할 것이다. 이 본문은 박해를 받는 사람이 박해를 받는 교회에게 쓴 것이었다. 그는 이 세상이 어둠의 세력에 의해 지배를 받고 있고 의인이 현재 고난을 받고 있다는 것을 기억하고 있었다. 그러나 그 과정은 역전될 것이다. 그와 같은 환난을 통하여 그리스도인들은 하나님 나라에 합당한 자로 여김을 받는데 그들은 그 나라를 위하여 고난을 받고 있다(5절). 바울은 그와 같이 고난을 받고 있는 사람들을 안심시키면서 성도에게 상급을 주고 악인에게 형벌을 내릴 그 나라의 대단원을 믿음으로 기다리라고 간곡한 말로 권한다. 지금 일이 해결되는 것이 아니다. 교회가 하나님에 의해 복수하게 될 주의 날에 일이 해결될 것이다.

교회의 승리는 교회사의 절정이 될 능력과 영광으로 오시는 그리스도의 강림으로 결정된다. 그때에 신자들은 하나님의 아들로 나타날 것이며 그리스도와 함께 유업을 받게 되고 그 나라의 통치자들이 될 것이다(참조. 롬 8:23). 동시에 심판이 악인에게 임할 것이다. 바울은 환난 가운데 있는 이 사람들로 하여금 눈을 들어서 선악의 싸움의 최종 결과를 보게 하려는 것이었다.

A. 예수 그리스도께서 나타나시는 날,

교회의 승리의 시간은 주 예수께서 저의 능력의 천사들과 함께 하늘로부터 불꽃 중에 나타나실 때와 일치한다. 이것이 그리스도의 재림이다. 그리스도께서 현재 우리의 대표자와 대제사장과 중보자로 계시고 또 신자들의 사망시에 그 영혼들이 가 있는 곳인 하늘로부터 그가 오실 것이다. 그리스도께서 승리의 세력을 묘사하는 그의 천사들과 함께 오실 것이다. 천사들이 구속의 큰 사건에 참여하였던 것처럼 재림에도 참여할 것이다. 그는 "불꽃 중에" 영광스럽게 오실 것이다. 이것은 우리에게 불타는 가시떨기에서의 현현과(출 3:2) 마노아에게 나타나 기이한 일을 행하였던 주의 사자와 변화산에서 예수 그리스도의 변화된 모습을 기억나게 하는데, 이것들은 모두 예수 그리스도의 가시적이고 인격적이고 영광스럽고 최종적인 강림에 대한 전조였다.

재림에 성도들은 그와 함께 있기 위하여 부름을 받는 일이 일어날 것이다. 호령과 천사장의 소리와 나팔 소리와 함께 재림이 시작되어 잠자던 성도들과 마지막까지 살아 남은 자들이 휴거된다(살전 4:17). 이때에 사건의 순서는 논쟁의 여지가 있다. 휴거와 나타나심 사이에 7년이라는 간격이 있을 것이라고 말하는 사람도 더러 있다. 역사적 신조들은 심판이 주의 교회를 위하여 오시는 주의 강림의 결과로 일어난다고 선언한다. 사람들에게 하나님의 진노가 쏟아지는 마지막 때의 사건들을 이루기 위해서 어떤 시간이 필요한 것은 확실하다.

B. 불의한 자에 대한 심판의 날.

바울은 예수께서 "불꽃 중에 나타나실 때에 하나님을 모르는 자들과 우리 주 예수의 복음을 복종치 않는 자들에게 형벌을 주시리니 영원한 멸망의 형벌을 받으리로다"고 말한다. 이것은 심판에 대해서 말한다. 악인이 심판을 받고 잘못된 것이 바로잡히고 사람들이 그들의 악행에 대하여 형벌을 받으리라는 것이 성경에서 말하고 있는 사실이다. 이러한 가르침은 도덕적 동기에 대한 요구이며 계시에 의해 선언되었고 그리스도에 의하여 확정되었다. 그 형태는 불꽃의 형태일 것이다. 이것은 쉐키나 구름으로 둘러싸인 그리스도의 강림의 영광과 악을 심판하기 위하여 사용된 복수의 방법을 다 나타낸다. 성경 전체에서 심판의 형태로 불이 늘 사용되었다. 이 가르침의 요점은 악인이 번성할 때 신자들이 애태우지 않도록 하고 악인이 푸른 월계수처럼 번성할 때 동요하지 않도록 굳게 세우기 위함이다. 악인은 미끄러운 곳에서 걷고 있어서 그들의 결국은 정해졌다. 환난과 고통의 날에 이것을 반드시 명심해야 한다.

본문에서는 여러 계층이 심판을 받게 된다는 것을 말하고 있다. (1) 복음을 듣지 않고 일반 계시의 빛을 부인하는 이교도들이 있다(참조. 롬 1:21; 2:14; 요 1:5-9). (2) 복음을 들었지만 복음을 순종하지 않는 유대인들과 이방인들이 있다. 그들은 빛이 있었지만 그 빛을 배척하였다. (3) 데살로니가에서 악인들이 그랬던 것처럼 어느 한 쪽 출신으로 하나님을 거역하는 악인들이 있다.

그들의 형벌은 파멸일 것이다. 멸망이란 말은 정해진 일에 대해서 못쓰게 됨을 의미한다. 그 말은 멸절을 의미하지 않으며, 교정하는 형벌이란 의미가 아니라 당연히 받아야 할 응보의 심판을 묘사하는 것이다. 그 파멸이란 하나님과 관계가 끊어지는 것이고 하나님 앞에서 격리되는 것이다. 이것은 영원한 형벌의 무서운 본질이다. 십자가에서 그리스도께서 버림을 당하시고 부르짖으심은 하나님께 버림받은 영혼의 경험일 것이다. 이처럼 형벌받은 개인들은 상실의 완전한 실현을 느끼게 될 것이다.

C. 성도의 구속의 날.

불의한 자들의 심판과 동시에 그리스도께서 "그의 성도들에게서 영광을 얻으시고 모든 믿는 자에게서 기이히 여김을 얻으실" 것이다. 본문에서는 성도들이 그리스도의 승리에 참여할 것을 말하고 있다. 성도들은 그리스도와 함께 그의 영광스러운 재림에 참여하여 그의 능력과 권세와 영광을 공유할 것이다(유 1:14; 계 19:11; 벧후 2:4-7). 모든 피조물들이 성도들에게 감탄하게 될 것이다. 그리스도께서 성도들에게서 영광을 얻으시고 그들을 통하여 찬양을 받으실 것이다. 주께서 우리에게서 영광을 지금 얻지 못하신다면, 주께서 다시 오실 때 우리에게서 영광을 거의 얻을 수 없다. 중생과 새롭게 하심과 변화를 통하여 신자는 그리스도의 마음과 정신과 길을 반영해야 한다. 그때에 신자들은 우주를 다스리는 주권을 획득할 것이다. 그들은 그리스도와 함께 다스리며 그리스도와 함께 영광을 받을 것인데, 이는 그들이 여기서 그리스도와 함께 고난을 받았기 때문이다.

그리스도는 그의 성도들에게서 영광을 얻으실 것이다. 의로운 행실을 내놓게 하기 위하여 죄를 깨닫게 하고 회심시키고 삶을 변화시키실 때 사용하신 그 능력으로 인하여 주께서 영광을 얻으실 것이다. 바울이 말하는 것처럼, 만일 그리스도의 날에 우리의 전도를 받고 믿은 사람들이 우리의 영광이 되고 즐거움의 면류관이 될 것이라면, 하물며 흠이나 주름 잡힌 것이 없는 순결하고 영광스러운 교회가 그리스도의 강림에서 그리스도의 구원의 능력을 찬양하지 않겠는가. 그때에 성도들은 그와 같이 될 것이다(롬 8:9; 요일 3:2; 고후 3:18). 이것은 많은 자녀들을 영광 가운데로 인도하는 하나님의 목적의 완성일 것이다.

이 모든 것은 믿음의 발휘를 조건으로 한다. 바울은 "우리의 증거가 너희에게 믿어졌음이니라"고 말한다. 복음이 이 데살로니가인들에게 제시되었을 때, 그들은 헌신적인 행동으로 복음을 믿었다. 주 예수 그리스도께서 강림하실 때 우리의 상태의 차이는 지금 우리가 복음에 대해서 보이는 반응에 달려 있다. 우리는 우리의 상태에 관하여 염려해야 할 것이다. 우리가 복음에 직면할 때 우리의 영원한 운명이 걸려 있다.

이 데살로니가 교인들이 핍박 중에 보여준 영웅적인 인내는 그들의 믿음의 결과였다. 고난을 당하는 동안 그들은 그들이 기다렸던 하나님의 나라에 합당히 여김을 받게 되었지만 그들의 정당함을 입증하는 것은 주께서 강림하실 때 이루어질 것이다. 그때나 지금이나 똑같다. 우리 역시 우리가 예수 그리스도의 교회의 승리에 참여할 것이라는 것을 믿어야 한다.

데살로니가후서 제1장

그리스도의 교회가 합당히 여김을 받음

11, 12절 "이러므로 우리도 항상 너희를 위하여 기도함은 우리 하나님이 너희를 그 부르심에 합당한 자로 여기시고 모든 선을 기뻐함과 믿음의 역사를 능력으로 이루게 하시고 우리 하나님과 주 예수 그리스도의 은혜대로 우리 주 예수의 이름이 너희 가운데서 영광을 얻으시고 너희도 그 안에서 영광을 얻게 하려 함이니라."

I. 역사적 배경

데살로니가 교회가 박해와 고난을 당하고 있던 것이 널리 알려졌다. 따라서 바울은 데살로니가 교회가 끝까지 신실하게 고난을 참고 이김으로써 하나님의 부르심에 합당하다는 것이 알려지기를 간절히 기도하였다. 바울은 고난 가운데 있는 교인들을 위로하면서 인내와 소망을 가지라고 권고하였고 그리고 나서 예수님의 이름이 그들 가운데서 영광을 얻으시기를 기도하였다.

II. 용어 해설

이 기도는 데살로니가후서에 나오는 네 개의 기도 중 하나이다(참조. 1:11, 12; 2:16, 17; 3:5; 3:16). "기도"(프로슈코마이)는 하나님께 청원하는 것을 의미한다. 바울의 기도에서 그의 종교 생활의 아주 사적인 부분을 엿보게 된다. 그는 끊임없이 계속 기도하는 사람이었으며 중보 기도자였으며 말로 표현된(기록되기까지 한) 기도의 사람이었다. 이 기도에서는 모호하거나 막연한 것이 전혀 없었다. 어떤 그리스도인이라도 바울의 모범을 따라 기도하면 좋을 것이다. 그리고 그렇게 기도하면 그는 적절한 감화와 도움을 받을 것이다.

III. 교리적 의의

"부르심"은 한 사람의 그리스도인으로서 경험의 총체를 말한다. 웨스트민스터 신앙고백 소요리문답은 부르심에 대해서 다음과 같이 정의하고 있다. "효력 있는 부르심은 하나님의 성령이 하시는 일로서, 우리의 죄와 비참을 깨닫게 하시고, 우리의 마음을 밝게 하여 그리스도를 알게 하시고, 우리의 의지를 새롭게 하시어, 우리로 하여금 복음 가운데 값없이 주시는 예수 그리스도를 확신을 가지고 영접하게 하시는 일입니다." 부르심은 하나님의 성령께서 하시는 일로서 이로써 사람들이 그리스도와 구원의 연합을 하게 된다. 성령의 이 구원하시는 감화의 주체들은 "부르심을 받은 자"로 칭함을 받는다. 성령의 이 내적인 역사는 말씀이 선포된 모든 사람에게 말씀으로 부르시는 외적인 부르심과는 구별되는 것이다. 이런 의미에서 "부르심을 받은 자는 많으나 택함을 받은 자는 적다."

IV. 실천적 목표

기도는 외적인 부르심을 듣고 순종한 이 사람들이 외적인 부르심의 요구에 따라 살 수 있기 위하여 늘 행하는 것이다. 신자로서 합당히 여김을 받도록 하라는 간곡한 권고와 훈계와 중보 기도가 대부분이다. 이것은 우리 안에서 역사하는 능력을 따라 우리의 구원을 힘써 이룰 필요가 있다는 것을 부각시킨다. 우리에게 닥쳐 올 시련을 우리가 대처함에 있어서 우리의 개인적인 책임이 결코 면제될 수 없다.

V. 설교 개요

제목: "그리스도의 교회가 합당히 여김을 받음."

도입부

바울은 여기서 불쑥 기도를 하였다. 그 기도는 불꽃 중에 하늘로부터 예수 그리스도의 나타나심에 대한 큰 선언과 이 사건을 기다리는 사람들에 대한 그 효과로 나뉘어 있다. 바울은 "이러므로 우리도 항상 너희를 위하여 기도함은"이라고 말하였다. 교회의 환난과 승리를 가르친 다음 바울은 기독교 진리와 복에 있어서 데살로니가 교인들의 현재의 경험에 대한 자신의 관심을 나타낸다. 바울의 증거 배후에는 기도에 나타난 그의 큰 관심이 있다. 그와 같은 기도 넷을 이 서신에서 보게 된다(참조. 1:11, 12: 2:16-17; 3:5; 3:16). 이 기도는 에베소서에 나타난 여러 기도와 아주 비슷하다. 이런 기도에서 사도 바울의 늘 기도하는 생활을 엿보게 된다. 이런 기도를 하게 된 것은 바울이 "그날"의 심판을 생각했기 때문이다.

A. 신자에 대한 하나님의 심판.

바울은 그날의 심판에 대해서 생각을 하다가 보니까 데살로니가 교인들의 고귀한 부르심에 대한 그들의 합당히 여기심을 얻는 문제에까지 생각이 미치게 되었다. 신자에 대한 심판이 확실히 있을 것이다. 신자들은 몸을 입고 있을 때 행한 행위에 대한 답변을 하기 위하여 그리스도의 심판대 앞에 서지 않으면 안 된다. 우리는 이것을 로마서 8:1 "이제 그리스도 예수 안에 있는 자에게는 결코 정죄함이 없나니"라는 말씀과 어떻게 조화시킬 수 있을까? 이 말씀에 기초로 하여 그리스도인들은 자신들이 심판을 받지 않을 것이고 또 그들의 죄가 그리스도 안에서 심판을 받았기 때문에 그들은 심판과는 상관이 없다는 잘못된 기대를 하였다. 이런 견해를 주장하는 사람들은 고린도전서 3:11-15과 11:31, 32과 베드로전서 4:17과 고린도후서 5:9과 요한일서 3:9을 유심히 살펴보아야 할 것이다. 그와 같은 잘못된 기대를 품고서 죄 가운데 사는 사람들은 분명히 정죄를 받게 될 것이다. 어떤 사람은 심지어 그들의 구원에 대해서 잘못된 혹은 그릇된 기대를 하고 있는 것으로 나타나게 될지 모른다.

그 심판의 시간은 바울에 의하여 "그날에"라고 선언되었다(10절). 세대주의자들은 우리가 죽는 순간 바로 그리스도의 단(bema)에서 심판을 받는다고 생각하지만 하나 이상의 심판의 날이 있는지 의문스럽다. 여기 바울이 생각하고 언급한 그날은 분명히 그리스도께서 나타나시는 날이다(8-10절). 그때에 신자가 살면서 행한 행위는 그의 믿음을 드러낼 것이다. 그의 회심 전에 일어났던 것에 대해서는 심판을 받지 않을 것이지만 그의 회심 뒤에 일어난 것에 대해서는 심판을 받을 것이다. 그때에는 그의 행실이 그의 믿음의 신실성을 반드시 드러낼 것이다.

그 심판의 시금석 혹은 표준이 "이 부르심"이다. 부르심은 회개하고 믿고 하나님의 자녀로서 하나님을 순종하도록 하나님께서 부르시는 것이다 (살후 2:13, 14). 신자는 하나님의 자녀로서 거룩하고 순결하고 봉사하는 생활을 해야 한다. 외적인 부르심은 복음을 들음으로써 일어났으며 내적인 부르심은 성령의 역사에 의해 일어났다. 우리의 신실함의 표준은 우리의 내적인 부르심에 대한 우리의 외적인 순종의 일관성일 것이다. 그렇다면 심판의 조사는 이 큰 특권과 지위에 우리가 합당한가에 대한 것일 것이다.

B. 하나님께서 신자를 위하여 예비하신 것.

바울은 하나님께서 "모든 선을 기뻐함과 믿음의 역사를 능력으로 이루게 하시기"를 기도하였다. 성령에 의해서 선에 대한 내적인 소원이 신자에게 생긴다. 하나님께서 우리를 부르신 목적은 거룩함과 덕과 선함에 있다. 우리는 그리스도와 같이 되어야 하며, 땅 위에서 의와 선의 공동체가 되어야 한다. 그와 같은 선을 갈망하는 것이 모든 그리스도인의 마음의 표시이어야 한다. 하나님께 더욱 가까이하면 할수록 그와 같은 선을 더욱더 열망하게 되고 그의 부족이 더욱더 나타나게 된다. 그와 같은 사람이 복있는 자인데 이는 의에 대하여 주리고 목마른 그가 배부를 것이기 때문이다. 그와 같은 간절한 생각이 없다는 것은 마음이 냉랭하다는 뜻이다. 의를 갈망하는 자는 이생에서 이 목표에 도달하기를 기대할 것이다. 자기를 부인하고 그리스도의 영광을 추구하고 봉사함으로써 이 목표에 도달할 수 있을 것이다.

선에 대한 그와 같은 내적인 소원은 믿음의 외적인 행실로 나타날 것이다. 필연적으로 내적인 영적 상태는 믿음의 외적인 나타남에 영향을 준다. 행동의 내적 동기는 믿음이며 이 믿음은 우리의 행위에 의해 증명되었다. 그와 같은 행위가 의롭게 하거나 선을 내놓거나 공로를 얻도록 할 수는 전혀 없지만 그와 같은 행위는 선의 상태를 나타낸다. 데살로니가전서에서 바울은 데살로니가 교인들의 진정한 회개를 증명하는 이 믿음의 역사에 대해서 공언한다(살전 1:3). 그와 같은 부르심의 성취의 원천은 하나님이시다. 하나님께서 "능력으로 … 이루게 하실" 것이다. 하나님께서 진실한 신자들을 성령으로 충만케 하여 그들의 간절한 소원을 만족시키시고 그들의 수고를 우리 안에 자기의 기쁘신 뜻을 위하여 우리로 소원을 두고 행하게 하시는 하나님으로 말미암아 힘을 얻게 된다. 하나님의 영은 우리의 능력의 수단이다. 하나님의 이 속성은 하나님의 자녀들이 경험할 수 있다. 그 능력은 성령으로 충만케 되는 조건을 이루는 신자들에게 고유한 것이다.

C. 하나님에 대한 신자의 증거.

바울이 그의 기도에서 생각한 또 다른 목적은 "우리 주 예수의 이름이 너희 가운데서 영광을 얻으시고 너희도 그 안에서 영광을 얻게 하려 함"이었다. 거룩에 대한 내적인 간절함의 결과와 착한 행실의 외적인 실행으로 더욱더 예수 그리스도를 닮게 되었다. 이것이 성령의 역사하심에 의하여 자신도 모르는 가운데 그리스도의 형상으로 닮아감으로써 일어나고 있다(고후 3:18; 4:16). 방해받지 않는 착한 행실로 인하여 하나님께 영광을 돌리게 될 것이다(마 5:16). 만일 그리스도께서 신자에게서 영광을 얻지 못하신다면 이 세상에서 영광을 얻지 못하실 것이다. 우리는 그의 분깃이며 그의 유업이며 그리스도께서 땅 위에 계셨을 때 성부를 영화롭게 하셨던 것처럼 우리도 사람들 앞에서 그분을 영화롭게 해야 한다(요 17:2).

영광 가운데 그리스도께서 오심으로 우리가 영광을 얻을 것이다. 이것이 "우리 몸의 구속"으로 묘사되었다(롬 8:23; 요일 3:2, 3). 고귀한 부르심에 합당히 여김을 받은 자들은 모두 변화되어 주께서 나타나실 때 우리의 영광스러운 주를 닮게 될 것이다(살후 1:8-10). 그래서 우리가 현재 여기서 그리스도를 영화롭게 하는 것과 그리스도께서 오실 때 우리가 그와 함께 영광스럽게 되는 것 사이에는 직접적인 관계가 있다.

그날에 그리스도의 영광과 우리의 영광이 결합될 것이다. 모든 믿는 자들에게 나타나고 그들이 모두 감탄한, 타락한 인간을 구원하는 그리스도의 능력이 그날에는 그리스도의 영광이 될 것이다. 우리가 그리스도의 형상으로 변함이 우리 자신의 영광이 될 것이다. 그것은 참으로 승리를 증명하는 것일 것이다. 신자가 합당히 여김을 받는 것이 모두 하나님의 은혜이므로, 바울은 "우리 하나님과 주 예수 그리스도의 은혜대로"라고 말한다. 이 은혜는 나의 모든 죄보다도 훨씬 더 큰 은혜이다.

데살로니가후서 제2장

교회의 배교

2, 3절 "혹 영으로나 혹 말로나 혹 우리에게서 받았다 하는 편지로나 주의 날이 이르렀다고 쉬 동심하거나 두려워하거나 하지 아니할 그것이라 누가 아무렇게 하여도 너희가 미혹하지 말라 먼저 배도하는 일이 있고 저 불법의 사람 곧 멸망의 아들이 나타나기 전에는 이르지 아니하리니."

I. 역사적 배경

데살로니가의 사정 때문에 바울은 둘째 편지를 쓰게 되었는데 이는 그 교회가 동심하게 되고 혼란에 빠진 가운데 교회의 큰 목적과 목표에서 빗나갔기 때문이다. 교회가 박해를 받고 증인 노릇을 제대로 하지 못하고 그릇된 기대에 휩싸이게 되었는데 이렇게 흔들리게 된 이유는 재림에 관한 왜곡된 확신 때문이었다. 사도인 체하였지만 사도가 아닌 어떤 사람이 인정되지 않은 가르침을 가르쳤던 것 같다. 이 사람들은 심지어 편지를 날조하여 사도들이 그런 편지를 쓴 적이 없는데도 사도들이 쓴 편지라고 주장하였는지도 모른다(참조. 2절). 그로 인하여 교회가 혼란에 빠졌다. 오늘날에도 이와 비슷한 상황이 많다. 어떤 예언자적 교사들은 때때로 무솔리니가 나와서 잠깐동안 이탈리아 제국이 확장한 것과 러시아를 중심으로 한 공산주의 동맹과 유럽 공동체의 발생과 같은 사건들을 다니엘서의 역사의 그 사람의 상(像)에서 예견된 왕국들의 부흥으로 취급하였다. 그 결과 어떤 사람들은 그리스도께서 하루 혹은 일주일 혹은 일년 안에 오고 계시는데 구태여 우리가 장래를 생각해야 할 이유가 있느냐고 하면서 삶에 대한 회의를 나타냈다. 한 복음주의 대학 학장의 아들이 학업을 포기하고 세상이 끝나기 전에 생을 즐기기 위하여 돈을 벌 수 있는 사업계에 투신하겠다고 고집하였다. 이것은 데살로니가 교회에 있었던 경향의 한 단면을 보여주는 것일 뿐이다.

II. 용어 해설

바울은 재림을 부정한 것이 아니라 오히려 그들의 안정의 기반이라고 주장하였다. 그는 "우리가 너희에게 구하는 것은 우리 주 예수 그리스도의 강림하심"이라고 말하였다. 강림(파루시아)이 이 두 서신서의 기본 가르침이라는 것을 우리가 지적하였다. 이것은 1:8-10에서 말한 심판의 사건과 동시에 일어나면서 전조가 되는 성도를 붙드심 혹은 불러 모으심 혹은 휴거가 있을 그리스도의 강림이며, 따라서 그리스도의 임재이다. 바울은 이 앞에 모으심 혹은 휴거를 파루시아와 연결하였다. 그의 그 다음 가르침은 이 주제와 관계가 있고 이 주제를 명백하게 설명하고 이 주제가 불안의 수단이 되는 모든 가능성을 제거하기 위한 것이었다.

3절에 언급된 미혹은 사람이 재림의 긴박성에 관하여 지나치게 염려하다가 보면 쉽게 빠지게 되며 이로 인하여 성경에서 말한 징조를 잘 살펴보지 않고 당황하게 된다. 그와 같은 미혹으로 인하여 그리스도인은 안정된 행동을 하지 못하게 된다. 재림의 가르침에 대한 바른 이해는 믿음의 교리를 뒤흔드는 것이 아니라 확고하게 하는 요소이다. 어떤 사람이 해석한 대로 "그리스도의 날"과 "주 예수 그리스도의 날"의 차이가 여기에 전혀 없다. 날이라는 단어의 뜻은 1:10과 2:2에서 사용할 때에도 바뀌지 않는다.

III. 교리적 의의

재림에 관한 가르침은 성경 계시의 중요한 진리이다. 재림에 관한 가르침이 없다면 복음의 절정이 사라진 꼴일 것이다. 구약 성경이 예언하였던 것, 예수님이 약속하셨던 것, 사도들이 그들의 서신서에서 가르쳤던 것은 십자가에 죽으셨다가 죽은 자 가운데서 다시 살아나셔서 하늘로 올라가신 바로 그 예수님이 능력과 영광과 위엄 가운데 다시 오시고 있다는 것이다.

그의 강림은 인격적이고 영광스럽고 파국적일 것이다. 이렇게 강림하심은 그의 성도들을 고귀하고 영화롭게 하고 죄악된 인류에게 심판을 행하실 목적 때문이다. 재림에 관한 성경의 가르침을 영적으로 해석할 점은 전혀 없다. 여기 이 구절은 신약 성경에서 가장 확고한 구절 중 하나이다.

Ⅳ. 실천적 목표

이 구절은 예언에 관심이 있었던 사람들의 마음에 자제력과 안정감을 갖도록 하려는 것이었다. 그리스도 앞에 모이는 것 혹은 휴거가 그리스도인의 큰 소망이지만 그 때문에 생계를 위한 노동과 가족을 보살피는 것과 직업을 준비하는 것과 문명을 건설하는 것과 같은 우리가 감당해야 할 의무를 팽개쳐서는 안 된다. 바울은 사람들이 균형을 잃지 않도록 하기 위하여 이 성경 구절에서 주의 재림에 관한 징조나 단서를 제시하였다. 이 징조로는 신약의 기독교가 배도하는 일과 적그리스도가 출현하는 것과 무정부 상태와 크게 미혹하는 일이 있다.

Ⅴ. 설교 개요

제목: "교회의 배교."

도입부

교회의 어느 시대든지 배교는 얼마간 있다. 바울이 세운 교회들에서도 이단에 빠지고 변절하는 경향이 있었다. 요한계시록 2, 3장에서 부활하신 그리스도의 편지는 그러한 교회들에서 나타난 배교의 경향을 저지하기 위하여 쓴 것이다. 사도 시대에 개인적으로 배교하는 일이 실제로 있었다.

교단들이 배교하였다고 주장하는 어떤 극단적인 집단의 신자들의 주장은 종종 근거가 희박하고 위험하고 분열을 조장하는 것이다. 교회 조직체가 배교하게 되기 위해서는 반드시 기독교 신앙의 본질적인 교리를 부인하는 일이 있어야 될 것이다. 그러한 교단들에 속한 개인들이 배교할지도 모르겠지만 만일 신조의 기초와 정치의 감독이 여전히 성경적 기독교와 일치하고 있다면 그와 같은 조직체들이 배교했다고 말하기는 어려울 것이다. 만일 한 교단이 그리스도의 신성과 동정녀 탄생을 지지하는 진리들과 그리스도의 기적과 그리스도의 부활과 그리스도의 재림과 같은 큰 진리들에 대해서 공식적으로 부인하는 입장을 취한 때에는 배교하였다고 생각하고 떠나야 하겠지만 그와 같은 행동을 취하기 전에 먼저 아주 철저히 조사하고 교회 안에서 아주 엄중한 항의가 있어야 한다.

마지막 때의 징조의 하나는 예수 그리스도의 교회 안에서 진리에 대한 큰 배반이 있을 것이라는 것이다. 배교는 교회 밖에서 일어날 수 없고 반드시 교회 안에서 발생한다. 배교에는 기독교 신앙의 기본 교리를 부인하는 일이 있을 것이다.

A. 배교라 불리는 상황,

바울은 "먼저 배도하는 일이 있고"라고 말하였다. 헬라어 아포스타시아는 "배반, 변절"을 의미한다. 이것은 우리에게 통합 문서 곧 신약 성경으로 주신 바 기독교 내용을 부인하는 것이라고 규정지을 수 있다. 신약 성경을 읽어 보면 기독교 내용이 무엇인지 쉽게 알게 된다. 그 내용을 보면 그리스도께서 선재하신 사실과 성육신하신 하나님이심과 동정녀에게서 나신 것과 기적을 행하신 것과 죄없으신 생애를 사신 것과 십자가에서 대속하신 것과 고난을 받으시고 죽으셨던 바로 그 몸으로 무덤에서 부활하신 것과 승천하신 것 등이 있다. 그리스도인들은 이 내용을 중생과 새 생명으로 귀착되는 믿음으로 받아들인다. 그러므로 교회는 이러한 구속을 받은 자들의 초자연적인 조직체이며 클럽이나 사회나 개혁하는 기관이 아니다. 이 책들을 쓴 일세기의 그리스도인들은 기독교를 이렇게 이해하였다. 만일 그들이 잘못되었다면 우리가 기독교의 적절한 원천을 찾는다는 것이 아주 어려울 것이다. 기독교의 신조들은 성경을 기독교의 내용으로 확신하였다. 그런데도 지난 50년 동안 이 기독교의 내용에 대해 대대적으로 반감을 표시해 왔다. 이 신학 운동은 현대주의란 이름으로 통한다. 이 운동은 기독교 선생과 지도자인 체하면서 모든 사람을 잘못 인도한 계획적인 자들이 계시된 진리를 의도적으로 배척한 것이었다. 이와 같은 행동은 무지나 사단의 기만으로부터 기인한 오류와는 구별되어야 한다. 이런 것은 고칠 수 있고 배교라고 불러서도 안 될 것이다.

배교는 성경에 많이 기록되어 있다(참조. 딤후 4:3; 벧후 2:1, 2, 17; 유 1:4, 11-15; 갈 1:8; 2:4). 배교한 사람들에 대한 묘사가 성경에 많이 언급되어 있다(딤전 1:19, 20; 행 15:1, 2; 갈 1:8-2:10). 그와 같이 배교한 자에게는 심판이 있다. 속죄하는 다른 제사가 전혀 없다(히 6:4-6; 10:26-29). 큰 배교의 때는 마지막 시대일 것이다. 그래서 그때를 "말세"라고 말한다(딤후 3:1; 4:3, 4). 이와 같은 배교가 우리 시대에 나타나기 시작하고 있는지를 묻는 것이 쓸데없는 호기심은 아니다.

B. 배교의 내용.

바울은 갈라디아서 1:8에서 복음이 아닌 "다른 복음"을 말한다. 성경의 복음 내용 이외의 어떤 것이 복음으로 전해질 때에는 언제나 그것은 대용품이다. 이것은 현대주의라 불린 역사 운동에서 일어난 것이다. 현대주의는 진화론적 자연주의가 신학자들의 사고에 끼친 영향을 확실하게 보여 주었다. 성경을 히브리인들의 종교적 발전의 기록이라고 할 정도로 진화론의 개념이 성경에 적용되었다. 현대주의는 종교 지도자들이 그들의 신학과 과학적 자연주의를 조화시키려는 시도에서 유래하였다. 그들은 계시의 개념을 거부하고 그 대신에 과학적 방법의 귀납법을 채택하였다. 진화론적 자연주의가 저자와 저작 시기와 성경의 역사적 관계와 진정성에 관한 고등 비평학과 결합하였을 때 그것은 전통적 기독교 개념을 파괴하게 되었다. 성경은 하나님을 찾는 히브리인의 탐구를 기록한 것으로 간주되었다. 그리스도는 좋은 선생이지만 사생자이며 그의 가르침에는 오류가 있고 그의 신성에 대한 주장은 오만하며 진리를 위해 죽은 순교자이며 그의 몸이 한 시리아인의 무덤에 그대로 묻혀 있는 자로 간주되었다. 대속은 가슴이 설레이는 희생적 헌신에 대한 고귀한 모범이라고 생각하였다. 구원은 예수의 모범에 따라서 자기 부인과 헌신과 봉사로써 하나님께 나아가는 것이었다. 성품은 중생에 의해서라기보다는 교육과 환경에 의해서 만들어졌다.

교회는 사회 혁명에서 사람들을 선동하는 선봉장이 되었다. 재림은 유대인의 묵시주의로 취급되었다. 수십 년 동안 이런 배교가 우리 대부분의 교회를 지배하였다. 지난 20년 이내에 현대주의와 그 자연주의에 대한 반란이 일어났다. 역사적으로 이것은 윌리엄 호던(William Hordern)이 〈*The Christian Century*〉에서 "젊은 신학자 반도들"이라는 글을 쓴 1952년 초로 관측된다. 이때 그는 정통주의에 타격을 가한 운동에서 이전 세대의 자유주의에 대한 반항을 언급하였다. 이것은 칼 바르트와 에밀 브루너의 작품의 결과였는데, 칼 바르트는 구자유주의를 공격하였고 계시에 터를 둔 초자연적 종교를 주장하였다. 이러한 신정통주의가 성경적 기독교와 같은 것이라고 생각해서는 안 되지만 이 신정통주의는 계시와 그리스도의 인격과 죄의 실체와 살아 계신 그리스도와 만남을 통한 구속의 필요성을 강조하기 시작하였다.

C. 배교의 결과.

배교로 인하여 교회는 큰 후퇴를 하였다. 교회는 복음 전도의 열심과 열정과 열의를 상실하고 말았다. 사회주의 운동이 영적 생활을 대신하게 되었다. 교회 주일학교 문헌은 자연 중심이거나 자녀 중심이 되었고 그로 말미암아 선교에 대한 열심이 사라졌다. 공의의 하나님과 갈보리의 대속과 심판의 임박과 천국과 지옥의 실체를 거부한 이 맥빠진 기독교로 인하여 인류는 주의(isms)의 희생이 되고 말았다. 배교 뒤에 모르몬교(Mormonism), 불교, 사제주의(Sacerdotalism), 러셀주의(Russellism)와 기타 주의들이 크게 진보하였다.

사회 자체에 구속의 기독교의 영향이 감소되었다. 부도덕과 비행과 방탕과 부정직과 나태와 폭력과 같은 큰 문제가 나타났다. 위대한 도덕적 확신은 진리의 확신에서 반드시 나온다는 것이 매일 더욱 분명해진다. 만일 진리를 포기하게 되면 사람의 성품과 사회의 환경은 무너지기 시작한다. 오늘날 국가 안에서 신약 성경의 기독교 신앙으로부터 배교하는 것을 자세히 살펴볼 때 우리는 그리스도의 강림이 멀지 않았다는 것을 확실히 믿게 된다.

데살로니가후서 제2장

적그리스도

3, 4절 "누가 아무렇게 하여도 너희가 미혹하지 말라 먼저 배도하는 일이 있
고 저 불법의 사람 곧 멸망의 아들이 나타나기 전에는 이르지 아니하리니
저는 대적하는 자라 범사에 일컫는 하나님이나 숭배함을 받는 자 위에 뛰
어나 자존하여 하나님 성전에 앉아 자기를 보여 하나님이라 하느니라."

I. 역사적 배경

데살로니가는 마게도냐 속주로 로마의 지배를 받고 있었다. 곧바로 큰
핍박이 시작되었다. 이 큰 핍박들은 네로의 핍박을 시작으로 기독교가 합
법화할 때까지 2백 년 이상 동안 간헐적으로 계속되었다. 그리하여 바울은
로마 제국이나 로마의 권력이나 로마의 권세자들과 관련된 모든 것에 관
하여 무척 조심스럽게 쓰지 않으면 안 되었다. 이러한 징조들이 해독되었
을 때 이것을 반드시 명심해야 한다. 만일 이 징조 중 하나가 로마 정부를
언급하였다면―그럴 가능성이 아주 많은데―세속 권세자들이 그 뜻을 알
고서 그리스도인들을 공격하는 일이 없도록 하기 위하여 그 징조가 암호
형태로 되어 있어야만 했을 것이다.

II. 용어 해설

6, 7절에서 카텍손이란 단어가 나오는데, 한 번은 중성형으로 또 한 번
은 남성형으로 나온다. 이 단어는 "막는 것" 또는 "막는 자"로 번역될 수
있다. 불법의 비밀의 결말은 이 두 구절에서 묘사된 어떤 막는 힘에 달려
있다. 이것에 대해 바울은 "너희가 아나니"라고 말하였다. 분명히 데살로니

가 교인들은 그 힘 혹은 인물의 정체를 알고 있었다. 바울은 자기가 그들과 함께 있을 때 그들에게 구체적으로 말하였기 때문에 지금은 그것을 그들에게 상기시키는 것일 뿐이다. 바울이 그것에 대해서 언급할 때 암호처럼 말한 이유는 무엇일까? 그것은 바울이 핍박을 불러일으킬 것을 두려워하여 그때에 함부로 대적하려고 하지 않았던 어떤 인물 혹은 어떤 것과 동일시되었을까? 우리는 정말 막는 이 힘에 관하여 더 많이 알기를 바라는데, 이는 그 힘의 본질이 우리가 아주 철저히 연구해야 할 문제이기 때문이다. 그 힘은 성령으로 해석되었는데, 그는 옮길 때까지 적그리스도가 권좌에 오르지 못하도록 막을 것이다. 이 힘은 또 일반적인 의미에서 인간 정부를 가리키는 것으로 해석되기도 하였고 구체적인 의미에서 로마 정부를 가리키는 것으로 해석되었다.

III. 교리적 의의

"불법의 비밀"은 하나님의 영, 의의 영, 그 나라의 영과 동시에 세상에서 활동하고 있는 악한 영, 불법의 영, 반역의 영, 악의 영이다. 그러므로 "불법의 비밀"과 "의의 비밀"은 이 온 시대에서 동시에 나타난다. 악인들이 더욱더 악해질 동안 의인들은 그리스도를 더욱더 신뢰하게 될 것이다. 성경에서 언급된 여러 가지 비밀을 공부하는 것은 재미있는 일이다. 성경에는 "불법의 비밀", "이스라엘의 비밀", "교회의 비밀", "너희 안에 영광의 소망인 그리스도의 비밀", "하나님의 비밀인 그리스도" 등이 있다. 사역자가 맡은 바 이 비밀은 우리가 주의해서 공부해야 할 만하다.

IV. 실천적 목표

우리가 적그리스도를 확인하려고 해서는 안 되지만 마지막 때에 한 인물에게서 절정에 달하게 될, 이 전체 시대 동안 활동하고 있는 적그리스도의 운동들이 있다는 것을 기억해야 한다. 적그리스도는 세상에서 적그리스도의 가르침과 활동의 모든 형태로 존재한다. 한 번은 유대주의적인 형태, 또 한 번은 로마적인 형태, 러시아적인 형태, 독일적인 형태, 미국적인 형태를 취할지 모르지만 동일한 영이다. 그렇지만 주 예수 그리스도께서 강림하시기 전에 적그리스도가 그 시기 이전에 다른 모든 사람들의 삶에서 예시되었던 참람함과 오만과 불법과 사악함을 아주 구체화하는 인물로서 나타날 것이라는 경고를 우리는 받았다.

Ⅴ. 설교 개요

제목: "적그리스도."

도입부

우리는 데살로니가 교회가 어떤 징조들이 실현된 다음에 주의 날이 임할 것이라는 것을 알고서 위로를 받았다는 것을 이미 말하였다(살전 5:1; 살후 2:1-3). 바울이 말하는 그날은 파루시아의 날 혹은 교회를 위해 오시는 그리스도의 강림, 그리스도의 나타나심의 날 혹은 하나님을 알지 못하는 자들에게 대한 복수의 날, 그리스도의 성도들 가운데서 그리스도께서 영광을 얻으시는 날, 하나님께서 위에서 정확하게 말씀하시는 모든 것이다. 그와 같은 사건이 근접한 징후를 어떤 징조들에 의해서 알 수 있다. 교회가 이 징조들이 일어날 때까지는 고통을 받지 않으리라는 것을 바울은 강조한다. 교회가 배교 혹은 배도하는 일과 무정부 상태와 죄악의 사람 혹은 불법의 사람이라고도 하는 적그리스도의 출현 등이 이러한 징조들로 나타난다. 바울이 살면서 글을 쓰던 시대에 악의 존재와 활동이 역사하고 있다는 증거가 뚜렷이 있었지만 바울은 이러한 불법의 비밀이 완전하게 나타나는 것은 그 불법의 비밀이 적그리스도라는 인물로 나타날 때까지 이르지 않을 것이라는 것을 확신하였다.

A. 적그리스도의 모습.

이 성경 구절에 의하면 적그리스도는 어떤 천사와 같은 힘이나 비인격적인 세력 혹은 운동이 아닌 사람이다. 그 사람 본인이 사단적 기만과 인간의 사악함의 화신이다. 그는 그 스스로 마귀의 특징을 가지고 있다. 적그리스도란 말은 어떤 반기독교적 사상 체계나 활동 조직을 말하지만(요일

2:18, 19) 마지막 때에는 이 반기독교적 가르침과 경향을 나타내는 한 개인의 신격화를 상징할 것이다. 적그리스도는 불법의 사람으로 불린다. 그의 선구자들이 많이 온 뒤에 그가 오게 될 때 그는 메시야의 거대한 모방자로 올 것이다. 성경은 그 멸망의 아들을 하나님의 대권에 도전하고 침해하지만 파멸의 운명이 정해진 인물 곧 파멸의 아들로 묘사하고 있다. 가짜 메시야인 그는 참람하고 사악한 모든 것의 화신일 것이다. 예수님은 이 거짓 메시야들에 관하여 주의를 주셨고 그들에게 속지 말라고 제자들에게 당부하셨다. 유다에게 들어간 것은 바로 이 영이었다.

거짓 메시야는 하나님과 숭배받는 모든 것에 대적하고자 할 것이다. 여기서 바울은 다니엘 11:36을 인용하고 있는데, 이 성경 구절은 원래 B.C. 176-164년에 성소에 제우스의 단을 세움으로써 하나님의 성전을 더럽히고 유대인들에게 그리스의 종교를 강요한 안티오쿠스 에피파네스의 행동을 묘사하였다. 바울이 이 구절을 인용하면서 칼리굴라가 예루살렘 성전에 자신의 동상을 세우려고 함으로써 유일신을 섬기는 유대인들에게 충격을 주었던 사건을 염두에 두었거나 아니면 네로의 신성 주장을 염두에 두었을지 모르겠다. 바울은 이 개인이 하나님으로 자처하리라고 말하였다. 그는 "하나님 성전에 앉아 자기를 보여 하나님이라 하느니라." 이 성전은 예루살렘 건물(헤이론)이 아니라 신령한 성전(나오스)이다. 그러므로 우리는 예루살렘 성전 재건과 적그리스도가 더럽힐 제사의 복구를 기대할 것이 아니라 이것을 영적으로 해석해야 한다.

적그리스도는 하나님의 권리를 쥐고서 하나님의 성전에서 자신을 보여 하나님의 대리자처럼 행세할 것이다. 이것 때문에 우리는 그가 배교한 그리스도의 교회 안에 나타날 것으로 믿게 된다. 종교개혁자들은 이 적그리스도를 교황으로 생각하였다. 바울은 "악한 자의 임함은 사단의 역사를 따라"라고 말함으로써 적그리스도의 조종자가 사단일 것이라는 것을 말한다. 하나님께서 예수님의 아버지이신 그대로 사단이 그의 아버지일 것이다. 그러나 우리는 적그리스도가 사단과 동일한 것이 아니라는 것을 반드시 기억해야 한다. 요한계시록 12장과 13장에서 우리는 참된 삼위일체를 대적하여 나타난 이 거짓 삼위일체를 본다. 거기에 보면 마귀와 적그리스도와 거짓 선지자가 있다. 그리스도께서 하나님의 영에 의해 활동하셨던 것과 마찬가지로 적그리스도는 사단의 조종을 받아 활동하게 된다.

적그리스도의 능력은 "모든 능력과 표적과 거짓 기적"를 행하는 능력으로 묘사되었다. 예수님이 기적적인 능력을 행사하셨던 것과 꼭 마찬가지로 적그리스도도 거짓 기적을 행하는 능력을 가질 것이다. 모든 기적이 하나님에 의한 것이 아니므로 그 기적들이 일어나는 구조와 그 기적들이 달성하려는 목적을 유심히 살펴보아야 한다. 바울은 사람들이 진리를 믿지 않기 때문에 적그리스도의 지배하에 들어갈 것이라고 선언하였는데, "이는 저희가 진리의 사랑을 받지 아니하여 구원함을 얻지 못함이니라." 그들의 무분별과 진리에 대한 인식 부족과 죄에 사로잡힘과 궁극적인 유기에 대한 책임은 그들 자신에게 있다. 빛을 배척함으로써 어둠과 죽음에 이르게 된다. 그 결과가 예정되었다(10절).

적그리스도라는 이 인물은 "주 예수께서 … 강림하여 나타나심으로 (with the brightness of his coming)" 멸망당할 것이다. 적그리스도가 잠깐 통치하다가 갑자기 그 통치가 끝나고 초자연적인 심판을 받게 될 것이다. 이것은 주 예수께서 강림하여 나타나실 때 일어날 것이다. 여기서 주님의 강림하심을 묘사하는 두 개의 중요한 단어가 한 구절에 결합되어 있다.

B. 막고 있는 힘.

바울은 불법의 사람에게서 절정에 달하게 될 불법의 비밀을 막는 어떤 것 혹은 어떤 사람이 있다는 것을 알려 주었다. 어떤 큰 힘이 적그리스도의 나타남을 막았다. 바울이 이전에 이 힘의 정체를 가르쳐 주었기 때문에 데살로니가 교인들은 알고 있었다. 이제 바울은 적그리스도가 그의 때에 나타나기 전에는 마지막이 이르지 않으리라는 것을 알려 주었다. 적그리스도가 이미 나타났는지 아니면 앞으로 나타날 것인지에 대해서는 대답하지 않았다.

이 막고 있는 힘은 로마 제국과 동일시되었다. 그 예증으로서 로마 제국은 바울을 죽이려는 유대인들을 여러 번 막았다. 또 로마는 질서를 유지하였고, 하나님께서 인정하신 세력이었다. 바울은 로마 시민이었고 또 로마 법정에 호소하였기 때문에 바울이 로마 제국을 막고 있는 힘으로 언급하였을 가능성도 있다. 세대주의 견해에 따르면 이 힘은 성령을 가리킬 수도 있다. 성령의 철수 뒤에 유대인의 회심, 세계 복음화, 환난 동안의 신자의 견인과 같은 성령께서 반드시 하지 않으면 안 될 일들이 아주 많다는 것이 이 견해에서 해결해야 할 문제이다. 만일 막는 힘이 성령이었다면 왜 바울은 그 힘에 관하여 그렇게 암호처럼 말하지 않으면 안 되었을까? 일부 뛰어난 해석자들이 주장하는 것처럼 이 힘은 시민 정부에서 보통 은혜일 수도 있다. 여기서 금지하는 법의 붕괴의 결과로 불법이 나타날 것이고 문맥의 모든 필요 조건이 성취될 것이다. 그것이 정확하다면 이것은 미래에 난세(亂世)의 시대가 있을 것이며 그로 인하여 불법의 사람이 나타날 것임을 뜻한다.

C. 불법의 사람으로 가능한 정체.

불법의 사람에 대한 여러 해석이 있다. 그중 하나는 신화적인 해석으로 적그리스도가 한 인물이 아니라 각기 다른 시대에 다른 운동으로써 다양한 형태를 가지고 예시되었던 거짓된 거대한 원리나 체제를 대표한다는 것이다. 그것은 선과 악의 적대를 상징하며 그리스도와 적그리스도의 대립을 상징한다. 또 다른 해석은 역사적인 해석이라 불리는 것이다. 초기 교부들은 적그리스도를 네로, 도미티아누스, 안티오쿠스 에피파네스, 어떤 다른 통치자와 동일시되는 한 인물로 보았다. 종교개혁자들은 적그리스도를 교황 제도와 여러 교황들로 보았다. 최근의 저자들은 무솔리니, 히틀러, 스탈린, 후르시초프, 다른 지도자들에게서 적그리스도를 찾아내려고 하였다. 종교적인 해석은 적그리스도가 세상에서 적그리스도의 가르침과 행동의 여러 형식으로 존재한다는 것이다. 이 해석은 적그리스도가 시대마다 다른 형태일 수 있으나 이 모든 것을 구체화하고 이 모든 것의 화신이 되는 한 인물로서의 적그리스도의 도래가 역사적으로 나타날 것이라고 한다. 적그리스도를 따르는 모든 자들은 크게 미혹을 받아 판단력을 잃게 되어서 적그리스도의 그릇된 생각을 믿을 것이고 그리하여 심판을 받을 것이다. 이것은 작용중인 응보의 영적인 법칙이다.

데살로니가후서 제2장

교회의 위로

16, 17절 "우리 주 예수 그리스도와 우리를 사랑하시고 영원한 위로와 좋은
소망을 은혜로 주신 하나님 우리 아버지께 너희 마음을 위로하시고 모든
선한 일과 말에 굳게 하시기를 원하노라."

I. 역사적 배경

바울은 위로와 위안과 격려의 이 편지를 쓸 때 복음을 대적하여 일어난
핍박으로 인하여 발생한 데살로니가 교회의 고난과 고통을 생각하였다. 비
록 데살로니가 교회의 형제들에게 이 위로의 말씀을 한 것이지만 우리는
이 위로의 말씀을 교회가 선 이래 핍박과 고난을 당한 모든 형제들에게
적용할 수 있다. 예수님께서 제자들뿐만 아니라 "또 저희 말을 인하여 나
를 믿는 사람들도" 위하여 기도하신 것과 마찬가지로 바울도 이 형제들을
위해서만이 아니라 그와 같은 위로와 위안에 필요한 위치에 있게 될 모든
형제들을 위하여 감사의 기도를 하였다. 역사가 흘러오는 동안 교회는 거
듭해서 핍박의 시대를 맞이하였다. 오늘날도 어떤 곳에서는 교회들이 적대
하는 세력을 통하여 비슷한 고통을 겪고 있다. 그들에게는 이러한 위로가
필요하다.

II. 용어 해설

"택하사"(13절)란 말은 바울이 일종의 선택을 가르쳤다는 것을 나타낸
다. 이 말이 집단적인 선택이나 개인적인 선택으로 생각될 수 있지만 바울
이 세상이 있기 전 시대 혹은 영원까지 거슬러 언급하는 것이 틀림없는

하나님이 "처음부터" 택하시는 그 시기를 확대 해석하는 것이 분명하다. 이것은 하나님께서 백성을 구속하기 위하여 택하신 구속의 언약을 가리킨다. 하나님의 작정이나 하나님의 내주하시는 사역은 세상 창조 전에 일어났다. 하나님께서 하나님의 영광을 위하여 백성을 구원하시는 것이 하나님의 영원한 목적이라는 것을 성경 전반에서 읽을 수 있다는 것은 큰 위로이다(롬 8:28-30; 요 17:1-12; 6:7-40; 엡 1:4). 바울은 여기서 예정과 자유의 문제를 논의하는 것이 아니라 데살로니가 교인들이 그들을 대적한 세상에서 그들의 신분을 존귀하게 하시는 하나님의 택함을 받았다는 진리를 다루고 있다.

III. 교리적 의의

신자의 부르심이 14절 "이를 위하여 우리 복음으로 너희를 부르사"에서 언급되었다. 부르심은 "하나님의 성령이 하시는 일로서, 우리의 죄와 비참을 깨닫게 하시고, 우리의 마음을 밝게 하여 그리스도를 알게 하시고, 우리의 의지를 새롭게 하시어, 우리로 하여금 복음 가운데 값없이 주시는 예수 그리스도를 확신을 가지고 영접하게 하시는 일입니다"(웨스트민스터 소요리문답). 여기서 부르심은 선택과 동등하게 다루어졌으며, 그와 같은 부르심의 결과는 구원 곧 사죄의 경험과 영생을 소유하게 됨과 하나님에게서 유업을 받게 됨에 대한 확신이다.

바울은 초대 교회가 유지한 "유전"(15절)을 말한다. 그와 같은 유전은 말과 편지로 표시되었다. 복음이 사도들이 말로써 전한 유전으로 전해졌던 것이 확실하다(참조. 고전 15:1-5; 11:23). 말씀이 성경으로 기록되었을 때 말씀이 유전에 의존할 필요가 없게 되었다. 오늘날 구전을 성경과 동등시하거나 성경 위에 두는 교회는 어떤 교회든 기독교 진리의 터를 부인하는 것이다.

IV. 실천적 목표

속임을 당하여 그리스도께서 가까운 장래에 강림하실 것으로 믿는 이

신자들에게 혼란 가운데 위로와 안정을 주려는 것이 이 성경 구절의 목적
이다. 밖으로부터 오는 핍박과 내부로부터 발생한 그릇된 생각으로 인하여
그들은 동요하였다. 그들은 하나님의 주권과 그들을 위한 하나님의 영원한
목적과 대적하는 세상에서 적은 무리인 그들을 보호하심에 관한 큰 진리
를 깨닫고 안정을 얻을 필요가 있었다. 그리스도인들이 영원 가운데 하나
님에게서 택함을 받고 내세를 위하여 구속을 받은 하나님의 백성의 일부
라는 것을 상기할 수 있도록 하기 위하여 그들이 살고 있는 시대가 어떠
하든지간에 그와 같은 위로가 그들에게 베풀어졌다는 것은 중요하다.

V. 설교 개요

제목: "교회의 위로."

도입부

바울은 마지막 때의 배교와 적그리스도의 임함과 우주적인 난세의 암울
한 관점에서 이 위로를 전하였다. 마지막 일 또는 종말론에 대한 공부는
두려움을 불러일으킨다. 그와 같은 공부는 심판과 대학살과 파멸과 고난과
같은 것을 다룬다. 누구도 종말론의 주제를 경박하게 함부로 다루어서는
안 될 것이다. 그리스도의 강림은 복스러운 소망이지만 강림에 앞서서 그
리고 강림과 함께 나타날 무서운 사건들이 있다. 성도들은 그와 같은 무서
운 사건들을 피할 것이라고 생각하고 그와 같이 두려운 사실을 예언하는
것을 좋아하는 일이 절대로 없도록 하자. 이교주의에서 구원을 받은 이 적
은 무리는 핍박에 직면해 있었고 그들 자신의 지체들 속의 문제로 씨름하
고 있었고 어떤 진정한 위로와 격려가 필요하였다. 그리하여 바울은 하나
님을 심판의 두려우신 하나님으로 뿐만 아니라 우리의 슬픔을 아시고 우
리를 돌보시는 위로의 놀라운 하나님으로도 소개하였다. 이 성경 구절은
마지막 때의 사건에 관하여 묘사된 암울한 그림에 빛과 소망과 확신을 비
추었다.

데살로니가 교인들은 "주의 사랑하시는 형제들"로 묘사되었다. 여기에

자기 소유에 대한 그리스도의 사랑이 선언되었다. 그것은 구속의 사랑에서 나오는 것이다. 그들에 대한 하나님의 이 사랑을 느끼는 자들은 그들이 사랑을 받은 다른 신자들을 사랑한다는 것을 필연적으로 깨닫게 될 것이다. 사랑은 우리로 하여금 다른 사람에게 상처를 주는 말과 행동을 허락하지 않고 오히려 형제를 이해하고 돕고 위로하고 격려하도록 만든다.

바울은 감사의 기도를 억제할 수 없었다. 이런 데서 그의 낙관주의가 나타난다. 그는 아주 오랫동안 악과 불법과 타락과 심판의 실재에 대처할 수 있었고 그리고 그의 근본적인 확신과 소망이 확 솟았다. 이 적은 무리가 로마 세계의 악과 야만성과 무력 가운데 존재하였다는 사실 자체가 하나님의 능력을 증거하는 것이었다. 그리하여 그는 구원으로 택함을 받아 안전한 가운데 있는 그들과 저주를 받게 될 자들과 대조하였다.

A. 위로의 원천.

데살로니가 교인들의 위로는 하나님께서 "처음부터 그들을 택하신" 사실로부터 나오게 되어 있었다. 처음이라는 말은 하나님께서 당신의 이름을 위하여 백성으로 선택하여 뽑아내신 하나님의 영원한 목적을 가리킨다. 이렇게 한 동기는 사랑이었다. 그들을 정죄에 버려둘 수 있는 공의나 지혜나 능력 때문에 하나님께서 그의 백성을 선택하신 것이 아니었다. 그러나 하나님께서 하나님의 성품에 참여할 자가 되게 하기 위하여 구속하시고 존귀케 하실 백성을 하나님은 영원 전부터 사랑하셨다.

그와 같은 백성을 구속하시고 지키시는 하나님의 방도는 "거룩하게 하심과 진리를 믿음"이었다. 여기에 하나님의 영의 사역과 인간의 영의 사역의 상호 관계가 있다. 구원은 독단적인 작정의 결과로 오는 것이 아니다. 그렇다면 모든 사람이 구원을 받았을 것이다. 오히려 구원은 하나님의 영의 사역과 그 사역에 대한 우리의 반응에 달려 있다. 성령의 사역없이 구원을 받을 사람이 아무도 없고 진리를 믿지 않고 구원을 받을 사람이 아무도 없다는 것이 성경의 일관된 구원이다. 그러므로 구원은 믿음에 의한 우리의 회개로 말미암아 온다. 그와 같은 믿음은 성령의 성화를 통하여 구원을 보증한다. 우리는 선택을 지나치게 강조한 나머지 인간의 책임을 손상시켜서는 결코 안 된다. 성경은 우리로 하여금 믿도록 권유하고 권고하고 타이른다. 그와 같은 믿음의 결국이 구원이다.

B. 위로의 본질.

바울이 영원한 위로를 말할 때 영구(永久)를 의미하는 단어를 사용한다. 이것은 그 위로가 이 세상을 위한 것이며 이 세상 내내 있다는 뜻이다. 하나님의 주권을 확실히 믿는 사람은 악을 대항하고 큰 계획을 착수하고 대적에 대하여 용감하게 맞서고 시련을 견디는 영웅적인 행동을 하게 될 것이다. 우리의 위로는 인력으로 할 수 있는 모든 것을 하였을 때 우리가 "주의 뜻이 이루어졌다"고 말할 수 있는 것이다. 이것은 루터와 칼빈과 같은 위대한 종교개혁자들의 자세였다. 그들은 예정주의자들이었고 하나님의 주권을 믿었다. 이러한 믿음으로 인하여 그들은 큰 일을 하게 되었다.

위로는 "좋은 소망"(16절)과 같은 뜻이다. 우리의 소망은 구원의 소망이며 내세에 적합하다. 바울은 우리가 "소망으로" 구원을 받았다고 말한다. 사죄와 칭의에 대한 성령의 증거를 체험한 그리스도인은 큰 소망을 가진 자이다. 이것은 구원의 보장 혹은 확신의 교리와 동등하게 다루어질 수 있다. 14절에서 바울은 이 소망을 "우리 주 예수 그리스도의 영광을 얻게 하려 하심"으로 말하고 있다. 우리가 그의 영광을 나누어 갖게 될 것을 선언하는 성경 본문이 많다(롬 8:28; 고후 3:18; 살후 1:10).

이 위로는 "은혜를 통하여" 우리에게 온다. 하나님께서 우리에게 호의를 가지셨다는 것은 하나님께서 우리에게 구세주 그리스도를 주시고 우리를 택하사 구원하심으로써 우리를 위해 행하신 것에서 입증되었다. 주의 이 "은혜의 해"에서 하나님의 은혜가 모든 사람에게 도움이 될 것이다. 이것은 보편적인 부르심, 열려 있는 복음 전도의 문, 하나님의 비밀의 지식에 의하여 증명되었다. 하나님의 은혜가 효과 있는 은혜가 되느냐 그렇지 않으냐는 개인의 반응에 달려 있다.

C. 위로의 열매.

이 영원한 위로에서 위안이 생긴다. 바울은 "모든 위로의 하나님"을 신성에 대한 명칭으로 사용한다(고후 1:3). 하나님은 우리에 대하여 위로자의 입장에 서 계시며 이 사역은 "보혜사 곧 성령"에 의해 수행되었다. 과연 어떤 사람이 유혹과 시련과 고투와 상처와 사별과 정신적인 고통에 대해서 하늘의 위로가 필요없는가? 땅에 있는 어떤 슬픔도 하늘에서 치료하지 못하는 것이 없다는 것을 우리는 알고 있는데, 이는 하나님께서 위로의 하나님이시기 때문이다.

힘도 이 위로의 열매인데 이는 하나님께서 "모든 선한 일과 말에 굳게" 하실 것이기 때문이다. 바울이 진리를 더욱 충분히 알고 그리스도인으로서 더욱 깊이 체험하게 함으로써 이 데살로니가 교인들을 강하게 하고 굳게 하고 위로하기 위하여 디모데를 보냈듯이, 하나님께서 성경의 진리에 대한 우리의 지식과 적용을 통하여 우리를 위로하실 것을 우리는 안다. 그와 같이 굳게 하고 안전하게 한다는 증거는 신자의 말과 사역에서 찾을 수 있다. 그들의 말은 하나님의 영광을 위하여 쓰일 것이며 그들의 손은 자비와 의와 진리의 프로그램으로 이용될 것이다.

그와 같이 굳게 하심으로 인하여 그들은 "굳게 서서 유전을 지킬" 수 있을 것이다(15절). 바울은 그들에게 자기가 받았고 구두 형식으로 전해지고 있던 유전을 맡겼다. 이 유전은 곧 데살로니가전서와 같은 서신으로 기록될 것이었다. 그러나 그들은 기록된 말씀을 받기 전까지 구전에 의존하였다. 오늘날 구원의 지식을 위하여 필요한 모든 것이 있는 완전한 성경이 있기 때문에 그와 같은 구전은 필요없다. 우리의 생각은 모든 진리와 그리스도인의 경험의 터인 하나님의 계시에서 굳게 될 수 있다. 이렇게 바울은 승리와 힘과 은혜를 특별히 언급함으로써 이 서신의 교리적인 측면에서 실천적인 측면으로 옮겨간다. 상황이 아무리 나쁘더라 하더라도 그리스도인은 하나님의 목적과 하나님의 영과 말씀에서 위로와 힘과 굳게 하심을 얻을 수 있다.

데살로니가후서 제3장

말씀의 달음박질

1절 "종말로 형제들아 너희는 우리를 위하여 기도하기를 주의 말씀이 너희
가운데서와 같이 달음질하여 영광스럽게 되고,"

I. 역사적 배경

바울은 "무리하고 악한 사람들"의 대적을 말한다. 데살로니가에서 그리
고 고린도에서도 말씀을 믿는 사람들과 무리하고 악한 방법으로 말씀을
대적하는 사람들로 나누어졌다. 복음을 듣는 사람들 사이에 이런 분리의
경계선이 그어졌을 것이다. 종교개혁 시대에 복음 전도는 엄청난 반감을
불러일으켰으며 결국 종교 전쟁이 발발하게 되었다. 영국에서 복음 전도
부흥 동안에 복음 전도로 인하여 종종 폭동이 일어났다. 설교자들이 돌에
맞고 신자들이 못 속으로 던짐을 당하거나 하는 일이 더러 있었고 생명의
위협을 받는 일이 한두 번이 아니었다. 오늘날 콜롬비아와 같은 곳에서도
비슷한 감정의 폭발이 있었는데, 거기서 신자들이 매를 맞고 감옥에 갇히
고 재산을 잃고 심지어 생명을 잃기도 하였다. 바울이 묘사한 것을 필립스
(Philips)는 "고집불통의"로 번역하였고, 닐(Neil)은 "부적당한"으로 번역
하였고, 라이트푸트(Lightfoot)는 "난폭한"으로 번역하였다. 그것은 그와
같은 사람들이 말씀의 요구를 직시하기보다는 말씀이 전파되는 것을 방해
하거나 막는 어떤 일을 할 것이라는 것을 암시한다.

II. 용어 해설

바울은 "주의 말씀"을 말하고 있다. 바울이 주의 말씀이라고 했을 때 성

경을 의미한 것이라고 할 수 없는데 그때에는 아직 성경이 기록되지 않았기 때문이다. 신약 성경의 맨 처음 책이 이 데살로니가전후서일 것이다. 그러므로 바울은 틀림없이 주의 말씀을 그가 전한 복음과 동일시하였을 것이다. 복음의 내용에 관하여 지금 신약 성경으로 기록된 모든 것이 바울에 의하여 이렇게 주의 말씀으로 불렸다. 우리 시대에 이 말씀은 때때로 복음보다 뛰어나고 복음보다 위에 있고 복음과 다른 어떤 것과 동일하다고 간주되었다. 히브리서 4:12과 같은 본문은 기록된 말씀과 다른 이 살아 있는 말씀을 말하는 것으로 해석되었다. 정통 기독교는 일반적으로 주의 말씀을 특히 신약 성경의 기록된 말씀과 동일한 것으로 간주하였다. 살아 계신 말씀의 권위만 인정하고 기록된 말씀을 경시함으로써 살아 계신 말씀과 기록된 말씀을 갈라놓지 않도록 조심해야 한다. 바울은 그와 같은 구분을 결코 하지 않았다.

Ⅲ. 교리적 의의

이 본문에서 특히 다음과 같은 사실을 위하여 기도하였다. 말씀이 달음질하기를 기도하고, 말씀을 전하는 사람들이 건짐을 받도록 기도하였다. 바울에게는 기도가 호흡과 같이 자연스러운 것이었다. 바울은 쉬지 말고 기도하고 항상 기도하고 간절히 기도할 것을 강조하였다. 음악가에게 음악이, 저술가에게 글 쓰는 일이 자연스럽듯이 그리스도인에게는 기도가 자연스러워야 할 것이다. 바울은 기도할 뿐만 아니라 데살로니가 그리스도인들도 함께 기도하기를 원하였다. 그와 같은 기도로 말미암아 복음이 힘차게 전해지는 것이다.

Ⅳ. 실천적 목표

이 본문의 실천적인 목표는 말씀의 전파로 말미암아 그리스도의 말씀이 달음질할 수 있도록 간절히 기도하라고 데살로니가 교인들에게 권하고 격려하기 위함이다. 토리(R. A. Torrey)는 「성령」⟨*The Holy Spirit*⟩(p. 25)에서 다음과 같이 증거한다. "내가 1901년 세계 일주를 시작하였을 때, 나는 내가 알기로 기도하는 방법을 아는 사람들에게 우리가 세계 일주를 떠나면 매일 알렉산더 씨와 나를 위하여 기도해 줄 수 있는지를 묻는 편지를 5000통을 발송하였다. 그 편지들에 일일이 서명하는 일이 내 생애에서 겪은 가장 힘든 일 중 하나였지만 그 수고에 대한 보상을 받았는데, 이는 이내 수천 명의 사람에게서 매일 우리를 위하여 기도하겠다는 말과 함께 답장을 보내 왔기 때문이다. 알렉산더 씨와 내가 오스트레일리아의 멜보른에 도착하였을 때 1만 명의 사람들이 기도할 결심을 하고 매일 우리를 위하여 기도하고 있었으며, 우리가 영국에 도착하였을 때 4만 명의 사람들이 매일 우리를 위하여 기도하고 있었다. 그와 같은 상황에서 누가 전도하지 못하겠으며 기적적인 결과가 일어나지 않을 수 있겠는가."

V. 설교 개요

제목: "말씀의 달음박질."

도입부

이 시점에서 서신의 내용이 교리적인 것에서 실천적인 것으로 바뀌고 있다. 바울이 데살로니가 교인들에게 말하고 있는 결론은 행동 규범과, 유전대로 행하지 않는 자들에게서 떠날 것과 일하는 것과 평강에 대한 것이다. 바울은 주의 말씀이 늘 새로운 정복과 승리와 개선으로써 달려가는 것을 그리고 있다. 이처럼 주의 말씀이 선교사들과 별도로 그 지방 도처에 전해질 때 말씀 혹은 복음이 독립적이라는 느낌을 주었다. 이런 데서 우리는 사람의 영적 본성을 일깨우고 불러일으키고 새롭게 하는 하나님의 말과 메시지와 목소리인 주의 말씀의 고유한 힘을 보게 된다. 이렇게 복음이 말로만 이른 것이 아니라 오직 능력과 성령과 큰 확신으로 되었다(살전 1:5). 주의 말씀에 의한 그와 같은 능력의 뻗침이 주의 말씀의 달음질을 위한 기도가 수반되지 않고서는 결코 알려지지 않는다. 우리 그리스도인들은 우리가 수고하는 영역에서 주의 말씀이 달음질하고 진보가 있도록 기도하자고 서로 권해야 할 것이다. 천둥과 번개와 경고와 위로와 힘을 가진 주의 말씀이 막힘이 없이 달음질하여 우리의 온 도시와 시골 구석구석을 휩쓸기를 기원하는 바이다.

A. 말씀이 성공적으로 문을 열게 됨.

주의 말씀은 오늘날 복음 전도에서 성공하고 있다. 내가 이 글을 쓰고 있는 시각에 빌리 그레이엄은 시카고 전도 대회에서 700,000명의 참석자와 예수 그리스도를 믿기로 고백하는 19,000명의 결신자를 얻고 있었다. 사반 세기 전에 기독교 저술가들은 대중 복음 전도 시대가 끝났다는 것과 그와 같은 시대가 영원히 사라졌다는 것을 선언하고 있었다. 그러나 라디오와 텔레비전과 신문과 잡지와 큰 대중 집회에 의한 거대한 시청권을 통하여 주의 말씀이 이전에 결코 전해지지 않았던 곳까지 빠르게 전달되고 있는 것을 우리는 지금 본다. 우리가 이것을 신앙 부흥 운동과 동일시해서는 결코 안 되지만 주의 말씀을 위한 문이 열려 있는 것은 확실하다.

그런데도 "믿음은 모든 사람의 것이 아니다." 모든 사람이 믿는 것이 아니고 거대한 지역이 주의 말씀에 대해서 배타적이다. 공산주의 국가와 그 위성 국가들이 주로 주의 말씀이 달음질하는 것에 대하여 배타적이고, 주의 말씀에 분명한 태도를 취하는 사람들은 핍박을 받고 고난을 받는다. 그러나 그런 지역에서조차도 주의 말씀은 속박되지 않는다. 이후에 바울이 복음을 전하지 못하도록 하기 위하여 바울을 감옥에 가둘 수 있었지만, 말씀은 매임을 당하지 않고 모든 장애를 극복하고 심지어 가이사의 궁정에까지 전해져서 가이사의 권속 중에서도 성도가 나오게 되었다는 것을 바울이 선언하였다. 주의 말씀에 대한 비슷한 반대가 모든 시대에 있을 수 있겠지만 이것 때문에 우리가 주의 말씀을 믿거나 전하는 일을 단념해서는 안 될 것이다. 복음을 충실히 전하는 사람은 누구나 "무리하고 악한 사람들"을 만나게 될 것이다. 어디든지 할 수만 있으면 주의 말씀을 훼방하려는 자들이 있을 것이며, 성경의 믿을 만한 견해를 비웃는 사람들이 있을 것이며, 주의 말씀에 헌신한 그리스도인들을 박해하고자 적극적으로 선동하는 사람들이 있을 것이다.

B. 성공적으로 많은 사람을 믿게 함.

참된 신앙 부흥의 기적은 사용된 방법에 기인하는 것이 아니라 주의 말씀에 기인하는 것이다. 대중에게 복음을 전하기 위하여 육신적인 방법에 의존하는 것과 하나님의 말씀에 의지하는 것은 큰 차이가 있다. 영적인 방법은 말씀을 전하는 것이며, 기도를 수반하는 것이며, 성령을 의지하는 것이다. 이것은 주의 말씀이 신약의 교회에서 "흥왕하여 더하고" "번성하고" "이긴" 방법이었다(행 12:24; 13:44-49; 19:11-22). 이렇게 그들이 말씀을 전하였고(행 13:5), 그들이 말씀을 들었고(행 13:7; 13:44; 15:7), 그들이 말씀을 받았고(행 11:1; 17:11), 성령께서 말씀을 들은 그들에게 임하셨다(행 10:44)는 것이 신약 성경에서 선포되었다.

만일 우리가 우리 시대에 주의 말씀이 그와 같이 휩쓰는 것을 증거해야 한다면, 그것은 사회 개선과 도덕과 인격 도야와 입법과 인간의 향상에 관한 복음을 전한 결과가 아닐 것이다. 우리는 연약하고 죄 많은 사람들을 품으시는 하나님의 사랑과, 죄에 대한 필연적인 형벌과 은혜로 말미암은 용서와, 삶에서의 의와, 지금부터 영원까지 풍성한 평강과 기쁨과 사랑을 새롭게 선포해야 한다.

우리 각자는 삶에서 말씀이 달음박질하도록 할 건지 말 건지를 결정해야 한다. 나는 믿음이 있고 하나님의 말씀을 믿고 듣고 받아들이는 사람인가? 만일 그렇다면 나는 구원의 메시지를 즐거워할 것이고 하나님과 그리고 나 자신과 평화롭게 살 것이며 하나님의 지시하심을 알 것이다. 한편 만일 내가 "무리하고 악한 사람"이라면 나는 하나님의 말씀과 의와 구원의 방법을 대적할 것이고 그 결과는 영원하다. 하나님의 말씀을 혼잡케 하거나(고후 2:17; 4:2) 주의 말씀을 왜곡하는(갈 1:8) 사람이 될 수 있다.

C. 성공적으로 신자들로 하여금 복종케 함.

웨스트민스터 소요리문답은 성경이 "믿음과 실천의 유일하게 무오한 준칙"이라는 것을 선언한다. 이것은 신자들이 성경대로 살아야 할 것이며, 성경이 생활의 준칙이며, 그것이 중대한 일이라는 것을 뜻한다. 주의 말씀에 복종하기 위하여 승진과 인기와 지위를 희생해야 할지 모르나 그것은 곧 우리가 하나님의 나라와 그의 의를 구하고 있다는 뜻이다. 즉 우리에게 있는 건강과 부와 번영이 하나님의 말씀과 계획과 일치한다는 뜻이다. 우리가 예수님께서 선포하신 위대한 표준에 맞추어 우리 형제를 섬기려고 애쓴다는 뜻이다. 그것은 우리가 일이든지 예배든지 유희든지 삶의 모든 관계를 거룩하게 하려고 한다는 뜻이다. 말씀에 순종하는 자는 윤리적 행동의 원리를 배워서 그 원리를 생활의 모든 상황에 적용한다. 그는 절대적인 사랑과 진리와 정직과 순결 속에서 살면서 이러한 것들을 일상 생활을 위한 교훈으로 바꾸려고 노력한다.

테일러(H. J. Taylor, the President of Club Aluminum Company of America)가 알루미늄 사업을 맡게 되었을 때 그는 기독교 윤리의 원리를 나타내는 것을 그의 사업에 필요한 네 가지 행동 규칙으로 고스란히 옮겨 써놓았다. 이 규칙은 나중에 국제 로터리 클럽에 의하여 받아들여져 세계 도처에 있는 로터리 클럽 회원들에게 유포되었다.

그러므로 성경은 그리스도인의 모든 상황에서 규칙이 되어야 한다. 그리스도인은 매일 생활을 위한 법을 공급하기 위하여 말씀에 의지할 것이다. 그리스도인은 말씀으로 돌아올 것이며, 말씀을 공부하고 적용하고 복종할 것이다. 그 결과 의롭게 될 것이다. 이리하여 우리는 주의 말씀이 우리 삶 가운데서 달음질하여 영광스럽게 되는 것을 말할 수 있다.

데살로니가후서 제3장

하나님께서 신자 가운데서 일하심

3, 5절 "주는 미쁘사 너희를 굳게 하시고 악한 자에게서 지키시리라 … 주께
서 너희 마음을 인도하여 하나님의 사랑과 그리스도의 인내에 들어가게
하시기를 원하노라."

I. 역사적 배경

데살로니가 교회의 아버지로서 바울은 그들이 대적하는 환경으로부터
눈을 들어서 주를 바라보기를 원하였다. 그는 만일 그들이 환경을 보고 그
들 자신의 재주로 그러한 환경을 맞서려고 한다면 실패하고 말 것이라는
것을 알고 있었다. 그의 백성을 굳게 하시고 지키시겠다고 약속하신 하나
님의 신실하심을 생각함으로써 그들은 요동하지 않는 반석 위에 서 있었
다. 그들의 용기를 더욱 북돋우고 선행을 계속하도록 격려하기 위하여 그
는 그들에 대한 신뢰를 표시하였고 그들의 인내를 위하여 기도하였다.

II. 용어 해설

흠정역에서 "기다리는(waiting)"으로 번역된 말(5절)은 실제로 그리스
어 휘포모네이며 "인내(endurance)"를 뜻한다. 그러므로 바울은 주께서
그들을 "그리스도의 끈기 있는 인내심"으로 인도하시기를 기도하고 있다.
흠정역에서 오역을 하게 된 것은 아마 이 서신서에서 전반적으로 재림을
강조한 것에 원인이 있을 것이다. 여기서 그 의미는 그들이 그리스도의 재
림을 기다려야 한다는 것보다는 오히려 그들이 그리스도의 끈기 있는 인
내를 열심히 모방하여야 한다는 것이었다. "그는 죄인들의 자기에게 거역

한 일을 참으셨다", 그리고 그는 "십자가를 참으사 부끄러움을 개의치 아니하셨다." 이와 같이 데살로니가 교인들도 악을 참고 견디며 그들이 겪을지 모르는 고난이나 고통에도 불구하고 그들이 계속해야 할 의무가 있었다. 그 말에는 어떤 대가를 치르더라도 행동하는 과정에서 인내하는 능동적인 의미가 있다.

III. 교리적 의의

하나님의 미쁘심은 바울이 데살로니가 교인들을 격려할 수 있는 근거이다. 성경에서 주 예수 그리스도의 미쁘심이 아주 많이 선언되었다(참조. 고전 1:8, 9; 10:13; 살전 5:24; 딤후 2:13; 요일 1:9). 신약 성경에서 그리스도에 관하여 아주 상세하게 선언된 것은 자연계에 드러났으며 구약 성경에서 하나님의 미쁘심의 증거로서 해설되었다(참조. 8:22; 시 89:36). 하나님의 미쁘심에 달려 있는 자연의 운행에 일관성이 있다. 과학에서 법칙의 일관성을 이야기하지만 법칙이 일관된 이유는 무엇 때문인가? 어떻게 해서 자연이 질서있게 운행되는가? 성경은 하나님의 미쁘심 때문이라고 대답하고 있다. 이처럼 하나님은 햇빛과 비를 주시고 자라게 하시고 인간 생활에 필요한 물질적인 것들이 발달하게 하신다. 이 모든 것이 잘 알려진 찬송에서 이렇게 표현되었다. "당신의 미쁘심이 크시도다."

IV. 실천적 목표

이 성경 단락에서 바울이 목적하는 바는 데살로니가 그리스도인들의 마음과 생각이 흔들리지 않도록 하고 확신을 주고 격려하는 것이다. 바울은 그를 통하여 하나님의 말씀이 달음박질하여 영광스럽게 되도록 하기 위하여 그를 위해 기도해 줄 것을 그들에게 요청하였고 이제 그는 그들을 위하여 주께서 그들의 마음을 인도하여 적절한 사랑과 행동을 하게 해주시기를 기도한다. 그리스도인들이 낙심하게 되고 그리스도께 대한 충성과 헌신이 꺾이게 될 가능성은 항상 있다. 여기서 바울은 그와 같은 사태를 예측하면서 하나님과 그 신자의 일에 관한 가르침을 통하여 그런 일이 발생하지 않도록 방비하고 있었다.

V. 설교 개요

제목: "하나님께서 신자 가운데서 일하심."

도입부

하나님의 미쁘심은 성경에서 선언되고 자연에서 선포되었을 뿐만 아니라 영적 체험 면에서도 틀림없이 나타난다. 하나님은 구원을 베푸심에 있어서 미쁘시다. 하나님은 그리스도에 의하여 그에게 오는 자를 모두 구원하신다(롬 10:11). 복음은 하나님의 미쁘심에 달려 있다. 그렇지 않고서는 우리가 전도할 근거가 전혀 없을 것이며 죄인들에게 구원을 권할 근거도 없을 것이다. 하나님은 그의 약속에 있어서 미쁘시다. 하나님은 "예와 아멘"이시라고 선포되었다. 하나님께서 약속하신 것은 하나님께서 이루실 것이다. 왜냐하면 "하나님은 거짓이 없으시기" 때문이다. 하나님은 예언의 말씀의 성취에 있어서 미쁘시다. 역사는 하나님의 다스리심과 지시하심과 목적 아래 있다. 의는 하나님의 미쁘심 때문에 승리할 것이다. 그러므로 바울은 신자들 그중에서도 특히 데살로니가의 어린 신자들 가운데서 은혜의 사역을 위한 확신의 근거로서 이 미쁘심에 호소할 수 있었다.

A. 신자를 굳게 하는 일.

바울은 "하나님께서 너희를 굳게 하시리라"(3절)고 말한다. 신자들은 동요하는 경향이 있다. 일단 그리스도인이 되고 나면 그는 죄를 용서받았지만 죄가 아주 많이 그대로 있는 것을 깨닫게 된다. 비록 그가 한때 갈망하던 것을 혐오하지만 이런 변화가 죄로부터 충분히 보호하지 못한다는 것을 깨닫는다. 여전히 옛날의 죄가 그에게 아주 강한 영향을 줄 수 있다. 세상의 달콤한 말은 여전히 매력적이다. 그에게는 죄의 유혹과 매력에 반응하는 어떤 것이 있다. 신자는 여전히 두 마음 혹은 이중 마음의 소유자이다. 그는 두 갈래로 찢긴다. 그에게 소원의 대립이 있다. 그는 하나님의 뜻을 행하기를 원하면서도 한편으로는 옛생활의 어떤 행동에 매력을 느낀다.

불안정을 뜻하는 시몬이라는 이름을 가진 베드로에게서 이것이 잘 묘사되었다. 그러나 그는 게바 곧 바위로 변하였다(요 1:42). 그와 같은 힘과 견인과 굳셈은 오직 하나님에게서만 나올 수 있다.

하나님은 성령의 사역을 통하여 신자를 굳세고 담대하고 강하고 승리하는 그리스도인으로 세우신다. 사도들의 오순절 경험이 우리의 경험이 되어야 한다. 이것은 우리가 우리를 확실히 거룩하게 할 최종적인 것인 이차적인 축복을 기대해야 한다는 말이 아니다. 그리스도인으로서 우리가 죄악된 본성에서 일어나는 불안정과 연약함과 흔들림에 반드시 직면한다는 것과 우리가 그와 같은 형편에 대처할 수 있는 자원을 충당할 것이라는 말이다. 안타깝게도 마음 속에서 하나님의 더 추가된 사역을 찾아내려고 하지 않고 그와 같은 불안한 상태 가운데 그대로 주저앉아 있는 그리스도인들이 너무 많다. 그리스도인들은 그들을 승리로 이끄실 내주하시는 성령께 다 맡기고 순종해야 한다.

영적 경험에서 그와 같이 굳게 하심은 무조건 미래에 될 일로 생각할 필요가 없는 것이다. "방황하고 내가 사랑하는 하나님을 떠나야 할" 필요가 전혀 없다. 메마르고 무미건조한 경험의 광야, 적과 끊임없이 계속되는 충돌의 광야에서 방황할 필요가 전혀 없다. 신자가 하나님의 백성에게 남아있는 그 안식에 들어갈 수 있다. 만일 우리가 연약하고 허약하고 쇠약하고 불만이 있다면, 승리의 상태에서 우리를 굳게 하기를 원하시는 하나님께로 돌이킬 때이다. 아낙 족속의 거인들 곧 두려움과 공공연한 죄와 해악은 갈렙과 여호수아에게 있었던 독특한 정신이 우리에게도 있으면 능히 극복할 수 있다.

B. 신자를 지키시는 일.

바울은 "주는 너희를 악한 자에게서 지키시리라"고 말하였다. 하나님께서 구원하신 자를 지키신다는 것은 하나님의 말씀의 명확한 가르침이다(참조. 요 5:24; 10:28; 살전 5:23). 사람은 유혹과 시련과 환난을 겪게 되어 있다. 만일 그리스도인의 삶이 승리로 끝나려면 이와 같은 것들에서 하나님이 지켜주셔야 한다. 이런 이유 때문에 주 예수님은 우리에게 지켜 주시라고 기도할 것을 가르치셨다: "우리를 시험에 들지 말게 하옵시며 다만 악에서 구하옵소서." 어떤 형태로든 악을 장난 삼아 생각하는 것은 위험하다. 우리는 연약한 상태 가운데 있는 우리를 압도할 수 있는 악과 부딪치지 않기를 바라야 할 것이다. 하나님께서는 의와 평강의 길로 우리를 인도해 주실 것을 약속하셨다(시 32:8).

그러므로 만일 우리가 구원받기를 원한다면 악의 소굴에 살거나 우리 자신을 악에게 노출시켜서는 안 될 것이다. 만일 우리가 견딜 수 없을 사태가 일어난다면, 하나님께서 우리를 지키시기 위하여 우리에게서 그런 상황을 제거하시거나 그런 상황에서 우리를 옮기실 것이다. 그러나 그런 유혹에서조차도 우리에게는 모든 점에서 우리와 같으시고 우리와 같이 느끼실 수 있는 대제사장의 구조가 있다. 그는 우리를 중보하시고 우리를 구원하시기 위하여 사신다(히 9:25). 그리고 그는 밖으로부터 우리에게 오는 모든 공격에서 우리를 기꺼이 구조하신다.

C. 신자에게 능력을 부여하시는 하나님의 일.

바울은 "너희에게 대하여는 우리의 명한 것을 너희가 행하고 또 행할 줄을 우리가 주 안에서 확신하노니"라고 말하였다. 바울이 이 새 신자들에게 명한 것은 하나님의 말씀이 흥왕하도록 기도하라는 것과(1절), 사회에서 게으름뱅이가 되지 않을 만큼 성실하고 부지런히 일하라는 것과(11절), 규모 없이 행하는 자들에게서 떠나라는 것이었다(6절). 이러한 명령을 지키는 일에는 주께서 그들에게 그렇게 할 수 있는 능력을 주시는 것이 전제되었다.

그래서 바울은 "우리가 주 안에서 확신하노니"라고 말할 수 있었다. 그 신자들에게 한 명령은 여전히 의의 규범으로 남아 있지만 그 명령은 성령을 통하여 하나님의 능력으로 성취될 수 있다. 신자는 "율법의 지배 아래 있는 것이 아니라 성령의 지배 아래 있다"(롬 5:21). 이런 명령을 지키려면 반드시 하나님의 능력으로 해야 한다. 따라서 바울의 확신은 신자 자신들이 아니라 하나님을 믿는 것이다. 우리 안에서 하나님의 선하신 뜻을 이루기를 소원하고 행하게 하시는 이는 하나님이시다. 비록 우리가 그 명령을 지킬지라도 우리는 우리 속에 역사하는 능력에 따라 그 명령을 지키는 것이다.

D. 우리의 마음을 인도하시는 하나님의 일.

바울은 "주께서 너희 마음을 인도하여 하나님의 사랑과 그리스도의 인내에 들어가게 하시기를 원하노라"고 기도하였다. 바울은 그들 안에서 보기를 원한 완전한 모습을 위하여 기도하고 있었다. 바울은 그들에게 하나님의 은혜가 있어서 그들이 전심으로 하나님을 사랑할 수 있고 그리스도께서 인내하신 것처럼 인내할 수 있기를 바랐다. 이것은 그들의 마음의 감정을 주장하시는 하나님에 의해서 일어날 수 있었다. 하나님이 "너희의 마음을 인도"하셔야 한다. 여기서 마음은 감정만을 의미하는 것이 아니라 인간의 지정의(知情意)를 다 의미한다. 성령으로 우리가 전인(全人)이 되도록 인도하고 거들고 도우시는 것은 그리스도의 약속과 능력이다. 그러므로 우리의 거룩한 성품은 우리를 인도하셔서 하나님의 명령을 지킬 수 있도록 하시는 하나님의 은혜로우신 주장의 결과이어야 한다.

우리의 감정은 하나님 중심이 되어야 한다. 우리의 감정은 "하나님의 사랑"으로 향하게 되어야 한다. 사랑은 율법의 완성이며 하나님을 사랑하는 것이 첫째 되는 계명이다. 하나님께 대한 우리의 사랑은 그리스도와 갈보리에서 그의 죽으심에서 나타난 우리에 대한 하나님의 사랑에 대한 반응이다. 그와 같은 하나님의 사랑 가운데 사는 것은 우리가 시인하지만 좀처럼 경험하지 못하는 이상이다. 만일 우리 그리스도인이 이것을 이룬다고 한다면 그것은 하나님이 주시는 능력으로 되는 것임에 틀림없다. 그러므로 우리도 "주여, 우리가 당신에게 당신의 사랑의 계명을 지킬 수 있게 하여 주옵소서"하고 기도하여야 할 것이다.

하나님을 위한 우리의 감정의 표준은 "그리스도의 인내"일 것이다. 죄인의 반대와 십자가를 참으신 이가 그리스도이시다. 하나님에 대한 우리의 사랑의 예증은 우리가 죽음에도 충실하신 주 예수 그리스도의 모범을 따르는 것이다. 만일 신자의 삶에서 하나님의 사역의 이러한 면 중에서 어떤 것을 깨닫지 못하고 있다면 그 해결책은 기도이다. 바울은 데살로니가 초신자들이 그들의 삶에서 하나님의 이 모든 사역을 알기를 기도하였다. 그들의 기도와 그의 기도로 말미암아 그들의 뜻이 감화를 받아 하나님의 뜻에 일치하게 되었다.

데살로니가후서 제3장

분리에 관한 교회의 가르침

6절 "형제들아 우리 주 예수 그리스도의 이름으로 너희를 명하노니 규모 없이 행하고 우리에게 받은 유전대로 행하지 아니하는 모든 형제에게서 떠나라."

Ⅰ. 역사적 배경

일하기를 싫어하고 규모 없이 행한 형제들의 문제가 우리 앞에 놓여 있다. 이것은 신약 성경 교회에서 치리가 필요하였던 다른 지역들의 한 예에 불과하였다. 치리를 행하는 것의 중요성이 서신서에서 이 경우에 지정된 지면으로부터 나타났다. 주의 날을 제외하고는 어떤 경우보다도 이 특별한 경우에 더 많은 지면이 할애되었다. 만일 그리스도의 임박한 재림을 기다리지 않았다면 그 상황은 결코 일어나지 않았을 것이다. 어떤 사람들은 주님이 오실 때까지 충분히 살 수 있기 때문에 더 이상 일할 필요가 없다고 생각하였다. 그 결과 그들은 교회에서 일만 만드는 자들이 되었다. 바울이 규모 없이 행하는 사람들에게서 떠날 것을 말하고 일에 관하여 가르치게 되는 상황까지 발생하였다.

Ⅱ. 용어 해설

본문에서는 규모 없이 행하는 모든 형제에게서 떠나라고 말한다. 이것은 그리스도인의 증거의 표준을 간직하지 않는 교회의 지체들에 대하여 교회가 어떻게 해야 할 것을 가르치는 말씀이다. 교회 안에 믿음이나 행위에 있어서 증거의 일관성을 유지하지 않는 어떤 지체들이 있을 때 개개인의 그리스도인이 그리스도의 교회를 떠나는 것을 정당화하기 위하여 이 본문을 사용하는 것은 조심성 없는 해석이다. 권징을 실시해야 하고 규모 없이 행하는 것에서 떠나야 하는 것은 교회이다. 이 성경 구절과 고린도후서 6:17, 18 사이에 관심을 끄는 비슷한 점이 있다. 고린도 신자들은 교회에서 나오라는 말씀을 들은 것이 아니라 교회인 그들이 우상 숭배를 하고 여전히 불신앙 가운데 있는 자들 중에서 나와서 따로 있으라는 말씀을 들었다.

III. 교리적 의의

이 본문에서 제기된 가르침은 분리에 대한 것이다. 다양한 배경의 교회들이 출현함으로써 교리적인 차이가 없어지고 있는 때에 이 가르침은 특히 중요하다. 신교는 그 모체가 성경적 기독교로부터 배교하였거나 말씀의 신실한 전파와 성례의 참된 집행과 권징의 행사를 하지 않았을 때 분리할 수 있는 그리스도인의 권리에 기초를 두고 있다. 성경의 가르침의 관점과 통일을 위하여 차이를 없애버리는 현행의 경향에 비추어 분리의 문제를 재검토하는 것은 중요한 일이다.

IV. 실천적 목표

이 가르침의 목적은 데살로니가 그리스도인들에게 그 당시 그들을 괴롭히고 있었던 특수한 문제에 대하여 권징을 행사하는 것에 관하여 가르치고 앞으로 그와 비슷한 말썽이 생기면 처리할 수 있도록 모범을 세우기 위함이다. 권징은 교회의 존재를 위하여 반드시 필요하다. 그런데 오늘날 교회에서는 권징이 행해지지 않고 있다. 만일 어떤 교회에서 그 회원을 권징하면, 그 회원은 즉시 다른 교회나 교단에 가입하므로 권징이 소용없게 되었다. 권징이 제기능을 하지 못하는 것은 이른바 교회들 사이에 끝없는 분열과 경쟁에 기인하는 것도 있다.

V. 설교 개요

제목: "분리에 관한 교회의 가르침."

도입부

바울은 여기서 주기적으로 교회를 괴롭혔던 문제를 제기한다. 특히 이 문제는 종교개혁 시대 이후 분리의 근거가 되고 있다. 이 문제는 오늘날 성경을 믿는 그리스도인 사이에 가장 논란이 심한 문제이다. 그리스도인들이 불신자를 회원으로 받아들이거나 불신자들이 주도하는 교회와 교단에서 계속 교제를 나누어야 할까? 그리스도의 교회들이 기독교라는 이름은 가지고 있지만 기독교의 기본적인 가르침을 부인하는 불신앙에 의해 심각한 침해를 받고 있다. 어떤 신자들은 그들의 교회와 교단을 정화하려고 열심히 노력하였지만 그러한 노력이 허사로 끝났다. 그리하여 그들은 성경의 권위에 따라 행동하고 있다고 믿으면서 그 체제에서 떠났다. 이로 인하여 교회 안에 많은 분파가 생기게 되었다. 불신앙이나 소속된 교회의 직원의 배교에 대해서 진정으로 깨닫지 못하는 모든 사람들과 전혀 교제하지 않는 극단적인 태도를 취하는 사람들도 더러 있다. 그래서 성경을 믿는 그리스도인들 중에서도 두 그룹으로 나누어져서 혼란이 일어나고 오해가 생기고 힘을 잃게 되었다. 이제 선교와 복음 전도와 기독교 교육의 진흥에 쏟아야 할 노력을 소속된 교회에서 열심히 일하는 형제 그리스도인을 정죄하고 비난하는 데 쏟고 있다. 그 결과 전체 기독교의 증거가 힘을 잃게 되었다. 이래서 그 문제에 관한 성경의 가르침을 철저히 재검토해 보지 않으면 안 된다.

A. 분리의 가르침.

분리의 문제는 교회에 대한 성경의 가르침과 분리될 수 없다. 성경에서 교회란 말이 두 가지로 사용된다: 첫째, 보편적인 혹은 세계적인 교회가 있다. 이 교회는 거룩한 공회(the Holy Catholic Church)라고 할 수 있다. 이것은 마태복음 16:13-19에 근거를 하고 있으며 에베소서에서 상세히 설명되었다. 이 보편적인 교회의 특징은 사도성과 보편성과 순결성과 통일성이다. 이 교회의 회원들은 "하나님의 백성"이요 "그리스도의 몸"이요 "그리스도의 신부"요 "성도들"이요 "믿음의 권속"이다. 그들은 모두 그리스도 예수 안에서 하나이다. 그리스도의 몸은 결코 나뉘지 않는다. 이것은 이 거듭난 사람들이 있는 곳에 교회가 있다는 뜻이다. 모든 기독교 분파 속에 보편 교회의 지체들이 있다.

교회의 또 다른 개념은 에베소나 고린도나 안디옥이나 예루살렘에 있는 회중과 같은 지교회 또는 개교회이다. 이것은 마태복음 18:15-20과 고린도전후서에서 언급되었다. 지역 교회는 어떤 사람을 출교하고 받아들이고 하는 회원에 대한 요구 조건이 있을 것이다. 거기에는 가르침과 생활에 대한 권징이 반드시 있다. 예배와 성례 집행과 말씀의 충실한 전파와 기독교 교육과 그리스도인으로서의 행동과 같은 은혜의 방도가 행해진다.

교단이란 동일한 관계를 유지할 목적을 위한 지교회의 자연스러운 확장에 불과하다. 교단은 지교회의 연합이며 결코 교회 그 자체가 아니다. 유형 교회와 무형 교회의 차이는 성경에서 구별한 것이 아니다. 보이지 않는 영적 교회에 대적하는 보이는 조직 교회란 허구이다. 거듭난 신자는 보편 교회에 속하며 친교와 예배와 그리스도인으로서의 행동을 위하여 지교회에 당연히 속해야 한다.

분리에 관한 성경의 가르침은 교회에 대한 이 개념에서 나오는 것이다. 분리에 대한 합법적인 근거가 있다. 고린도전서 5:1-13에서 교회는 하나님의 법을 공공연하게 어기는 죄인들에게서 떠나라는 말씀을 들었다. 하나님께서 세상을 심판하실 것이며 우리 신자는 세상에서 살아야 하지만(참조. 요 17장) 우리가 교회의 사귐에 죄인을 용납해서는 안 된다. 그와 같은 문제에 있어서 권징이 반드시 행해져야 하지만 출교를 결정하기 전에 죄인이 회개하게 할 목적으로 행해져야 한다(참조. 18:15-17; 고후 2:6-10). 데살로니가후서 3:6-15에서 바울은 일하기 싫어하고 규모 없이 행하는 형제의 추방을 권하고 있다. 고린도후서 6:14-17에서 바울은 신자들이 이방인의 축제에 참석하여 우상을 섬기고 온갖 악을 행하는 사람들에게서 떠나라고 말한다. 그는 이 신자들에게 교회에서 나오라고 말하는 것이 아니라 악한 자들에게서 떠나라고 말하는 것이다.

분리의 이 합법적인 근거를 인정할지라도 바울은 분리의 문젯거리를 말한다. 바울은 바로 그 교회 안에(고린도 교회) 분열이 생긴 것을 책망하기 때문에 신자들에게 고린도 교회로부터 나오라고 요구하고 있지 않았을 것이고 다만 세상과 구별될 것을 요구하고 있었을 것이다. 이 본문들을 사용하여 교회가 분열하고 교단을 끝없이 증가시키는 잘못된 것이다. 그와 같이 행하는 것은 순결한 교회를 가질 수 있다는 선결 조건에 근거를 두고 있다. 이교를 받아들이고 가르친 후메내오와 빌레도와 관련된 디모데후서 2:16-17에서 바울이 말하고 있는 요지는 교회에서 나오라는 것이 아니라 온유한 심정으로 이 사람들을 가르쳐서 이 사람들이 잘못을 회개할 수 있도록 모색하라는 것이었다. 고린도전후서와 갈라디아서에서는 개개의 교회들이 배교하지 않았더라도 그 속에 교리적인 오류가 있을 수 있다는 것을 분명하게 밝히고 있다. 교회나 교단의 배교를 선언할 때에는 아주 신중하게 처리해야 한다. 지도자가 일시적으로 믿음에서 떠난 때에라도 그 교회가 확실한 기초 위에 서 있을 수 있다. 분리에 대한 우리의 태도에 있어서 심하게 비판적이고 정죄하고 불신자처럼 행하지 않도록 아주 신중하게 처리해야 한다(참조. 엡 4:1-4).

B. 이러한 사실에 입각하여 규모 없는 경우에 대한 권징.

바울 앞에 있는 문제는 주 예수 그리스도의 재림을 기다린 나머지 일을 해도 소용 없다고 생각하여 일을 하지 않으려는 어떤 사람과 관계가 있었다. 이 성경 구절에서 우리는 일에 대한 기독교 윤리를 추론할 수 있다. 그리스인들은 노동을 노예처럼 생각하였지만 성경의 관점에서 볼 때 일은 품위 있는 봉사이며 인류의 유익을 위하여 하는 일은 무엇이든지 가치 있는 일이었다. 노동은 죄로 말미암아 세상으로 들어온 저주로부터 유래된 것이 아니었다. 왜냐하면 사람을 동산에 두신 것은 동산을 돌보도록 하려는 것이었기 때문이다. 예수님은 목수였고 바울은 장막을 만드는 사람이었다. 기독교적 관점에서 보면 노동은 축복이다. 하나님께서 사람이 일을 해서 먹고 살도록 정하셨다. 일을 하지 않고서도 살 방도가 있는 사람조차도 관심을 가지고 인류의 유익을 줄 만한 건설적인 일을 찾아서 해야 한다. 그러므로 바울은 신약 성경에서 말하고 있던 것보다 훨씬 더 오래되었을 "누구든지 일하기 싫어하거든 먹지도 말게 하라"는 금언을 지지하였다.

오늘날 공산주의자들의 접근법처럼 우리는 일의 문제에 있어서 다른 접근법에 직면하고 있다. 공산주의는 모든 이익과 이자와 수익은 정부의 국고로 들어가야 하며 모든 사람을 위하여 그것을 사용해야 한다고 가르침으로써 철저히 빈곤을 거부하였다. 공산주의자의 관점에서 자기 능력에 따라 사회에 이바지하려고 하는 것 외에는 생계 수단을 가지는 것이 절대로 허용되지 않는다. 일하기 싫어하는 사람은 배급표와 식량을 받을 수 없으므로 가격이 비싼 공개 시장에 가지 않으면 안 된다. 일하기 싫어하는 것은 국가에 대한 범죄로 취급되어 가혹한 중노동의 형벌을 받거나 굶어 죽게 된다. 그리스도인들은 게으름을 국가에 대한 범죄라기보다는 하나님께 대한 범죄로 생각한다. 그러므로 그리스도인의 동기는 세속적인 원천이라기보다는 종교적인 원천에서 나오는 것이다.

C. 이러한 원리들에서 기인하는 명령.

우리가 성경을 자세히 살펴볼 때 그리스도인들은 이미 허물어졌거나 허물어져야 할 막힌 담을 형제 사이에 다시 세우는 일이 없도록 주의하지 않으면 안 된다는 결론에 도달하게 된다. 사소한 일로 분리되는 일이 없도록 해야 할 것이다. 개성의 차이 때문에 기독교 단체들이 분열되는 것은 옳지 않다. 그리스도인은 배타적으로 다른 단체에 속한 그리스도인 형제를 인정하지 않는 일이 있어서는 안 된다.

동시에 우리는 우리가 속한 개교회의 순결성을 지키는 데 주의하지 않으면 안 된다. 이렇게 하려면 규모 없이 행하는 형제를 출교시킴으로써 반드시 권징을 계속 행해야 한다. 우리는 단번에 성도들에게 전달된 믿음을 지키기 위하여 교리의 순결을 계속 간직해야 한다. 불신자들이 성례에 참석하지 못하도록 막음으로써 성례의 순결을 지켜야 한다.

이런 가운데 우리는 우리가 이런 일을 행하는 그 정신에 주의하여야 한다. 우월감을 가지고 정당한 일을 그릇된 방법으로 이루게 될지라도 그것은 헛된 일이 되고 말 것이다. 말씀이 우리 가운데 흥왕하기 위하여 하나님의 말씀에 양심을 복종시키는 것이 우리의 행동 표준이다. 계속 죄 가운데 있던 동안 죄인이 그리스도 앞에서 위로를 느끼지 못하였지만 동시에 그리스도의 사랑과 긍휼의 깊이를 느꼈듯이, 죄인들은 예수 그리스도의 교회에 관하여 느껴야 할 것이다.

디모데전후서, 디도서

폴 에프 배러크만(Paul F. Barackman)

머리말

200년 이상 동안 디모데전후서와 디도서는 성경 독자들에게 "목회 서신"으로 알려져 왔다. 이런 명칭의 정확성에 대해서 의문을 제기한 사람들이 있었지만 이 서신들은 계속 이런 명칭을 사용해도 될 만큼 충분히 설명이 되며 바울 서신들을 연구하는 대부분의 학자들에게 만족을 줄 것이다. 만일 "목회자"의 참된 의미를 마음에 새기고 있다면, 이 서신서들은 교회의 목회자로서 봉사하고 있는 사람들에게 써 보낸 것이었다. 이 서신서들에서는 목회자들이 직면한 문제들에 집중된 조언을 하고 있다. 그리고 비록 많은 점에서 일세기의 목회자와 20세기의 목회자 사이에는 엄청난 간격이 있지만 지금의 목회자들은 바울이 동료 사역자들에게 써 보낸 것이 여전히 소중함을 깨닫게 된다. 또 한편 비록 우리가 아는 대로 교회가 외적으로 에베소나 그레데의 교회의 후예로 인정되기 어려울지라도 그리스도인 공동체로서 교회 생활의 내적인 조건은 세월이 흘렀어도 변하지 않았다.

이 서신서들을 쓸 때 바울의 중요한 관심은 세 가지였다. (1) 교회의 적절한 조직과 경영, (2) 교훈의 순결, (3) 복음을 믿는 사람에 어울리는 삶을 살아야 할 책임. 그러므로 그의 조언은 무엇보다도 책임 있는 지도자로서의 목회자에게 집중되어 있었다. 그러나 경건한 독자라면 아무도 이 서신서들이 자신에게는 전혀 적용할 것이 없다는 성급한 결론을 내리지 않을 것이다. 교회의 감독하는 일과 메시지를 선포하는 일은 공동의 과제이다. 목회자들이 겪는 어려움과 시험과 동일한 것을 교인들이 많이 겪지 않을 정도로 목회자가 특별한 것은 아니다.

이 책에서는 이 서신서들의 저작자가 바울이라는 견해를 취하고 있다고 이야기해도 이의가 없을 것이다. 이것은 바울이 두 번 로마 감옥에 갇혔던 기간 사이의 자유로웠던 시기와 관계가 있다. 확실히 목회 서신들의 이야기는 사도행전에 나오지 않는 이야기이다. 디모데전서와 디도서는 바울이 자유의 몸으로 있던 몇 년 동안 쓴 것이었다. 디모데후서는 두번째로 감옥에 갇혀 있던 동안에 쓴 것으로 그때가 바울이 순교하기 직전이었다. 디도서가 디모데전서보다 먼저 쓴 것인지 아니면 나중에 쓴 것인지는 확실치 않다. 관심이 있는 사람은 연대와 저작권의 문제에 관하여 간결하면서도 합리적인 개요를 도널드 거스리의 책 〈*The Pastoral Epistles*〉(in the "Tyndale New Testament Commentaries")의 서문과 부록에서 보면 될 것이다.

여기서 취한 관점에서 우리는 이 서신서들에서 위대한 사도의 마지막 말씀을 배운다. 디모데후서는 죽음의 그림자가 바울의 주위에 깊이 드리운 때에 기록되었다. 바울이 그의 내밀한 생각을 드러내고 그의 동역자들에게 그가 한 것처럼 주를 헌신적으로 섬길 것을 명하였을 때, 바울을 알게 되어 그에게 탄복하고 그를 더욱 사랑하게 된 이들에게 적합한 연구로서 이것은 특별한 흥미를 준다. "내가 모든 사도보다 더 많이 수고하였으나 내가 아니요 오직 나와 함께 하신 하나님의 은혜로라."

폴 에프 배러크만

뉴욕 성서 신학교(The Biblical Seminary in New York)

차례

디모데전서

디모데전서 1:1-11

권위 아래 있는 사람

1:1 "우리 구주 하나님의 명령을 따라."
1:3 "내가 … 너를 권하여 에베소에 머물라 한 것은."
1:5 "경계의 목적은 … ."
1:11 "내게 맡기신 바."

I. 역사적 배경.

바울이 루스드라에서 돌에 맞았을 때(참조. 행 14:19, 20) 디모데의 집에서 간호를 받았다는 것이 암시되었다. 아무튼 사도의 마음은 아무래도 그의 어린 동역자의 마음과 굳게 결합되어 있었다. 신약 성경에서 디모데는 바울을 위하여 많은 임무를 수행한 것으로 나타나는데, 수행한 일 중에는 힘든 일도 더러 있었다. 디모데는 지금 에베소에서 임무를 수행하고 있었다. 바울이 예고한 대로 어떤 "흉악한 이리"가 양떼를 맹렬히 공격하기 시작하였다(행 20:29). 디모데는 에베소에 남아서 이 일과 다른 문제들을 처리하라는 지시를 받았다. 디모데는 바울과 동행하고 싶었을지도 모르지만 마게도냐로 가는 길이었다. 그는 맡은 곳을 철저히 파악하는 것이 그의 첫째 임무라고 생각하였다. 그 경우는 사도행전 이야기 이후의 기간과 바울이 두 번 옥에 갇혔던 그 사이의 기간에 속한다.

II. 용어 해설

1:1 "명령." 디모데 역시 복음의 종으로서 행해야 할 임무가 있다는 것을 상기시킬 목적으로 바울은 그 자신이 명령에 따르고 있다는 사실을 강조한다.

"우리 구주 하나님"은 이 목회 서신서들의 독특한 표현 형식이다. 이런 형식을 선택하게 된 이유는 잘 모르겠지만 그것은 하나님과 그의 백성의 관계에 관한 구약 성경의 진술을 회상하고 있고, 또 그것은 우리 자신의 구원의 참된 근원에 대한 주장이다.

1:2. "믿음 안에서 나의 친 아들." 좀더 정확히는 "나의 참 아들." 그 관계는 두 사람에게 매우 소중하였다. 바울은 충성스러운 동역자의 필요를 느끼고 있었다.

1:4. "하나님의 경륜을 이룸보다 도리어 변론을 내는 것이라." 논쟁을 위한 변론은 복음을 선포하는 것이 아니다.

1:5. "청결한 마음과 선한 양심과 거짓이 없는 믿음으로 나는 사랑." "사랑"은 "아가페"로서, 기독교 가르침이라 주장하는 모든 것에 반드시 있어야 하는 유일한 것이다. 사랑은 삼중의 원천으로부터 솟아난다. 곧 내면의 깨끗한 생활과 기독교의 도덕적 요구에 부응하는 양심과 꾸밈 없는 믿음.

1:7. "율법의 선생." 전달되는 메시지나 가르침을 받는 사람들보다는 지위의 명예에 더 관심이 많은 사람들이 있었던 것 같다.

1:8. 바울이 여기서 율법에 관하여 말한 것과 다른 경우에서 말한 것의 차이를 과장해서 말할 필요는 없다. 바울은 율법의 불충분한 점뿐만 아니라 그 가치를 인정하였다(참조. 딤후 3:15). 율법을 정당하게 사용하는 것은 하나님의 계획에서 의도한 대로 율법의 기능을 나타내는 것이다.

1:10. "바른" — 휘기아이누스. 바울이 목회 서신에서 이 단어를 쓰고 싶어했던 것을 이상하게 생각할 필요는 없다. 이제 그는 영양의 요소가 부족한 가르침의 해로운 결과를 충분히 알 수 있는 단계에 이르렀다.

1:11. "내게 맡기신 바." 바울도 디모데와 마찬가지로 명령을 받았다. 그는 생명의 메시지를 지금까지 감당한 것에 대해서 한편으로는 겸손한 마음을 가지게 되면서도 또 한편으로는 긍지도 느꼈다.

Ⅲ. 교리적 의의

복음은 사람을 구원하고자 하시는 하나님의 소원의 계시이다. 그리고 복음은 하나님의 목적에서 유래한다. 복음은 그 원천 때문에 은혜가 넘쳐 흐르고 그 복음이 하는 것 때문에 은혜가 넘쳐 흐른다. 율법은 병든 영혼에게 일종의 약이라면, 복음은 생명을 유지시키는 영양 있는 음식 곧 "하늘에서 내려온 떡"이다. 하나님의 지혜로 이 복음을 선전하는 일을 사람에게 맡기셨다. 복음을 순결하게 선포하는 것은 엄숙한 의무이다.

IV. 실천적 목표

기독교 메시지를 전하는 선생은 누구나 믿을 수 있는 가치 기준 대신에 장황한 변론에 빠지는 일이 없도록 하기 위하여 제일 먼저 그의 가르침을 잘 살펴보아야 한다. 그 다음으로는 자기 동기를 점검하여서 자기를 높이는 일이 없도록 해야 한다. 그리고 마지막으로 그가 사역하고 있는 사람들에 대한 자신의 의무를 깨달아야 한다. 의사가 환자의 신체 건강 상태를 관찰하듯이 그리스도인 선생들도 제자들의 영적 건강을 관찰해야 한다. 사람이 "복음"을 맡는 것보다 더 큰 영광은 없다.

V. 설교 개요

제목: "권위 아래 있는 사람"

도입부

그리스도인이 "나의 주"라고 말할 때 그것은 무슨 뜻인가? 만일 어떤 뜻이 있다면, 그것은 그의 삶과 그의 모든 소유에 대한 예수 그리스도의 권위를 인정한다는 뜻이다. 바울과 디모데는 특수한 임무를 맡았겠지만, 만일 내가 그 사실을 기꺼이 인정한다면 나도 그러하다. 우리가 이 서신의 서두를 읽을 때, 다른 사람들에 관하여 읽고 있는 것이 아니라 우리 자신에 관하여 읽고 있는 것이다. 만일 우리가 그리스도의 것이라면 우리는 지켜야 할 책임이 있다.

A. 기본적인 사실,

우리 구주 하나님과 우리 주 그리스도 예수님은 함께 그리스도인이 받들어 섬기는 그 명령의 원천이시다. 바울은 항상 자신을 가리켜 그리스도의 종이라고 했다. 바울이 지금 군인의 감시를 받는 죄수로 있고 또 보초들이 교대할 때 군인이 보여 준 복종이 그에게 인상적이었기 때문에 명령이라는 말을 쓰고 있는 듯하다. 그가 그의 임무를 마음에 특별히 새겨야할 필요가 있었던 것은 아니다. 그가 그 임무에 대한 새로운 표현을 발견한 것뿐이었다. 사람이 세상 임금에게 복종할 의무가 있다면, 그를 구원하신 하나님과 그의 소망인 그리스도에게는 훨씬 더 많이 복종해야 할 의무가 있을 것이다. 우리 모두 명령을 받고 있으며 바울과 똑같은 이유에서 그러하다. 매일의 일은 우리 주의 명령에 따라 이루어져야 한다. 기본적인 사실을 잊어버릴 때가 너무 많다. 방책을 강구함이 없이 "당신이 가라고 하시는 곳이면 어디든지 가겠나이다"고 노래하는 것은 즐거운 일이다. 그리스도의 백성은 그들의 노래에 합당한 생활을 해야 한다. 그리스도의 권위의 사실은 사역자들과 선교사들에게만 해당되는 것이 아니다. 그것은 들은 것을 행해야 하는 지위에 있는 개인들에게도 해당된다.

B. 어려운 시험.

바울이 디모데에게 맡은 자리를 충실히 감당하라고 아주 강력하게 권한 이유를 정확히 알 수 없다. 맡은 임무의 범위와 어려움 때문에 디모데가 당황하였던 것이 아닐까? 에베소서는 큰 도시였고 이교의 영향이 강력했고 복음에 대해 적대적이었고 아데미 여신을 숭상하고 있었다. 교회는 자칭 선생이라고 하는 자들에 의해 내부로부터 위협을 받고 있었다. 그것은 목회자에게 쉬운 책임이 아니었다. 디모데가 두려워하는 심정을 드러내고 이 사역을 다른 사람에게 넘길 의사를 내비쳤던 것인가?

한편, 디모데가 그의 스승이 세상을 두루 여행하고 있는데 그는 한 곳에 머물고 있는 것이 싫었던 것일까? 이 도시 저 도시로 다니면서 많은 사람을 만나고 몹시 흥분된 경험과 심지어 선교 생활을 하면서 겪은 위험까지도 함께 이야기하는 것이 훨씬 더 유쾌하게 보였던 것일까? 에베소에서 하는 일은 점점 더 단조롭게 되풀이되었고, 늘 똑같은 사람에게 설교하고 똑같은 가정을 방문하고 똑같은 길거리를 터벅터벅 걸어 다니는 것이었다. 우리 주의 권위 아래 있다는 것은 우리 자신의 에베소에서 충성스럽게 어려운 시험에 맞서는 것을 주로 의미한다.

C. 지배적인 동기.

사랑이 그리스도인의 모든 의무 수행에서 반드시 있어야 할 것이다. 에베소에 머무는 것은 단지 의무감에서 끝까지 참아야 하는 일이 아니었다. 책망을 받아야 하는 잘못을 범하고 있는 선생들조차도 여전히 하나님께서 염려하시는 백성이다. 그리고 만일 목회자가 권징해야 할 어떤 문제가 있다면 경계의 목적은 여전히 사랑이다. "헛된 말"은 복음을 전하는 것이나 교회를 세우는 것이 아니다. 성실과 믿음이 사랑으로 뒷받침이 되면 그리스도를 따르게 된다. 모든 목회자는 사랑으로 수고해야 한다. 모든 그리스도인들도 똑같은 책임이 있다. 그리스도의 권위는 무한한 사랑에서 생긴다. 올바른 동기가 봉사의 본질적인 요소이다.

D. 엄숙한 책임.

실제로 복음을 올바르게 인식하기 시작한 사람은 누구든지 바울이 사도로 임명되었을 때 가졌던 겸손과 긍지가 뒤섞인 감정과 동일한 감정을 반드시 가지게 된다. 바울은 질그릇과 질그릇이 담고 있는 보화의 뚜렷한 대조를 잘 알고 있었다. "내게 맡기신 바"라고 바울이 말하였을 때 느끼는 것은 거의 경외감이었다. 디모데에게 그 말은 지식이나 개인적인 체험 없이 선생이 되고자 하는 자들을 그가 반드시 시험해 보아야 한다는 뜻이었다. 그는 사랑으로 영적 성장과 활기에 절대로 필요한 요소가 빠진 가르침을 밝혀내야 한다. 세상에 주신 하나님의 말씀을 지키고 선포하기 위하여 세움을 받는 것은 큰 일이다.

디모데전서 1:12-17

지극히 풍성한 은혜

1:12 "나를 충성되이 여겨."
1:14 "우리 주의 은혜가 … 넘치도록 풍성하였도다."
1:15 "죄인을 구원하시려고."
1:16 "후에 주를 믿어 영생 얻는 자들에게 본이 되게 하려 하심이니라."
1:17 "만세의 왕 … 하나님께 존귀와 영광이 세세토록 있을지이다."

I. 역사적 배경

11절에서 복음을 바울에게 맡겼다고 말하는 것은 그 자신의 경험을 다시 한 번 상기하고자 함인 것 같다. 빌립보서에서 바울은 "뒤에 있는 것은 잊어버리고"라고 말하였지만 그 교훈을 알지 않았다거나 그 참뜻을 헤아리지 못하였을 정도로 그것을 잊어버렸다는 것이 아니다. 바울은 그에게 빛이 비췄던 다메섹을 결코 잊은 적이 없었다. 디모데가 싸워야 했던 거짓 가르침과 대조를 이루어 바울이 복음의 진리를 아주 분명하게 제시하기 위하여 필요하였기 때문에 이 시점에서 이러한 경험을 언급한 것 같다.

II. 용어 해설

어떤 점에서 이 구절은 "바른" 가르침에 대한 바로 앞의 생각에서 도출된 여담이다. 이것은 그와 같은 가르침에서 기인한 것이다. 바울은 그의 어떠함과 그리스도께서 그로 하여금 할 수 있도록 능하게 하신 것 사이의 현저한 차이에 스스로 놀랐다. 12절에서 바울은 자신을 증명할 만한 어떤 일을 하기 전에 신뢰를 받아 "직분을 맡게 되었다"는 것을 의미하는 "나를 충성되이 여겨"란 말을 하고 있다.

1:13. "포행자"는 아직도 한결같이 심한 말일 수 있는데, 이는 휘브리스테스는 "교만으로 기고만장하여 다른 사람들에게 숱한 모욕을 주거나 다른 사람들에게 어떤 수치스러운 나쁜 행동을 하는 사람"을 의미하기 때문이다(프리취, 테이어의 신약 성경 사전〈Thayer's Lexicon of the N. T.〉에서 인용함).

"내가 믿지 아니할 때에 알지 못하고." 그의 죄스러운 상태에서도 최소한 선한 양심의 거리낌은 계속 있었으며 진리를 알았음에도 불구하고 고집한 것은 아니었다.

1:14. "넘치도록 풍성하였도다" — "지극히 풍성하였도다." 그리스어로 휘페르플레오나셴이다. 이것은 언어가 기독교 진리를 표현하기 위하여 한계에까지 확대되어야 했던 한 좋은 예이다.

1:15. 목회 서신에서 다섯 번 사용된 구절 중 첫째인 "미쁘다 … 이 말이여(a faithful saying)"는 복음을 몇 마디 말로 요약한 것이다(참조. 누가복음 19:10에 나오는 우리 주님의 말씀).

"죄인 중에 내가 괴수니라." 이것을 부드럽게 표현하거나 바울이 잘난 체한다고 비난할 이유가 전혀 없다. 그가 그리스도 앞에 섰을 때 그 자신을 깨닫게 되었다. 세리는 성전에서 "하나님이여 불쌍히 여기옵소서 나는 죄인이로소이다"라고 기도하였다.

1:16. "본." 휘포튀포시스는 여기와 디모데후서 2:13에서만 사용되었다. 바울은 그리스도께서 구원하신 죄인들 중에서 사나운 인물이었다.

1:17. 여러 번 그리스도께서 그에게 행하신 은혜가 어떠함을 생각함으로써 바울은 그의 감정을 찬양으로 표출하게 되었다. "경탄과 사랑과 찬양에 몰두하였다"는 것이 이 감정을 적절히 묘사한 것이다. 자신의 감정을 아주 쉽게 억제하는 그리스도인들도 더러 있을 것이다.

III. 교리적 의의

"그리스도께서 구원하시려고 임하셨다"는 것은 우리가 복음을 압축해서 말한다면 이렇게 말할 수 있을 것이다. 죄는 매일 우리가 절실히 느끼는 사실이다. 바울보다 더 "도덕적인" 사람이 결코 없었지만 그에게는 구주가 필요하였다. 그리고 은혜가 할 수 있는 것에는 전혀 제한이 없다. 만일 은혜가 바울과 같은 핍박자를 신실하고 유능한 사역자로 만들었다면, 은혜는 어떤 사람이든지 다 변화시킬 수 있을 것이다. 회심자들이 바울의 회심을 그대로 모방해야 한다는 점에서가 아니라 그 안에서 역사한 것의 능력과 한도는 항상 그리스도께서 하실 수 있다는 것을 증거한다는 점에서 바울은 회심자의 "모델"이 되었다. "또 병 나은 사람이 그들과 함께 섰는 것을 보고 힐난할 말이 없는지라"(행 4:14).

Ⅳ. 실천적 목표

이전 세대의 한 탁월한 기독교 사상가는 우리가 그리스도의 교훈에 중심을 두는 곳에서는 세상이 그것으로 전혀 달라져 버린다는 것을 말하였다. 그리스도의 생명과 속성의 많은 면들이 있다. 그것들은 모두 중요하고 모두 흥미있다. 그것들을 연구하면 항상 열매를 많이 맺게 된다. 그러나 중요한 것은 무엇인가? 바울이 그랬던 것처럼 예수 그리스도를 알게 된 사람에게는 오직 한 가지 대답이 있다. 그리스도께서는 구원하시기 위하여 임하셨으며 그 일이 중심이다. 그분의 말씀과 그분의 일과 그분의 윤리와 그분의 사역은 모두 그 중심 진리로부터 그것들의 참된 가치가 나오는 것이다. 우리는 여기서부터 우리의 가르침과 설교와 그리스도인으로서의 직무에 대한 우리의 정의와 우리 개인의 삶을 시작해야 한다. 우리가 선포하는 복음은 거기에 넘치는 은혜가 있다.

Ⅴ. 설교 개요

제목: "지극히 풍성한 은혜."

도입부

신학이 항상 재미없는 것이 아니라는 것을 보여 주기 위하여 한 위대한 신학자가 은혜를 "하나님의 마음의 표현"이라고 정의한 것에 주의해도 좋을 것이다. 이것은 정확한 정의를 거의 내릴 수 없는 아주 의미가 풍부한 말이다. 우리는 늘 은혜란 말을 사용하지만 막연하게 사용하는 경우가 많다. 음악에서 장식음(grace note)은 부르지 않아도 되지만 장식음은 작곡의 아름다움이고 그것 때문에 우리는 듣는다. 우리가 하나님의 말씀을 듣는 것은 하나님의 마음 속에 있는 것이라는 것을 하나님께서 우리에게 말씀해 주셨기 때문이다. 바울이 우리에게 그의 경험의 핵심을 우리에게 주는 이 구절에서처럼 우리가 행동에서 은혜를 경험할 때 은혜를 가장 잘 이해할 수 있다.

A. 은혜의 실제적인 작용.

은혜는 핍박자요 죄인의 괴수인 바울을 복음의 종으로 만들었다. 무엇보다도 그는 그의 사역에 필요한 자질과 능력을 갖추어서 "능하게" 되었다. 이 복음을 전파하라는 임무를 맡았을 때 그 부름에 합당한 자격을 갖춘 사람은 아무도 없었다. 그 다음에 바울은 "충성되다고 간주"되었다. 바울이 그것을 증명할 만한 일을 하였기 때문에 맡게 된 것은 아니었다. 그의 주께서 그에게 그와 같은 책임을 맡겨도 되겠다고 생각했기 때문에 그가 그리스도의 사역자가 된 것이었다.

그리스도를 위하여 책임을 맡은 것을 깨달은 사람은 은혜가 그를 그렇게 만들었다는 것 외에는 아무것도 말할 것이 없다. 은혜는 은혜를 받은 사람 속에서 역사하는 힘이다. 은혜는 단순히 수동적인 장식품이 아니다.

B. 무한한 은혜.

"우리 주의 은혜가 넘치도록 풍성하였도다"고 바울은 말하였다. 그는 평생 하나님을 알아 왔지만 반드시 지키지 않으면 안 되는 엄한 율법을 가지신 하나님, 범죄에 대하여 정확히 처벌하기 위하여 대기하고 있는 무서운 공의를 가지신 하나님, 특권을 부여받아야 비로소 그 앞에 나아갈 수 있는 하나님으로만 알았다. 바울이 은혜를 알게 된 것은 새로운 날의 여명과도 같았다. 바울이 은혜가 의도한 모든 것을 다 말하기는 어려웠다.

C. 은혜의 구원하는 목적.

"네가 은혜로 구원을 받은 것이라." "구원하는 은혜"가 너무 익숙한 표현이 되어서 그 의미가 상실되었는가? 아니면 우리가 은혜를 부끄럽게 생각할 정도로 아주 구식이 되었는가? 중풍병자에게 우리 주님은 "소자야 네 죄 사함을 받았느니라"고 말씀하셨다. 희망을 가지고 우리 주님의 옷을 만진 두려워하는 한 여인에게 주님은 "평안히 가라"고 말씀하셨다. 과거에 토색한 것을 보상하겠다고 한 세리에게 우리 주님은 "오늘 구원이 … 이르렀으니"라고 말씀하셨다. 필요가 있는 사람들과 접촉할 때마다 주님의 은혜는 구원할 준비가 되어 있었다.

그리스도께서 바울의 생활에 들어오셨을 때 바울에게 필요한 것은 더 많은 규칙이나 더 좋은 충고나 더 많은 자기 결정이 아니었다. 바울에게는 그를 새로운 삶으로 끌어올릴 수 있는 어떤 것이 있어야 했다.

D. 은혜의 최고의 증명.

"죄인의 괴수"가 자비를 입었을 때, 그는 "후에 주를 믿어 영생 얻는 자들에게 본이" 되었다. 구주의 사랑으로 그에게 권한 것을 경멸하고 하나님의 가장 은혜로운 행동이었던 것을 부끄러운 것으로 간주하였기 때문에 그는 화나게 할 수 있는 거의 모든 일을 하였다. 이 매우 좋은 것이 모두 은혜에서 나왔기 때문에 바울은 우리들에게 도움의 출처가 되었다. 바울에 의하여 우리는 사랑이 미치는 길이와 죄를 이기는 사랑의 힘과 우리로 하여금 새로운 삶을 살 수 있도록 할 사랑의 자원을 측정할 수 있다. 그러나 어느 신자나 다 자기 자신을 볼 때 "죄인의 괴수"가 아닌가? 그리고 그리스도의 은혜를 받은 사람은 다 믿는 다른 모든 사람에게 "본"이 아닌가?

E. 나의 적절한 반응.

바울은 별안간 찬양으로 끝을 맺었다. 어떤 다른 적절한 방식으로 끝맺을 수 없었을까? 만일 우리가 하나님께서 그리스도 안에서 우리를 위하여 하신 일이 실로 엄청난 일이라는 것을 충분히 깨닫는다면 우리는 지체하지 않고 바울과 함께 영광송을 불렀을 것이다.

디모데전서 1:18-20

행동할 준비가 되어 있다

1:18 "전에 너에게 임한 예언."
1:18 "선한 싸움을 싸우며."
1:19 "믿음과 착한 양심을 가지라."
1:19 "그 믿음에 관하여는 파선하였느니라."

I. 역사적 배경

서두에서 디모데에게 경계하도록 했던 것을 바울이 되풀이하여 말하였는데, 이는 그의 어린 동역자로 하여금 에베소의 상황에서 좀더 적극적인 지도력을 발휘하도록 격려해야 할 필요를 새삼 느꼈기 때문일 것이다. 바울은 여기서 "전에 너에게 임한 예언"을 언급함으로써 그의 간절한 심정을 강하게 나타냈다. 우리는 이 말에서 나타내고 있는 디모데가 경험한 사건을 확실히 알 수 없지만 이 편지를 써 보내기 얼마 전에 디모데가 증인으로 나설 용기를 얻게 한 예언이라 불리는 어떤 것이 그에게 언명되었다. 후메내오와 알렉산더는 디모데후서에서 거듭 언급된 인물과 동일인들일 것이다. 어떻게 해서 그들이 믿음과 선한 양심을 버렸는지 우리가 알지 못하지만 그 비참한 결과는 명백하다.

II. 용어 해설

1:18. "이 경계." 이 말은 5절의 말과 동일한 말(파랑겔리아)이다. 이 말은 아주 긴급한 명령에 사용된 군대 용어였다. 사역은 가볍게 취급해야 할 일이 아니다. "전에 너에게 임한 예언." ASV, "전에 너를 지도한 예언."

RSV, "너를 지적한 예언의 말들." 그 언급이 그의 세례에 대한 것이든 아니면 그의 목사 안수식에 대한 것이든 디모데가 부르심을 받은 것은 성령의 사역이었고 그 사역으로 말미암아 디모데가 이후로 계속되는 사역을 하게 되었다고 말할 수 있다.

1:19. "버렸고"(아포데오)는 파선한 자들의 행위가 고의적이고 강력하다는 것을 암시한다. 그들은 단순히 부지중에 재난을 당한 것이 아니었다.

1:20. "사단에게 내어준." 이런 행동의 본질은 적극적으로 결정하게 되지 않는다. 이것은 출교 이상의 의미가 있다. 실제로 물리적인 결과도 동반되었다(참조. 고전 5:1 이하). 그렇게 하는 것이 아무리 엄할지라도 그 목적은 고치려는 것이고 구원을 받을 수 있게 하려는 것임을 주의하라(참조. 행 5:1-11과 13:6-12에 나오는 이야기). 바울은 참 믿음에서 떠나는 것이 심한 일로 생각한 점에서 오늘날 많은 사람들과 달랐다.

III. 교리적 의의

예언은 성령의 은사였으며 디모데를 봉사하도록 부르시는 데 수단이 되었음에 틀림없다. 성령은 지도하시고 교회 안에 임재해 계신다. 교회의 참된 지도자는 성령께서 불러 세우신다. 이것 때문에 기독교 지도자가 순종함으로 자기 은사를 발휘할 책임이 없다는 것은 아니다. 자신의 믿음과 행동에 적절한 주의를 기울이지 않으면 비참하게 될 수 있다.

IV. 실천적 목표

복음은 세상에 적극적으로 전파해야 한다. 대적이 복음을 공격하면 변증하기도 해야 하고 내부에 복음을 왜곡하는 사람이 있으면 엄한 권징도 시행해야 한다. 권징과 변증은 비판 정신을 조장할 수 있으므로 위험이 있지만 종교적인 직무 태만은 신자의 안전에 실제적인 위협을 줄 수 있다. 그러나 그리스도의 종이 첫째로 해야 할 일은 다른 사람의 결점을 찾는 것이 아니라 자신의 직무를 충실히 감당하고 중요한 것을 파악하지 못하는 일이 없도록 주의하면서 적극적으로 자신의 일을 하는 것이다.

V. 설교 개요

제목: "행동할 준비가 되어 있다."

도입부

싸움과 관련된 비유가 세상과 겪고 있는 교회의 갈등을 묘사하는 방식으로는 아주 매력적인 것이 아닐지 모르겠다. 그러나 바울은 그 비유를 사용하였을 때 그 비유가 상식으로 적용될 수 있을 것을 확실히 기대하였다. 전쟁의 난폭함과 잔인함과 탐욕으로 그리스도의 군사들의 행동 특성을 나타내려는 의도는 그에게 전혀 없었다. 그러나 전쟁에서 요구하는 복종과 헌신과 희생에 대한 각오는 전쟁 같은 데서 찾아낼 수 있다고 그는 생각하였다. 디모데는 좀 강한 어투를 사용해야 했는지 모르는데, 이는 디모데가 바울이 바랐던 것만큼 담대하지 못한 듯하기 때문이다. 소심한 그리스도인은 어떻게든 격려를 받아야 한다. 군대 상관의 명령에 죽을 각오가 되어 있는 사람을 볼 때 그들은 주 예수 그리스도의 명령에 따라 살아야 할 의무가 있다는 것을 생각하게 되었을 것이다.

A. 대의.

전쟁은 그리스도와 그의 복음의 정신과 목적과 대조적인 많은 것을 암시하는 용어이다. 그러나 어떤 면에서 교회의 사명에 좀더 의미심장한 용어를 찾기가 쉽지 않다. 그리스도의 교회 앞에는 적들이 있고 우리는 우리의 소명에 어울리는 무기로써 그들을 격퇴해야 한다. 세상 도처에서 그리스도인들은 이러한 적대적인 세력과 정사들과 권세들과 어둠의 세상 주관자들을 생생하게 의식하고 있고, 이러한 적들은 게으르지 않다는 것을 알고 있다. 세상에서 그리스도인은 싸움을 싸우고 있는데, 그 자신의 안팎에서 싸움을 하고 있다.

게다가 "싸움"은 자발적인 희생을 암시한다. 군인이면 누구나 자기 목숨을 내놓으라고 요구할지 모른다는 것을 알고 있다. 적어도 모든 재산을 버리고 다른 모든 관심을 버려야 한다. 고난을 인내로써 참지 않으면 안 된다. 이유 불문하고 신속하게 복종해야 한다. 바울이 사용한 "경계"란 말은 긴급한 군대 명령에 사용된 용어이다. 이 모든 것은 그리스도를 따르는 자들에게 교훈이 된다. 우리가 받은 명령은 긴급하다. 우리는 대의를 위하여 우리의 삶을 희생하라는 명을 받았다. 철저한 헌신이 승리의 대가이다.

B. 준비.

무엇보다도 그리스도의 종은 내면에 어떤 것이 있다. 18절을 필립스는 "너의 안수식에서 된 예언"으로 번역하였다. 만일 그것이 그 경우를 언급한 것이라면 우리는 그 예언이 무엇이었는지 알고 싶을 것이다. 성령께서 디모데를 불러서 사역하게 하신 것은 틀림없이 분명하다. 그러면 이런 경험으로 인하여 디모데가 그의 대의에 관하여 깊이 확신하게 되었는가? 군인은 그가 위하여 싸우고 있는 것이 가치 있는 일이라는 것을 확신하는 것이 무엇보다도 필요하다. 시기가 중요하다. 이런 경험으로 인하여 그의 마음에 책임감이 생겼을까? 그의 주께서 명령을 발하셨기 때문에 순종하는 것 외에는 아무것도 할 것이 없었다. 의무감은 사람으로 하여금 계속 충성스럽게 하도록 하는 가장 낮은 가치의 동기가 결코 아니다.

그 다음에 그리스도의 종은 믿음과 행동의 효과적인 결합으로 무장되어야 한다. "믿음과 선한 양심"이 기본이다. 우리에게는 우리가 헌신할 수 있는 진리가 필요하며 살아갈 참된 목적이 필요하다. 한 로마 군인이 그의 어머니에게 자기 검이 너무 짧다고 불평하였을 때, 그의 어머니는 "만일 그 검에 네 한 발을 더 보태면 길이가 충분할 것이다"고 대답하였다.

C. 위험.

그리스도인은 좋은 군사뿐만 아니라 좋은 선원이 되어야 한다고 말한 사람도 있다. 바울은 비유로 말하고 있지만 그가 의미하는 바는 아주 분명하다. 내부에서 어떤 일이 잘못되기 때문에 싸움에서 대체로 지게 된다. 한 적만이 우리를 패배시킬 수 있는 경우는 흔하지 않다. 그러나 우리가 지지하고 있는 대의에 대하여 확신이 없게 되거나 열정이 식거나 타협하거나 도덕적인 생활에 실패하게 될 때 반드시 패배가 따라온다. 우리는 선한 양

심을 잃거나 참된 확신을 잃게 되는 것을 두려워해야 한다. 만일 내 갑옷
이 손상되지 않았다면 싸움에서 지지 않을 것이다. 이것은 내가 고통을 당
하지 않을 것이라거나 내 믿음에 대한 대가를 치르지 않을 것이라는 말이
아니다. 순교자들이 투기장에서 죽었으나 그들은 승리하였다. 진짜 패자는
항상 "중요한 것을 버림"으로써 자신을 돌본 사람들이다. "지켜야 할 경계
가 내게 있다."

디모데전서 2:1-7

하나님의 인자하심이 광대하시다

2:1 "모든 사람을 위하여 간구와 기도와 도고와 감사를 하되."
2:4 "모든 사람이 구원을 받으며."
2:5 "하나님은 한 분이시요 또 하나님과 사람 사이에 중보도 한 분이시니."
2:6 "그가 모든 사람을 위하여 자기를 속전으로 주셨으니."

I. 역사적 배경

이 구절 처음에서 교회의 활동을 어렴풋이 감지한다. 고요하고 평안한 생활의 필요에 대한 언급은 통치 권력이 에베소서나 빌립보의 경우에서처럼 소란스러운 사태로부터 교회를 지켜 주었다는 것을 말한다. 로마 제국은 아직 교회에 대해서 심한 박해를 시작하지 않았다. 핍박할 날이 멀지 않았지만 말이다. 이 서신이 씌었을 때 네로가 황제가 되었던 것 같으며 바울은 위하여 기도하지 않을 수 없었다. 초기에는 교회가 박해하는 지도자들을 위하여 기도하려고 하지 않았다.

II. 용어 해설

1장은 주로 서론이라 할 수 있다. 이 점에서 편지의 주요 목적이 나타난다. 2:1. "첫째로"라는 구절은 시간에서 첫째가 아니라 강조에서 첫째를 의미하는 것으로 이해해야 한다. 디모데를 통하여 바울은 교회가 그 의무가 기도 생활에 있다는 것을 깨닫게 하려는 것이었으며, 이것은 그 편지 자체가 모든 회중에게 읽히도록 하기 위한 것이었다는 것을 암시한다. "권하노니"는 파라칼레오이며, 바울은 1:3에서 바로 이 말로 시작하였다.

"간구와 기도와 도고와 감사." 이 단어들 중에서 처음 세 단어의 차이를 찾는 것은 억지일 것이다. 세 단어는 모두 여러 가지 활동보다는 충분함과 강조를 나타낸다. 감사가 사람들에게서 자주 무시되지만 바울에게는 항상 기도의 중요한 요소이다.

2:3. "우리 구주 하나님." 이 칭호는 특히 이 문맥에서 적절하다.

2:4. "모든 사람." 이것은 1절의 "모든 사람"을 위한 기도의 근거이다. 그와 같은 기도는 하나님의 자비와 일치한다. 그리스도인들이 벌써 배타성을 보이는 경향이 있었던가?

"구원을 받으며"는 여기서 "구원"의 특별한 의미에서보다는 돌봄과 보호의 일반적인 의미에서 사용되었을 것이다.

2:5. "모든"에 대한 앞의 언급은 유효하고 적절한 자비의 한 원천이 있다는 사실에 기초를 두고 있다.

2:6. "기약이 이르면 증거할 것이라." 번역이 불확실하다. RSV는 이것을 "적당한 때에 내세운 증거"로 번역하였다. 바클레이는 다음과 같이 번역하고 있다: "그러므로 그에게 적당한 때에 그가 하나님께 증거를 내세웠다"(*Letters to Timothy, Titus, and Philemon*, p. 63). 일반적으로 그것은 적절한 때에 하나님께서 복음을 주셨다는 것, 구속이 사람을 위하여 확실하게 보장되었다는 것을 의미한다. (이 구절에 대한 좀더 상세한 논의에 대해서는 P. Fairbairn, *The Pastoral Epistles*, Appendix "A"를 참조하라.)

2:7. "거짓말이 아니니." 그와 같이 강한 주장은 전혀 난해할 까닭이 없다. 바울은 그의 진짜 사도됨과 그가 명확히 이방인을 섬기기 위하여 부르심을 받았음에 대해서 아주 강력히 주장하였다. 게다가 이렇게 한 것은 에베소 교회에 이 편지를 읽히려는 의도에 대한 또 다른 암시일 것이다.

III. 교리적 의의

기도에 대한 참된 기독교 교리에 의하여 기도의 넓이를 깨달을 것이다. 하나님의 백성은 일반적으로 세상을 위하여 중보 기도할 책임이 있다. 더욱이 기도는 교회 생활에서 중요한 요소이다. 이것은 기독교 복음의 기본적인 요소에 바탕을 두고 있다. 일단의 신들이 아니라 한 하나님이 계신다. 끝없는 중간 단계가 있는 것이 아니라 한 중보자가 계신다. 우리의 중보자는 신인(神人)이시며, 그러므로 하나님과 사람을 대표하기에 충분하시다. 이 중보 사역은 속죄의 큰 행위로 성취하셨다. 여기서 기독교의 본질이 다시 한 번 몇 마디로 진술되었다.

Ⅵ. 실천적 목표.

국가에 대한 그리스도인의 자세가 현재 중요한 주제이다. 교회가 국가에 종속되지 않을지라도 교회는 인간 사회의 모든 면에서 책임이 있듯이 국가에 대해서도 책임이 있다. 국가는 역사에서 우연히 생긴 것이 아니다. 국가는 하나님의 섭리하에 탄생한 것이며 하나님의 목적을 위한 도구이다. 교회는 지배나 명령에 의해서가 아니라 교회의 영적 활동과 중보 기도와 삶에 대한 교회의 표준을 통하여 사태의 진전에 영향력을 발휘한다. 교회의 메시지는 온 세상과 온 인간의 생명을 위한 것이다.

Ⅴ. 설교 개요

제목: **"하나님의 인자하심이 광대하시다."**

도입부

구속의 경이를 묘사하는 것에 관한 것이라면 나는 말문이 막힌다. "하늘이 땅보다 높음같이"라고 시편 기자는 말하였다. 바울은 "모든 이해를 뛰어넘는 사랑"이라고 말하였다. 우리 주님은 "내가 네 빚을 전부 탕감하여 주었다"고 말씀하셨다. 찬송가 작사자는 "바다의 광대함같이"라고 말하였다. 그러나 그 모든 것으로도 부족하다. 그리스도의 은혜는 이루 말로 다 설명할 수 없다.

A. 복음의 포괄성.

RSV에서는 4절을 "모든 사람이 구원받기를 원하시느니라"고 번역하고 있다. 이 진술에서 논쟁이 전혀 필요없는 한 가지가 있다. 모든 사람이 하나님의 관심의 대상이다. 우리는 이것을 그럴 듯하게 말할지도 모른다. 그러나 만일 우리가 "모든 사람"이 실제로 의미하는 것이 무엇인지를 곰곰이 생각한다면 사람들의 수효와 사람들의 한없는 죄악을 다 포함하는 포괄적인 주장이 된다. "구원받다"란 말은 단순히 1절에서 3절까지에서 암시하는 "안전"이라는 광의로 생각하든지 아니면 모든 인류에 대한 하나님의 관심이 포함되어 있는 완전한 기독교적인 의미에서 "구원"이란 말로 이해하든지 해야 한다. 십자가에 달리실 우리 주님은 "내가 모든 사람을 내게로 이끌겠노라"고 말씀하셨다.

우리는 이 교훈을 좀처럼 깨닫지 못한다. 하나님께서 철의 장막과 죽의 장막을 만든 사람들이 구원받기를 원하신다는 것을 우리가 어떻게 금방 믿게 되겠는가? 그리고 설령 그것을 믿게 된다 하더라도, 그 믿음에 따라 선뜻 행동에 옮기게 되겠는가? 지금도 우리는 우리의 관심을 우리 집단과 우리 계층과 우리 사회와 우리 민족에게 한정하기가 참으로 쉽다. 한 교역자가 복음 전도에 관하여 전혀 관심이 없다는 말을 했다고 한다. 우리가 그 사람을 비난하기 전에 우리가 우리 스스로 은혜를 주시는 분의 포괄성을 받아들였다는 것을 확신하도록 하자.

B. 복음의 배타성.

하나님도 한 분이시요 중보도 한 분이시다. 진리는 항상 배타적이다. 하나님의 인자하심은 모든 사람을 받아들이지만 그 중보는 오직 한 분뿐이며 인자하심을 얻을 수 있는 길도 하나뿐이다. 우리 주님은 생명으로 들어가는 것은 "좁은 문"에 의해서라고 말씀하셨으며 그리고 덧붙여서 겨우 소수의 사람만이 이 문을 찾는 것은 주님께서 그것을 기뻐하신 때문이 아니라 그것이 사실이기 때문이다. 두 개의 곱셈 구구표가 있는 것이 아니다. 만약 두 개의 곱셈 구구표가 있다면 수학이 전혀 있을 수 없다. 서로 엇갈리는 자연 법칙이 없다. 이와같이 두 개의 복음이 있는 것이 아니다. 나아만은 요단 강에서 씻기를 원치 않았지만 요단 강은 깨끗이 되는 장소였다. 사람들은 구주의 사역을 받아들이려고 하지 않지만 구주는 죄인으로 하여금 하나님께로 오도록 하기 위하여 하나님께서 정하신 방법이다. 그러나 비록 그 문이 좁지만 항상 열려 있다는 것을 기억하라.

C. 복음의 내용.

지극히 넘치는 은혜의 복음을 위하여 지불해야 하는 값이 있다. "값"이란 말을 비유적이라고 하더라도 구속자에 관하여 이 말보다도 더 좋은 기독교적인 생각을 담은 말은 없다. "그는 자신을 주셨다." 바울이 경험한 그리스도의 사랑은 그가 끊임없이 되돌아간 주제였다. 그리스도의 사랑은 바울에게 모든 것의 중심이었다. 바울은 그의 주와 맺은 관계의 모든 면에서 사랑을 발견하였다.

사랑은 우리에게도 모든 것의 중심이다. 그렇지 않다면 그렇게 되어야 한다. "속전"은 논란이 많은 단어이지만 한두 가지 사실은 우리가 확신할 수 있다. 예수 그리스도께서 모든 사람의 구주가 되기 위하여 모든 것을 희생해야 한다. 그 "값"은 그의 생명과 고난과 비하였으며 우리는 그것을 잊지 말아야 한다. 그리고 우리가 악한 세력에 붙들려 있어서 우리 스스로 아무리 노력해도 벗어날 수 없다는 것은 확신할 수 있다. 만일 우리가 풀려나게 되려면 누군가가 대가를 지불해야 했다. 은혜가 우리를 위하여 행하는 그런 일이 어떻게 있을 수 있는지 우리는 전혀 이해하지 못한다. 우리가 받아들일 때 우리는 그것이 사실인 것을 알게 된다. 구속받은 자는 이렇게 노래한다. "죽임을 당하사 우리를 피로 사서 하나님께 드리셨다." 우리는 "모두 갚으신" 분에게 참으로 큰 빚을 지고 있다는 것을 매일 인정하지 않을 수 없을 것이다.

디모데전서 2:8-15

훌륭한 옷차림을 한 여인들이 지녀야 할 것

2:9 "여자들도 아담한 옷을 입으며 염치와 정절로 자기를 단장하고 ….'

2:10 "오직 선행으로."

2:15 "정절로써 믿음과 사랑과 거룩함."

I. 역사적 배경

비록 어느 정도 유대적인 형식을 모방한 것이지만 이방 세계에서 그리스도인의 예배는 새로운 것이었다. 신자들은 예배가 무엇이며 어떻게 예배 드려야 하는지를 배워야 했다. 특히 여인들이 예배에 참여하는 것과 관련하여 어려움이 발생한 것을 가지고 놀랄 필요는 없다. 여인들의 새로운 지위는 아주 큰 해방이었기 때문에 거의 폐단이 발생할 정도였다. 바울이 여인들을 억누르려고 한 것이 아니라 교회의 좋은 이름을 지키려고 한 것이었다. 브리스길라는 교회에서 활동하고 있었다. 루디아는 바울을 자기 집으로 모셨다. 유오디아와 순두게는 바울과 함께 그리스도를 위하여 수고하였다. 그러나 어떤 여인들은 교회 집회에서 과시하고 싶어했는데, 그것은 옷차림새의 문제만은 아니었다.

II. 용어 해설

바울은 기도에 관한 의견을 되풀이하여 나타내지만 남자들이 기도하는 것을 구체적으로 쓰면서 예배의 문제로 돌아왔다. 대부분의 여자들과 마찬가지로 남자들은 분노의 감정과 숨어 있는 의심이 전혀 없이 거룩한 손을 들어 적절하게 행동해야 한다. "깨끗한 손"은 깨끗한 양심의 외적인 표시이다. "원하노라"는 "명령하노라"나 마찬가지이다.

2:9. "염치와 정절." RSV는 "삼가고 사려 있게"로 번역하고 있다. 이방 여인들이 지나치게 치장한 것이 그와 같은 간곡한 권고의 좋은 배경이 되었을 것이다. 그리스도인들은 세상 사람들을 모방해서는 안 된다.

2:11. "종용히 배우라." 여인들이 거짓 가르침을 잘 분별 못하고 대화의 절제를 잘 하지 못하였을 것이기 때문에 잠잠히 있는 것이 더 좋았다.

2:12. 이것이 가족 단위보다는 오히려 공적 모임에 적합하다는 것이 디모데후서에서 분명히 나타난다. 디모데후서를 보면 디모데 자신이 할머니와 어머니에게서 배웠다고 말한다.

2:13-15. 이 서신에서 난해한 구절 중 하나이다. 첫째, 이 시점에서 바울의 관심은 주로 결혼한 부부에게 있었다. 둘째, 바울에게 성경은 전거였으며 아담이 먼저 창조된 것과 이브가 첫 범죄의 발단이라는 것으로써 그의 주장을 뒷받침하였다. 셋째, 일반적으로 15절은 여인의 영광은 가정에 자리를 잡고 그리스도인의 덕을 예시하는 여인의 예정된 영역에서 발견하게 된다는 뜻일 것이다.

Ⅲ. 교리적 의의

남녀 모두가 그들의 결점을 보여 주기 쉽다. 바울은 여자보다 덜 죄악적이거나 도적적으로 더 우수하다고 남자를 정당화하는 것이 아니었다. 바울의 글은 우리 주님 자신의 가르침 외에 어느 것보다도 여성의 지위를 높이고 있다는 것을 염두에 두어야 한다. 바울의 목적은 목사에게 경건하고 장엄하고 의미심장한 예배를 인도하는 의무를 부과하고 예배자들에게 그들의 모범이 복음의 전파에 영향을 줄 수 있다는 것을 일러주기 위함이었다. 진정한 그리스도인의 경험에서 그리스도인의 은혜를 맺게 될 것이다.

Ⅳ. 실천적 목표

신자의 행동은 주께 영광을 돌리는 것이 되어야 한다. 이것은 특권이 기정 사실이지만 절제해야 할 것이라는 의미일 것이다. 이것에 관하여 불평이 있어서는 결코 안 된다. 바울은 그들 중 일부를 구원할 수 있기 위하여 스스로 모든 사람에게 종이 되었다. 제자는 모두 그의 경건함과 진지한 목적으로써 복음에 명예가 되도록 할 책임이 있다. 이것은 엄숙한 얼굴을 하고 있어야 한다는 의미가 아니다. 그리스도를 즐기는 것은 고역이거나 슬픈 운명이 전혀 아니다. 그리스도의 추종자들이 그들 주변 사람들을 "견디어 낼" 때마다 그리스도의 대의는 진전하였다.

V. 설교 개요

제목: "훌륭한 옷차림을 한 여인들이 지녀야 할 것."

도입부

훌륭한 옷차림을 한 여인들에 대한 명단을 해마다 발표하는 것에서 이런 재미있는 문제가 제기된다. "무엇을 위한 훌륭한 옷차림일까?" 한 경우에 아주 어울리는 의복이 다른 경우에는 아주 어울리지 않을 수 있다. 그렇다면 실제로 문제가 되는 것은 옷을 입는 목적이다. 가장 좋은 것이 항상 "최신" 혹은 최고의 유행은 아닐 것이다. 가장 좋은 것이 정신의 훌륭한 특성을 가장 효과적으로 돋보이게 하는 것일지도 모른다. 한 목적은 다른 사람에게 감동을 주거나 다른 사람을 더욱더 빛나게 하여 자존심을 만족케 하는 것일 것이다. 또 하나의 목적은 하나님께 존경을 표하거나 하나님의 사람을 섬기고자 하는 소원을 표하는 것일 것이다.

A. "아담한 옷"은 잘 차려 입은 여인들의 외모를 묘사하는 바울의 방식이었다.

바울이 "되는 대로"나 "초라하게"라고 말하지 않았다는 것을 주의하라. 눈에 거슬리게 아무렇게 입고 있는 것이 결코 좋은 것이 아니다. 바울은 여성의 옷차림에서 먼저 고려해야 할 것이 그리스도께 칭찬이 돌아가도록 하는 것이어야 한다는 뜻으로 말한 것이다. 그러므로 맨 먼저 외모를 생각할 때 삶과 행동을 지배하는 내적 확신에 잘 어울리도록 주의해야 할 것이다. 그리스도를 믿는 여자는 옷차림에 주의를 하면서도 아울러 사람들이 뭐라고 하는 것에 너무 신경 쓸 필요는 없을 것이다. 그리고 이것은 여성 이외의 다른 것들에도 적용되며 의복 외에 많은 것에도 적용된다.

B. "shamefacedness(염치)"는 RSV에서처럼 "modesty(정숙함)"으로 번역해도 좋을 것이다.

옛날 번역은 약간 오해를 일으켰는데, 이는 "shame(수치)"과 "face(얼굴)"가 암시하는 것을 아주 잘 전달하지 못하기 때문이다. "염치"는 "명예롭지 못한 행동을 하는 것에 대한 타고난 도덕적 혐오"이다(트렌치). 참으로 여기에 모든 그리스도인의 옷장에서 발견되어야 할 정신의 특성이 있다. 믿음을 돋보이게 하기 위하여 옷을 입으려고 하는 여인이면 누구나 단정한 한계를 넘는 행동을 해서는 안 되겠다는 느낌이 들 것이다. 그리고 남자들도 마찬가지일 것이다. 되살아난 도덕적인 지각이 그리스도인이 되는 데 있어서 본질적 요소이다.

C. "정절"은 두 번 언급될 정도로 중요한 단장의 한 품목이다.

소프로쉬네는 "평소의 내적인 자제"이다(트렌치). 충동이나 욕망이 적절한 한계를 넘어서지 못하도록 막는 충동과 욕망에 대한 명령이다. 이것은 우울한 얼굴이나 기쁨이 없는 생활을 의미하지 않는다. 가르침에 충실한 그리스도인은 스스로 절제한다는 것을 의미할 뿐이다. 그의 욕망이 그를 지배하는 것이 아니라 그가 자기 욕망을 억제한다.

D. "선행" — 그리스도의 백성이 이보다 더 매력적이고 어울리는 옷을 입을 수 있을까?

만일 삶의 목적과 삶의 내적 특성과 삶의 진정한 동기를 나타내는 것이 있다면 바로 이것일 것이다. 바울은 "큰 일"이나 "눈부신 일"을 말한 것이 아니라 단지 "선"을 말한 것뿐이다. 그리스도의 어떤 종이 이러한 옷으로 아름답게 차려 입을 수 없는가?

디모데전서 3:1-13

그리스도인의 열망

3:1 "사람이 … 선한 일을 사모한다."
3:2 "그러므로 감독은 … 하며."
3:8 "이와같이 집사들도 … 하고."
3:13 "아름다운 지위와 … 믿음에 큰 담력을 얻느니라."

I. 역사적 배경

신자들이 무리를 이루었을 때 그 무리 가운데서 지도자가 임명되어야 할 것을 모두 생각하게 될 것이다. 바울은 그가 사역한 도시에 오래 머물지 않았고 떠날 때에는 그 일을 맡을 사람을 임명하였다. "감독"이란 말은 지금 우리가 관련시켜 생각하는 모든 것을 의미한다고는 도저히 생각할 수 없다. 그러나 합당한 사람이 지교회의 감독자로 세워질 만한 기간이 되기 위하여 더 긴 역사적 발전이 요구되는 것이 아니며 에베소 교회는 그때 이미 세워진 지 10년 가까이 되었다. 마찬가지로 예루살렘을 본받아서 집사를 임명하는 일도 금방 필요할 것이다. 이러한 직분에 대한 자격은 자연히 복음의 속성과 그리스도인의 사귐에서 정해진 것일 것이다. 어떤 사람이 말하는 대로 만일 11절이 여인들이 집사로서 봉사하고 있었다는 것을 말하는 것이라 하더라도 놀랄 일은 아닌데, 왜냐하면 여자들이 집사의 어떤 직무를 잘 수행할 수 있다는 것은 상식적으로도 금방 분명히 드러나기 때문이다.

II. 용어 해설

3:1. "미쁘다 이 말이여." 2장 마지막 절에서 이 말을 언급하는 것은 거의 자연스럽지 않을 것이다. 감독의 직분을 바라는 것이 그와 같이 임명할 만큼 거의 중요하지 않다고 생각한다면, 우리는 그 직분의 참된 위엄과 영적 본질을 좀더 명확하게 알아야만 한다. 에피스코포스는 "감독"을 뜻하며 처음에는 일반적인 막연한 용어였다. 바울 시대에 "감독의" 관할구는 지교회였다.

3:2 이하. "감독은 … 하며." 기록된 열다섯 가지 조건이 재미있다. 일반적으로 사람들은 그 조건의 평범한 성격과 교회가 교회의 지도자로 어울리는 사람으로 평범한 사람들에게 의존하였다는 사실에 유의한다. 그리고 가정에서 하는 행동을 특별히 강조한 것과 감독은 결혼하여 가정이 있어야 하는 것에도 유의한다.

"한 아내의 남편"이란 구절은 다양하게 해석되었다. 문맥과 에베소의 환경에 비추어 볼 때 이 말을 가정의 신성함과 결혼 서약을 존중할 것을 요구하는 것으로 간주하는 것이 가장 자연스럽다.

3:3. "관용하며(patient)." RSV에서는 "온유하며(gentle)"로 번역하고 있다. 에피에케스는 표현이 풍부한 말이다(참조. 빌 4:5).

3:6. "새로 입교한 자도 말지니." 네오퓌토스는 문자적으로 "새로 심은"이다. 감독은 최근에 세례받은 자여서는 안 되었지만 이것이 긴 기간의 경과를 요구한다고 말할 필요는 없을 것이다.

3:7. "마귀의 올무"는 교만 때문에 마귀가 빠진 올무를 의미할 수도 있다. 교만이 교회 직원의 큰 함정이다.

3:9. "믿음의 비밀을 가진." 감독의 조건 가운데 언급되지 않은 조건이다. 아마 집사는 실제적인 업무를 담당하였기 때문에 그들도 참된 그리스도인의 확신을 가져야 할 필요가 있다는 것을 지적하기 위함이었을 것이다.

3:11. "그들의 아내들도"(개역 한글판에서는 "여자들도"로 번역되어 있다). 호사우토스("도")는 10절과 밀접한 관련이 있음을 뜻한다. 만약 여집사들이 실제로 공식 직분자가 아니었다면 여자들은 위에서 언급된 대로

집사들을 도왔을 것이다.

3:13. "아름다운 지위(degree)를 획득하느니라." RSV는 "아름다운 지위(standing)를 얻느니라." 필립스는 "어떤 합법적인 지위를 얻느니라"고 번역한다. 바드몬(지위)은 문의 디딤판에 사용되었다. 그것은 "좋은 발판"에 사용되었다. 직분을 충실히 수행하면 교회에서 존경의 지위를 얻게 된다. "영향은 인격의 결과에 의한 것이다"(심프슨).

III. 교리적 의의

오히려 지금은 "장로"와 "감독"이 초대 교회에서 동일한 직분에 대하여 사용된 두 개의 단어라는 것을 일반적으로 동의하고 있다. "장로"라는 말은 원래 유대인 특유의 말이며 그 사람 자체를 언급하였다. "감독"이라는 말은 원래 그리스어로 직분의 기능을 언급하였다. 신약 성경에서 여기저기서 이 직분자들에 관한 조건에 관하여 말한 것에 관해서는 바울과 다른 사람들이 말했던 것에 비추어 때때로 교회 정치를 되돌아보면 좋을 것이다. 물론 우리가 과거 20세기라는 시간이 전혀 없었던 양 행동할 수 없으며 우리가 살고 있는 세상은 일세기의 세상이 아니다. 그럼에도 불구하고 교회의 생활에서 중요한 것을 굳게 지키는 것이 우리의 특권일 것이다.

IV. 실천적 목표

교회에서 지도자의 조건은 첫째 영적인 것이다. 사람이 좀더 세속적인 성질의 다른 능력을 가지고 있을 수 있으며 또 그 능력을 선하게 사용할 수 있을 것이다. 그러나 바울이 말한 목록은 믿음의 권속 가운데서 책임의 적합성을 평가하기에 좋은 표준이다. 평신도가 그 목록을 잘 생각해야 할 것인데, 이는 우리 시대에 많은 교회에서 직분자들이 사람의 결정에 의하여 선택되었기 때문이다. 바른 선택이 그들의 결정에 달려 있을 것이다. 이론뿐만 아니라 실제로 기도와 성령의 인도의 결과로서 목회자를 청빙하고 있는 교회들이 얼마나 많은지를 아는 것은 흥미로운 일이다. 그리스도의 교회가 건강하게 되려면 전반에 걸친 헌신이 필요하다.

V. 설교 개요

제목: "그리스도인의 열망."

도입부

위험이 도사리고 있을지라도 하나님은 섭리 가운데 사람들에게 교회의 지도자를 위임하는 것이 적절하다고 보셨다. 당연히 성령님의 인도가 있었다. 조직은 필연적인 발전이었으며 필요악이 아니었다. 누군가가 직무를 맡아야 하며 결정을 내려야 했다. 사람들이 이런 지위를 열망하는 것은 자연스러운 일이다. 그리스도인의 열망은 사실이다.

A. 그것은 합법적이다.

어떤 것을 이루고자 하는 소원은 주님에 의해 사용되어야 하며 그리스도인으로서 진보하는 것은 그 자체가 악한 것이 아니다. 저쪽의 그들의 방법을 받아들여 교회의 높은 지위를 얻은 사람들 때문에 의심할 바 없이 그리스도의 대의가 큰 손상을 입었다. 권위의 지위를 부정한 방법으로 서로 차지하려고 다툼으로써 교회가 부끄럽게 손가락질을 받게 되었다. 열망이 다른 사람에 대해 유린하는 것을 의미하거나 권세나 영광에 대한 갈망을 만족시키는 것을 의미한다면 그 열망은 복음의 선전과는 아무런 관계가 없다. 그러나 만일 우리 주님께서 그와 같은 세속적 행동을 슬퍼하셨다면, 어떤 것이 되려는 열망이 전혀 없이 주님을 따르는 무리에 대해서도 슬퍼하지 않으시겠는가. 그들의 텐트 안에 앉아서 캠페인을 보는 것으로 만족하는 사람들이 너무 많다. 야고보와 요한의 어머니가 그들의 아들이 영광스러운 자리에 앉는 것을 바랐을 때 주님은 그런 자리가 전혀 없다고 말씀하신 것이 아니라 그들이 그 자리에 합당해야 한다는 것을 암시하셨다. 우리 모두는 자기 달란트를 묻어 두었던 사람에 대하여 주님께서 엄히 질책하신 것을 알고 있다. 예수 그리스도는 제자들이 더 유용하게 되기를 열망할 때 기뻐하셨다.

B. 그것은 큰 노력을 요하는 것이다.

감독의 직무의 어려운 면은 그 관리상의 어려움이 아니라 그 직무의 도덕적 영적 요구이다. 바울이 말한 것에서 가장 중요한 것은 가정적인 일이지만 그 일은 쉬운 일이 아니다. 언제나 형제들에게 좋은 모범을 보일 수 있을 정도로 결백하고 조심하고 위엄 있고 성실한 것은 그리스도인이 최고로 도달해야 할 것 중의 하나이다. (1) 반드시 어떤 것이 되어야 한다. 힘차게 걸어가려면 독수리가 날아 오르는 것 이상의 힘이 필요하다. (2) 그 자신의 가정을 슬기롭게 다스려야 한다. 가정이 그리스도인의 삶을 살고자 하는 모든 사람에게 가장 힘든 곳일 때가 아주 흔하다. 그러나 바로 여기서 인격이 증명되어야 한다는 것도 사실이다. (3) 그가 속한 공동체와 좋은 관계를 유지해야 한다. 외부인이 그리스도인을 판단할 권리가 전혀 없고 그의 판단이 최후의 단정일 수 없지만 그래도 그는 판단한다.

C. 그것은 할 만한 가치가 있는 것이다.

우리는 보상에 대해서 덮어놓고 싫어할 필요는 없다. 감독에서 얻을 수 있는 것이 있기 때문에 감독이 되어서는 안 되는 것이 사실이지만 그럼에도 불구하고 알다시피 그리스도를 섬기는 것은 만족을 주는 삶으로의 한 가지 확실한 길이다. 신자들로부터 받는 존경으로 교회의 활동을 지도하는 능력이 증가하고 더욱더 그리스도에게서 인정을 받게 되고 가장 선한 일에 자신의 힘을 쏟았다는 것을 더욱더 알게 된다 — 이런 것들과 그 외 여러 가지가 선한 종에 대한 보상이다. 그런 것을 위하여 수고하는 것은 저급하거나 나쁜 것이 아니다. 제자들은 모두 "잘 하였도다" 하는 소리를 듣게 될 그날을 열망해야만 한다.

디모데전서 3:14-16

하나님께서 거하시는 곳

3:15. "너로 하나님의 집에서 어떻게 행하여야 할 것을 알게 하려 함이니."
" … 진리의 기둥과 터이니라."
3:16. "경건의 비밀이여."

I. 역사적 배경

14절에서 바울이 한 말에서 판단하면 바울이 에게해 주변 지역에서 다시 사역할 것처럼 보인다. 그의 계획은 확실하지 않았다. 그러나 적어도 우리는 첫번째 투옥과 두번째 투옥 사이에 그가 활동하였다는 암시를 받는다. 이 구절들에서 바울은 2장과 3장에서 말한 것을 요약하고 있다. 예배와 교회에 관한 이런 교훈이 디모데에게 실제로 필요하였는가 아니면 이 서신의 다른 수신자들을 위하여 바울이 쓰고 있는 것인가? 디모데를 통하여 에베소 교인들에게 이야기하려고 했을 것이다. 만일 여기에서 말한 것이 우리에게 초보적인 것으로 보이면 우리가 반드시 깨달아야 할 것은 그동안 19세기가 지났고 예배의 개념이 크게 발전하였다는 점이다. 그와 동시에 이런 초보적인 것들 중에서도 더러는 지금도 잘 이해하거나 지켜지지 않는 것이다.

II. 용어 해설

3:14. "쓰는"은 현제 시제이며 바울이 직접 쓰고 있었다는 것을 암시한다.

"내가 속히 네게 가기를 바라나." 바울이 에베소에서 디모데를 만났을 것이라고 생각할 필요는 없다. 바울이 밀레도와 같은 다른 곳에서 디모데를 만났을 수도 있다. 사도라 해도 항상 다음 단계를 확실히 아는 것은 아니다.

3:15. "너로 하나님의 집에서 어떻게 행하여야 할 것을 알게 하려 함이니." RSV에서는 "사람으로 어떻게 행해야 할 것"이라고 번역한다. 어쨌든 이것이 목회자뿐만 아니라 교인들을 가르치려는 편지의 의도를 암시하는 것일 것이다. 아데미 신전의 영향하에서 살았던 사람들은 살아 계신 하나님을 예배하는 것이 어떤 것인지를 알 필요가 있었다. "집"은 건물을 말하는 것이 아니라 일단의 신자들로 된 "권속"을 말한다.

"기둥과 터"(스틸로스와 헤드라이오마). 이것은 교회가 진리에 터를 두고 있다는 다른 신약 성경의 가르침과 모순되는 것이 아니다. "이 상징주의는 교회의 영적 독특성과 빛남을 묘사한다"(심프슨). "터"는 RSV에서처럼 "성채"로도 번역할 수 있다.

3:16. "경건의 비밀." RSV에서는 "우리 종교의 비밀"로 나온다. 이것은 신약 성경에서 유일하게 사용한 어법이다. "비밀"과 "우리 종교"(유세베이아)를 연결하는 것은 1장에서 언급되고 4장 서두에서 다시 언급되는 잘못된 가르침의 어떤 요소를 염두에 두고 있을 것이다. 그리스도인의 삶의 내적 비결은 참된 믿음의 힘에 있으며 이 참된 믿음의 힘으로 그 삶이 지탱되었다.

"하나님이 나타난 바 되시고." 여기서 예수 그리스도를 의미하는 "그가 나타난 바 되시고"가 정확한 해석이라는 것이 지금 일반적으로 인정되는 것이다. 예수님에 관한 여섯 가지 진술은 초기 기독교 찬송에서 나왔거나 초신자의 교육을 위해 사용된 기독교 교리의 요약 진술에서 나왔을 것이다. 그리스어에서 그 말들은 번역으로 재현될 수 없는 소리가 있다. 이 진술문을 취한 것에는 그리스도의 죽음과 부활에 관한 언급과 같은 다른 주제가 있었을 것이다. 이 어군에서 강조하는 것은 우리 종교의 신비인 성육신에 관한 것이다.

III. 교리적 의의

최근에 우리는 "교회가 교회 되게 하라"는 성명을 자주 들었다. 만일 교회가 그렇게 되어야 한다면, 교회는 여기서 말한 것 곧 살아 계신 하나님이 임재하시는 권속이어야 할 것이다. 이 말을 하면서 바울은 교회가 선포하고 변호할 것으로 기대되는 진리의 요약을 덧붙여 말하였다. 하나님은 교회를 통하여 당신의 여러 가지 지혜가 알려지도록 정하셨다. 이 구절에서 강조된 교훈은 요한복음 1:14과 병행문을 이루는 하나님께서 육신으로 나타나셨다는 것이다. 성육신은 교회의 기초이며 교회 메시지의 본질이다.

IV. 실천적 목표

이 구절은 탁월한 교리적 진술이지만 실천적 목적으로 쓴 것이다. 교회의 위엄을 적절히 느끼는 것이 중요하다. 만일 교회가 본질적으로 하나님이 거하시는 일단의 사람들이라면, 교회는 교회에 속한 사람들로 하여금 하나님 앞에서 마땅히 행하여야 할 것을 행하도록 하여야 할 것이다. 교회는 사람을 나타내는 것이나 헛된 논쟁이나 개인의 영예를 추구하는 것이나 자주 믿음의 권속을 더럽히는 어떤 오락을 위한 장소가 결코 아니다. 교회는 우리의 헌신과 존경을 요구한다. 교회는 사람들이 함께 하나님 앞으로 들어가는 곳이며 기도와 예배로써 전능하신 하나님께 사람들이 빚지고 있는 것을 바치는 곳이다.

V. 설교 개요

제목: "하나님께서 거하시는 곳."

도입부

이 말이 디모데전서의 핵심이자, 참으로 목회 서신의 핵심이다. 이 편지에서 목회자의 직무와 교회의 직원에 관하여 많이 말했다면 그것은 그들이 믿음의 권속의 지도자들로서 그들의 책임을 알아야 할 필요가 있었기 때문이다. 거짓 가르침에 관하여 많이 말하였다면, 그것은 교회가 교회 자체의 메시지의 순결에 관하여 가르치라는 것이다. 교회가 큰 예배당이든지 번화가 중앙에 있는 예배당이든지 거실에서 모이는 적은 무리이든지 그것은 하나님이 거하시는 곳이며 반드시 그 자체로서 존중되어야 한다.

A. 교회의 지체에 대한 교회의 요구.

가정의 식구는 그 가정의 좋은 평판에 책임을 져야 한다. 그리고 모든 지체는 머리이신 그분의 목전에서 살며 일한다. 사람들이 이 사실을 기억한다면 때때로 그들의 행동에 관하여 다시금 생각할 것이다. 누가 교회의 특권을 남용하거나 교회의 명예를 소홀히 여김으로써 그리스도의 교회에 입힌 피해를 다 잴 수 있겠는가? 교회는 특별 활동이나 사교 집단이 아니다. 교회는 구원의 공통된 경험과 그들을 위해 죽으신 구주에 대한 공통의 사랑과 복음을 온 세상에 전하고자 하는 공동의 목적에 의해 결합된 모임이다. 교회는 얻으려고만 가는 곳이 아니다. 교회는 주기 위하여 가는 곳이다. 거룩한 터 위에 있다는 느낌으로 교회에 들어온다. 우리가 제단으로 가까이 이끌려 갈 때 우리는 더 이상 레위기의 명령을 따르지 않지만, 우리는 여전히 회개하고 고백하면서 나아가며 예수 그리스도의 의를 입고 있다. 교회에게 내가 요구하는 것이 아니라 교회가 나에게 요구하며 나의 봉사와 충성을 당연히 요구한다.

B. 하나님의 임재에 대한 교회의 증거.

광야의 시대에 성막은 진 중앙에 설치되었으며, 모든 백성이 볼 수 있는 구름 기둥과 불 기둥은 그의 백성과 함께 사시면서 그들과 함께 여행하고 그들과 함께 시련을 겪으시고 그들에게 필요한 음식을 주시고 인도를 하시면서 하나님께서 거기 계신다는 표시였다. 민족이 그 땅에 정착하였을 때 성막은 성전으로 바뀌어서 시온 산 꼭대기에 아름답게 세워졌고 백성들은 여전히 하나님께서 그 이름을 두신 곳으로 눈을 돌리고 하나님께서 그들과 함께 계신다는 것을 확신할 수 있었다. 비록 성전이 몹시 오용되어서 그 예배가 형식적이 되었지만 이사야가 필요를 느끼고 그곳에 왔을 때 그는 반역한 백성 가운데서 하나님을 발견하였다. 우리 시대에도 우리에게 교회가 있다.

C. 교회의 독특한 사명.

교회의 사명은 세상에 복음의 옹호자와 선포자가 되는 것이다. 하나님께서 선히 여기신 까닭에 하나님은 교회를 당신의 도구로 정하셨다. 교회는 왜 여기에 있는지를 절대로 잊지 않아야 좋을 텐데. 교회가 이제 사명을 확실히 깨달아야 좋을 텐데. 모든 인류에게 생명과 죽음인 것을 교회가 위임받았다. 다른 제도나 집단은 이런 책임이 전혀 없다. 바로 이 교회에서 모든 민족의 구속을 위하여 예수 그리스도 안에서 계시된 것을 모든 민족에게 가르치는 것이다. 때때로 그릇이 아주 세속적으로 보이지만 보화는 보화를 담은 그릇에 의해 손상되지 않는다. 언젠가 하나님의 뜻 안에서 교회에 위임한 일이 이루어질 것이다.

D. 교회의 유일한 기초.

때때로 사람들은 바울이 경건의 비밀에 대하여 이 구절을 갑자기 적어 넣은 이유에 대하여 궁금하게 생각하였다. 비록 그것이 한때에는 감춰어져 있었다는 점에서만 비밀이고, 지금은 그 비밀이 그를 믿는 모든 사람에게 알려졌다. 만일 이 사실이 없다면 전혀 교회가 있지 않을 것이다. 만일 교회가 그 기초 위에 그대로 있다면 음부의 권세가 교회를 이기지 못할 것이다.

디모데전서 4:1-5

하나님의 선한 선물

4:1. "어떤 사람들이 믿음에서 떠나."

4:4. "하나님의 지으신 모든 것이 선하매."

4:4-5. "감사함으로 받으면 버릴 것이 없나니 하나님의 말씀과 기도로 거룩하여짐이니라."

I. 역사적 배경

바울은 화제를 돌려서 거짓 가르침과 거짓 교사에 대하여 경고하였다. 그는 그들이 교회와 복음을 위하여 겪는 위험이 증가할 것을 예견하였다. 유대교는 장황한 공론과 금욕주의 경향이 있었다. 이미 유대교는 교회 안에서 단순한 기독교 메시지에 이런 무익한 것들을 추가하려는 어떤 사람들의 욕구의 원천이 되었을 것이다. 앞일을 생각하면서 바울은 그와 같은 현상에서 목회자와 그 교인들이 당할 위험을 보았다. 초기 교회의 역사에서 바울의 경고는 충분히 입증되었다. 디모데는 그리스도를 향한 순수함으로 그의 회중을 여유있게 지켜 갈 시간이 전혀 없었을 것이다.

II. 용어 해설

4:1. "성령이 밝혀 말씀하시기를." 성경에서는 이런 말이 언급된 것에 대해서 전혀 특별한 진술이 없지만, 우리 주님의 감람산 강화와 바울이 말한 여러 가지 예상에서 그의 말이 뒷받침된다. 이것은 성경의 광의에 대한 사도의 이해 범위의 한 예이다.

보통 말하는 "마지막 날" 대신에 "후일에"란 말을 쓰고 있다. 바울은 디모데가 이 거짓 가르침과 직면하게 될 날이 먼 훗날이 아니라고 생각하고 있었다. 갈라디아서와 골로새서에서 이런 그릇된 생각들의 힘과 다양성을 지적한다.

"귀신의 가르침"은 "귀신들에 관한"이 아닌 "귀신들에 의하여 가르침을 받은"을 뜻하는 것으로 받아들이는 것이 가장 자연스럽다. 바울은 악의 세력들이 실제적이고 인격적이고 능동적인 것으로 보았다. 성령과 대조한 것에 주의하라. 성령의 인도는 교회의 참 지혜이다.

4:2. 이제 우리는 악한 영들이 도구로 삼아 역사한 인간 대리인에 직면하게 된다. 그들은 "외식함으로 거짓말하는 자들"과 완고해져서 도덕적 감정이 없는 자들로 묘사되었다. 이런 말은 가혹한 말이지만 바울은 진리를 왜곡하는 것에 대해서는 결코 관용을 베풀지 않았다.

4:3. "믿는 자들과 진리를 아는 자들." 하나님의 선물은 모든 사람을 위한 것이지만 신자들이 특별히 그 선물을 누렸는데, 이는 신자들이 선물의 원천과 정신을 깨닫기 때문이다.

4:4. "지으신 모든 것"은 "창조된 것"을 의미하며, 창조하신 분을 제외하고 사물을 생각하는 잘못을 강조하고 있다. 감사는 바울이 결코 잊지 않고 늘 한 말이었다.

4:5. "하나님의 말씀." 바울은 우리가 창세기 2:16이나 9:3에서 발견하는 그런 진술을 염두에 두었을 것이다. 그리고 사도행전 10장에 나오는 바울의 경험은 이방 교회 가운데 널리 알려졌을 것이다.

III. 교리적 의의

율법주의의 그릇된 생각에 빠지기 쉽다. 그것은 끊임없이 계속되는 유혹이다. 율법주의의 그릇된 생각은 우리 인간의 교만을 자극하여 우리의 선이 하나님의 요구를 만족시킬 수 있다고 믿도록 한다. 우리가 세상을 등졌기 때문에 우리가 하나님의 은총을 받을 자격이 있다고 확신할 수 있다. 그리스도인이면 누구나 영적 훈련에 의해 유익을 얻을 수 있으나 복음은 하나님의 값없이 주시는 은혜에 근거를 두고 있다. 은혜가 우리를 위하여

한 것을 받아들이고 하나님의 돌보심과 사랑의 표로서 하나님의 공급을 받으면서 매일매일 성령의 능력으로 사는 것이 정상적인 그리스도인의 생활이다. 우리는 하나님의 집에 있는 자녀들이다.

IV. 실천적 목표

영적 목표에 도달하기 위하여 늘 자기를 부인하는 것은 잘못된 것이 아니다. 우리 주님은 금식 자체가 잘못되었다고 말씀하지 않으셨다. 때때로 그리스도의 종은 그에게 맡겨진 사역을 이루기 위하여 가족과 가정의 복을 버리라는 요구를 받을 것이다. 이러한 것은 "이 세상이 내 아버지의 세상이다"고 하는 기본적인 기독교적 관점을 부인하는 것이 아니다. 창조의 교리는 우리가 보는 모든 것이 하나님의 손으로 지음을 받았다는 것을 뜻한다. 물질은 악하다고 주장하는 이원론은 기독교 교리를 끊임없이 왜곡시켜 오면서 나쁜 도덕적 영적 결과를 초래하였다. 율법주의의 선은 복음의 원수이다.

V. 설교 개요

제목: "하나님의 선한 선물."

도입부

이 단락의 시작에서 장이 나누어지는 것은 다소 바울의 사상 전개를 흐리게 할 수 있다. 바울은 지금 막 교회와 교회의 메시지의 위대함을 묘사하였다. 이것에서 큰 날이 바로 앞에 있는 것으로 생각할 사람도 있을 것이다. 그런 것은 아니었다. 위험이 이미 임박하고 있었다. 우리가 교회사를 회고해 보면, 우리는 "훗날"이 우리 시대까지 이른다는 것을 알 수 있다. 바울은 일어날 것으로 알고 있었던 거짓 가르침을 교회가 터를 둔 메시지와 대조시켰다. 이 경우에 하나님의 선물의 그릇된 사용에 집중되었다.

A. 바울은 박두한 위험에 대하여 경고하였다.

믿음에서 떠나는 일이 있을 것이다. 사람들은 여러 가지 방식으로 이렇게 할 수 있다. 그 방식 중에서 몇 가지가 이 단락에서 제시되었다. (1) 사람들은 거짓말에 귀를 기울임으로써 타락하게 될 것이다. 바울은 그 거짓말을 "미혹케 하는 영과 귀신의 가르침"이라고 불렀다. 거짓말은 예나 지금이나 참으로 위험의 근원이다. 그리스도인은 악한 영의 세력에게 위협을 받는다. 얼마 전까지만 해도 구식이라면 무조건 비웃는 풍조가 있었지만, 최근에 우리는 우리의 조롱이 아무래도 조급하였다는 것을 인정하지 않을 수 없었다. 이 시대에 어두운 영적 사실을 이야기하자면 귀신의 거짓말을 퍼뜨리는 귀신의 세력에 의한 것을 제외하고는 이야기할 것이 전혀 없다. (2) 사람들은 스스로 거짓되기 때문에 타락한다. 매력적인 가르침에 관심을 기울임으로써 사람들은 은연중에 그런 가르침에 영향을 받는다. 사람들은 이전에 좋아했더라도 단순하고 순수한 복음을 좋아하던 것을 모두 잃게 된다. 그들은 "그들의 본성인양 위선을 행하고 산다"(페어번). (3) 사람들은 도덕적 분별력을 상실한다. 그들의 양심은 마비되었다. 거짓 가르침에 솔깃하고 점점 더 위선적이 됨으로써 그들은 점점 진실에 대해서 감정이 무디어지고 다른 사람을 타락시켜도 아무런 가책을 느끼지 않는다. (4) 그 다음에 설상가상으로 사람들은 율법주의가 되어서 금욕적인 수단을 취하면 하나님을 기쁘게 할 수 있고 참된 종교를 나타낼 수 있는 것으로 생각한다. 하나님의 신에 의하여 지혜롭게 된 바울은 그와 같은 것들이 나타나고 있는 것을 보았으며 우리도 경험을 통하여 바울의 지혜를 확인한다.

B. 바울은 그리스도인과 그의 세상에 관하여 기본 진리를 진술하였다.

"하나님의 지으신 모든 것이 선하매." 그는 창세기의 기록을 염두에 두었다. 하나님은 만드신 모든 것을 보시고 좋다고 말씀하셨다. 하나님께서는 만드신 모든 것이 인간의 안녕과 풍성함을 위하여 사용될 수 있도록 그것을 인간이 다스리도록 하셨다. 죄가 인류에게 끼친 영향 중에서도 특히 인류로 하여금 아버지 집에서 사는 참뜻과 기쁨을 잃게 한 것이 있다. (1) 하나님의 피조물이 선한 것은 하나님께서 창조주시라는 사실에서 기인한다. 죄는 모든 것의 형세를 바꾸어 놓아서 원래의 선이 흐려졌다. 사람뿐만 아니라 피조물 자체도 변하였다. 사람이 하나님께로 돌아올 때 잃어버린 참뜻이 나타나기 시작한다. 그리스도가 없는 눈으로 보지 못하는 아름다움이 있다. 열리지 않은 귀로 듣지 못하는 조화가 있다. (2) 하나님의 피조물의 선함은 그 목적에서 기인한다. 피조물은 하나님의 자녀가 사용하기 위한 것이다. 만일 그들이 원자를 파괴의 도구로 만든다면 그것은 하나님의 탓으로 돌릴 수가 없는데, 왜냐하면 만일 사람이 진리를 믿고 알고 진리의 다스림을 받는다면 이러한 파괴적인 힘이 상상할 수 없을 정도로 유익한 것이 될 수 있기 때문이다. 그래서 바울은 하나님의 선물을 부정한 것으로 만든 자들을 질책하였다. 우리는 친구의 선물을 멸시하지 않는다. 우리는 선물 뒤에 숨어 있는 사랑을 인정한다. 참으로 하나님의 선물은 감사함으로 받아야 할 것이다. 하나님의 아낌없이 주신 것을 형식에 구애되어 거부하는 것은 사랑을 모욕하는 것이다.

C. 바울은 하나님의 선물을 받는 자들의 바른 태도를 명확히 말하였다.

(1) 이러한 선물은 하나님의 말씀과 기도로 거룩하게 되었다. 어떤 사람들이 말한 것처럼 이 구절들은 그리스도인이 성경 낭독과 함께 식전에 감사하는 기도의 습관을 말하는 것일지도 모른다. 현대의 그리스도인들에게는 이런 습관이 많이 없는데, 그들에게 큰 손실이다. 하나님의 선물은 받은 자가 그 선물을 취급하기에 따라 큰 의미가 있을 수도 있고 의미가 없을 수도 있다. 불신과 감사하지 않는 마음으로 받으면 그 선물은 정욕을 만족시키는 것 이상의 의미가 없게 된다. 믿는 마음으로 받으면 그 선물은 무진장한 사랑의 표시이다. (2) 바울은 "감사함으로 받아라"는 말을 두 번 하였다. 바울이 이것을 늘 강조하는 이유가 있다. 감사한다는 것은 사람이 의무하에 살고 있다는 것을 깨닫는 통찰력이 있다는 것을 뜻한다. 그것은 사람이 균형 감각이 있다는 것을 뜻하며 그리하여 사람이 역경이 그의 비전의 전영역을 만족시킬 때까지 역경을 과장해서 말하지 않는다.

디모데전서 4:6-16

선한 일꾼

4:6 "믿음의 말씀과 네가 좇는 선한 교훈으로 양육을 받으리라."
4:7 "오직 경건에 이르기를 연습하라 … 경건은 범사에 유익하니."
4:11 "이것들을 명하고 가르치라."
4:12 "믿는 자에게 본이 되어."
4:14 "은사 … 조심 없이 말며."
4:15 "전심 전력하여."
4:16 "네 자신을 삼가."

I. 역사적 배경

디모데에게 거짓 가르침에 대해서 경고하면서 바울은 계속해서 그가 어떻게 해야 할 것을 말하였다. 그 이야기의 요지는 디모데가 선한 일꾼이 되어야 한다는 것이었다. 바울은 그의 어린 동역자에게 그의 신체와 정신과 영의 진전에 관하여 조언하였다. 디모데가 지나칠 정도로 미성숙하였다고 생각할 필요는 없다. 바울은 놀라운 분별력으로 어떤 시대의 사역자들에게도 적절할 말로써 디모데에게 충고하였다. 많은 점에서 그리스도인의 사역은 새로운 일이었다. 한 사람에게 부여된 명령을 깨닫는 것이 중요하였다. 뿐만 아니라 그 사역을 맡도록 부름을 받음으로써 얼마나 큰 영광이 부여되었는지를 깨닫는 것이 중요하였다.

II. 용어 해설

4:6. "선한 일꾼"은 전체 구절의 핵심이다. 그것은 모든 공부의 "형제를

기억케 하면"(개역 한글판은 "네가 형제를 깨우치면")은 디모데가 가르치고 충고하는 것을 암시하는 부드러운 말이다. "양육을 받으리라"는 현재 시제인데, 이는 그 과정이 여전히 계속되고 있었기 때문이다. 이것은 가르침을 위하여 사용된 말이었다.

4:7. 바울은 운동 경기의 비유를 좋아하였다. "버리고"는 결승점에 이르지 못하도록 방해하는 모든 것을 피하라는 의미이다. "망령되고 허탄한 신화" 앞에 있는 정관사(헬라어 원어에 있음 — 역자 주)는 디모데가 그 신화를 잘 알고 있었다는 것을 가리킨다(참조. 1:4).

4:8. "육체의 연습"은 금욕주의보다는 신체의 활동을 말하는 것이 좀더 자연스럽다. 그와 같은 연습은 가치가 있지만 경건의 훈련이 이 세상과 저 세상에서 가장 좋은 것이라는 것을 의미한다. 바울은 사역자들을 위해서뿐만 아니라 우리 모두를 위해서도 분투하는 삶이 좋다고 생각하였다.

4:9. "미쁘다 이 말이여"는 8절이나 10절을 언급할 것이다. 10절을 언급하는 것이 더 적절하게 보이는데, 10절은 기독교 목회자의 수고의 근거였던 진리의 진술이었기 때문이다.

4:10. "특히 믿는 자들의." 이 구절은 두 가지 의미에서 곧 모든 사람을 보존하시는 분과 하나님을 믿는 모든 사람의 구주라는 의미에서 하나님이 구주이심을 보여 준다. 페어번(Fairbairn)이 말하듯이, 하나님을 말하고 있는 "구주"는 문맥에서 그 의미를 이해할 것이다. 믿는 사람은 믿는 그 사실에 의해서 믿지 않는 사람이 거의 깨닫지 못하는 하나님을 알게 된다.

4:12. "네 연소함"은 실제로 40세 이하의 나이를 의미할 수 있다. 거듭 말하지만 디모데의 미성숙을 침소봉대하여 말할 필요는 전혀 없다. 그리스도에게 힘이 한창인 사람이 있다면 그것은 아주 좋은 일이다.

4:13. "읽는 것"은 이 문맥에서 공적인 성경 봉독을 언급한다.

4:14. "은사"(카리스마)는 어떤 것이었는가? 이 말은 바울의 서신에서 열네 번 나온다. 모든 경우에 이 말은 독특한 임무를 행하기 위해서 성령께서 특별히 은혜를 베푸시는 것을 의미한다. 여기서 이 말은 디모데가 사역자로서 일을 하도록 하나님이 그에게 주신 은사를 의미한다. 그 은사는

두 가지 수단을 통하여 베풀어졌다. 첫째, 예언으로(참조. 1:18), 이 예언으로 말미암아 디모데가 그의 사역을 위해 택함을 받은 것으로 표시되었다. 둘째, 안수함이었다. "장로"는 교회의 장로의 회로서 거기서 디모데의 안수식이 베풀어졌다.

4:16. "네가 네 자신과 가르침을 삼가." "가르침에 생활의 선과 거룩이 따르지 않으면 가르침이 아무 소용이 없을 것이다"(칼빈). 사역자가 구원을 받는 것은 쉽기도 하고 더욱 어렵기도 하다. 심지어 바울도 버림이 될까 하는 심한 두려움 가운데 수고하였다.

III. 교리적 의의

신적인 요소와 인간적인 요소가 사역자의 부르심에 혼합되어 있다. 하나님은 당신의 사람들을 부르신다. 하나님의 성령에 의해서 하나님은 그들을 자격이 있는 사람으로 만드신다. 하나님의 은혜에 의하여 그들의 수고는 성공을 거둔다. 모든 참된 사역자는 비록 하나님께서 부르실 때 쓰시는 방법이 다양하지만 하나님께 붙잡힌 바 되었다. 한편 사역자는 부지런히 자기 훈련과 영적 생활을 발전시켜야 한다. 하나님의 준비하신 신실한 사역자들에 의해 교회는 유지된다. 사람들은 복음 전도를 통하여 그리스도께로 인도된다. 이 구절의 전체 대의는 사역이 경건한 성품에 의하여 뒷받침되어야 한다는 취지이다. 하나님은 당신의 일을 성취시키기 위하여 다양한 도구들을 사용하실 수 있고 사용하시지만 그 봉사가 도구의 질에 의해 영향을 받지 않는다는 것은 사실이 아니다. 만일 옛언약이 제사장의 거룩을 요구하였다면, 새로운 언약은 더욱 그러하다.

IV. 실천적 목표

사람이 사역으로 부름을 받았다거나 그의 주를 위하여 특별한 봉사를 하도록 부름을 받았다는 것을 어떻게 아는가? 쉬운 대답은 아니다. 아무도 다른 사람에 대해서 그것은 무엇과 같을 것이라고 말할 수 없다. 어떤 것이 근거가 확실한 성직 수임식인가? 우리는 인간의 손에 지나친 관심을 가진 나머지 인간의 손 안에 있는 하나님의 손에 관해서는 관심을 충분히 못 가진 적은 없는가? 교회는 성경에 비추어 스스로 판단해야 할 것이다. 사역자 자신은 늘 기도하면서 때때로 바울의 가르침을 음미해야 할 것이다. 즉 자신의 "말과 행실과 사랑과 믿음과 정절"이 양떼에게 본이 되고 있는지 늘 자문해 보아야 할 것이다. 사역은 "좋은 직업"이기 때문에 신중히 사역에 들어가야 할 것이다.

V. 설교 개요

제목: "선한 일꾼."

도입부

바울이 의미한 "선한"이라는 말은 부름에 합당한 어떤 사람의 신실한 소원을 요약하고 있다. 그것은 고상한 영적 달성과 매일매일 의무를 충성스럽게 수행하는 것을 말한다. 하나님의 종들은 미묘하고 강력한 유혹을 받기 쉽다. 그들은 이용할 수 있는 모든 수단이 필요하다. 폰스 박사(Dr. Faunce)는 언젠가 사역에서 참으로 비극적인 것은 그들의 지위를 잃었을지도 모르는 자들의 비극이 아니라 영적으로 저급해짐으로써 그들의 지위를 유지한 자들의 비극이라고 말한 적이 있었다.

A. 그가 해야 할 의무.

소극적으로는 거짓 가르침과 합당치 않은 행동을 피하고 그러한 것들에 대하여 경고를 하는 것이 그가 해야 할 의무이다. "버리고"는 묘사적인 말이다. RSV에서는 "전혀 관계하지 말고"라고 번역한다. 그 말은 옷을 한데 모아서 골고루 나누어 주는 그림을 연상시킨다. 이 말은 고양이가 흙탕길을 가는 모습의 그림이다. 물론 거기에는 "너보다 더 거룩한" 태도의 위험이 항상 있으며 그런 태도는 늘 격퇴해야 한다. 그러나 신자의 믿음을 위협하는 그릇된 생각이 세상에 널리 퍼져 있다. 그릇된 생각을 지적하는 것은 흔히 인기가 없거나 유쾌하지 못하지만, 반드시 그렇게 해야 할 필요가 있다. 선한 일꾼은 최선을 다해 잘못된 생각을 분명히 밝혀서 사람들이 그런 생각에 빠지지 않도록 하고 또 스스로도 그런 생각에 빠지지 않도록 해야 한다. 적극적으로는 자신에게 양식이 되고 양떼에게 양식이 되는 선한 가르침을 열심히 가르칠 의무가 있다. 사역자들은 그들의 양떼의 음식에 대해서 주의를 기울여야 한다. 실제로 전혀 영양분이 없는 음식만 잔뜩 먹으면 약하게 되어 여러 가지 영적인 질병에 걸릴 수 있다. "믿음"은 사람들을 강건하게 만드는 것이다. 만일 그들이 최근 문학에 대해서 뒤떨어지지 않겠다는 생각을 한다면, 그들에게 "하나님의 말씀", 그리고 말씀을 해석하고 적용하는 방도가 "하늘로부터 온 참 떡"이라는 것을 기억케 하라. 질병과 싸우는 최선의 방법은 음식과 운동으로 건강을 유지하는 것이다.

B. 그의 발전.

"연습하라 … 경건은 범사에 유익하니." 선한 일꾼은 평생토록 계속 성장할 것이다. 자우엣(J. H. Jowett)은 "더욱더 전진을 계속하지 않으면 자신의 영적 생활은 결코 유지되지 않는다"고 쓴 적이 있다. 바울은 심지어 말년까지도 그가 얻은 것이 아니고 그리스도께서 그에게 계속 요구하시는 그 목표를 향하여 힘써 나아가야 한다는 것을 깨달았다. 그런데 어떤 종류의 성장이 요구되었는가? 경건은 이 서신에서 뛰어난 단어 중의 하나이다. 경건은 하나님께 대한 바른 지식과 하나님께 대한 존경을 의미한다. 그런 식으로 발전하는 것이 생각과 행동에서 나타나야 한다. 성직자가 되고자 하는 열망은 좋을 수도 있고 나쁠 수도 있다. 하나님에 대한 지식과 영적 통찰력을 간절히 원하는 것이 마음의 소원이고 교만을 만족시키는 것이 아니라면 그것은 선하다. 그와 같은 달성은 무한히 가치가 있고 사역자와 그의 교인들에게 똑같이 만족을 준다. 훌륭한 협주곡을 잘 연주한 한 피아니스트에 관해서 한 취재 기자는 이렇게 말하였다. "그는 새로운 계시의 길을 열었다. 그것은 예술가들이 만족을 얻기 위해서 숙명적인 것임에 틀림없다." 헤어 부주교(Archdeacon Hare)는 "만일 신자가 자라야 한다면 나무처럼 자라야 할 것임에 틀림없다. 그와 하늘 사이에 아무것도 없어야 한다." 복음의 사역자는 잘 듣고 배우도록 하라.

C. 그의 위엄.

사역자의 권위는 무엇으로 이루어져야 할까? 권위는 바울이 디모데에게 명했던 두 가지 곧 "명하고 가르치라"와 "본이 되어"가 잘 조화되어 나타나야 한다. 숙달과 생활에서 권위가 나타나야 한다. "성직자"의 일원이 단지 그의 직분 때문에 공동체 안에서 높이 평가된 때가 있었다. 대부분 지역에서 그와 같은 권위는 이미 사라진 문제이며 그렇게 된 것이 잘된 일이다. 사역자의 참된 위엄은 스스로 획득하는 것이다. 본은 능력과 감화의 진정한 원천이다. "명하고 가르치라"는 독특한 결합이지만 지혜로운 결합이다. 주장하는 것과 가르치는 것이 서로 협조한다. 그러나 권위의 지나친 강조를 중화하는 것이 "본이 되는" 것인데, 이는 본은 외부인에게도 존경을 얻기 때문이다.

D. 그의 훈련.

" … 착념하라 … 조심 없이 말며 … 전심 전력하며 … 모든 사람에게 나타나게 하라 … 삼가 … ." 힘쓰지 않고서는 전혀 착념하지 못한다. 토머스 칼라일(Thomas Carlyle)는 "아무도 잠자면서 성자가 되지는 못한다"고 말했다. 높은 영적 도달은 부산물이지만, 그럼에도 불구하고 부지런히 노력해서만이 도달하는 것이다. 이 둘다 사실이다. 우리는 목표없이 무작정 거기에 도달하는 것이 아니다. 그리스도를 닮음과 영적 고결함과 삶의 순결함과 사람들에 대한 진실한 사랑은 일생의 훈련의 결과이다.

디모데전서 5:1-16

믿음의 가정의 생활 (I)

5:1. "꾸짖지 말고 권하되 … ."
5:7. "네가 또한 이것을 명하여."
5:10. "선한 행실의 증거가 있어 … 모든 선한 일을 좇은 자라야 할 것이
   요."
5:14. "대적에게 훼방할 기회를 조금도 주지 말기를 원하노라."
5:16. "교회로 짐지지 말게 하라 이는 참 과부를 도와주게 하려 함이니라."

I. 역사적 배경

이 글을 쓰고 있는 시대의 에베소 사회에서 많은 과부는 해결하기 어려운 문제였다. 재혼하는 것말고는 이교 사회에서 과부가 살림을 꾸려 갈 만한 좋은 방법이 별로 없었다. 그러나 교회는 궁핍한 사람을 돌보고 노인을 공경하는 유대인의 고귀한 전통의 유산을 이어받았다. 에베소에서 과부의 문제는 일부다처제 때문에 좀더 심각했을지 모른다. 교회에서 이런 계층의 지체들을 대우하는 지혜로운 규정은 교회 정치에서 중요할 것이다.

II. 용어 해설

5:1. "늙은이(elder)를 꾸짖지 말고." 이 사람들은 교회 직분자들이 아닌 노인들이었다. "꾸짖지"에 해당하는 단어는 심하게 질책하는 것을 의미한다. "권하되"는 파라칼레오로 위로하거나 간곡히 타이르는 것이다(참조. 파라클레테). 만일 징계하거나 솔직하게 말해야 할 필요가 있더라도, 완전히 무시하는 투로 해서는 안 될 것이다.

5:4. 지금은 "조카"가 보통 "손자"로 번역된다(개역 한글판은 "손자"로 번역함). **RSV**에서는 "그들 자신의 가족에게 그들의 종교적 의무를 행하기를 배우도록 하라"고 번역하고 있다. 디모데는 가정들에게 그리스도인이 되는 것이 어떤 것인지를 가르쳐야 할 책임이 있었다.

5:5-6. 바울은 받을 만한 사람과 받지 못할 사람을 대조하였다. 받을 만한 자는 완전히 홀로 되어 하나님을 의지하고 항상 기도하는 사람들이다. 받지 못할 사람은 "방탕에 빠진다"(마팻). "토라지기 잘하고 향락적으로 사는 여자는 종교적인 시체로 평가된다"(심프슨).

5:8. 복음은 가족이 져야 할 의무를 게을리하는 것을 허락하지 않았다. 그리스도인이 자기 가족을 돌보는 일이나 어떤 다른 문제에 있어서 이교의 표준보다 못한 삶을 산다면 수치스러운 일이다.

5:9. 이 구절을 "등급으로 올려"라고 의역할 필요가 없다. 이 구절과 다음 구절은 결국 믿음의 가정에 알맞는 질서정연한 절차가 있어야 할 것을 가리킬 뿐이다.

"한 남편의 아내." "그 명시는 … 순결하고 신실한 배우자를 꾸밈없이 표현하는 것으로 받아들여야 할 것이다. 여자가 결혼 서약을 한 사람이 살아 있던 동안 그녀의 결혼 서약에 대한 하나의 사실로 받아들여야 할 것이다"(페어번).

5:10. "자녀를 양육하며." 이 말은 그녀 자신의 가족을 말할지 모른다. 그러나 그 시대에 자녀들은 원하지 않는 경우가 흔하였고 많이는 출생시에 버림을 받았고 다만 악한 목적을 위해 데려가서 키웠을 뿐이었다. 여기서는 그렇게 버림을 받은 아이들을 사랑으로 보살피는 것을 말할지 모른다. 바울이 말한 조건은 모두 너그럽고 인정 많은 모성의 정신의 특성이었다.

5:11-15. 젊은 과부는 60세 이하의 여자들을 말하는 것 같다(9절). 도움을 받는 명부에 올라 있는 과부들은 선행과 경건과 기도하는 삶을 살도록 요구되었을 것이다. 그와 같은 제한을 싫어하는 젊은 여자들은 쉽게 스스로 한 약속을 어기고 여러 가지 유혹에 빠져서 교회를 비난하게 될 것이

다. 도움은 관대해야 하지만 지혜로워야 한다.

Ⅲ. 교리적 의의

가족과 교회는 함께 기독교와 밀접하게 결합되어 있다. 교회는 바른 가족 관계를 장려하고 가정을 뒷받침하고 청년을 훈련하는 가정의 노력을 보충할 책임이 있다. 가족은 기독교 표준에 의해 다스려져야 한다. 바울이 글을 썼을 때 그리스도인 가정이 생겨나고 있었다. 목사는 이 분야에서 일하는 것을 배워 익혀야 한다. 더욱이 믿음의 가정인 교회는 문제가 생겼을 때 위엄과 공명정대함으로 사랑을 베풀거나 징계를 행함으로써 문제를 처리하는 것을 배워야 한다.

Ⅳ. 실천적 목표

어떤 기독교 집단을 아주 철저히 평가하는 한 가지 방법은 그 집단이 돈을 어떻게 취급하는가를 보는 것이다. 정말 필요하면 반드시 처리해야 한다. 낭비와 쓸데없는 부담은 피해야 할 것이다. 구제를 행할 때에는 구제를 받는 사람에게 미치는 결과가 나쁘지 않도록 주의를 요하여야 한다. 상습적인 의존자를 만드는 것은 좋은 일이 아니다. 교회가 인간의 필요에 관심을 불러일으키는 일을 아주 많이 한 것은 교회의 자랑이다. 한 저명한 변호사가 과부를 남편의 재산으로 부양해야 한다는 법이 생긴 것이 교회 때문이라고 말한 적이 있다.

Ⅴ. 설교 개요

제목: "믿음의 가정의 생활."

도입부

"가정"은 사람들 가운데 하나님께서 거하시는 곳을 묘사하는 아름다운 방법이다. 우리에게는 우리가 하나님의 집이라 부르는 교회당과 교회가 있다. 그러나 우리가 하나님을 발견하게 되는 일종의 장소로서 가정의 친교와 활동을 생각할 때 더욱더 사실에 가깝다. 가정에는 기쁨이 있고 문제가 있고 자녀들을 결합시키는 공통의 경험이 있고 그리고 가정에서 하나님과 서로에 대한 사랑이 자라간다. 바울이 편지를 쓴 것은 그의 동역자에게 목사로서 그의 직무에 대해서 가르칠 뿐만 아니라 전교회에게 교회의 진정한 본질과 적절한 기능에 대해서도 가르치기 위함이었다.

A. 가정에는 반드시 지도자가 있어야 한다.

목사는 독재자가 아니지만 그에게는 지도할 것이 요구된다. 하나님으로부터 위임을 받은 어떤 사람이라도 그 집의 머리로서 권위가 있다. 그는 그의 직무를 훌륭하게 수행하기 위하여 성령의 모든 지혜와 은혜가 필요하다. 그리고 그가 진정으로 그와 같은 하나님의 인도를 따르기 전까지는 선한 일꾼이라고 불리기를 바랄 수가 없을 것이다. 삶의 가장 훌륭한 관계의 하나는 경건한 목사와 그가 섬기는 교인의 관계이다. 하나님께서 하나님의 가정을 마련하실 때에는 법률의 명령이 아닌 영적 고귀함에 바탕을 둔 그와 같은 지도력을 생각하신다.

B. 가정에는 반드시 행동 규범이 있어야 한다.

가정이 달리 잘 영위되리라는 것은 거의 불가능하다. 우리가 사귐 가운데 살 때 우리 좋을 대로 하지 않는다. 우리가 사귐에 합당하게 되고 사귐의 유익을 경험하게 될 때 우리가 우리의 벗을 위하여 우리 자신의 권리를 포기하면서 다른 사람을 섬기고 우리의 할 일을 하는 것이 즐겁다고 말하게 될 것이다. 가정의 자녀들이 너무 말을 많이 해서는 안 되며 식사하기 전에 손을 씻어야 하는 것을 배워야 하듯이 게으른 자들과 망령된 폄론을 하는 자와 일을 만드는 자는 제재를 받아야 한다. 자녀들이 가정에서 그들이 해야 할 일을 분담하여 맡는 것을 조금씩 배우듯이 사랑과 봉사와 선행은 기도와 경건과 함께 반드시 장려되어야 한다. 질서는 가정의 행복의 기본이다.

C. 가정에는 가족들에 대한 애정어린 관심이 있어야 한다.

이것은 자기가 맡은 일 외에는 무관심해도 된다는 의미가 아니라 가족들이 서로를 돌아보고 서로의 짐을 져야 한다는 것을 의미한다. 한 지붕 아래 있는 형제 자매가 물질적으로나 영적으로 누더기를 걸치고 있게 해서는 안 된다. 그러나 많은 부족에도 불구하고 이 20세기 동안 교회는 지상에서 다른 어느 곳보다 친절과 동정심을 더 많이 찾아볼 수 있는 곳이었다. 과부를 명부에 올리고 성도를 위해 연보한 그때 이래 교회는 그리스도의 법을 이루고자 노력해 왔다.

D. 가정은 지혜로운 경영이 있어야 한다.

대부분의 교회는 크게 낭비에 빠질 만큼 재물이 과잉 공급되지는 않았다. 그러나 교회가 재물을 어리석게 사용하거나 부당하게 사용하면 교회에 있는 것이 불화의 큰 원인이 될 수 있다. 교회는 이기주의자나 게으른 자에게 봉이 되기 위하여 부름을 받은 것이 결코 아니다. 그런 사람들은 흔히 다른 사람들의 관대함을 이용하려 하거나 자신들이 져야 할 책임을 회피할 생각을 한다. 가족의 경영에서 사랑이 지혜와 결합할 때 우리는 우리 자신의 사람들의 존경뿐만 아니라 세상의 신뢰도 얻게 된다.

E. 가정은 반드시 좋은 평판에 주의해야 한다.

"대적에게 훼방할 기회를 조금도 주지 말기를 원하노라." 에베소 교회가 교인 중 어떤 사람의 행동으로 말미암아 고통을 당하였거나 당하였던 것 같다. "비록 안타깝게도 어떤 사람들은 이미 적의 수중에 놀아나고 있었지만 그들은 교회의 평판을 떨어뜨리는 수단이 되어서는 절대로 안 될 것이다"(필립스). 가족의 명예를 유지하는 것이 올바른 그리스도와 같은 삶에 대한 동기가 되어야 한다.

믿음의 가정의 생활 (II) — 장로들

5:17. "잘 다스리는 장로들을 배나 존경할 자로 알되."
5:19. "장로에 대한 송사는 두 세 증인이 없으면 받지 말 것이요."
5:21. "아무 일도 편벽되이 하지 말며."
5:24-25. "어떤 사람들의 죄는 … 이와 같이 선행도."

I. 역사적 배경

첫째 전도 여행에서 바울과 바나바는 그들이 새로 세운 교회에 장로들을 임명하였다. 그것은 회당이 장로들에 의해 운영된 이래 해야 할 분명한 일이었다. 그들은 선출된 것이 아니라 임명되었다. 이 구절에서 교회의 원지도자들이 그들의 임무를 넘겨 주었을 때 직분이 점차 중요한 것으로 생각되었던 것이 분명히 나타난다. 성령의 인도를 받는 교회에서 그것은 자연스러운 발전이었다.

II. 용어 해설

5:17. "장로들"(프레스뷔테로이)은 이 시점에서 감독과 구별되는 것이 아니다. 차이라면 "장로"라는 말은 유대적인 근원을 갖고 있고 직분의 위엄을 언급하였고 "감독"은 그리스어 배경을 가지고 있으며 그 기능을 말하였다는 것이다.

"존경"(티메)는 잘 다스린 장로들의 보상을 의미한다. 사람들은 각자의 여러 능력에 따라 봉사하였다. 어떤 사람은 이미 전도하고 가르치는 것에 소질을 보이고 있었다.

5:18. "성경에 일렀으되." 두 인용문이 "성경"으로 불린 것이 흥미 있다. 둘째 인용문은 그리스도의 말씀(19절)이며, 그와 같은 말씀 모음집에서 인용하였을 것이다. 교회가 그와 같은 말씀 모음집을 "성경"으로 부른 것은 이상한 일이 아니다.

5:21. "내가 엄히 명하노니"는 상당히 강요하는 말이다. 갑작스러운 강조가 놀랍지만 좀더 확고할 필요가 있었던 디모데의 성격에서 설명될 수 있을 것이다. 게다가 권징을 행하는 것은 지혜와 함께 고도의 용기를 요구하는 일이다.

"택하심을 받은 천사들." 그들이 택하심을 받았다고 한 이유는 분명치 않다. 그 천사들이 특별히 교회와 관계된 임무를 맡았기 때문에 그렇게 불렸을지도 모른다. 칼빈은 "그들의 증거가 좀더 깊은 존경을 불러일으킬 수 있도록 하기 위하여 그들의 우수성 때문에" 그렇게 불렸다고 말하였다. 하늘은 목사의 행동을 지켜 보고 있다.

5:22. "경솔히 안수하지 말고"는 문맥이 암시하는 대로 사람들을 직분에 임명하는 것을 언급하는 것으로 이해할 수 있다. 만일 디모데가 장로를 잘못 선택하게 되면 실제로 그가 임명한 사람들의 잘못에 대해서 함께 책임을 져야 할 것이다.

"네 자신을 지켜 정결케 하라" — 강조된 말은 "네 자신"이다.

5:23. 문맥과 연결이 분명치 않다. 심프슨은 우리 시대로 보면 그것이 본문의 일부라기보다는 주석일지 모른다고 말한다. 그 해석에 관해서는 그것이 말하는 것 그대로 의미하는 것으로 이해되어야 할 것이 분명하다. 바울은 그의 시간과 디모데의 필요에 대해서 썼다. "오늘날은 물의 사용을 금해야 할 필요가 있는 사람들이 참으로 적다. 아니 정확히는 포도주를 취하지 않고 마시도록 제한되어야 할 필요가 있는 사람들이 너무 많다"(칼빈).

5:24, 25. 죄와 선행은 분명히 나타나거나 숨겨질 것이다. 성급하게 판단해서는 안 된다. 사람은 겉으로 드러난 것보다 더 좋을 수도 더 나쁠 수도 있다.

III. 교리적 의의

모든 기독교 집단은 신약 성경의 가르침에 그들의 정치 형태의 바탕을 두려고 한다. 이 시대에도 사도 시대의 특징이었던 더 많은 단순성과 성령을 진실되게 의지함이 우리 가운데 가능하기를 바라는 소원을 표현하는 사람이 있을지 모른다. 그러나 적절한 도구와 수단을 가진 조직이 반드시 비성경적이 아니며 사건의 과정에서 책임의 분할이 발생하였다. 우리는 장로들 자신들이 권징을 받을 수 있다는 것과 회중의 지지를 받아야 했다는 것을 주목하게 된다.

IV. 실천적 목표

교회의 지도는 민감한 문제이다. 다스리는 사람들을 선택할 때 주의를 요한다. 바울은 직분자들에 대한 형식적인 훈련에 관해서는 아무 말도 하지 않았고, 비록 우리가 20세기와는 다른 일세기의 침묵과 상황에 너무 많이 의거할 수 없지만 바울이 도덕적 자질과 영적인 생활을 최우선 고려 대상으로 생각했다는 것은 여전히 조금도 틀림없는 말이다. 모든 교회 지도자는 그가 하나님과 주 예수 그리스도 앞에서 행한다는 것을 깨달아야만 하며 늘 조심스럽게 자신의 태도를 살펴야 한다.

V. 설교 개요

제목: "믿음의 가정의 생활 — 장로들."

도입부

조직이 교회의 생활에서 많은 불행 심지어 추문의 근원이었다고 말하고 조직을 모두 없애버림으로써 사태를 개선하려고 하는 사람들도 더러 있을 것이다. 직분의 권력과 기회가 너무 자주 남용되었다는 것은 결코 부인하지 못한다. 그러나 목회자를 지지하고 그들의 짐을 함께 나누어 지는 유능한 집단의 도움이 없이 목회자가 아주 유능해질 수는 거의 없다. 교회는 신적인 면뿐만 아니라 인간적인 면도 있다. 그리고 인간성이 많이 나타난다. 모든 것을 통하여 교회는 헌신적인 남녀의 충실함에 의해 유지되었다. 하나님은 평범한 사람들은 쓰셔서 당신의 일을 하신다. 세상의 연약한 것이 강한 자들을 부끄럽게 하는 수단이 되는 경우가 자주 있다.

A. 그들의 봉사를 인정하기.

잘 다스리는 장로들을 배나 존경하라는 명령을 디모데에게 하였지만 그 명령은 에베소 전교인이 듣도록 하려는 의도가 있었다. 바울이 의미한 것은 장로들이 물질적으로 보상을 받아야 한다는 것이었는가? 그렇게 생각하는 사람들이 많다. 높은 자리에 있는 자들을 제외하고는 교회의 종들이 아주 활수하게 공급받은 적이 없었던 것이 사실이다. 예수 그리스도의 교회는 그 동안 죽 많은 헌신적인 사람들이 교회를 섬기기 위하여 세상의 재물의 궁핍을 견디어 왔다는 것이 당연히 자랑스럽기도 하고 겸손한 생각이 들기도 할 것이다. 복음을 전하고 가르치는 능력은 매일 발견되는 은사가 아니다. 그것은 평가받는 것보다 더 높이 평가받을 수 있다.

그러나 "돈이 전부가 아니다." 교회의 훌륭한 직원은 잘 대우를 받고 무시당하지 않기를 바란다. 만일 어떤 사람이 그리스도의 백성을 가르치는 은사가 있다면 그는 교인들로부터 마땅히 존경을 받을 만하다. "배나 존경하다"는 그의 재능과 영적 자질로 말미암아 그에게 부여되는 이 존경의 정도일 것이다. 스코틀랜드 교회의 장로 장립식을 보여 주는 로리머(J. H. Lorimer)의 그림에서 펼친 성경 위로 몸을 구부리고 있는 여섯 명의 엄숙한 사람들과 손을 들어 축도하고 있는 목사의 모습이 그려져 있다. 이 그림에서 보여 주는 것이 모든 교회가 받아들이는 예배 형식은 아니지만 양떼에 대한 책임을 맡은 경건한 사람들에 대한 인상적인 묘사이며 그런 예식의 특징이었던 엄숙함을 보여 준다.

B. 그들의 행동을 판단하기.

지도자들은 종종 공격의 대상이 되기 쉽다. 누구나 완벽하게 봉사하지는 못한다. 동기가 쉽게 잘못 판단된다. 지도자를 선택하게 될 때 질투가 생긴다. 교회는 하나님의 가정이지만 가정의 가족들은 자신들이 너무나 인간적일 수 있다는 것을 서슴없이 보여 준다. 그와 같은 일이 일어나면 목사는 두 가지 것을 기억해야 한다: (1) 공정해야 한다. 소문을 모두 믿어서는 안 된다. 선량한 사람들은 충성과 신뢰를 마땅히 받아야 하며 화풀이와 인색함의 희생이 되어서는 안 될 것이다. (2) 반드시 확고해야 한다. 만일 지도자에게 고쳐야 할 것이 있다면, 용기 있게 공식적으로 고쳐 주어야 한다. 그리스도의 몸의 건강과 명성이 손상되어서는 안 된다. 잘못을 범한 사람이 높은 위치에 있는 사람일수록 그가 입힐 수 있는 피해는 더 크다.

C. 그들의 적합성을 평가하기.

믿음의 가정에서 지도자의 책임을 흔쾌히 맡으려고 하는 사람을 찾기란 여간 어렵지 않다. 그리하여 어떤 때는 직분에 제일 근사한 사람을 성급히 택하였다. 또 어떤 때는 계속 교회에 관심을 두도록 하기 위하여 "전도 유망한 청년"에게 직분을 주었다. 때로는 사람들이 교회에서 직분을 얻으려고 하였지만 활발한 운동가를 대항하기가 항상 쉬운 것은 아니다. 그 운동가가 소위 "영향력 있는" 인물이라면 특히 쉽지가 않다. "아무에게나 경솔히 안수하지 말고"는 바른 충고이지만, 용기와 절제가 필요하다. 바울은 장로에 적합한 사람을 평가하는 문제에 대하여 아주 신경을 많이 썼는데, 어떤 이들은 거기에 이미 좋지 못한 어떤 사건이 있었던 것이 아닌가 하고 생각한다. 바울은 부적합한 사람을 장로로 세우는 것은 그 사람의 죄를 간섭하는 것이라는 것을 암시하기까지 하였다.

어떤 문제들에 대해서 평소에 받아들이는 것보다 더욱 진지한 생각이 있어야 교회의 참된 안녕이 있는 것인가?

디모데전서 6:1-2

믿음의 가정의 생활 (Ⅲ) — 종들, 그러나 그리스도인들

6:1 "종들."
6:1 "하나님의 이름 … 훼방을 받지 않게 하려 함이라."
6:2 "형제라고 … 믿는 자요 사랑을 받는 자임이니라."

Ⅰ. 역사적 배경

이 서신을 쓰고 있던 당시 로마 제국에는 6천만 명의 노예가 있었던 것으로 추정된다. 그들의 비참함이 말로 다할 수 없었다는 것을 새삼 거론할 필요가 없을 것이다. 그와 같은 사람들에게 복음은 놀라운 메시지였으며 그들이 교회의 지체들 가운데 중요한 일원이었던 것은 당연하였다. 주인들도 그리스도인이 되었다. 그리하여 사회적 문제가 발생하였다. 이런 상황에서 교회는 지도할 필요가 있었다. 노예의 문제와 같은 문제들은 항상 손짓으로 해결될 수 있는 것이 아니었다. 물론 이런 문제가 18세기에 해결되었음에 틀림없지만, 복음은 종종 잘못된 요소로 드러나는 인간 본성과 씨름하지 않으면 안 되었다.

Ⅱ. 용어 해설

6:1. 첫째 경우는 믿지 않는 주인의 소유물인 종의 경우이다. "멍에 아래 있는 종들"에서 멍에 아래는 휘포 쥐곤이다. RSV는 "종의 멍에 아래"로 번역한다. 둘로이만이 의미의 어떤 폭을 남길 수 있을지 모른다. 둘로이에

덧붙은 휘포 쥐곤은 "종들"에 대하여 의심의 여지를 전혀 남기지 않는다.

"마땅히 공경할" — 마땅히 주인으로서 존경할.

"훼방을 받지 않게 하려 함이라" — 믿는 자에게 어떤 잘못이 있으면 사람들은 금방 비난한다.

6:2. 1절과 2절의 "상전들"은 퀴리오이라기보다는 오히려 데스포타스이다. 퀴리오스가 예수 그리스도에게 사용되기 시작하였고 바울이 여기서 그와 같은 높은 관계를 피하려고 하였기 때문에 이 말이 쓰였을지 모른다.

"형제"는 기독교와 노예 제도의 문제의 참된 열쇠이다. 이런 관계를 부정하는 것은 무엇이든지 판결을 받게 된다. 누룩이 발효하려면 시간이 많이 걸리겠지만 마침내 성공할 것이다.

"유익을 받는 자들"은 주인을 말하는 것일 수도 있고 종을 말하는 것일 수도 있는데, 아마 주인을 말하는 것일 것이다. RSV는 "그들의 봉사에 의해 유익을 얻는 자들"로 번역하고 있다. 그와 동시에 그 구절을 일부러 막연하게 말하였을지도 모른다. 왜냐하면 주인들과 종들은 둘다 복음을 공통적으로 경험함으로써 측량할 수 없는 유익을 받았기 때문이다.

III. 교리적 의의

종과 주인이 교회에서 동일한 지위에 있었다는 사실은 모든 사람에게 복음이 적합하다는 증거이다. 맨 처음부터 계층 사이의 모든 벽이 무너졌다. 우리 인간의 차이는 하나님께서 보실 때 아무런 의미가 없다. 하나님은 모든 사람을 위해 한 말씀을 하신다. 이 말씀을 듣는 모든 사람으로서 맨 처음 해야 할 의무는 그 말씀이 그들에게 무엇을 요구하는지를 묻는 것이며, 특권을 계산하여 무모하게 그 특권을 사용하기 시작하는 것이 아니다. 기독교는 사회를 향한 메시지가 있고 결국 사회를 전복시킬 것이지만 우리의 방식이 아닌 그 자체의 고유한 방법으로 그렇게 할 것이다.

IV. 실천적 목표

우리가 복음을 우리 인간 상황의 현실에 적용하고자 할 때 문제가 발생한다. 한 가지 말할 것이 있는데 그것은 복음의 방법은 폭력이 아니라 침투라는 것이다. 복음은 내부로부터 변화를 일으킨다. 제자는 모두 그의 삶을 위한 하나님의 뜻을 발견해야 하며 하나님께서 그를 두신 곳에서 그의 증거를 나타내기 위해 필요한 도움을 구해야 한다. 세상 눈으로 볼 때 가장 괴로운 것 같은 일이 종종 가장 효과적인 증거로 변한다. "형제들아 나의 당한 일이 도리어 복음의 진보가 된 줄을 너희가 알기를 원하노라"(빌 1:12).

V. 설교 개요

제목: **"믿음의 가정의 생활 — 종들, 그러나 그리스도인들."**

도입부

마르크스주의자들과 같은 성급한 사회 개혁자들은 이 두 구절에 조소할 것이다. 여기에 참으로 "사람들의 아편제"가 있다. 노예에게 일어나서 굴레를 벗어 던지고 머뭇거리는 사람이 있으면 누구든 짓밟으라고 요구하는 메시지 외에 어떤 메시지를 사용하는가? 불신자들은 일세기 많은 노예들에 의하여 생긴 그런 문제들에 대한 기독교적 접근 방법을 결코 이해하지 못한다. 그리고 실제로 이 구절들이 불행한 운명에 대하여 단순히 체념하고마는 허약한 정신을 권유하였다면 이 구절들은 아편에 지나지 않게 되었을 것이다. 그러나 이 구절들은 결코 아편이 아니었는데, 이는 부활하신 그리스도의 능력에 사로잡힌 자는 누구든 빛나는 정신을 갖게 되었고 고된 생활을 하나님이 쓰시는 도구로 바꾸어 놓을 만큼 확고한 생활을 하였기 때문이다. 부활하신 그리스도의 복음은 일단 깨닫게 되어 경험하게 되면 사람들을 마취시키는 메시지가 아니었다. 그리스도인 종은 여전히 종이었지만 그는 그리스도인이었고 그 사실로 말미암아 모든 것이 달라졌다.

A. 무거운 멍에.

그리스도의 제자들 중에서 힘든 곳에서 일하도록 부름을 받는 사람들도 더러 있었다. A.D. 65년의 로마 제국의 노예들은 심히 학대를 받아 무척

고되었다. 왜 기독교는 노예의 즉각적인 해방을 부르짖지 않았는가? 첫째, 그렇게 하게 되면 사회에 폭력과 죽음과 무질서를 불러 일으킬 것이었기 때문이다. 무정부 상태가 되었다면 기독교가 여러 세대에 걸쳐서 전파되지 못하였을 것이다. 믿음은 폭동에 의하여 나아가지 않으며 사람들이 대량 학살에 의하여 구원받지도 않는다. 둘째, 일세기의 생활은 노예 경제에 기반을 두고 있었다. 만일 즉시 조처할 대안이 없이 경제의 파멸을 초래한다면 결국 황폐해지고 말 것이다. 셋째, 만일 기독교가 영향을 미칠 기회가 있었다면 노예 제도는 몇 세기 일찍 전에 사라졌을 것이다. 교회는 금방 타협하기 시작하였고 다툼과 이단과 교권과 무관심으로 그 힘을 상실하였다. 언제든지 새로운 시대로 들어갈 길이 있었지만 그러지를 못하고 암흑 시대를 맞이하게 되었다.

그런데 그리스도인인 노예들이 있었다. 그들은 무거운 멍에 아래 있었다. 일세기에 그리스도인이 되는 것은 누구에게나 쉬운 일이 아니었지만 노예가 그리스도인이 된다는 것은 누구보다도 힘든 일이었다. 만일 복음이 사실이라면, 그리고 그리스도가 교회가 주장하는 그런 분이시라면 그가 이 힘든 운명에서 구원받지 못하는 것이 이상하였을 것이다. 우리는 그러한 초대 그리스도인들이 배우지 않으면 안 되었던 그 교훈을 배워야 되지 않을까? 우리는 우리가 어디에 있든지 그리스도인이어야 한다. 우리는 안락한 꽃으로 장식된 침대를 약속받지 않았다. 그러나 우리는 불평해서는 안 되는데, 왜냐하면 종이 그 주인보다 더 나을 수가 없기 때문이다.

B. 독특한 기회.

노예의 증거가 효과적일 수 있었다는 것은 바로 그의 고된 운명 때문이다. 베드로는 노예들에게 이렇게 말하였다. "오직 선을 행함으로 고난을 받고 참으면 이는 하나님 앞에 아름다우니라"(벧전 2:20). 그리고 이 말씀에 덧붙여 그리스도의 본에 대한 아름다운 말씀 곧 "친히 나무에 달려 그 몸으로 우리 죄를 담당하셨으니"라는 말씀을 하였다. 세상에서 아무 권리도 없는 남녀들이 그들의 구주의 권세와 은혜에 대한 특별한 증인이 될 수 있다.

종종 우리에게 최악이 하나님께 최선일 수 있다. 그리스도인은 삶의 주인이 될 수 있다. 시험을 받을 때 그는 견딘다. 그는 기쁨과 승리 가운데 살 뿐만 아니라 심지어 그의 고난과 좌절을 "그리스도의 남은 고난을 채우"는 데 이용할 수 있다. 아무도 노예가 되거나 고통을 받거나 결핍이 있는 것이 좋은 일이라고 말하지 않을 것이다. 그러나 삶의 시련으로 십자가를 져야 했을 때 그들은 그리스도를 위한 훌륭한 증인이 될 수 있을 것이다. "무릇 멍에 아래 있는 종들" ― 이것은 큰 신비이지만 종종 위대한 삶이 되었다.

C. 새로운 사귐,

바울은 믿는 상전들에 관하여 "형제"라고 말하였다. 삶의 모든 관계는 복음에 의하여 변하였다. 단 한 번도 그의 영혼에 대하여 관심을 가져 준 사람이 없었던 종들에게 이제 그를 사랑하고 그를 위하여 기도하고 그의 짐을 져 주는 사람들이 있게 되었다. 그를 소유하고 그의 생사권을 쥐고 있던 상전이 이제 교회에서 그와 나란히 무릎을 꿇었고 그들은 "그리스도 안에서 하나가" 되어 함께 경배하였다.

디모데전서 6:3-10

참된 종교

6:3. "바른 말 곧 … 경건에 관한 교훈에 착념치 아니하면."
6:4. "저는 교만하여 … 변론과 언쟁을 좋아하는 자니 이로써 … 악한 생각
　　이 나며."
6:8. "족한 줄로 알 것이니라."
6:10. "돈을 사랑함이 일만 악의 뿌리가 되나니."

Ⅰ. 역사적 배경

사도는 디모데와 교회를 괴롭히고 있는 어떤 어려운 문제로 다시 돌아
갔다. 거짓 가르침을 다루면서 이익에 대한 이야기가 5절에 나오는데, 이
것은 틀림없이 선생으로 자처하던 사람들 중에서 적어도 더러는 그렇게
함으로써 이익을 얻을 수 있다고 생각하고 그렇게 하고 있었기 때문이다.
여기서는 가르치고 있던 내용이 아니라 그 선생들의 인격과 그들이 미치
는 악한 결과에 대해서 강조하였다.

Ⅱ. 용어 해설

2절의 마지막 말은 3절과 그 다음에 나오는 것들과 더욱 자연스럽게 연
결되었다.

6:3. "바른"은 문자적으로 "건강한"이다(참조. 1:10). 이 말을 바울이 사
용한 것은 누가와 관련이 있을 것이다.

"주 예수 그리스도의 말씀." 이 말씀은 그리스도께서 하신 말씀일까 아
니면 그리스도에 관한 말씀일까? 두 가지 의미가 충분히 다 가능하다. 그
러나 내용상으로는 후자가 더 적절하다.

6:4, 5. 이 선생들의 특징에 유의하라. "교만하다"는 문자적으로 "안개로 감싸인" "자만하는 바보"이다(필립스). "좋아하다"는 문자적으로 아마 "건강한"과 대조를 이루어 "병든"이다. RSV는 이 부분을 "논쟁을 병적으로 좋아하는"으로 번역하고 있다. 언쟁은 질투의 결과이며 질투에 빠지면 앞뒤를 가리지 않고 비난하게 된다.

6:6. "지족하다"(아우타르케이아)는 "어떤 도움이나 부양이 전혀 필요 없는 삶의 완전한 상태"이며, 따라서 "자기 몫에 만족한 마음"이다(테이어). 경건이 참으로 이익이다.

6:7. "가지고 가지 못하리니" ― 장례 행렬을 위해 사용된 말이다.

6:8. "입을 것"은 "의류 재료, 대부분 손수 만든 옷"이다(심프슨). 바울이 그와 같은 상태의 아주 훌륭한 본이었다. 그는 빌립보 교인들에게 "비결을 배웠다"고 말하였다.

6:9. 바울은 "부하려는" 자들을 생각하고 있었지 이미 아주 부자가 되었을 자들을 생각하고 있는 것이 아니었다. 부에 대한 지나친 욕구에 악이 들어 있다. 그와 같은 정욕은 "사람을 빠지게 하는데", 이때에 쓰인 말은 깊은 곳에 있는 그릇들에 사용되었다. 영적 재난의 이 묘사에서 "몰락의 세 단계가 분명하게 나타나는데, 첫째 단계는 유혹이고, 둘째 단계는 정욕이고, 마지막 단계는 완전한 도덕적 파멸이다"(거스리).

6:10. "뿌리"는 강조어이다. "악"은 복수어인데, 이는 돈을 사랑하게 되면 어떤 형태로든 악에 빠질 수 있기 때문이다. "많은 근심으로써 자기를 찔렀도다." 주로 내적 영적 결과이며, 잃어버린 선, 낭비한 생활, 다른 사람에게 끼친 나쁜 영향에 대한 근심이다.

III. 교리적 의의

복음은 독특하다. 기독교의 진리가 뭐라고 "고쳐" 불리게 되더라도 그 본질이 변경되어서는 안 된다. 바울에게는 복음을 왜곡시키는 것이 심각한 문제였는데, 왜냐하면 그것은 사람들에게 실제로 필요한 것을 충족시키지 못할 어떤 것을 제공한다는 것을 의미하였기 때문이다. 바울은 사람에게 영적인 해를 입히는 것이 사람에게 육체적인 해를 입히는 것만큼 나쁜 것이라는 기묘한 생각이 있었다. 복음은 하나님의 진리이며, "바른 말", "예수 그리스도의 말씀", "경건에 관한 교훈"으로 묘사되었다. 사람에게 최고로 필요한 것은 물질적인 것이 아니라 영적인 것이다. 우리의 새로운 세계를 만드는 사람들이 이것을 깨닫지 못하고 종종 착각한다. 사람은 도덕적 존재이지 기계가 아니다.

IV. 실천적 목표

기독교 선생들은 그들의 동기와 그들의 가르침의 내용을 철저히 검토해야 한다. 그들은 그들의 일의 유혹에 쉽게 넘어갈 수 있다. 사람들은 그들을 우러러본다. 그들은 그들을 따르는 사람들에게 명령한다. 그때에 교만과 이익에 대한 욕망이 그들의 마음 속으로 슬며시 들어온다. 바울이 이 구절들에서 묘사하고 있는 그런 결과들이 나타난다. 만일 사람이 그의 사역을 계속해서 행할 수 있고 하나님과 사람에게 유익하게 봉사할 수 있고 그의 주와 사귐 가운데 살 수 있다면 그는 본질적 요소를 가지고 있다. "나의 양식은 나를 보내신 이의 뜻을 행하며 그의 일을 온전히 이루는 이것이니라"(요 4:34).

V. 설교 개요

제목: "참된 종교."

도입부

3:16에서 **KJV**가 "경건의 비밀"이라고 번역한 것을 **RSV**는 "우리 종교의 비밀"이라고 번역하였다. 이 구절에서 "경건"은 바울이 참된 교훈과 삶에 만족을 주는 비결의 척도를 정의한 말이다. 우리는 바울의 정의의 어떤 주요점에 주의하게 된다.

A. 참된 종교의 성격(3절),

바울은 우리에게 그가 참된 종교의 성격이 어떠함을 생각하였다는 것을 간접적으로 시사하였다. (1) 바울은 그것은 "바른 말"이라고 말하였다. 이것은 어떤 종류의 말이었을까? 그 말은 진리를 분명하게 설명하는 말이었을 것이다. 곧 거룩하시고 의로우시고 사랑이 많으신 하나님에 관한, 하나님의 은혜가 필요한 죄인인 인간에 관한, 사람의 필요를 충족시킨 구주에 관한, 올바른 삶을 요구하는 복음의 엄격한 요구에 관한 진리를 설명하는 말이었을 것이다. 그와 같은 기독교 본질이 무시되거나 논쟁에 의하여 혼란되거나 하면 신자의 건강을 해치게 되어 있다. (2) 그의 진술이 의미하는 대로 그는 그것이 예수 그리스도에 관한 말이라고 하였다. 이것은 틀림없이 "건강한"을 말하는 또 다른 방식이지만 참된 믿음은 우리 주에 대한 바른 생각을 중심으로 한다. 만일 사람들이 이 믿음으로 세워야 한다면 그들은 그의 말씀을 듣고 그를 알고 그 안에서 살지 않으면 안 된다. 그는 하나님과 사람 사이의 중보자이다. 그는 "육신이 된 말씀"이다. "그에 대하여 선한 말을 하는 것"이 모든 그리스도인의 설교와 모든 그리스도인의 학습의 목표가 되어야 할 것이다. 참된 종교는 삶의 올바르고 근실하고 유익한 방식에서 반영될 하나님 앞에서의 겸손과 존경의 정신을 기르려고 힘쓸 것이다.

B. 참된 종교를 왜곡시키는 자들(4, 5절).

기독교가 그 정신과 동기가 거짓된 사람들에 의해 종종 대표되었다는 것은 슬픈 사실이다. 그들이 그들의 소명의 유혹 때문에 어그러진 길로 갔던가? 사람들은 교만의 희생자들이었다. 대중의 칭찬을 듣는 자리에 있는 사람이나 어떤 계층의 권위 있는 지도자에게 교만은 항상 유혹이다. 그는 심지어 진리를 희생하면서까지 칭찬 들을 만한 것을 말하기를 좋아하게 된다. 사람들은 언어애(言語愛)의 희생자들이었다. "논쟁을 병적으로 갈망함"(RSV)이 실제적인 함정이다. 비록 굶주린 양이 여전히 먹이를 찾고 있을지라도 원수가 파멸되었을 때 성취감이 있다. 믿음은 옹호되어야 하고 믿음의 대적은 파멸되어야 한다. 그러나 사람의 굶주림과 갈망을 채워 주기 위해서는 적극적인 진리의 단순한 주장이 있어야 한다. 사람은 질투와 투쟁의 정신의 희생자였다. 이것은 하나님의 진리 대신에 인간의 지혜를 쓴 필연적인 결과이다. 만일 또 다른 설교자에게 더 많은 청중이 있으면 질투가 그 머리를 치켜 든다. 만일 또 다른 선생에게 좀더 인기있는 가르침이 있다면 그는 반드시 만족을 얻고 보답을 받아야 한다. 사람들은 탐욕의 희생자가 되었다. 사람들은 사역을 하나님을 섬기는 방법으로 생각하지 않고 생계를 세우는 방법으로 생각하였다. 복음은 복음을 왜곡시켰던 자들을 결코 필요로 하지 않았다.

C. 참된 종교의 논리(6-8절),

하나님을 겸손히 존경하고 하나님의 주장을 인정하는 경건이 삶의 최상의 관심이다. 우리가 마음 속 깊이 간직한 영적 가치 외에 현세에서 내세로 가지고 갈 것은 아무것도 없다. 상식 외에 아무것도 없을지라도 상식으로도 이 세상의 재물이 사람의 노력의 가치 있는 목표가 결코 아니라는 것과 사람의 하나님과의 관계가 그의 관심의 중심이 되어야 할 유일한 문제라는 것을 알 것이다. 사람은 하나님을 위하여 지음을 받았고 영원이 그의 마음에 있고 만족이 하나님을 알고 하나님과 동행하는 데 있다. 지족하는 경건이 큰 이익이라는 것에 모두 동의하지만 그렇게 사는 사람은 많지 않다.

D. 참된 종교의 적(9-10절),

배금(拜金)이 참된 종교의 가장 나쁜 적이다. 고대의 경고에도 불구하고 두 주인을 섬기려는 시도가 여전히 행해지고 있다. 바울은 부자가 되는 것이 나쁘다고 말하지 않았다. 오직 부하려고만 하고 타락한 생활을 하는 것에 대해서 책망하였다. (1) 부하기를 갈망하는 자들은 유혹에 빠지는데, 이는 이러한 갈망으로 인하여 그 갈망을 만족시킬 수 있는 모든 악한 수단을 열렬히 의지하게 되기 때문이다. (2) 그들은 올무에 빠진다. 다른 구절들에서 이 "올무"란 말을 마귀와 연결한 것에 비추어 보면 여기서도 이 말이 그렇게 쓰였다고 생각해도 거의 틀리지 않는 것 같다. 부하려고 하는 자는 이미 올가미에 걸렸다. (3) 그들은 그들이 만족시키는 수단으로 가지

고 있는 악한 욕망의 희생물이 되는데, 왜냐하면 한 가지 세속적인 충동에
굴복하게 되면 더 많은 세속적인 충동에 대해서는 훨씬 더 쉽게 굴복하게
되기 때문이다. (4) 그들은 마침내 고삐 풀린 악에게 굴복한 자신을 발견
하게 된다. "돈을 사랑함이 일만 악의 뿌리가 되나니."

디모데전서 6:11-16

참된 증거

6:11. "이것들을 피하고 … 좇으며."

6:12. "믿음의 선한 싸움을 싸우라 영생을 취하라 … 선한 증거를 증거하였
도다."

6:13. "만물을 살게 하신 하나님 … 선한 증거로 증거하신 그리스도 예수
… ."

6:14. "우리 주 예수 그리스도 나타나실 때까지 … 이 명령을 지키라."

6:16. " … 가까이 가지 못할 빛에 거하시고."

I. 역사적 배경

계속되는 시련 속에서 디모데가 사역의 참된 목표를 계속 추구하는 것
이 쉽지 않았을 것이다. 바울은 디모데가 수행해야 했던 명령과 디모데가
사역을 시작하면서 했던 최초의 증거(고백)의 문제로 되돌아갔다. 이 선한
증거(고백)는 그의 성직 수임식이었을 수도 있고 아니면 그의 과거의 또
다른 현저한 경우 어쩌면 세례 받은 것이었을 수도 있다.

II. 용어 해설

6:11. "너"는 앞 구절에서 서술된 사람들과 대조할 목적으로 아주 강조
되어 있다. "하나님의 사람아"도 똑같이 세상을 섬긴 사람들과 대조한 것
으로 특별히 강조하여 디모데에게 그의 소명을 상기시키는 구약적 호칭이
다.

6:12. 비록 군대 용어가 부적절한 것은 아니지만 "선한 싸움"에서 경기

의 모습을 연상하는 것이 좀더 자연스러울 것이다. 그 싸움은 썩을 면류관을 얻으려고 싸운 투기장의 육체의 싸움과 대립되는 "선한" 싸움이다.

6:14. 바울의 엄숙한 말을 고려하면 그 명령은 11절과 12절일 수 있다. 그리스도는 주이실 뿐만 아니라 본이시다. 빌라도 앞에 그리스도는 진리를 위하여 섰다. "점도 없고 책망 받을 것이 없이"는 보통 사람들에게 적용된 말이다. 바울은 하시라도 주의 재림이 있을 것을 선명하게 느끼는 삶을 살았다. 지체됨으로 인하여 그의 기대가 꺾이지 않았다.

6:15, 16. 다시금 바울은 찬양하였다. 그가 이런 감명적인 말로써 나타낸 분은 바로 하나님이셨다. 종에게 위임된 명령에 엄숙한 책임을 부여하시는 하나님의 최고의 권능과 그분의 "타자(otherness)"를 깊이 생각하였다. "오직 그에게만 죽지 아니함이 있고"는 요한복음 5장에서 하나님께서 "자기 속에 생명이 있음"에 대한 우리 주님의 선언과 비슷한 것일지 모른다. "오직"을 두 번 사용한 것은 통치자와 생명을 주시는 분으로서의 하나님의 주권을 강조한다.

III. 교리적 의의

바울이 디모데에게 한 명령은 기독교 신앙의 가장 심오한 진리들에 기초를 두고 있다. 하나님의 최고의 주권과 그리스도의 희생적 증거와 최후의 심판일에 대한 기대와 참된 신앙에 의해 육성된 고귀한 덕들이 모든 그리스도인의 활동과 생활의 기초이다. 이런 신앙은 가르침의 진술에 대해 지적으로 동의하는 것에 불과한 것이 아니다. 그것은 기독교 지도자 자신이 그 가르침 가운데서 그 가르침에 따라 사는 어떤 것이며 그의 교인들에게 그 가르침에 주의하게 하는 어떤 것이다. 기독교 진리는 머리뿐만 아니라 마음을 위한 것이다. 이것은 기독교 진리의 독특성이다.

IV. 실천적 목표

기독교 목회자가 제일 먼저 관심을 두어야 할 것은 동기의 순수함과 삶의 일관성이다. 그가 거짓 선생들이나 오염시키는 가르침을 일체 가까이하지 않을 수 없지만 그런 것들과 깊은 관련을 맺게 되는 일이 없도록 해야 할 것이다. 고상한 기독교 성격의 특색과 덕을 부지런히 추구할 때 그의 안전이 있다. 어떤 점에서 또한 모든 그리스도인이 "하나님의 사람"이다. 만일 사역자에게 어떤 특별한 책임이 있다면 교인들 역시 그들의 영적 위험과 고유한 목표를 깨달아야 할 필요가 있다. 빌라도 앞에서 그리스도의 본은 그를 따르는 모든 사람을 위한 것이다. 모든 생활은 하나님이 보시는 가운데 사는 것이다.

V. 설교 개요

제목: "참된 증거."

도입부

바울의 말에 동감하는 사람들이 여전히 느낄 수 있는 진지함을 가지고 바울은 그의 어린 제자에게 사역자와 하나님의 사람으로서 합당하게 행동할 것을 간곡하게 말하였다. 개인의 이익을 위한 거룩한 소명을 증거하는 사람들의 외적인 성공은 항상 유혹과 올무이다. "하나님의 사람"이란 칭호 그것 자체가 영감이다. 그 칭호에서 이전 세대들에서 그 이름을 가졌던 용감한 정신의 무리를 생각하게 된다. 스스로 그와 같은 칭호를 쓰려고 생각하는 사람은 결코 없겠지만 그 칭호가 설명하는 내적인 질은 사람이 열망할 수 있는 것이다.

A. 그의 행동.

어떤 사람이 하나님에게로 부름을 받아 성령의 은사로 말미암아 봉사에 필요한 자격을 갖추었다는 사실은 힘껏 노력하지 않아도 된다는 말은 아니다.

(1) "피하고." 악한 본과 영향에 대하여 한 가지 최선의 보호 수단은 달아나는 것이다. 다음 구절에서 말하는 것처럼 다른 사람의 확신과 안녕이 위협받을 수 있기 때문에 그리스도인이 움직이지 않고 싸워야 할 때도 분명히 있다. 그러나 하나님의 사람은 쓸데없이 위험에 뛰어들어서는 안 된

다. "죄인의 길에 서는 것"은 무모한 짓이지 영웅적인 것이 아니다. 어떤 사람은 주제넘음이 없이 직무의 일상 과정에서 충분히 시험에 맞설 것이다.

(2) "좇으며." 피하는 것은 소극적일 뿐이다. 생은 가치 있는 목표를 추구하는 데 있다. 만일 어떤 사람이 영적인 훈련을 북돋우고자 한다면 그 사람은 바울이 디모데에게 좇으라고 말한 여섯 가지 것에 유의하고(11절), 각각에 대한 적절한 정의를 내리고 때때로 달성한 것을 평가하기 위하여 그 목록을 검토하도록 하라. 자기 반성이 지나칠 수도 있지만 어떤 사람은 더욱더 자기 반성을 함으로써 유익할 것이다. 동시에 인내와 온유와 같은 것이 부산물이라는 것을 염두에 두는 것이 좋다. 그리스도의 모양이 우리 안에서 보이게 될 정도로 그리스도와 아주 가까이 삶으로써 우리는 인내와 온유를 얻게 된다.

(3) "싸우라." 우리는 이 용어가 복음의 정신과 일치하지 않는 행동을 암시하기 위하여 의도된 것이 아니라는 것을 다시 한 번 깨닫는다. 바울은 비유와 상식으로써 그를 이해할 수 있는 확신으로 말하였다. 경기를 비유로 삼았든 병영 생활을 비유로 삼았든간에 바울은 진지함과 이기고자 하는 소망과 지키려는 큰 목적 의식이 그리스도의 종의 특색이 되어야 한다는 뜻으로 말하였다. 우리 주님은 겟세마네에서와 빌라도의 궁전에서와 성전을 정결케 하셨을 때 "싸우고" 계셨다. 하나님의 사람도 똑같이 "믿음의 선한 싸움을 싸워야" 할 것이다.

(4) "취하라." "싸우라"는 "싸움을 계속하라"는 뜻을 가진 말이다. "취하라"는 단번에 취하라는 뜻을 가진 말이다. 적절한 결정적인 행동에서 영원한 생명은 우리 것이 된다. 세속적인 선생들이 그들 자신의 이익을 구하듯이 그리스도의 종들은 가질 가치가 있는 유일한 것을 구한다.

(5) "지키라." 폼페이 발굴자들은 구하러 오는 사람이 아무도 없어서 초소에서 산 채로 묻힌 한 군인의 시신을 발견하였다. 디모데는 그가 맡은 자리에 그대로 있으면서 그가 받은 지시를 수행하라는 명령을 받았다. 우리는 우리에게 맡겨진 주님의 대의를 가지고 역사의 이 시점에 있다. "점

도 없고 책망 받을 것도 없이 이 명령을 지키라."

B. 그의 동기.

(1) 그는 증인들 앞에서 고백하였고 자기가 한 말을 뒤집지 않을 것이다. 진실한 사람이라면 누구든 그렇게 한다. 그는 자기 입장을 표명하고 그 입장을 고수할 것이다. 그는 그가 만나는 최초의 반대나 그에게 쏟아진 최초의 조롱하는 말에 꺾이지 않을 것이다. 그리스도에게 약속하고 그의 의무를 부여받은 사람은 명예를 존중하는 마음이 있으므로 그 약속을 지킨다.

(2) 하나님의 주권. 하나님의 사람은 "가까이 가지 못할 빛"에 거하시고, "만물을 살게 하시고" "복되시고 홀로 한 분이신 능하신 자"에게서 받은 그의 사명이 있다. 이것 때문에 그는 계속 충성과 부지런함과 신실함으로 이 사명을 알고자 하는 것이다. 구약의 선지자들에 관하여 "만일 그들의 변명이 아니라면 그들의 비밀은 그들이 시내 산에 있었던 것이었다"고 말하였다.

(3) 그리스도의 본. 그가 "권력자" 앞에 섰을 때 그의 용기와 인내와 사랑과 그의 백성에 대한 헌신은 우리의 본이다. 그와 같이 되는 것이 세상에서 가장 강력한 동기의 하나이다. 그는 지극히 높으신 우리의 구주이시지만 신약 성경은 그를 우리가 따라가야 할 분으로서 우리 앞에 세우기를 주저하지 않는다.

(4) 그의 나타나실 날. 이 큰 절정을 향하여 우리 모두 가고 있다. 우리 모두 그것에 관여할 것이다. 그때에 삶에 대한 평가가 이루어질 것이다. 우리는 우리가 여기서 한 것에 대한 보상을 받게 될 것이다. 우리는 두려움과 소망 가운데 그 날을 바라보고 있다.

디모데전서 6:17-21

참된 부

6:17. "마음을 높이지 말고 정함이 없는 재물에 소망을 두지 말고."
6:17. "오직 우리에게 모든 것을 후히 주사 누리게 하시는 하나님께 두며."
6:18. "선한 사업에 부하고."
6:19. "참된 생명을 취하는 것이니라(KJV에서는 "영원한 생명을 취하는 것이니라"로 번역됨)."

Ⅰ. 역사적 배경

복음의 호소는 종들과 학대받는 계층에게 특히 호소력이 있었을 것이지만 부자들과 권력자들 중에서도 복음을 믿는 사람들이 있었다. 그들은 특별히 그들의 신분으로 인한 시험과 맞서야 했다. 사도행전 19장의 소요 사건의 기사에서 짐작할 수 있다. 모든 계층이 그 새로운 운동에 의해 동요되었다. 부자에게 간곡히 권고하도록 하라는 말과 함께 바울은 끝으로 디모데 자신에 대한 말을 덧붙였다. 바울은 편지 서두에서처럼 디모데에게 위임된 명령을 상기시키는 말로 편지를 끝맺었다.

Ⅱ. 용어 해설

6:17. "명하여"는 다시 파랑겔레인데 군대의 명령의 냄새를 풍기는 말이다. "정함이 없는 재물"은 인간이 참으로 의지할 분이신 하나님과 대조적으로 놓여 있다. 바울은 어쩌면 어리석은 부자 비유 혹은 반석에 집을 짓는 것에 관한 그리스도의 말씀을 생각하고 있었을 것이다.

"모든 것을 후히 주사 누리게 하시는." 부자는 그들의 모든 소유가 하나님으로부터 왔다는 것을 기억하는 것이 좋다. 바울은 부유한 것에 대해서 사람들을 비난하지 않았다. 바울은 그들이 하나님을 잊지 않기를 바랐던 것이다.

6:18. "나눠 주기를 좋아하며"는 사귐의 경향이 있는 것이었다. 그들은 친절함과 공유하는 정신으로 그들의 재물뿐 아니라 그들 자신도 주어야 했다. "그와 같이 행동하는 것은 부의 청지기직을 훌륭하게 깨닫는 것이며, 그리고 우리 주의 말씀에 의하면, 저절로 획득하게 된 것에 불과한 불의의 재물인 것으로 친구를 사귀는 것이다"(페어번〈P. Fairbairn〉).

6:19. " … 장래에 자기를 위하여 좋은 터를 쌓아." 바울은 주저없이 혼유를 사용하였다(참조. 골 2:7).

"영원한 생명을 취하는 것이라." RSV에서는 "참된 생명"이라고 번역하였다. 그리스도인이 경험하는 대로 생명은 이 세상의 재물을 소유함으로써 얻는 것과 정말로 대립하는 것이다.

6:20. 마지막 간절한 호소(참조. 1:5, 18; 4:14; 6:13).

"거짓되이 일컫는 지식의 망령되고 허한 말과 변론을 피하라."

"부탁(trust)"은 사업에서 예금된 돈에 대해서 사용된 말이며 요구가 있는 즉시 모두 반환된다. 디모데가 맡은 것은 고스란히 예수 그리스도의 복음이었다.

"지식." 참된 지식은 변론이나 허풍이 필요없다. 참된 지식은 분명하게 진술된 진리이다. 종교에 대한 저술가들 중에 그들이 모호할수록 더욱 학자다운 것으로 느끼는 사람들이 더러 있다.

III. 교리적 의의

부자들이 선한 사업으로 구원받을 수 있다는 것을 말함으로써 바울이 모순된 말을 하는 것으로 이해해서는 안 된다. 바울은 먼저 그리스도인들인 그들이 선을 많이 행할 남다른 기회가 있다는 뜻으로 말한 것이다. 하나님이 생명의 유일한 기초이다. 그 영원한 문제를 깨달았을 때 그것이 참될 뿐이다. 그럼에도 불구하고 선한 사업은 살아 있는 믿음의 참된 표시이다. 바울은 믿음만에 의한 구원을 가르쳤지만 그는 실생활로 실현하는 것의 중요성을 결코 잊지 않았다.

IV. 실천적 목표

특별히 이 세상 재물을 좋아한 그리스도인들은 두 가지 유혹에 부딪친다. 부는 쉽게 교만하게 만든다. 부자가 그들의 뛰어난 능력이 그들의 성공의 이유라고 생각지 않기 어렵고 또는 그들이 하나님의 은총을 받을 자격이 있기 때문에 하나님의 은총의 대상이었다고 생각지 않기 어렵다. 그 다음에 그들은 물질적으로 걱정이 없기 때문에 그들은 소유가 그들이 필요한 모든 안전이라고 느끼게 된다. 부는 현명한 청지기에게 가장 유용하고 만족스러운 수단이 될 수 있다. 부자들도 회중 가운데 어떤 계층과 마찬가지로 목회자의 조언이 필요하다. 거기에 그들을 위한 기독교의 생명의 길이 있다.

V. 설교 개요

제목: "참된 부."

도입부

우리 주님께서 세상의 재물에 숨어 있는 영적 위험에 관하여 말씀하신 것이 많다. 한 경우에 주님은 그와 같은 재물을 가진 사람이 천국에 들어가기가 어려울 것이라고 큰 소리로 말씀하셨다. 물질 세계에서 영적 삶을 산다는 것은 그리스도인에게 힘든 문제이다.

A. 필요한 경고.

부의 악한 영향은 부로 인하여 교만이 생긴다는 것이다. 사람이 부를 가지고 있을 때 그는 자기가 그의 이웃보다 더 영리하다거나 그가 특별히 섭리에 의한 은총을 받았다거나 그가 우수함에 대한 보상을 받았다고 믿을 수 있다. 그리고 만일 부를 물려받았다면 그는 자기가 보통 사람들보다 더 고귀한 혈통의 가계 출신이라고 믿을지 모른다. 그리스도인이 자부심에 빠지거나 형제를 깔본다면 나쁜 일이다. 생에서 받은 분깃이 무엇이든지 신자들은 은혜로 구원받았다.

부로 인하여 하나님을 믿는 믿음이 서서히 훼손된다. 광야의 이스라엘은 하나님께서 매일 공급하신 만나와 반석의 물로 살았다. 자기 땅을 갖게 된 이스라엘은 그들의 기술로 살 수 있다고 생각하고 하나님을 잊어버렸다. "네가 말하기를 나는 부자라 부요하여 부족한 것이 없다." ― 과연 "네가 말하기를" 하지만 그러나 그리스도가 말씀하셔야 했던 것과는 너무도 거리가 멀다. 언젠가 존 허턴(John Hutton)은 다음과 같이 말하였다. "모든 것을 가진 자들은 모든 것을 놓칠지 모른다. 그들은 하나님을 놓칠지 모른다." 모든 신자는 스스로 살펴서 자기가 무엇을 신뢰하고 있는지 보도록 하라.

세상의 재물로 인하여 사람들은 영적인 것의 가치를 종종 분별하지 못한다. 이생이 아주 좋게 보여서 참된 생명이 매력을 상실하게 된다. 몸이 아주 잘 구비되어서 영혼을 생각하지 않는다.

B. 기본 진리.

만물은 하나님으로 말미암는다. 많든 적든간에 하나님의 섭리에 의해 그의 수중에 놓이지 않았다면 사람은 아무것도 가지지 못한다는 것이 기본 사실이다. 온 세계의 경제 문제가 이 한 마디 말로 해결된다는 것을 말하고 있는 것은 아니다. 비록 이 말이 어떤 사람들이 기꺼이 인정하는 것보다 더욱 광범한 함축이 있지만 말이다. 하나님은 "우리에게 모든 것을 후히 주사 누리게 하신다." 이것을 쓴 그 사람은 자기 생계를 위하여 일하였다. 그는 그의 전생애에서 박해를 받고 위협을 받고 매를 맞고 비방을 받았다. 그가 삶의 좋은 것을 분배함에 있어서 어떤 불공평함을 느꼈을 것으로 생각될지 모른다. 그러나 그는 진정한 만족을 배웠고 만족하였다. 그리스도인에게 이 세상 물건은 성부의 돌보심을 상기시키는 것일 뿐이다.

C. 인도하는 원리.

최근에 우리는 청지기직의 의미와 책임을 새로이 명료하게 깨닫게 되었다. 한 사람이 한 달란트 혹은 열 달란트를 가질 수 있지만 반드시 셈을 치러야 한다는 것을 염두에 두고서 하나님께서 지시하시는 대로 그가 가진 것을 사용해야 한다. 부자들은 선을 행할 남다른 기회가 있고, 부를 바르게 사용하기 위하여 위로부터 오는 지혜가 아주 많이 필요하다. 바나바는 그의 자산을 사용함으로써 명성을 떨쳤다. 그는 스스로 공동체의 일부로 생각하였고 즐거이 나누어 주었다. 1차 세계대전 당시 영국의 군목이었던 딕 셰퍼드(Dick Sheppard)는 훗날 어떤 사람이 자기에게 "당신은 당신의 생애로써 무엇을 하였는가?"하고 물을 것을 두려워할지언정 죽는 것을 두려워하지 않았다고 한다.

D. 만족스러운 상급,

우리는 우리가 그리스도를 섬김으로써 얻게 될 어떤 것을 위하여 그리스도를 섬기지 않는다. 그러나 한 사람이 충실하였을 때 그 사람은 장래를 위하여 좋은 기초를 쌓았다는 것과 영원한 생명에 대한 기대가 있다는 것을 깨닫는 것은 격려가 된다. 그것은 보상을 생각하는 것에 엄청난 차이가 있게 한다. 만일 마음이 그리스도를 즐겁게 하는 것과 영원한 가치에 고정되어 있다면 그러한 것들을 얻으려고 할 때 아주 잘못되지는 않을 것이다. 그것은 선한 사업에 부하기 위하여 주 예수 그리스도를 사랑하는 어떤 사람의 수중에 있다. 연보궤에 넣은 지극히 적은 돈이나 소자에게 준 냉수 한 그릇이나 감옥에 방문하는 것은 모두 좋은 기초를 쌓는 방법이다. "충성된 종아 네가 작은 일에 충성하였으매 … 네 주인의 즐거움에 참예할지어다."

디모데후서

디모데후서 1:1-17

간절히 생각하다

1:3. "쉬지 않고 너를 생각하여."
1:5. "먼저 네 외조모 로이스와 네 어머니 유니게 속에."
1:6. "하나님의 은사를 다시 불일 듯하게 하기 위하여."
1:7. "오직 능력과 사랑과 근신하는 마음이니."

I. 역사적 배경

바울은 이제 두번째로 감옥에 갇혔다. 그것은 첫번째 갇혔을 때와는 아주 다른 경험이었다. 왜냐하면 그의 동료들 대부분이 그를 버렸고 그는 비통한 시련에 직면하고 있었기 때문이다(4:17, 18). 서신은 **A.D.** 64년에 시작된 네로의 박해가 일어난 것을 반영하고 있는 듯하다. 바울과 같이 뛰어난 지도자가 가장 먼저 붙잡히게 된 것은 당연한 일이었다. 그러므로 이 편지는 사도의 마지막 말이다. 이 편지는 어둠이 더욱 깊어져 갔을 때 믿음과 용기를 표시한 무수한 신자들에게 격려의 메시지였다. 서두에서 바울은 다시금 그 자신의 과거와 또 디모데의 과거를 생각하였다. 그들은 참된 경건이 예시되었던 가정들을 회고할 수 있었다.

II. 용어 해설

1:1. 비록 죽음이 앞에 놓여 있는 죄수였지만 바울은 그의 소명의 존엄성을 여전히 의식하고 있었다. 우리는 세상이 그를 취급하는 방식으로 그를 판단해서는 안 된다. "생명의 약속대로"는 바울의 메시지의 목적과 내용을 간결하게 표현하고 있다. 그 형식은 그의 다가오는 마지막에 의해 제

안되었는가?

"그리스도 예수"란 칭호가 처음 두 구절에서 세 번 나온다. 바울은 위격과 사역이 충만하신 그의 주를 생각하지 않은 적이 한 번도 없었다.

1:3. "조상 적부터"는 우리에게 바울이 양육받았던 그 종교에 대한 그의 깊은 관심을 상기시킨다. 그 종교는 파괴된 것이 아니라 그리스도 안에서 완성되었다. 우리도 우리의 영적 유산을 존중해야 할 것이다.

" … 간구하는 가운데 쉬지 않고." 바울이 너무 전념하여서 중보 기도를 시작할 수 없었던 적은 한 번도 없었다. 바울의 관심에서 그와 같은 자리를 차지하는 그것이 디모데에게는 무엇을 의미하였을까? RSV에서는 "밤낮"을 4절과 연결시키고 있다.

1:5. "거짓이 없는"을 RSV에서는 "신실한"이라고 번역한다. 디모데의 고백에는 전혀 가식이 없었다. 그에게 영향을 준 두 여인에 대한 언급은 가족의 종교에 관해서 중요하다.

"확신하노라"는 확신의 강한 표현으로 바울이 흔히 쓰는 말 중의 하나이다.

1:6. "은사"(카리스마)는 "복음 전도자의 직분 이행을 위하여 없어서는 안 될 그러한 능력의 총체이다"(테이어). 그것은 타고난 은사가 아니라 성령의 내적 역사이다.

"자극하다"는 "다시 불일 듯하다"(개역 한글판)거나 "불러 일으키다"이다(엘리컷〈Ellicott〉). 어쩌면 바울은 상실한 이전의 열심을 다시 찾는 것보다는 오히려 숨어 있는 은사를 자극하는 후자를 의미하였을 것이다. 바울의 안수함이 디모데의 성직 수임식과 관련이 있었다. 바울이 장로의 역할을 한 것은 그와 그의 어린 동역자에게 다 의미있는 것이었다.

1:7. 이 구절은 바울의 일반론의 한 예이다. "마음(spirit)"이란 말은 내부에서 성령께서 사역하셔서 우리에게 부여하신 성향이나 기질을 말한다.

"근신하는 마음"은 RSV에서는 "자제"로, ASV에서는 "징계"로 번역되었다. 이 단어는 번역하기 까다롭다. "그것은 권위 있는 통제력 곧 지혜로운 억제력이며, 만일 우리가 충분히 가지고 있으면 우리가 역경에 무기력하게 굴복당하지 않을 것이다"(페어번).

III. 교리적 의의

하나님께서 봉사하도록 부르실 때 부르신 자에게 그 봉사에 필요한 것을 갖추어 주신다. 성직 수임식은 그것이 성령에 의하여 이루어졌을 때 그리고 성령의 임재와 작용이 분명히 나타날 때 효과가 있다. 사역으로 부르심은 내적인 경험이다. 사역을 수행할 수 있는 능력은 무엇보다도 내적 자질에 달려 있는데, 그렇다고 해서 그것을 위한 훈련을 무시해도 좋다는 말은 결코 아니다. 바울과 디모데의 가계에 대한 언급은 그리스도의 믿음이 하나님의 고대 백성의 믿음과 생활의 참된 성취였다는 사실의 흥미로운 예이다. 하나님의 일은 계속되었고 분명한 목적이 있었다.

IV. 실천적 목표

그리스도인은 과거에 뿌리를 두고 있어야 할 것이다. 거스리(Guthrie)는 3-6절에서 생각에 대한 네 가지 다른 표현이 사용되었다는 것을 지적한다. 이 표현들은 가치관을 보존해야 할 필요와 우리 자신의 진술과 약속에 충실해야 할 필요를 강조하고 있다. 비록 사람이 성령에 의해서 맡은 임무에 필요한 준비를 갖추게 되지만, 그로서도 계속 불타는 열정을 간직해야 할 책임이 있다. 이 구절에서 우리가 받은 또 한 가지 인상은 우리가 서로를 위해 기도해야 할 필요가 있다는 것이다. 바울의 기도가 디모데에게 얼마나 많은 의미가 있었던가 하는 것은 다 헤아릴 수 없을 것이다. 삶을 살아갈 때 거기에 기도할 여지가 반드시 있어야 한다.

V. 설교 개요

제목: "간절히 생각하다."

도입부

사람이 삶을 살아가면서 경험한 교훈을 버려서는 안 된다. 디모데는 그의 믿음과 용기를 시험하려고 하는 상황에 직면하고 있었다. 그는 좀 소심한 성격이었던 것 같다. 그는 준비가 되어 있었다. 준비된 것을 최대한 이용하려는 결단력이 그에게는 필요하였다. 그 은사가 어떻게 불러일으키게 되었는가? 바울은 그로 하여금 좀더 담대하게 행동하도록 자극하는 어떤 것을 상기시켰다.

A. 신뢰하는 동역자에 대한 기대와 관심이 있다.

자신에 대한 바울의 기대가 크다는 것을 알았을 때 디모데는 굉장히 격려가 되었다. 훗날 제자는 이 서신에 쓰인 그의 스승의 글을 다시 읽게 되었을 때 충성을 새롭게 다짐하였을 것이다. 우리들도 그와 같은 느낌을 한 번씩은 받아 보았을 것이다. 지치거나 낙담하게 될 때 우리를 기대하는 사람들을 생각하면 우리는 다시금 우리의 목적과 일에 대해서 새롭게 다짐하게 된다. 그리고 무엇보다도 우리에게는 모든 사람의 가장 위대한 친구인 주 예수 그리스도의 기대가 있다. 주님께서 주님을 부인한 베드로를 보았을 때, 베드로는 나가서 통곡하였고 훗날 교회의 지도자가 되었다.

B. 가족 전통에 대한 충실함이 있다.

자신이 경건한 조상들에 의하여 아름답게 보존된 믿음의 상속자라는 것을 알 때 그로 인하여 남자다운 행동과 인내의 강력한 동기가 생길 것이고 종종 그렇게 되고 있다. 사람이 훌륭한 부모를 모셨기 때문에 구원받는 것은 아니지만, 그가 부모를 거역하지 않는 한 부모의 모범과 확신은 그로 하여금 명예로운 생애를 유지하도록 하는 데 효과적일 것이다. 하나님께서 가정이 있게 하심은 결과론적인 것이 아니었으며 그리고 가정이 있게 하심으로 가치관을 세대에 걸쳐 전해질 수 있게 하셨다. 유감스럽게도 모든 그리스도인이 그와 같은 과거를 회상할 수 있는 것은 아니지만 대다수는 그렇게 할 수 있다.

C. 하나님을 섬기기로 한 헌신의 행동과 은사를 받은 것에 대한 회상이 있다.

그와 같은 엄숙한 의식에서 디모데는 사역을 위하여 따로 세움을 받았다. 그것은 그의 타고난 능력을 인정하는 것만이 아니었다. 그것은 그가 성령에 의하여 준비를 갖춘 때였으므로 그의 능력은 그를 부르신 하나님으로부터 온 것이었다. 바울 스스로 "우리로 새 언약의 일꾼 되기에 만족케 하신"(고후 3:6) 분이 하나님이셨다는 것을 말하였을 때 디모데에게도 일어났던 것을 기술하였다. (1) 하나님은 디모데가 받았던 은사의 근원이셨다. 하나님만이 사람으로 하여금 그의 사역에 합당하게 하실 수 있다. 그러나 하나님께서 은사를 부여하셨을 때 그 은사를 사용하는 것은 인간의 엄숙한 책임이 된다. (2) 은사는 바울의 안수함으로 받았다. 이것은 단순한 형식적인 행동이 아니었을 수 있다. 바울 자신이 성령으로 충만하였으며 성령의 사역을 위한 통로였다. 사역에 사람을 임명하는 것은 단지 눈에 보이는 인간 활동에 불과한 것이 결코 아니다. (3) 은사를 적절히 사용함은 은사를 불러일으키는 것이다. 너무 많은 영적인 불이 잘 타오르지 못하고 있으며, 너무 많은 기회를 놓쳤고, 너무 많은 능력들이 이기적인 목적으로만 사용되었다.

D. 성령 충만한 사람의 공급원이 있다.

비록 7절에서 "spirit(마음)"이 대문자로 되어 있지 않지만 여기에 언급된 인간 마음(spirit)의 능력은 성령께서 붙드셨을 때 비로소 효력이 있다는 것은 여전히 사실이다. (1) 성령께서 능력의 정신(spirit)을 주어서 그리스도의 종이 환경의 희생물이 되지 않고 환경을 지배하게 된다. (2) 성령께서 사랑의 정신을 주어서 증오의 세상에서 그리스도의 종이 가장 순수한 동기에서 행하게 한다. (3) 성령께서 "자제"(RSV)의 정신을 주어서 그리스도의 종이 운명에 대한 강철 같은 도전적인 태도로서가 아니라 자신을 제어하는 힘으로 똑바로 설 수 있다.

디모데후서 1:8-18

고독한 감옥으로부터

1:8. "나를 부끄러워 말고 … 함께 고난을 받으라."
1:9. "우리를 구원하사 … 부르심으로 부르심."
1:12. "나의 의뢰한 자를 내가 알고 또한 … 저가 능히 지키실 줄을 확신함
　　　이라."
1:13. "본받아 지키고."
1:14. "지키라."
1:16. "원컨대 주께서 오네시보로의 집에 긍휼을 베푸시옵소서."

Ⅰ. 역사적 배경

바울의 두번째 감옥 생활은 어렵게 되어가고 있었다. 바울은 A.D. 64년
에 시작된 네로의 핍박을 당하고 있었던 것 같다. 감옥 생활의 고통의 일
부는 소아시아 지방의 그리스도인들이 그를 버린 것에 기인하였는데, 그들
이 바울을 버린 것은 바울과 관련이 있는 것을 두려워한 때문이거나 아니
면 단지 감옥에 갇힌 사람과 교제하기 원치 않았던 때문인 것 같다. 그러
나 비록 디모데가 타고난 소심함 때문에 좀 망설인 것 같기는 하지만 그
가 사도를 버릴 염려가 있었다고 생각할 필요는 없다. 이전에 좀 괴짜인
한 사역자가 이렇게 기도하였다. "주여, 우리를 경사면에 기대놓으시옵소
서." 바울은 디모데가 굳은 결심을 하도록 하기 위하여 편지를 썼다.

Ⅱ. 용어 해설

1:8. "우리 주의 증거"는 그 주제에 대해 주님이 말씀하시는 증거 곧 그

의 사심과 죽으심과 부활에 대한 증거를 의미한다. "나를 … 말고"는 이제 곧 언급할 그를 버림에 대한 것을 생각할 때 특히 감동적인 호소이다.

"함께 고난을 받으라"는 모두 한 단어이며, 바울이 그의 뜻을 위해 조어(造語)한 것이다. 바울은 그리스도의 백성이 시련을 만날 때 그들에게 도움이 있다는 보증으로서 "하나님의 능력을 좇아"란 말을 이 구절에 덧붙였다.

1:9. 여기 구절들은 모두 중요하다. 이 구절과 10절은 이 서신서들에서 6번 사용된 "하나님 우리 구주"란 칭호의 충분한 의미를 설명하는 데 도움이 된다. "구원하사 … 부르심으로 부르심은." 이 말은 진정한 그리스도인의 경험에 붙어 다닌다. 우리는 죄에서 구원을 받아 거룩하게 되었다.

"뜻과 은혜." 이 둘 다 하나님의 구원하시는 사역 이면에 있으며, 협력하여 하나님의 구원하시는 사역을 효과적으로 만든다. 우리의 구원은 하나님께서 추가로 생각하신 것이 결코 아니며 우리의 구원은 하나님의 사랑에 입각하고 있다.

1:10. "나타나심"은 에피파네이아이며, "그리스 사람들에 의해 신들의 영광스러운 현현에 사용된" 단어이다(테이어). 여기서 이 단어는 그리스도의 맨 처음 나타나심을 위해 사용되었으며 그것은 그 나타나심의 구속적인 뜻 때문에 영광스러웠다. "폐하시고 … 드러내신지라." 현저한 대조이다. 그 동사들은 완전한 행동을 나타내는 부정과거이다. 그리스도인에게 이러한 일들은 단번에 이루어졌다.

1:11. 다른 경우에서처럼 바울은 그가 받은 사명으로 말미암아 그에게 수여된 영예로 인하여 스스로를 잊다시피 하였다.

1:12. "나의 의탁한 것"은 파라테케("예금")란 한 단어이다. 그 말은 바울 자신의 영혼뿐만 아니라 자신의 혼신의 힘을 들인 수고를 의미하였을 것이다.

1:14. "네게 부탁한 … 것"도 파라테케인데, 단지 여기서는 그 예금을 지켜야 할 사람이 디모데일 뿐이다. 그러나 도움이 없는 것이 아닌데, 이는 그리스도인으로 하여금 그가 맡은 책임을 다할 수 있도록 하시는 분은 성

령이시기 때문이다. 디모데가 지켜야 할 예금은 복음이었을 것이다.

1:15-18. 바울의 글에서 감동적인 구절이다. 그가 붙잡혔을 때에 아시아에 있는 사람들이 외면(떨어져 있음)하게 되었을 것이다. 우리 주님께서 잡히셨을 때 "그들은 그를 버리고 달아났다." 그와는 달리 감옥에 있는 바울을 방문하고 그를 부끄러워하지 않고 우리 주님께서 명하신 행동의 본을 보인 친구가 있었다.

III. 교리적 의의

9, 10절에는 또 다른 복음의 요약이 있는데, 하나님의 뜻 안에서의 복음의 출처가 있고, 예수 그리스도의 오심에서 복음의 성취가 있고, 죽음을 이기는 복음의 메시지가 있고, 거룩한 생활과 거룩한 삶을 살 수 있는 능력에 대한 복음의 약속이 있다. 그와 같은 것은 "바른 말의 형태"이며, 바울은 그의 복음이 그러함을 선포하였다. 효과적인 사역은 무엇보다도 전해야 되는 것의 명확한 공식화가 있어야 하며 그것의 진리를 확신해야 한다. 신약 교회에서 케리그마에 대해서 많이 이야기되고 있다. 신약의 교회는 이 구절에서 교회의 믿음의 핵심을 깨달았을 것이다. 실제로 11절에서 바울은 그가 케릭스("반포자")라고 말하였다.

IV. 실천적 목표

그리스도인은 복음에 대한 반대의 사실을 깨닫고 그것을 대처할 준비가 되어 있어야 한다. "복음과 함께 고난을 받으라"는 말은 종종 그의 경험의 일부일 것이다. 우리 시대의 훌륭한 많은 그리스도인들은 이것을 알게 되었다. 더 많은 그리스도인들은 오래 전에 이것을 경험으로 배웠을 것이다. 우리는 우리의 믿음을 변호하고 보존할 준비가 되어 있어야 한다. 이 사업에 우리가 동참해야 한다. 그리스도인은 만일 그래야 한다면 틀림없이 사업을 홀로 경영할 수 있지만 양편에 든든한 동료가 있으면 사업을 경영하기가 훨씬 더 쉽다. 만일 나의 신앙의 동지들이 나를 필요로 한다면 그들이 나를 기대할 수 있을까? 그리스도께서 내가 내 위치를 지키고 있을 것으로 믿으실까? 바울이 한결같았던 한 가지는 그가 예수 그리스도를 알고 있었다는 것이다. 만일 우리가 바울이 알았던 것처럼 우리 주님을 안다면, 틀림없이 우리가 단단히 붙들고 있을 것이다.

V. 설교 개요

제목: "고독한 감옥으로부터."

도입부

이 구절을 읽고도 어떤 감동이 없다면 그 사람은 둔감한 사람임에 틀림없다. 바울은 그 밖의 사람들로부터 아주 멀리 떨어져 있지 않았으므로 고독하거나 친구의 신의 없음에 의해 상처를 받거나 그가 참고 견뎠던 곤고에 충격을 받지 않았을 것이다. 바울과 같은 사람이 이교도의 권세의 희생물이라는 것은 섭리의 신비 중의 하나이다. 그러나 바울은 한 마디 불평도 하지 않았다. 그의 한 가지 걱정은 그리스도의 명예와 복음에 대한 것이었다. 감옥에 갇힌 그는 무슨 생각을 하고 있었는가?

A. 용기를 원함.

믿음의 가장 훌륭한 대표자가 감옥에 갇혀 처형을 받게 되었을 때 참으로 믿음이 시험을 받게 된다. 만일 하나님께서 자기 백성을 돌보신다면, 어떻게 이런 일이 있을 수 있는가? 그리스도의 대의를 가장 잘 변호하는 자가 죽게 되면 그리스도의 대의가 성과를 거둘 수 있는가? "부끄러워 말고"와 "함께 고난을 받으라"는 말은 디모데에게 용기를 내라고 요구하는 것이다.

시험이 올 때 참된 그리스도인은 그의 주께서 도와주실 것을 확신한다. 그러나 그 또한 남자답게 행동해야 할 것이다. 그리고 시험이 없는 시대가 언제인가? 우리 시대가 확실히 그렇다고 할 수 있다. 그리스도는 마땅히 존귀히 여김을 받아야 하고 복음은 중요하므로 충분히 변호되어야 한다. 이 세상이 어떠하다해도 참되고 바른 것을 위해서는 대가를 치러야 한다.

B. 복음의 진술.

바울은 복음이 그를 맨 처음 사로잡았을 때 전율했던 믿음에 대한 경이감을 결코 잃어버리지 않았다. 죽음의 그림자가 드리운 감옥에 있으면서도 바울은 그 확신이 흔들리지 않았다. 우리가 이 사도가 보낸 이 마지막 편지를 읽을 때 그의 믿음이 보통 때보다 더욱더 실제적이었다는 것을 느끼게 된다. 하나님께서 영원한 때부터 사람을 구속하실 뜻을 두셨다는 것은 세상에 계시된 것 중에서 가장 놀라운 것이었다. 이것은 완전히 헌신할 만한 것이었으며 생명 그 자체를 포기할 만한 것이었다. 그리스도가 바울에게 어떤 의미가 있는지를 말하는 바울의 선언이 감옥으로부터 울려 퍼졌다. 그 선언이 울려 퍼진 이래 그리스도인들은 그것을 소중히 간직하였다.

C. 흔들리지 않는 확신.

바울의 주님에 대한 신뢰는 환경에 영향을 받지 않았다. "… 자를 내가 알고"라고 그는 말하였다. 오랜 세월 동안 그는 이 그리스도와 동행하였다. 그는 시련과 고난의 시간에 그리스도가 함께 하심을 느꼈다. 그는 기도 시간에 그리스도와 함께 이야기하였다. 그는 먼지 투성이의 길을 그리스도와 함께 여행하였다. 그리스도는 그의 마음 속에 살고 계셨다. 바울은 역경을 만난 지금도 이 주인에 대한 신뢰를 버리려고 하지 않았다. 우리는 주님께서 그와 같은 충실한 신뢰를 기쁘게 여기셨다는 것을 상상할 수 있으며 주님은 그를 따르는 자들에게서 그와 같은 충실한 신뢰를 더욱더 높이 평가하실 것이다.

D. 신실을 원함.

그리스도께서는 우리에게 말씀을 주셨고 우리에게 그 말씀을 지키라고 명하셨다. 그 말씀은 인류에게 생명과 사망의 말씀이다. 그 말씀은 나에게 생명이든지 아니면 사망이다. 이기적인 생각은 다만 생명을 주는 말씀의 이 형식만을 지키려고 할 것이다. 그러나 더 중요한 것은 우리를 신뢰하신 그분께 대하여 진실하고자 하는 소원이 있어야 한다. 그리스도인이 되는 것은 항상 쉬운 일이 아니지만 그러나 그것이 쉽기를 원하는 사람은 누구인가? 진실한 사람들은 편안한 환경을 기대하지 않는다.

E. 참된 교제의 진가.

바울은 그를 버린 자들의 행위에 대해서 길게 생각하지 않고 그의 사슬에 매인 것을 부끄러워하지 않았던 사람에 대하여 더욱 자세하게 말하였다. 그는 그를 유쾌하게 하였고 감옥에 갇힌 그를 찾아 만났고, 여러 면으로 그를 섬겼다. 괴로운 시절에 그리스도인의 사귐이 우리에게 어떤 의미가 있는가를 생각할 때 우리는 바울의 관용을 본받아야 할 것이다. 더욱이 우리는 진정한 친구였던 오네시보로를 본받으면 좋을 것이다.

디모데후서 2:1-13

좋은 군사

2:1. "네가 그리스도 예수 안에 있는 은혜 속에서 강하고."
2:2. "들은 바를 … 부탁하라."
2:3. "좋은 군사로."
2:8. "예수 그리스도를 기억하라."
2:9, 10. "고난을 받았으나 … 내가 … 참음은."

I. 역사적 배경

이 구절의 어조는 서신서의 대부분 구절처럼 자기 때가 얼마 남지 않았음을 바울이 깨닫고 있었다는 것을 나타내고 있다. 바울은 메시지를 공식화함에 있어서 그 자신의 독특한 권위를 나타내면서 디모데에게 메시지를 보존하는 것에 관한 지시를 하였다. 그 자신의 눈은 땅 위에서의 수고가 상급을 받게 될 저 너머 생명을 향하고 있었다. 바울은 디모데가 담대하게 잘 수행하기를 바라면서 그의 어린 제자를 주님께 부탁하였다. 이 구절은 그리스도인 공동체가 더욱더 어려움을 겪고 있었다는 것을 암시한다.

II. 용어 해설

2:1. "강하고." ASV에서는 좀더 정확하게 "강하게 되고"라고 번역하고 있는데, 이는 그 동사가 수동태여서 "힘을 받고"를 뜻한다. 디모데는 그 자신의 능력을 길러야 할 뿐만 아니라 그의 속에서 다른 이가 일하도록 해야 했다.

"은혜"는 하나님께서 그리스도 안에서 공급하시는 값없는 도움이며 강하게 되는 비결이다. "협동하는 은혜"(페어번⟨P. Fairbairn⟩).

2:2. "네가 많은 증인 앞에서 내게 들은 바"는 바울의 가르침을 이야기하며, 이 가르침은 디모데가 자주 들었던 것이다. 설교자가 바울처럼 그가 가르친 것이 진리라는 것을 확신할 수 있는가?

2:3. "고난을 참을지니." RSV에서는 "고난을 받을지니"라고 되어 있다. 그리스어로는 한 단어이다. 디모데는 이런 경험을 하기 직전에 있었을 것인데, 왜냐하면 히브리서 13:23에서 그가 감금에서 풀려난 것을 이야기하고 있기 때문이다.

2:4-6. 바울은 세 가지 실례로써 강력하게 호소하였다. "군사로서 디모데는 참을성을 배워야 하며, 경기자로서 자제하는 것을 배워야 하며, 일꾼으로서 인내력을 배워야 한다."(거스리).

2:7. 필립스는 "나의 이 세 가지 실례를 생각하라"고 번역하고 있다. 그런데 바울은 주님께서도 디모데의 이해를 도우실 것이라고 덧붙였다.

2:8. "예수 그리스도께서 … 다시 살으셨다는 것을 기억하라". RSV는 좀더 의미를 명확하게 하여 "다시 살으신 예수 그리스도를 기억하라"(한글 개역판도 이렇게 번역하고 있다)고 번역하고 있다. 그것은 꼭 역사적 사실이 아니라 그분의 임재의 영구적인 실재를 포함하는 사실이다.

"다윗의 씨." 이 구절이 우리 주의 인성을 강조하고 있다는 것을 비교로써 보여 준다. 그는 살아나셨고 지금 계시며 우리의 필요를 아신다.

2:9. "매이지 아니하니라." "역사의 사실 중 하나는 하나님의 말씀의 저항할 수 없는 능력이다"(바클레이⟨Barclay⟩).

2:11. "미쁘다 이 말이여"는 11-13절에 나오는 말씀을 말하고 있다. 이 세 구절은 고대 찬송의 일부였던 것 같다.

"우리가 … 죽었으면"은 세례나 순교를 말하는 것인가? 이 문맥에서는 순교로 보는 것이 더 좋을 것이다. 스데반 이래 그들의 증거를 위하여 죽었던 자들이 있었다.

"미쁨이 없다"는 아피스토우멘으로 "신뢰할 수 없는" 혹은 "신실하지 못한"이란 뜻이다. 항상 신뢰할 수 있는 주님과 대조시킨 것이 요점이다.

그러나 주님께서 주님의 자비와 돌보심을 믿지 않는 자들에게까지 도움을 주시는 것은 아니다.

Ⅲ. 교리적 의의

바울로서는 많은 것이 기독교의 가르침을 충성스럽게 전할 수 있는 사람들을 확보하는 데 달려 있다. 그러나 바울은 조직이나 직원의 신분에 대해서는 아무 말도 하지 않았다. 필요한 것은 성령이 충만한 사람이다. 살아계신 그리스도가 그의 교회 안에 계셔서 그의 영의 사역에 의해 교회를 세우시고 계신다. 하나님의 말씀인 복음은 인간의 적대에도 불구하고 "매이지" 않는다. 이 구절에서는 모든 것의 중심이 그리스도이다. 그리스도는 그리스도인들이 그 안에서 그를 위하여 사는 그런 분이시다. 그리스도와 연합함이 그리스도인이 되는 것의 본질이며 그의 일향 미쁘심이 우리의 확신의 바탕이다.

Ⅳ. 실천적 목표

그리스도인이라고 하는 사람들 중에는 편안한 생활을 하는 사람들이 꽤 많다. 사역자들이 그들의 소명을 그들의 생활 방편으로 생각하는 경우가 때때로 있다. 평신도들은 편안한 종교 생활을 하면서 희생을 잊어버린다. 우리는 우리의 소명을 실제적으로 보아야 한다. 우리 주님은 솔직하게 제자들에게 그들이 세상에서 반대를 받을 것이라는 것을 말씀하셨다. "예수 그리스도 안에서 경건히 살고자" 하는 모든 사람들에게 많이 나타났던 적대감에 대해서 미리 말씀하셨다. 우리는 그 사실을 직시하고 받아들여야 한다. 그리스도인의 생활은 상급이 있지만 그러나 진지하게 헌신한 사람들에게만 상급이 있을 뿐이다.

Ⅴ. 설교 개요

제목: "좋은 군사."

도입부

하나님의 방식은 우리의 방식이 아니다. 우리는 그리스도를 따르는 자들에게 희생의 삶이 요구되는 이유를 부분적으로만 알 뿐이다. 죄가 세상 안에 있다. 죄로 말미암아 복음에 대한 적의와 적극적인 반대가 일어난다. 싸움이 불가피하다. 겟세마네와 갈보리에서 우리가 보듯이 그것은 쉽게 물리칠 수 있는 것이 아니다. 이 구절은 "사역자들만을 위한" 것이 아니다. 모든 제자가 무장하여 싸움에 참가해야 한다.

A. 그의 힘의 원천.

좋은 군사가 되기 위하여 사람은 어떤 내적 자질을 갖추어야 한다. 군사의 훈련은 군인에게 무기를 다루는 솜씨를 기르게 할 뿐만 아니라 단호함과 승리하고자 하는 소원을 가지고 전투에 임하는 정신을 불어넣어 주기도 한다. 그리스도는 그의 군사들에게 내적 자질 곧 사기(士氣)를 불어넣어 주신다. 그의 은혜 안에 모든 임무를 위한 충분한 자원이 있다. 그는 인내력을 주신다. 인내력 외에도 그리스도는 승리하고자 하는 의지와 대의에 대한 열정과 그 대의가 선하다는 확신과 승리의 소망을 주신다. 은혜는 우리가 즐거워하는 선물이며 우리를 유지시키는 에너지이다.

B. 그의 책임.

그는 횃불을 전할 책임이 있다. 바울은 그의 전생애를 바쳐 전하고 있는 메시지가 순결한 그대로 전해져야 할 것에 대해서 걱정하였다. 그는 디모데를 기대하였다. 참된 "사도적 계승"이 여기에 있다. 기독교 지도자들은 또한 다른 사람을 가르칠 수 있는 신실한 사람을 임명해야 한다. 교회의 지체들은 이 책임을 함께 나눈다. 훈련과 하나님의 부르심으로 사역을 위하여 바르게 준비된 자들에게 하나님의 말씀이 맡겨졌다는 것을 그들이 확신해야 한다. 호세아서의 정확한 인용은 "백성이나 제사장이나 일반이라"이다.

C. 그의 헌신.

좋은 군사는 모든 인연을 끊고 생명 자체를 내던져야 한다. 전쟁 동안

군복무의 부름을 받은 사람들은 대부분 그들이 생명을 걸어야만 한다는 것을 맨 처음 느끼는 충격적인 순간을 경험하였을 것이다. 그리스도께서는 그의 군사가 모두 싸움에서 죽기를 요구하지 않으신다. 그러나 그리스도께서는 그들 모두가 마치 그 밖의 아무것도 중요하지 않은 것처럼 살기를 요구하신다. "이 세상 생활에 얽매이게" 되는 것은 옷의 주름 속에 검을 끼워 놓고 있는 것을 의미한다. 그리스도인들은 그들의 무기를 사용할 수 없다면 전혀 효과가 없는 것이다.

D. 그의 감화.

고대 로마 사람에게는 이런 속담이 있다. "수사슴이 지휘하는 사자의 군대보다 사자가 지휘하는 수사슴 군대가 더 낫다." 지도자가 결정적으로 중대하다. 그러므로 그리스도의 군사는 그리스도를 생각한다. 그리스도는 그들이 그의 이름을 띠고 있고 그의 말이 그들의 법이고 그의 사랑이 그들로 하여금 하지 않을 수 없게 하는 그런 분이다. 그를 기쁘게 하는 것이 그들의 한 가지 큰 열망이며 그를 실망시키는 것이 그들의 가장 큰 수치이다. 요한은 하늘 군대의 상좌에서 "신실하고 참되신" 그분을 보았다. 그분을 따라가는 것이 가장 좋은 상태의 생명을 아는 것이다.

E. 그의 본.

예수 그리스도 뒤에 바울은 지금까지도 여전히 복음이 전파되었을 때 그리스도에 대한 헌신의 가장 큰 모범으로 있다. 지금도 그는 우리 대부분을 책망하고 있다. 그는 이류의 인물이 결코 아니었다. 그의 정신력, 그의 통찰력, 그의 자질은 최고의 수준이었지만 그는 흔쾌히 그 모든 것을 그리스도의 발 아래 버렸고 또 만족하였다. 그런데 바울 이래 또 다른 헌신적인 사람들이 많이 있어서 우리에게는 구름같이 둘러싼 "허다한 증인들"이 있다.

F. 그의 상급.

상급이 있다. 합당한 상급을 얻으려고 노력하는 것은 나쁜 짓이 아니다.

그리스도의 충성스러운 군사는 그의 주의 승리에 참여할 것이다. 주께서도 죽기까지 순종하시고 지극히 높이 되셨다. 바울은 버림받는 사람이 되지 않기 위하여 힘썼다. 십자가의 결국은 면류관이다. 고난과 수고가 그리스도를 따르는 자의 몫이어야 한다는 것은 이상할지 모르지만 그리스도를 따르는 자가 좋은 군사였다면, 그는 자기에게 "너의 주의 기쁨에 참여하라"고 말씀하시는 분의 말씀을 듣게 될 것이다. 그 말을 들을 때 그는 풍성히 상급을 받게 될 것이다.

디모데후서 2:14-19

선한 일꾼

2:14. "말다툼을 하지 말라고 ⋯ 이는 유익이 하나도 없고."

2:15. "부끄러울 것이 없는 일꾼으로 인정된 자로 자신을 하나님 앞에 드리기를 힘쓰라."

2:16. "망령되고 헛된 말."

2:18. "어떤 사람들의 믿음을 무너뜨리느니라."

2:19. "하나님의 견고한 터는 섰으니."

I. 역사적 배경

이 서신에서 지금까지는 신자들에게 위협이 된 것은 외부인에 의한 박해였다. 이 구절에서는 적어도 명목상 그리스도인이고 교회 안에서 활동하고 있는 선생들의 탈선에 대해서 경고하고 있다. 그런 두 사람은 후메내오와 빌레도라고 이름하는 사람들이었다. 디모데는 그 사람들을 잘 알았을 것이지만 우리는 그 사람들에 관하여 전혀 아는 바가 없다. 바울은 디모데가 알도록 하기 위하여 그들의 이름을 댔다. 그리고 그들의 거짓 가르침에서 한 가지 구체적인 예를 들어 이야기하였다. 디모데전서에서 한 권고와 크게 다른 것은 아니지만 바울의 임박한 세상 하직을 고려하면 어쩌면 좀 더 긴박할지 모른다.

II. 용어 해설

2:14. "이 일"은 아주 강조적이다. 앞의 세 구절에 대한 언급이다.

"말다툼"은 그리스어로 로고마케인이다. 말은 검토되고 정의되어야 하지만 다툼이 되어서는 안 된다. "결국은 이러한 쓸데없는 일에 떠드는 사람들이 그들의 시시함에 전혀 어울리지 않게 해를 입혔다"(페어번).

2:15. "힘쓰라"는 말에는 "꾸준한 열의"라는 개념이 들어 있다(거스리). RSV에서는 "너의 최선을 다하라"고 되어 있다. "하나님께 인정된(인정된 자로 자신을 하나님 앞에 …)"은 중요한 문제가 되는 유일한 상급이다.

"옳게 분변하여"는 원래 "평탄한 길을 터 놓다"(참조. 거스리) 혹은 밭고랑을 똑바르게 갈다라는 의미가 있었던 말이다. 디모데는 정직하고 도움이 되는 사역을 수행해야 했다.

2:16. "망령되고"는 여기와 디모데전서 6:20에서만 나오는 말이다. 그러한 분쟁은 될 수 있는 대로 언제든지 피해야 한다. 사사건건 시비하려 드는 사람들이 더러 있다.

2:17. "창질"은 "탈저(脫疽)"이다. "썩어져 감"은 노멘 에케인이며 문자적으로는 "목초지를 찾아내다"이다. 이것은 거짓 가르침의 진행에 대한 놀랄 만한 묘사이다. 바울은 이름들을 말하였다. 잘못은 독자적인 존재가 아니다. 잘못은 어떤 사람의 마음에 있다. 언제 어떻게 이름을 말하느냐 하는 것은 또 다른 문제이다.

2:18. 그리스인들을 기독교의 부활의 가르침을 특히 싫어하였다(행 17장: 고전 15장). 그리스도인의 믿음은 큰 사실에 바탕을 두고 있다. 그 사실이 없으면 그것은 그 실질을 잃어버렸다.

2:19. "하나님의 터는 확실히 섰으니"는 좀더 정확하게는 "하나님의 견고한 터는 섰으니"(RSV)이다. "터"는 진리의 후견인인 전체 교회로 이해하는 것이 가장 좋을 것이다. 한두 개의 돌이 빠져도 건물 자체가 흔들리지는 않는다.

"인침"은 건물에 새긴 것을 말하는데, 건축가의 표시나 건물의 용도와 관련이 있을 것이다. 바울이 인용한 두 본문은 둘 다 정확한 인용이 아니지만 복음에 비추어 성경의 정신에 의거한 언급이며 하나님의 목적을 강조하고 있다. 처음 인용한 본문은 하나님에 대한 것으로 보인다. 하나님께서 자기 백성을 아신다. 그 다음 인용한 본문은 사람에 대한 것으로 보인다. 하나님의 참된 백성은 불의에서 떠난 자들이다.

Ⅲ. 교리적 의의

기독교 신앙은 역사적 사실에 근거를 두고 있다. 부활은 비록 그 안에 영적인 의미가 있을지라도 영적인 경험으로 처리해 버려서는 안 된다. 그리스도께서 죽은 자 가운데서 살아나셨고 그리스도 안에서 죽은 자들이 살아날 것이다. 서기 약 30년에 나의 삶과 세상 사람의 삶에 영향을 미친 어떤 일이 일어났다. 부활은 우리 믿음의 핵심이다. 부활 때문에 신자는 그리스도 안에서 새로운 삶을 산다. 부활 때문에 교회는 구속받은 공동체로서 존재한다. 그와 같은 일을 분명하게 밝히는 것이 복음을 전파하는 자들의 첫째 임무이다.

Ⅳ. 실천적 목표

언제 논박하고 언제 잠잠해야 하는지는 그리스도인이면 누구든지 알아야 할 문제이다. 믿음을 변호하는 것을 포기해서는 안 된다. 변증론 혹은 논증법은 여전히 신학의 일부 과제이다. 우리 주님을 공격하는 것을 간과해서는 안 될 것이다. 철저히 자기 자신의 동기를 평가해야 한다. 논쟁에 뛰어드는 것이 다투기를 좋아하기 때문인가, 개인적으로 자기 상대를 싫어하기 때문인가, 아니면 자기 자신의 솜씨에 대한 자만심 때문인가? 혹은 신자에 대한 염려에서 논쟁에 뛰어드는 것인가, 복음의 가치를 느끼기 때문에 논쟁에 뛰어드는 것인가? 만일 기본적인 가르침이 부인된다거나 번잡한 말로 인하여 흐려진다면, 단지 이 이유라면 겸손한 신자들을 위하여 무엇인가 이루어져야 한다. 진리의 말씀을 옳게 분변하는 것은 중요하다.

Ⅴ. 설교 개요

제목: "선한 일꾼."

도입부

앞 단락에서 군사가 중심 인물이었듯이 이 단락에서는 일꾼이 중심 인물이다. 그 배경에는 교회가 있다. 사람들이 교회를 세우는 일에 종사하고 있고 교회는 그들의 일을 자랑하고 최종 결과에 관심이 있는 일꾼들이 필요하다. 이 구절에서 선한 일꾼에 대한 바울의 표준에 부합한 사람의 어떤 중요한 자질을 보게 된다.

A. 중요한 것에 대한 그의 관심.

지난 수세기 동안 교회와 교회의 선생들과 사상가들은 말다툼에 골똘한 적이 한두 번이 아니었다. 왜 이렇게 되어야만 했던가 하는 것을 말하기란 쉽지 않은 일이다. 교만으로 인하여 그렇게 되었을지도 모른다. 만일 어떤 사람이 한두 시간 동안 이분설의 인간론 대 삼분설의 인간론을 논할 수 있다면 그 사람은 학식이 있다는 소리를 들을 것이고 칭찬을 듣는 것은 유쾌하다. 또 한편 참된 그리스도인의 경험의 부족이 원인일 수 있다. 사람은 학자연함으로써 자신의 영적 빈곤을 숨기려 할 수 있다. 집단의 편협함 때문에 그렇게 되었을지도 모른다. 하찮은 것에 감탄하는 사회에 속하여 중요한 것에 대한 인식을 상실하였을지도 모른다. 이 모든 것 가운데 가장 나쁜 것은 청중이 양식이 필요한데 구하지 못하는 것이다. 선한 일꾼은 중요한 것이 무엇인지를 알고 있으며 파멸적인 싸움을 그만두려고 한다.

B. 그 자신의 일에 대한 그의 관심.

사람은 가질 만한 유일한 인정이 하나님의 인정이라는 것을 잊어버리고 있다. 그의 일에 관하여 바울은 이렇게 쓴 적이 있다. "우리는 하나님을 기쁘시게 하는 것을 목표로 삼는다"(RSV). 노력은 성취의 대가이다. 기독교 설교자는 세상에서 가장 중요한 일을 하고 있으며 그는 그 일을 잘하기 위하여 모든 기술이 필요하다. 마지막에 그는 예수 그리스도의 철저한 조사에 의연히 임해야 한다. 그 날에 그는 제시할 만한 어떤 것이 있어야 한다. 만일 그가 때때로 다른 사람들을 충고할 수 있으려면 그 자신에 대해서 훨씬 더 엄격해야 한다.

C. 복음에 대한 그의 관심.

거짓 선생들은 교회가 자기편을 얻을 수 있는 효과적인 장소라는 것을 알았다. 신자들이 믿음에 대한 충분한 지식이 없었거나 믿음의 향상을 꾀하려는 마음이 없었거나 기독교 가르침의 어떤 측면을 지혜롭게 해석하는 것처럼 들리는 것에 현혹되었을 수 있다. "영적" 의미에 관하여 말하거나 성경을 새로운 해석으로 왜곡하는 것이 인상 깊게 들리고 사람들은 인기를 얻기 위하여 그와 같은 수단을 사용하고자 하는 유혹에 빠졌다. 그와 같은 가르침을 탈저정(脫疽疔)이라고 부르는 것이 아름다운 비유가 아니지만 하나님의 소자의 믿음을 파괴하는 것은 아름다운 것이 아니다. 선한 일꾼은 복음의 진리에 관심이 있다. 그는 그 자신의 말이 "믿음이 없는 재잘거림"이 아니라는 것을 확신한다.

D. 그의 확신의 원천.

하나님께서 세우시는 것은 안전하다. "내가 한 돌을 시온에 두어 기초를 삼았노니"라고 이사야는 말하였다(사 28:16). 사람들이 하나님께서 기초를 세우신 것 위에 건축하면 그것은 그대로 서 있다. 거짓 선생들이 양들을 상하게 한 것을 볼 때 우리는 마음이 몹시 아프다. 길을 잃어버린 많은 사람들로 인하여 우리는 마음이 몹시 아프다. 우리는 교회를 괴롭히는 악을 볼 때 때때로 근심하게 된다. 바울은 하나님께서 그의 백성을 아신다는 것을 알게 될 때 확신을 가졌다. 그의 궁극적 확신은 하나님께 있었다. 우리 주님은 지옥의 문들이 이기지 못할 것이라고 우리에게 말씀하셨다. 파란만장한 생애 동안 바울은 이 19절의 말씀을 그의 마음에 자주 새겼을까? 그랬을 것이다. 우리에게는 바울과 같은 확신이 필요하다. 우리 시대는 시험받는 시대이다. 선한 일꾼은 그가 들인 수고가 실패하지 않을 대의를 위한 것임을 알기 때문에 참을성 있고 성실하게 힘써 일한다.

디모데후서 2:20-26

주의 종

2:21. "자기를 깨끗하게 하면 … 주인의 쓰심에 합당하며."
2:22. "피하고 … 좇으라."
2:24. "주의 종은 다투지 아니하고 모든 사람을 대하여 온유하며."
2:26. "저희로 깨어 마귀의 올무에서 벗어나."

I. 역사적 배경

여러 가지 그릇들이 있는 집의 개념("터")에서 앞 구절과 관계가 있다. 에베소와 같은 도시에서 여러 계층의 사람들이 신자로 가입한 것은 당연하다. 일꾼은 이제 가정사를 관리할 때 근면하고 재치있어야 하는 종이 되었다. 그는 타락한 사람들을 바로잡기 위하여 특히 힘써야만 한다.

II. 용어 해설

2:20. 그릇의 비유는 기대되었을지 모르는 것으로부터 다른 적용을 받는다. "천히" 쓰임받는 자들은 거짓 선생들로서 비록 가치가 없지만 경고로 쓰임으로써 하나님의 뜻에 봉사하는 것으로 묘사된다.

2:21. "이런 것에서 자기를 깨끗하게 하면"은 RSV에서는 "수치스러운 것에서 자신을 정결케 하면"으로 번역되어 있다. 이것은 사역자들에게 한정된 말이 아니라 일반 모든 신자에게 해당되는 말이다.

2:22. "청년의 정욕"은 반드시 육체의 죄만이 아니다. 문맥상 청년의 정욕은 영적 교만과 노인을 멸시하는 것과 성급함과 사랑이 부족한 것을 다 포함할 것이다.

2:23. "버리라(avoid)"는 디모데전서 4:7에서 버리라(refuse)로 번역되어 있다. 그것은 단순히 피하라는 것보다는 오히려 버리라는 말이다.

2:24. "종"은 특별히 사역자를 언급하는 듯하다. 물론 이 말은 더 광범위하게 적용되는 말이다. 거스리는 이사야의 종의 구절과 관련이 있음을 시사한다. 사역자는 그러한 구절들을 깊이 생각해야 할 것이다.

"가르치기를 잘하며"는 하나님께서 그의 종들에게 수여하신 능력이다. 사역에 들어가기 전에 그와 같은 재능을 받았는지 잘 살펴야 할 것이다.

2:25. "가르칠지니"는 RSV에서 "징계할지니"로 되어 있다. 파이듀오는 징계의 의미일 수 있지만 23절의 "무식한"과 대조를 주의하라. 심프슨은 "그 말을 잘못을 드러내는 것보다는 진리의 가르침으로 이해하는 것이 더 나은 생각이다"고 말한다.

2:26. 아주 논란이 많은 구절이지만 AV와 RSV에서 취하고 있는 대로 "사로잡힌 바 되어 그 뜻을 좇게 하실까 함이라"가 가장 적절한 의미이다.

III. 교리적 의의

앞의 권고에서 디모데는 고난을 받아들이고 지도력을 나타내고 잘못을 드러내라는 강력한 요구를 받았다. 한 가지가 더 필요하였다. 그는 그와 관계된 모든 사람에 대하여 온유와 인내로써 그의 권위를 행사해야 하는데, 특히 회개해야 할 필요가 있는 사람들에게 그렇게 해야 한다. 비록 그는 좋은 군사가 되어야 했지만, 다투지는 말아야 한다. 여기에 나오는 세세한 내용은 충고의 실제적인 부분이다. 관련된 원리들은 모든 제자들을 위한 것이다. 만일 양떼를 돌보도록 위임을 받은 자들이 좀더 사랑과 관대함과 온유함으로 가르쳤다면 지나온 세월 동안의 교회사에서 엄청난 차이가 생겼을 것이다.

V. 설교 개요

제목: "주의 종."

도입부

바울은 자신을 주의 종이라고 부르는 버릇이 있었다. 그는 그 호칭을 명예롭게 생각하였고 그 섬김의 상급을 생각하였다. 그리스도의 손에 자기 삶을 맡겨서 어떤 일을 하는 것보다 더 잘할 수 있는 사람은 아무도 없다. 마음에 드는 종의 자질은 무엇인가?

A. 그는 합당해야 한다.

삶과 가르침이 상반된 사람들 때문에 그 동안 죽 복음이 큰 손상을 입었다. "이런 것에서 자기를 깨끗하게" 하라는 명령은 거짓 선생들에게서 떠나라는 의미이거나 생활에서 악한 행위에서 벗어나라는 의미일 것이다. 어쩌면 둘 다 의미할지도 모른다. 좋은 주의 종은 그의 증거를 흐리게 할지 모르는 것은 무엇이든지 버릴 것이며 독실한 체하는 이른바 "성인인 체하는" 정신을 가지지 않을 것이다. 그가 후메내오와 빌레도를 화형시키라는 명령을 받은 것이 아니다. 그는 그들의 잘못을 바로잡고 그들을 설득하여 그리스도 안에 있는 진리로 돌이키게 하고 그 자신의 생활에서 그리스도의 정신을 나타내라는 명령을 받았다. 주의 이름을 부르는 자들마다 불의에서 떠나야 한다. 가장 좋은 질의 그릇들만이 주인의 쓰심에 합당하다. 바울은 자신이 버림을 받을 것을 두려워하였기 때문에 그의 몸을 쳐서 복종시켰다. 스스로 복음을 전하는 일을 감당할 자는 아무도 없다. 그리스도의 은혜와 그 자신의 자기 훈련에 의하여 "귀히 쓰는 그릇이 되어 거룩하고 주인의 쓰심에" 합당하게 된다.

B. 그는 고상한 목표가 있어야 한다.

주의 쓰심에 합당하게 되고자 하는 단순한 소원만이 사람이 가질 수 있는 고상한 목표이다. 예수 그리스도를 알고 그의 계획의 어떤 것을 이해하고 그리스도께서 인류를 위해 하신 것을 인정하는 사람은 누구든지 충성스러운 봉사에 더 큰 자극이 필요없을 것이다. 더욱이 그 마음이 그리스도에 의하여 감동된 사람은 누구든지 유용하게 되는 것을 목표로 할 것이다. 매우 곤궁에 처해 있고 절망적인 세상에서 그는 기꺼이 짐을 질 것이다. 종이 주인보다 높지 못하다. 처음 맡은 임무에서 좋지 못한 경험을 한 젊은 사역자에 관하여 한 지혜로운 나이 많은 사람이 이렇게 말하였다. "그는 교인들에게 도움이 되는 사람이 되지 못하였다." 세상의 추구는 그리스도의 제자에게 어울리지 않는다. 그는 그의 주를 기쁘게 할 것을 추구함으로써 격려를 받는다.

바울은 주의 종의 목표에 관하여 할 말이 많았다. 그는 의를 추구해야 할 것이다. 그는 그의 주께서 도와주신 그의 능력을 최대한 발휘하여 하나님과 사람의 모든 관계에서 바른 길을 찾아야 할 것이며 그렇게 함으로써 그의 성실함이 알려지게 될 것이다. 그는 믿음을 추구해야 할 것이다. 그는 신실하신 하나님을 섬기는 사람답게 신뢰할 만해야 할 것이다. 그는 사랑을 추구하여야 할 것이다(참조. 딤전 6:11). 그리고 믿음과 사랑이 그리스도의 선한 종의 목표로서 하나로 연결되어야 할 것이다. 사랑은 사람들의 자격과 상관없이 모든 사람을 포용한다. 사랑이 없는 사람에게 양들을 적절히 돌볼 것을 기대하지 못한다. 만일 주의 종에게 사랑이 없다면 그는 아무것도 아니다. 그는 평화를 추구해야 할 것이다. 그는 모든 점에서 믿음의 권속들과 조화롭게 살 수 있도록 해야 할 것이다. 그는 사귐을 추구해야 할 것이다. 그는 그리스도인의 모든 효과적인 봉사가 그의 형제와 사귐에서 이루어졌다는 것을 깨닫는다. 종이 이와 같은 목표를 가질 때 그의 소명에 합당함에는 아무런 문제가 없다.

C. 그는 그리스도와 같은 정신을 보여 주어야 할 것이다.

(1) 그는 유익하지 못한 논쟁을 피해야 할 것이다. 물론 불가피하게 어떤 충돌이 있을 수 있다. 우리 주님은 통치자들과 맞서기 위하여 예루살렘으로 가야만 했다. 그러나 대개는 주의 종이 "어리석고 무익한 논쟁"을 피할 수 있다. 그와 같은 무익한 논쟁이 참으로 많다. 논쟁은 세상의 눈으로 믿음을 어리석게 보이게 만든다. 논쟁하게 됨으로 사귐이 깨어졌다. 논쟁하느라 양을 먹여야 할 지도자들이 틈이 없게 되었다. (2) 그는 모든 사람을 온유한 심정으로 대해야 할 것이다. 그는 상한 갈대를 꺾거나 꺼져 가는 심지를 끄지 않을 것이다. 만일 사람들이 사랑에 반응을 보이지 않는다

면, 그는 설득할 다른 수단이 전혀 없을 것이다. (3) 그는 참아야 할 것이다. 그는 경멸과 모욕을 당할 것이지만 그리스도께서도 그러한 경멸과 모욕을 당하셨다. 주님은 그를 십자가에 못박은 자들을 위하여 기도하셨다. 우리 모두가 그 잔인한 행동에 참여했으며 우리 모두가 그 용서하시는 사랑을 받았다는 것을 우리는 기억한다. 기억함으로써 우리가 시험당할 때에 참으려고 애쓰며, 우리를 대적하는 자들까지도 전도할 길을 모색한다. 하나님의 종은 그의 주인의 모양이 마침내 그에게서 나타나길 소망한다.

디모데후서 3:1-9

말세

3:1. "고통하는 때."
3:2-5. "자기를 사랑하며 … 무정하며 … 쾌락 사랑하기를 … 이 같은 자에
　　　게서 네가 돌아서라."
3:7. "진리의 지식에 이를 수 없느니라."
3:9. "저희 어리석음이 드러날 것임이니라."

I. 역사적 배경

바울이 그린 그림은 사람의 마음을 끄는 것은 아니었지만 그는 디모데
가 겪어야 할 시험에 관하여 더욱더 명백히 써야 할 필요를 느꼈다. 교회
에서뿐만 아니라 세상에서도 악의 세력이 크게 팽창할 전망이었다. 그와
같이 어두운 사실은 솔직하게 드러내야 한다.

II. 용어 해설

3:1. 신약 성경의 용법에 의하면 "말세"는 우리 시대의 마지막의 때와
관련이 있지만 그 서술은 교회사에서 한 시대 이상을 말한다. 6절에서 동
사가 미래 시제에서 현재 시제로 바뀌는데, 이는 바울이 말한 것이 디모데
의 당면한 사정과 관계가 있기 때문이다.

"위험한"(한글 개역판은 "고통하는", 칼레포스)은 그 말 속에 위협의 요
소가 있다. 믿음을 지키려면 노력과 용기가 필요하다.

3:2. "사람들은 자기를 사랑하며 돈을 사랑하며"는 열거한 나머지 악들
의 기초이다. "자긍하며"는 "잘난 체하며 뽐내지만 속이 다 들여다보이는"

라는 뜻을 담고 있다(심프슨).

3:3. 이 구절에서 여섯 단어 중 하나를 제외한 전부가 부정적인 접두사를 가지고 있다. 그것들은 기독교 덕과 반대되는 것들이다. 죄는 선과 진리의 부정이다.

3:5. "모양"은 모르페로서 외적인 모양을 말한다. 그들은 종교를 부인하지 않았지만 그들에게 종교는 아무런 의미가 없다.

3:6. 마팻(Moffat)은 "가만히 들어가"를 "기어 들어가"로 번역한다. 거짓의 표시는 그 교활한 방식이다. "죄를 중히 지고"는 교활한 선생들에게 넘어간 것에 대한 양심의 가책을 말한다. 남자들 역시 죄를 짓지만 여자들은 종종 바울이 기술하고 있었던 그런 미혹자들의 표적이 되었다.

3:8. 유대인 전승에 의하면 얀네와 얌브레는 모세를 대적한 애굽 술사들이었다. 그들은 모세를 그들과 같은 직업을 가진 한 사람으로만 생각하였을 뿐 모세가 받은 사명의 신적인 성격을 전혀 인식하지 못하였다. "버리운자"를 RSV에서는 "위조자"로 번역하고 있다(참조. 고후 13:5, 6).

3:9. RSV는 "저희가 아주 멀리 이르지 못할 것은"으로 번역하고 있다. "나아가지(proceed)"는 2:16에서는 "점점 나아가나니(increase)"로 번역되었고 3:13에서는 "더욱 악하여져서(wax worse and worse)"로 번역되었다. 바울은 디모데에게 그의 대적들이 드러날 것을 약속함으로써 다시 용기를 내게 하였다. "결국에는 여우 같은 교활함은 보응을 받게 된다"(심프슨).

III. 교리적 의의

바울이 자기 당대에 그리스도께서 재림하실 것을 기대하였다가 일어나지 않자 실망하였다고 때때로 주장된다. 이것이 사실이 아니라는 것이 이 구절에서 명백히 드러나는데, 여기서 바울은 악의 불명확한 발전과 시련의 시기를 위하여 그의 계승자를 준비해야 할 필요를 예견하였다. 기독교 신앙은 역사에서 선과 악의 대립을 인정하지만 이원론을 인정하는 것이 아니다. 기독교 신앙은 하나님께서 주장하시기 때문에 선의 승리를 선언한다. 예수 그리스도의 십자가에서 승리가 이루어졌다. 우리 주님께서 크신 구속의 행위를 하실 순간이 다가왔을 때 "이제 이 세상의 심판이 이르렀으니"라고 말씀하였다.

IV. 실천적 목표

하나님을 섬기는 사람이 결코 실망해서는 안 된다면 그들은 또한 거짓 낙관주의에 속아서도 안 된다. 우리는 원수의 세력과 사람의 마음에 있는 하나님에 대한 적개심과 같은 엄연한 사실을 무시해서는 안 된다. 그리스도인은 비관주의자가 아니라 현실주의자이다. 마치 의사가 그의 환자에게 불유쾌한 사실을 이야기해야 하는 것처럼 때때로 설교자는 정직해야 하기 때문에 불유쾌한 사실을 말하지 않으면 안 된다. 그와 동시에 복음의 사자는 부정적인 것으로만 그치는 설교를 경계해야 한다. 이 세상은 하나님의 세상이며 우리는 실패하는 것이 아니다.

V. 설교 개요

제목: "말세."

도입부

바울의 "말세"란 서술은 비록 마지막 바로 직전과 주로 관련이 있지만 교회의 전역사에 해당된다. "말세"는 우리 주님과 그의 사도들이 복음을 전하기 시작한 이후의 모든 날이다. 교회의 생활에는 우리가 간과해서는 안 될 승리들이 있었다. 그러나 바울의 엄연한 그림은 또한 다 사실이었다. 그리고 우리가 배우지 않으면 안 되는 교훈이 거기에 있다.

A. "말세"는 믿음을 위협하는 날들로 간주되지 않으면 안 된다.

우리 주님은 제자들에게 인내력이 필요할 것이라는 것을 알려 주시고자 애쓰셨다. "그러나 끝까지 견디는 자는 구원을 얻으리라." 어느 시대든지 믿음은 항상 시험을 받는다. 믿음은 지연하는 것에 잘 견디어야 한다. 신자로 가정되는 사람들 가운데 떠나는 사람이 있고 냉담한 사람이 있더라도 믿음이 변치 않아야 한다. 믿음은 불의한 자가 성공하는 것을 종종 보게 된다. 믿음은 조롱과 멸시를 참아야 한다. 그리스도인은 이 모든 일을 당할 때에 앞장서서 싸움을 정면으로 맞서셨던 그의 주님과 함께 그 싸움을 싸우고 있다는 것을 기억해야 할 것이다.

B. "말세"는 믿음이 없는 것이 특징이다.

이 구절에서 우리는 거의 충격적인 악 또는 악인의 깜짝 놀랄 만한 목록을 대하게 된다. 슬프게도 이런 것들은 일상적으로 보는 것들이다. 우리가 접하지 못한 것은 하나도 없다. (1) 맨 처음 나오는 "자기를 사랑하며 돈을 사랑하며"는 기본이다. 자기를 사랑하고 돈을 사랑하는 것은 곧 교만과 탐욕은 세상의 대부분 악의 뿌리이다. 사람들은 이 두 가지 목표를 추구할 때 인간의 모든 합법적인 억제와 모든 주장을 무시한다. (2) 이 시대의 사람들은 선하고 거룩한 것을 전혀 존중하지 않음을 드러낸다. 그들은 사람으로서 취하고 살아가는 일상적인 예의범절까지도 무시한다. (3) 사람들이 저급한 본성에 빠져서 쾌락의 욕구를 끝없이 채우려고 한다. (4) 사람들이 종교가 그들의 삶을 지배하게 하려는 의도는 전혀 없이 종교의 형식만 유지한다. 공산주의자는 중국에 관하여 이렇게 자랑하였다. "거지와 강도와 매춘과 도박과 다른 온갖 종류의 비행과 죄악이 영원히 제거되었다." 우리는 복음의 구속적인 능력없이는 그렇게 되지 않는다는 것을 알고 있다. 그리스도께서 통치하실 때 비로소 승리가 이루어질 것이다.

C. "말세"는 타락을 위하여 종교를 이용하는 특징이 있다.

개인적인 이익을 위하여 민감한 사람을 이용하는 것은 종교의 더욱 속된 남용의 하나이다. 불안한 양심은 협잡꾼을 불러들인다. 항상 그리스도인처럼 말하기는 쉽지만 그리스도인으로서 살기는 쉽지 않다. "지적인 호기심이 아무리 많아도 도덕의 진지함을 대신하지는 못한다"(바클레이).

기독교 역사는 거짓은 마침내 드러나고 만다는 사실을 잘 증명한다. 시간이 시금석이다. "시간이 말해 줄 것이다"는 하나님께서 보좌에 여전히 앉아 계신다는 것을 말하는 한 가지 방식일 뿐이다.

디모데후서 3:10-17

온전케 함

3:10. "나의 교훈 … 보고 알았거니와."

3:14. "네가 뉘게서 배운 것을 알며."

3:15. "성경은 능히 너로 하여금 그리스도 예수 안에 있는 믿음으로 말미암아 구원에 이르는 지혜가 있게 하느니라."

3:16. "모든 성경은 하나님의 감동으로 된 것으로 … 유익하니."

3:17. "모든 선한 일을 행하기에 온전케 하려 함이니라."

I. 역사적 배경

바울은 그가 디모데에게 경고하였던 복음의 왜곡자들과 자신을 대조시키고 있다. 바울은 충실함의 본이었다. 루스드라에 대한 언급은 디모데에게 그의 가정과 바울과 처음 만났던 일과 바울이 돌에 맞아 거의 죽을 뻔하였던 일 등 많은 것을 시사하였을 것이다. 디모데는 그의 유년 시절에 남다른 좋은 영향을 받았으며 또 사도와 사귐을 가지게 되었다.

II. 용어 해설

3:10. "네가"(한글 개역판에서는 11절에 나옴)는 강조하는 말이다. 앞 구절과의 대조를 주의하라. "과연 보고 알았거니와"는 파라콜로우테스이며 "그것에 대한 지식을 얻을 만큼 마음에 어떤 것을 철저히 추구하는 것이다"(테이어). 디모데는 바울에 관한 사실들을 알고 있었고 그 사실들을 깊이 생각하였다. 바울은 그 자신에 관하여 말한 것을 자랑한 것이 아니었다. 그는 자기가 어떠하였다는 것을 알고 있었다. 그는 마크로투미아와 휘포모

네를 자신에게 적용하였다.

3:12. "그리스도 예수 안에서"라는 구절은 단순히 "그리스도인"이라는 그 이상의 의미가 있으며 삶의 비결과 삶이 이루어지고 있는 영역을 말한다. 11절에서 언급된 곳을 방문하던 중에 바울은 이런 말을 하였다. "우리가 하나님 나라에 들어가려면 많은 환난을 겪어야 할 것이라."

3:13. "더욱 … 하여지다"는 "나쁜 방향으로 진행하는 것"을 말한다(거스리). 반어법에 주의하라.

"속이는 자들"은 RSV에서는 "사기꾼"으로 되어 있다. 원래 그것은 "삯울음꾼"을 의미하였고 그 다음으로는 그들의 말하는 방식 때문에 "마법사"를 의미하였고, 그리고 나서 "사기꾼"을 의미하였다(참조. 테이어). "마귀는 군수품 제조자들처럼 그의 발명품을 개선한다"(심프슨).

3:15. "성경"이 RSV에서는 "성문서"로 되어 있다. 신약 성경 다른 곳에서는 성경을 가리킬 때 이런 어법이 사용되지 않았다. 이런 어법은 다른 작품에서 발견된다. 바울은 디모데가 가르침을 받은 것의 특징을 디모데에게 강조하기 위하여 그 표현을 사용하였다. "구원에 이르는"이란 말은 바울이 잘 쓰는 표현이다. 성경은 그리스도를 가리키고 그리스도를 말하고 믿음으로 읽을 때 그리스도에게로 인도한다.

3:16. RSV는 AV의 번역에 따라 "모든 성경은 하나님의 감동으로 된 것으로"라고 번역하고 있다. 비록 어떻게 번역되든 상관이 없지만 이것이 문법적으로 더 좋은데, 이 번역은 성경의 영감에 대한 바울의 믿음을 강조하고 있다. 데오프뉴스토(하나님의 감동으로 된)는 방법을 정의하는 것이 아니라 성령이 성경의 기록의 근원이요 안내자라는 사실을 말한다. 문맥과 신약 성경 어법은 똑같이 그라페의 의미가 거룩한 책 곧 구약이라는 것을 확정한다.

3:17. "온전케"는 완벽한 준비를 강조한다. "하나님의 사람"은 구약 성경의 선지자를 암시하는데, 특히 성경에 정통한 사람을 말한다. 그런데 사역자들에게만 관련된 것인가? 이 말씀을 읽는 사람마다 자기에게 말씀하고 있다는 느낌이 들지 않은가?

Ⅲ. 교리적 의의

바울과 디모데에게 성경은 구약 성경이었다. 물론 이 서신들이 기록된 당시에 예수님의 말씀이 유포되고 있었음직하고 그리고 만일 그랬다면 그 말씀들은 교회에서 아주 존중되었을 것이다. 그러나 디모데가 "어려서부터" 알고 있었던 성경은 구약 성경이었을 것이다. 성경에 관하여 두 가지가 강조되었다. 첫째, 성경은 하나님의 감동으로 되었고, 하나님의 영이 사람을 감화하셔서 성경을 쓰게 하였다. 둘째, 성경의 가치에 있어서 성경은 구원에 필요한 지식을 줄 수 있었다. 후자에는 "그리스도 예수 안에 있는 믿음으로 말미암아" 바울의 자격이 보태어졌음에 틀림없다. 읽은 것에서 그분이 말씀하시는 것을 듣는 것이 없으면 읽는 것만으로는 효과가 없다. "선지자가 이 말한 것이 누구를 가리킴이뇨?" 하고 내시가 빌립에게 물었다.

Ⅳ. 실천적 목표

모든 형태의 훈련은 그리스도를 섬기려고 하는 사람에게 매우 유익하다. 그는 잘 다듬은 도구가 필요하다. 그러나 그의 내적인 생명을 양육하고 이 생명을 다른 사람에게 나누어 줄 수 있게 하는 그러한 도구를 가지는 것이 제일 중요하다. 디모데가 유년 시절부터 어떤 것을 알고 있었다는 것은 의미심장하였다. 우리는 그가 맨 처음 훈련을 시작한 것을 깊이 생각하고 누가 그 훈련에 책임지고 있었던가를 아는 것이 좋을 것이다.

Ⅳ. 설교 개요

제목: "온전케 함."

도입부

하나님의 사람에게 가장 필요한 자격은 그가 성령으로 충만한 것이다. 성령의 사역이 특이하게 중요하므로 다른 요소들이 봉사를 위한 준비에 유용하지 않다는 말이 아니다. 우리는 바울이 디모데에게 기억나게 하였던 것을 주의하게 된다.

A. 디모데 앞에는 큰 모범이 있었다.

지금까지 바울은 그리스도의 종에게 필요한 모범과 영감이 되고 있다. 그리스도에 버금갈 정도여서 그와 필적할 사람이 없었다. 바울과 함께 일하고 바울과 사귐을 가진다는 것은 큰 특권이었다. 그렇지만 그만이 우리가 감화를 받아 그리스도를 합당히 섬길 수 있게 하는 가르침과 행동과 사랑의 모범을 우리에게 남길 수 있는 사람은 아니었다. 이 세상에서 헌신적이고 영웅적인 삶에 대한 어떤 주장도 예수 그리스도의 교회의 그것에 필적하지는 못한다.

B. 디모데에게는 자신을 진리에 터를 두게 한 지혜롭고 사랑이 많은 선생들이 있었다.

그의 할머니와 어머니가 본문에 나와 있고, 또 교회의 존경할 만한 장로들을 빼놓을 수 없을 것이다. 가정은 사람으로 하여금 유익한 생활을 준비하도록 하는 데 도움이 될 수 있다. 어떤 사람은 어딘가에서 "경건한 어머니의 무릎에서와 엄한 아버지의 손에서" 받았던 어린 시절의 훈련을 말하였다. 그와 같은 훈련은 사람으로 하여금 시련을 극복하게 해주며 방황하지 않도록 붙들어 주며 노력할 용기를 북돋워 준다. 그것은 그에게 생명과 경건에 관한 지혜의 확고한 핵심을 준다.

C. 디모데에게는 구약 성경이 있었다.

성경의 이 부분을 경시하거나 포기하려는 자들은 그들이 포기하고 있는 것이 무엇인지를 신중히 살펴야 할 것이다. 하나님께서 조상들에게 여러 시대에 여러 모양으로 말씀하셨지만 말씀하신 분은 하나님이시다. 시종일관 그의 백성에게 계시하신 구속의 뜻이 전해져 왔다. 그리스도를 통하여 회고해 봄으로써, 그렇게 할 수 있는 것이 우리의 특권인 바, 우리는 긴 이야기 속에서 이 뜻을 읽을 수 있다. 우리는 이제 죄가 무엇이며 죄를 어떻게 이길 수 있으며 사람이 하나님의 존전에서 어떻게 살 수 있는지를 알 수 있다.

그런데 하나님의 말씀은 또한 우리가 임무를 수행하는 도구이다. (1) 말씀은 교훈을 의미하는 가르침에 유익하다. 말씀에서 사람들은 구원에 중요한 것이 무엇인지를 배우며 그들 자신에 관한 진리를 배운다. (2) 말씀은 책망에 유익하다. 그와 같은 작업이 이루어져야 하며 하나님의 말씀으로 사람에게 들이대는 것보다 더 효과적으로 할 수는 없다. 말씀은 우리 사람의 태도가 어떠한지를 보는 거울이다. 말씀은 혼과 영을 쪼개는 도구이며 마음의 생각과 의지를 분별하는 도구이다. (3) 말씀은 바르게 하기에 유익하다. 말씀은 우리가 좁은 길에서 벗어날 때 우리를 책망한다. 말씀의 진리는 우리의 잘못된 생각을 드러낸다. 말씀은 우리의 비뚤어진 구조를 측정하는 다림줄이다. (4) 말씀은 "의로 교육하기에" 유익하다(**RSV**). 그리스도인이 되고 있다는 것은 복음의 표준 아래 훈련을 받고 있다는 것이다.

"모든 선한 일을 행하기에"는 적절한 결론이다. 사람들은 그리스도를 따르는 자들에게 많은 것을 기대할 것인데, 과연 그들은 그렇게 기대할 권리가 있다. 성경 공부는 우리로 하여금 구원에 이르도록 지혜롭게 할 뿐만 아니라 하나님과 사람에게 유익하게 한다.

디모데후서 4:1-5

최후의 명령

4:1. "하나님 앞과 … 주 예수 그리스도 앞에서."
4:2. "전파하라 … 때를 얻든지 … 경책하며 경계하며 권하라."
4:3. "때가 이르리니 사람이 바른 교훈을 받지 아니하며."
4:5. "네 직무를 다하라."

Ⅰ. 역사적 배경

이 구절은 주로 이전 명령을 반복하고 있다. 지금까지 우리에게 전해지고 있는 바울의 말은 엄숙함이 있다. 이 말씀이 그리스도의 가장 위대한 증인에게서 우리가 듣는 거의 마지막 말씀이기 때문이다. 그의 관심은 합당한 계승자를 남기는 것이었다. 만일 바울의 이름을 사칭한 어떤 사람이 가공의 디모데에게 쓴 것이라면 이 구절은 가장 괴상한 구절일 것이다.

Ⅱ. 용어 해설

4:1. 심판자이신 그리스도의 이름을 부르고 그리스도의 재림을 언급함으로써 그 명령은 특별히 엄숙하게 표현되었다. 사역자는 위대한 목표에서 눈을 떼어서는 안 된다. 바울은 늘 그것을 생각하고 있었다.

4:2. 어느 학자나 다 이 구절의 명령형의 부정과거 시제를 주의하여야 한다. 그 시제는 "당장 행동할 의무를 강조한다"(심프슨). "가르침"은 디다케이며 다음 구절에서 사용된 좀더 빈번하게 쓰이는 디다스칼리아와는 구별될지도 모르겠다. 전자는 가르침의 방식을 강조하고, 후자는 가르침의 내용을 강조한다.

4:3. "자기에게 스승들을 쌓아올리고"(KJV)는 RSV에서는 "자기를 위하여 스승들을 모으고"로 번역되어 있다(참조. 사 30:10) "우리에게 정직한 것을 보이지 말라 부드러운 말을 하라 거짓된 것을 보이라." 기분 좋은 메시지를 더 좋아하는 것은 새로운 것이 아니다.

4:4. "돌이켜"는 고의적인 배척을 말한다.

4:5. "근신하며"는 네포로 깨어 있다는 뜻을 시사한다(참조. 살전 5:6, 8: 그리고 열 처녀 비유).

전도인의 일은 사도들의 사역과 교회의 확립된 지도자들 사이의 상태에 있는 사역이다. 우리 시대의 구별이 그 당시에는 아주 분명하게 그어지지 않았다. "직무"는 디아코니아로, 다방면의 봉사의 뜻을 시사한다.

III. 교리적 의의

"주 예수 그리스도"란 완전한 칭호는 디모데에게 명령한 명령의 중요성을 나타내는 의미가 있다. 주 예수 그리스도는 바울의 모든 생각의 중심이다. 그리하여 그의 편지의 거의 모든 행마다 기독론을 나타냈다. 바른 교훈은 예수 그리스도께 중심을 둔 교훈을 말한다. 그의 어떠하심 때문에 우리에게 복음이 있다. 임무에 대한 계산을 심판자이신 그리스도께 해야 하기 때문에 사역자가 맡은 임무는 엄숙한 것이었고, 더 나아가서는 구주이신 그분에 관한 진리를 알지 못하면 사람들이 멸망할 것이었기 때문에 사역자의 임무는 엄숙한 것이었다.

IV. 실천적 목표

5절의 마지막 구는 전체 구절을 요약하고 있다 ─ "네 직무를 다하라." 필립스는 그것을 이렇게 번역한다. "하나님께서 네게 주신 사명을 충분히 수행하라." 그리스도의 종은 매일 하는 일에서 중요한 것을 모호하게 해서는 안 된다. 가능하다면 회중은 때때로 그들이 그들의 목회자들에게 요구하고 있는 것을 돌이켜 보아야 한다. 바울의 말은 오늘날 평신도의 활동을 강조하는 것에 대해서도 적용이 안 되는 것이 아니다. 복음의 대변자는 충실한 사람이어야 한다.

V. 설교 개요

제목: "마지막 명령."

도입부

바울은 말하자면 영원한 현재에서 쓰고 있다. 그는 그의 생명을 바쳤던 그 일을 넘겨 주고 있었다. 그리스도인으로서 우리가 "엄히 명하노니"라는 바울의 글을 읽을 때 그가 우리를 응시하고 있다는 느낌이 들지 않는가? 우리는 이 마지막 명령의 어떤 특징을 주의하게 된다.

A. 그 직무의 가장 중요한 동기.

우리는 모두 하나님과 예수 그리스도의 목전에서 살면서 봉사한다. 보이지 않는 존재를 잊어버리기 쉽다. 만일 주께서 우리 일상 생활에서 우리 눈에 보이게 계신다면 우리가 하는 일이 아주 많이 달라졌을 것이다. 우리는 말을 삼가고 태도를 바꾸고 새삼 부지런하게 우리의 시간을 조심스럽게 사용할 것이다. 주께서 눈에 보이시면 우리는 우리가 섬기고 있고 비록 지금 우리가 보지 못할지라도 믿고 즐거워하는 그 주를 더욱 즐겁게 하기 위하여 아주 열을 올리게 될 것이다. 몇 년 전에 상당한 반향을 불러 일으켰던 「예수님이라면 어떻게 하실까」란 책은 신학이나 문학에서 가장 뛰어난 작품은 아니었을지라도 이 책으로 인하여 상당히 많은 사람들이 진지하게 반성하였다.

B. 직무 수행.

(1) "말씀을 전파하라." 만일 설교가 의도한 대로 이해되었다면 설교의 날이 끝난 것이 아니다. 모든 수단을 강구하여 구속의 메시지를 공표하고자 하는 열렬한 사람을 대신할 것은 아무 것도 없다. (2) "즉시"(한글 개역판은 "얻든지"로 번역함)는 "긴급히"로 번역하면 더 정확할 것이다. 사람들이 결정할 시간이 영원히 있는 것은 아니다. 불신앙이나 불순종으로 허

비된 매일은 헛되다. 바울이 말하는 것은 폐가 되라는 것이 아니라 기회가 있으면 언제든지 붙잡아야 한다는 뜻이다. (3) "경책하며." "확신시키며"가 좀더 정확한 번역이다. 사람들은 제자신을 보아야 한다. 사람들이 하나님의 말씀이라는 거울로 자신을 볼 때, 참으로 구주가 필요하다는 것을 그들이 깨달을 것이다. (4) "책망하며(경계하며)." 이런 일은 때때로 필요한데, 설교자가 그렇게 하는 것을 좋아하기 때문이 아니라 사람의 유익을 위한 것이기 때문이다. 그런 말을 할 때에는 눈물과 무거운 마음으로 예루살렘을 향하여 탄식하셨던 우리의 주님과 같은 태도로써 해야 한다. (5) "권하라." 간청하는 음성이 결코 없어서는 안 된다. 사람들을 우리로 몰아넣어서는 안 된다. 사람들을 사로잡아야 한다. 거스리는 "경책하며", "경계하며", "권하며"가 이성과 양심과 의지에 대한 호소를 나타낸다고 말하였다.

그래도 2절에서 중요한 말은 "오래 참음과 가르침으로"이다. 인내와 진리로 교육하는 것은 모든 우리 증거에서 반드시 필요한 것이다.

C. 직무의 긴박성.

사람들이 듣기 싫어할 때가 올 것이기 때문에 반드시 해야 할 것을 재빨리 하는 것이 중요하다. 사람들은 믿기를 원하는 것을 믿기 쉽고 윤리적 요구를 완화시키는 선생들을 쉽게 따라간다. 가려운 귀들은 항상 만족될 수 있다. 더욱이 사람들은 새로운 것을 좋아하고 특히 허풍에 솔깃해진다. 그러므로 기회가 있을 때 설득하여 진리로 그들을 가르치라.

D. 직무의 다양한 요구.

(1) 그것은 언제나 끈기를 요구한다. (2) 그것은 어려움을 기꺼이 감수할 것을 요구한다. (3) 그것은 부지런한 복음 전도의 노력을 요구한다. (4) 그것은 효과적일 봉사는 어떤 것이든 기꺼이 할 것을 요구한다. 왜냐하면 "직무"란 말은 일이 다양함을 함축하고 있다.

엄히 명하는 바울의 마지막 명령은 지금도 메아리치고 있다. 우리 주님은 우리가 응답하기를 기다리고 계신다.

디모데후서 4:6-8

사명을 다함

4:6. "나는 이제 바칠 준비가 되었고."
4:7. "내가 선한 싸움을 싸우고 나의 달려갈 길을 마치고 믿음을 지켰으니."
4:8. "이제 후로는 나를 위하여 의의 면류관이 예비되었으므로."

I. 역사적 배경

고독한 일꾼은 이제 그의 긴 날의 끝에 이르렀다. 그는 이 추억의 말로써 그의 생애를 평가하였다. 그는 장래를 생각할 때 만족스러웠고 그가 주께 맡긴 것이 안전하리라고 확신하였다.

II. 용어 해설

4:6. "나는 바칠 준비가 되었고"는 문자적으로 "관제와 같이 내가 부음이 되고"이다. 칼빈은 "바울이 여기서 쓰고 있는 스펜데스다이란 말은 모든 희생 제사를 나타내는 것이 아니라 언약을 재가하는 구실을 한다. … 바울이 그것을 그의 가르침의 재가로 간주하였을 때 그는 여기서 그의 죽음을 훌륭한 칭찬으로 장식하였다"고 말하였다.

"떠날"은 아날루시스이며 정박한 배가 출항할 때 사용되었으며 또 굴레에서 벗어나는 것에 사용되었다.

4:7. 바울은 그의 생애를 세 가지 비유 곧 경기와 군대 생활과 일로써 요약하였다(참조. 2:4-6). 바울은 자기가 경주 혹은 경기에서 승리하였다고 말한 것이 아니라 최선을 다하였다고 말하였다.

4:8. "의의 면류관"은 "의로 되어 있는 면류관"이나 "의의 상급인 면류관"을 의미할 수 있다.

"의로우신 재판장"은 강조구이다. 네로와 다른 사람들과 대조한 것인가?
"주의 나타나심을 사모하는 모든 자"는 모든 그리스도인이다. 그때에 신
자에게 복된 소망이 생생하고 확실하게 나타날 것이다.

Ⅲ. 교리적 의의

바울은 그의 상급을 기대하였지만 은혜의 교리에 반하여 영생을 얻었다
는 뜻으로 말한 것이 아니었다. 우리 주님께서 친히 충성된 자들에게 상급
이 있을 것을 말씀하셨다. 바울은 경주를 잘한 뒤에 면류관을 기대하였다.
주님께서 오심으로 정점에 이르게 될 "그 날"을 기다리며 살았다. "그러므
로 우리를 지배하여 우리로 하여금 한번도 그리스도의 오심에 관하여 진
지하게 생각지 못하게 하는 우리의 어리석음에 저주가 있을지어다"(칼빈).
이 편지가 쓰인 때쯤에 "믿음"은 가르침의 주체가 되었다. 바울은 자기가
믿음을 끝까지 지킨 것이 성공의 비결로 생각하였다.

Ⅳ. 실천적 목표

마침내 삶에 대한 평가가 내려질 것을 생각하면서 영원한 견지에서 삶
을 살아야 한다. 그리스도는 제자 한 사람 한 사람에게 방향을 정해 주신
다. 초대 교회와 우리 시대의 교회간에 큰 차이 하나는 "그의 나타나심을
사모하지" 않는 사람이 아주 많아서 그들의 사명을 성취하려는 노력을 많
이 기울이지 않는 것이다. 중요한 것은 그 직무의 크기가 아니라 직무를
수행하는 부지런함이다.

Ⅴ. 설교 개요

제목: "사명을 다함."

도입부

우리 모두 바울이 서서 되돌아보고 있었던 그 자리에 서야 할 때가 올
것이다. 바울이 그가 한 일을 돌아다보았을 때 느꼈던 그런 큰 만족이 있
기를 바라는 바이다. 우리는 그 엄숙한 순간에 바울이 느꼈던 것에 유의하

면서 그의 마지막 말을 경청하자.

A. 마지막 희생의 행동.

이전에 우리 주님께서 그의 죽으심을 말씀하셨을 때, 아무도 그의 생명을 빼앗을 자가 없고 스스로 생명을 버린다고 말씀하셨다. 바울이 그의 죽음을 말할 때 정확히 이 말을 사용하지는 않았지만 어떤 의미에서 그는 최후에는 그의 생명을 제물로 드릴 계획을 가지고 있었다. 그는 때때로 도저히 불가능하다 싶을 정도의 충성과 우리로는 엄두도 못낼 헌신으로써 주님을 섬겼다. 그러나 해야 할 일이 한 가지 더 남았는데, 그는 그것을 하려고 하였다. 그는 그를 붙잡은 자들이 미치지 못할 곳에 자신을 두고자 하였을지 모른다. 그는 자신이 충분히 하였다는 것을 이유로 들어 변명해도 좋았을지 모른다. 그러나 그는 마침내 붙잡혀 선고를 받기까지 그의 일을 계속하였다. 많은 다른 순교자들과 함께 자신의 생명을 제물로 바쳤다.

그리스도인이라고 해서 모두가 그리스도를 위하여 죽어야 하는 것은 아니다. 그러나 그리스도인이면 누구든지 마지막까지 충성해야 한다는 것은 명심하고 있어야 한다. "너희 중에 누구든지 자기의 모든 소유를 버리지 아니하면" — 우리 주님께서 뜻하신 것은 바로 "자기의 모든 소유"였다.

B. 성취의 만족감.

그의 동기가 어떠하였고 그가 한 일이 어떠하였다는 것을 알 때 바울처럼 자신에 대해서 적극적으로 말할 수 있는 사람은 아무도 없다. 바울의 생애를 바라보는 세상 사람은 어쩌면 그 생애에 대해서 많이 생각하지 않을 것이다. 세속적인 표준으로 판단할 때 바울에게는 볼 만한 것이 거의 없었다. 그러나 과거 20세기 동안 살았던 사람 중에서 우리 주님을 제외하고 그보다 더 깊이 인류에게 영향을 끼친 인물이 있었던가? 바울은 싸움터에서 도망한 적이 없었고 적을 두려워한 적도 없었다. 그는 매일 유익한 일로 가득 찼다. 그는 경주를 다 끝냈다. 왜냐하면 그는 죽는 그날까지 그리스도를 증거하고 있었기 때문이다. 그는 그리스도를 시야에서 한 번도 놓친 적이 없었다. 그는 다메섹으로 가던 도중에 그리스도께서 그를 위하여 하신 것을 한 번도 자기 시야에서 놓친 적이 없었다. 그가 믿음을 지켰다고 말하였을 때 완전에 대한 어떤 공허한 주장을 하고 있거나 빈둥거리며 자랑을 하고 있었던 것이 아니었다.

C. 상급에 대한 확신.

그리스도인이 스스로 허풍을 떨기 위해서가 아니라 훨씬 더 높은 동기에서 봉사하는 것이 사실이다. 그는 그리스도의 사랑 때문에 살고 수고한다. 동시에 승리의 면류관을 위하여 일하는 것이 결코 순수하지 못한 동기가 아니다. 우리 주님은 그 앞에 있는 기쁨을 위하여 십자가를 참으셨다. 제자들이 주님의 오른 편과 왼 편에 앉게 해달라고 했을 때 주님은 아무도 거기에 앉지 못할 것이라고 말씀하시지 않고 아버지께서 그 자리에 앉히시는 자에게 그런 영예가 돌아갈 것을 말씀하셨다. 자신과 다른 제자들이 그리스도를 따르기 위하여 모든 것을 버렸다고 말하였을 때 베드로는 책망을 들은 것이 아니라 그들은 영생과 함께 백 배나 받을 것이라는 말씀을 들었다. 천로역정에서 크리스찬은 그가 그 도성에 도착했을 때 받게 될 기쁨과 영광을 생각하면서 견디었다. 그리스도의 충성스러운 종이면 누구나 선한 싸움을 싸웠다면 "잘하였도다" 하는 말씀을 들으리라는 것을 확신해야 한다. 사심 없는 봉사는 고귀한 개념이고 그것은 우리가 표시해야 할 방식이지만 인정받고자 하는 욕구가 우리 마음 깊이 자리잡고 있고 또 그런 마음을 가지게 하신 분은 바로 하나님이시다. 우리가 보좌 앞에 설 때 그리스도의 의로써 설 것이지만, 우리 마음에 하나님께서 우리가 한 일에 대하여 인정하실 것이라는 확신을 가지고 설 것이다.

디모데후서 4:9-22

바쁜 생활의 기록

4:11. "누가만 나와 함께 있느니라 네가 올 때에 마가를 데리고 오라."

4:13. "또 책은 특별히 가죽 종이에 쓴 것을 가져오라."

4:17. "주께서 내 곁에 서서 나를 강건케 하심은 … 내가 사자의 입에서 건 지웠느니라."

4:18. "나를 … 그의 천국에 들어가도록 구원하시리니."

4:21. "겨울 전에 너는 어서 오라."

I. 역사적 배경

이 구절들에서 바울이 교제의 범위가 넓었다는 것을 어렴풋이 알게 된다. 바울은 이런저런 때에 여러 조력자들과 교제를 가졌던 것이 틀림없다. 겉옷을 가져오라고 하고 디모데에게 어서 속히 오라고 하고 자기를 버린 것을 이야기하는 것을 볼 때 무척 힘든 상태였음을 알게 된다. 드로아에는 어떤 물건을, 밀레도에는 병든 동료를 두었다고 언급하는 것에서 어떤 여행에 대한 암시가 있다. 바울은 이때쯤에 제일심(第一審)을 받았을 것이고 그때에 일어난 어떤 일에 의해 재판이 그에게 불리해질 것이라는 것을 느꼈을 것이다.

II. 용어 해설

이 구절에서 개인적인 이야기는 역사에는 숨겨졌지만 하나님께서 알고 계신 그리스도인들의 광범한 활동을 말하고 있다.

4:10. 데마는 골로새서 4:14과 빌레몬서 1:24에서 언급되었다. 이때에

그가 믿음을 버린 것은 틀림없이 충격이었을 것이다. 그가 볼 일이 있어서 데살로니가로 갔다고 가정하는 것은 약간 근거가 있다. 그가 그리스도를 버린 것이 아니고 "나를" 버린 것을 주의하라.

4:11. 바울에게 누가가 소중한 것은 말이 필요가 없다. 마가는 이제 "쓸모있는데", 이는 "유익한" 것 이상이다.

4:13. "책은 … 가죽." 책은 파피루스였고, 가죽은 양피지로 더 값비싼 것이었다. 이런 것 중에 수집 과정에 있었던 성경인 예수님의 언행의 기록이 들어 있었다는 제안은 관심을 끈다.

4:14. "알렉산더가 나에게 해를 많이 입혔다"(RSV). 그러나 이것은 정신적으로나 영적인 해를 말한다. 그는 메시지를 대적하였다.

4:16, 17. "답변"보다는 변명이 더 나은 번역일 것이다. 바울은 예심을 받았을 것이다. 아무도 그를 편들지 않았다. 그는 주의 도우심을 경험하였다. 그는 증거할 기회가 있었다. 그는 위험에서 건짐을 받았다. "이방인"은 재판에 방청한 많은 무리를 가리킬 것이다. "사자의 입"은 네로나 투기장이라기보다는 "큰 위험"을 의미한다(참조. "사자"는 시편에서 비유적으로 쓰였다).

4:18. 바울은 그의 경험을 막연히 이야기하였다. "건져 내시고"는 미래 시제이다. 우리는 주께서 과거에 우리를 위하여 하신 일로부터 확신을 얻는다. 이리하여 바울은 또 하나의 영광송을 불렀다.

4:21. 여기에 이름이 나온 사람들은 모두 확인이 불가능하다. 바울은 어떤 사람들에 의해 버림을 받았으나 이것을 지나치게 강조해서는 안 된다. 바울이 로마에서 만나 알게 된 그리스도인들이 있었다. 틀림없이 그들에게서 바울은 위로를 받았을 것이다.

4:22. 마지막의 복수 "너희"는 편지가 디모데뿐만 아니라 다른 사람에게도 읽히게 한 것임을 가리킨다.

Ⅲ. 교리적 의의

기독교 믿음은 사람들 스스로뿐만 아니라 인간 관계에도 변화를 초래하였다. 우리는 이런 개인적인 언급에서 이것을 알게 된다. 그리스도는 많은 곳에 있는 그의 종들 속에 살아 계시면서 일하신다. 그리스도는 그에게 최선인 방법으로 그의 종들을 쓰셨다. 우리는 구태여 섭리의 방식을 설명하려고 하지 않는다. 빌립보에서 바울은 건짐을 받았다. 예루살렘에서 그는 붙잡혔고 나중에 풀려났다. 이제 그는 죽게 되었다. 우리는 하나님께서 모든 생명에 대해서 뜻과 계획을 가지고 계시다는 것을 믿는다.

VI. 실천적 목표.

우리는 함께 그리스도의 일에 참가해야 한다. 그리스도께 지고 있는 의무는 말할 것도 없이 우리 동료는 우리를 필요로 한다. 바울은 혼자 변호해야 했고 도움을 받을 수 없었다. 그러나 그의 정신은 캄캄한 감옥과 고독에도 흔들리지 않았고 그의 증거에 지장을 받지 않았다. 우리가 방문해야 할 갇힌 사람들이 있는가? 우리가 증언해야 할 것이 있는가?

V. 설교 개요

제목: "바쁜 생활의 기록."

도입부

전혀 예정이 없던 가운데 바울은 여기서 그에게 중요한 어떤 일을 우연히 만나게 되었는데, 그것들이 알려지고 있다. 그것들에서 우리는 바울이 생활에서 무엇을 배웠으며 그가 지켜야 할 가치가 있다고 생각한 것이 무엇인지를 알게 된다.

A. 영감된 책들.

우리는 "한 권의 책"을 말해야 할까? 바울이 원한 것은 구약 성경이었을까 아니면 그리스도의 생애를 기록한 어떤 것이었을까? 그의 입장에 있는 사람들에게는 오직 하나의 책만이 있다. 감방에서 무릎을 꿇고 그 책을 읽을 때 그 책에서 기이한 빛이 비친다. 이 구절에서 여러 번 언급된 것이 우리 주님께서 마지막 시간에 마음에 떠올리셨던 시편 22편과 무척 비슷하다.

B. 소중한 교훈을 가졌던 재판.

바울은 오래 전에 "비천에 처할 줄도 알고 풍부에 처할 줄도 알아 … 일체의 비결을" 배웠다. 모든 환경은 삶을 형성하는 데 소중하였다. 그는 위로와 성공과 행복과 칭찬이 있어야 했던 것이 아니었다. 그는 역경을 이용할 수 있었다. 그는 적의로 가득 찬 법정에서 재판을 받았을 때 그는 복음을 증거할 수 있었다. 인간의 도움이 끊어지고 있던 순간에 그는 그리스도께서 그에게 주실 수 있었던 해방을 더욱 깊이 느꼈고 그는 심지어 죽음의 한파도 두려워할 필요가 없다는 믿음을 확고히 가지게 되었다. 바울은 가장 절망할 때 우리가 할 수 있는 것이 무엇인지를 증명하였다.

C. 그의 삶을 풍성하게 한 형제들.

그것은 흥미있는 명부이다. 우리가 만일 명부에 실려 있는 신실치 못한 자들만 생각하면 우리는 실수할 것이다. 바울은 그들이 끼친 고통을 잊어버렸다. 대다수는 그가 상기하는 것이 즐거웠던 그런 이름을 가진 자들이었다. 그런 사람들 중에 마가가 있었다. 그는 과거에는 실망시켰지만 이제 유익하게 되었다. 또 누가가 있었는데 그의 봉사는 큰 위로가 되었을 것이다. 그리고 브리스가와 아굴라가 있었다. 그들의 오랜 우정은 바울의 생애에 기쁨이 되었음에 틀림없다. 그 모든 사람들은 우리로 하여금 우리가 혼자 살고 있는 것이 아니라는 것과 복음의 사역은 우리가 함께 수고할 때 이루어진다는 것을 상기시킨다. 우리 곁에 있는 자들에게 우리가 어떤 빚을 지고 있는지를 알고 있는가?

D. 결코 실망시키지 않으신 주님.

바울이 전적으로 주님을 믿었는데도 주님께서 그의 종을 그 슬픈 운명에서 건지시지 않으신 것이 우리에게는 이상할지 모른다. 이것이 우리가 의지하는 미쁘심인가? 바울은 그와 같은 의문을 물리친 최초의 사람이었을 것이다. 그는 전혀 불평하지 않았다. 그는 로마 법정의 권세에서 건짐을 받지 않았을지 모르지만 혼자 거기에 있었던 것이 아니었다. 주께서 그의 곁에 계셨다. 그러한 마지막 날에 바울은 이전 어느때보다도 그리스도의 가까이 계심과 사랑과 권세를 더욱더 생생하게 느꼈을지 모른다. 그는 마침내 그리스도와 함께 다스릴 것을 의심한 적이 없었다. "내게 사는 것이 그리스도니 죽는 것도 유익함이니라."

디도서

디도서 1:1-4

우리가 전하는 것

1:1. "하나님의 택하신 자들의 믿음 … ."
1:2. "영생의 소망을 인함이라."
　　"거짓이 없으신 하나님이 영원한 때 전부터 약속하신 것인데."
1:3. "자기 때에 자기의 말씀을 전도로 나타내셨으니 이 전도는 우리 구주
　　하나님의 명대로 내게 맡기신 것이라."

Ⅰ. 역사적 배경

바울이 그레데에 방문한 것이나 니고볼리에서 겨울을 보낸 것에 대한
기록이 사도행전에는 전혀 없다(3:12). 이러한 일들은 감옥에 갇혔던 사이
에 일어났다. 그레데의 일은 끝마치지 못하였다. 디도가 그 일을 마무리해
야 하였다. 그는 특히 고린도 교회 사정과 관련하여 중요한 사명을 위해
바울이 쓴 사람이었다. 억측과 거룩하지 못한 행동으로 그레데에는 문제가
발생하고 있었다. 디도가 디모데보다 좀더 단호한 성격이었던 것 같다. 어
쩌면 좀더 성숙했을지도 모른다. 이 서신의 인사말이 흥미롭다.

Ⅱ. 용어 해설

1:1. "종 … 사도"는 보기 드문 호칭으로, 이 두 호칭은 그의 겸손과 그
의 위엄을 강조하고 있으며, 어느 사역자든 다 이 둘이 잘 조화를 이루고
있어야 할 것이다. "하나님의 택하신 자들의 믿음을 인함이라"를 RSV에
서는 "하나님의 선택한 자들의 믿음을 증진하려고"로 번역하고 있다. 이
의미가 지금은 널리 지지를 받고 있다. 카타는 "경건함" 앞에도 또한 사용

되어 두 경우에서 똑같은 의미를 충분히 가질 수 있다.

1:2. "거짓이 없으신"은 하나님에 관하여 말하는 현저한 방식이다. "여호와의 도모는 영영히 서고"(시 33:11).

1:3. "자기 때"는 2절 마지막의 "영원한 때"와 대조를 이루고 있다. 그것은 우리 가운데 사신 주님의 생애의 모든 사실을 전체로 요약하기 위하여 복수가 사용되었다는 주장이 있었다(거스리). "내게 맡기신 것이라"는 그와 같은 메시지가 그와 같은 질그릇에 담기어졌다는 것이 놀랍다는 바울의 감정을 다시 한 번 반영한다.

1:4. "같은 믿음을 따라"는 바울과 디도가 믿었던 것이 교회에서 처음부터 죽 받아들여진 것이었다는 것을 가리킨다.

"우리 구주 하나님"과 "그리스도 예수 우리 구주"란 칭호는 바울에게 그 칭호들이 상호 교환될 수 있었다는 것을 가리킨다. 구원은 이렇게 충만하게 묘사되는데 이것은 구원이 참으로 크다는 것을 말한다.

III. 교리적 의의

권위를 실증하는 것으로서 바울은 두 가지 것을 하였다. 첫째, 그는 그의 소명과 사명이 하나님께 있음을 규명하였다. 둘째로 그는 그의 메시지에서 중요한 점들을 언급하였다. 복음은 하나님의 계시이다. 그것은 경건한 삶에 대한 명령이다. 하나님은 영원한 때부터 구속하시려는 뜻을 가지고 계셨다. 우리는 이제 영생의 소망이 있다. 그와 같은 선택은 바울이 믿었던 완전한 복음이 "같은 믿음"이었다는 것을 의미한다.

IV. 실천적 목표

이 네 구절은 "참된 자녀"에게 보내는 편지의 서두의 형식으로 생각된다. 그러나 그 편지가 비록 디도에게 보낸 것이긴 하지만 아마 교인들도 읽도록 하기 위한 것이었을 것이다. 바울은 사도로서 자신의 권위를 말함으로써 그들 가운데서 디도를 지지하고자 하였다. 바울은 필요한 상황에서 그의 권위를 주저없이 사용하였다. 더욱이 그의 스승이자 동역자가 신뢰할 만한 사람이었음을 상기하는 것은 디도에게 중요하였다. 우리도 우리에게 복음을 전해 준 사람을 기억하는 것이 좋을 것이다.

V. 설교 개요

제목: "우리가 전하는 것."

도입부

사역자들에게 그들의 메시지에 관하여 조언을 하는 책들이 계속 나오고 있다. 그것들이 있을 자리가 있다. 그러나 실제로 말해야 할 필요가 있는 핵심은 바울의 글에서 우리가 발견하는 경험과 충고에서 찾을 수 있다. 이 인사말은 그가 전한 것의 한 가지 요약이다. 무엇이 요점인가?

A. 복음의 내용.

바울은 하나님의 백성의 믿음을 증진시키라는 명을 받았다. 신자들은 성장해야 하는데, 이렇게 되기 위해서는 더욱더 기독교의 진리를 알아야 하고 그 진리를 더욱 분명하게 이해해야 하고 깊은 확신으로 그 진리를 굳게 붙들어야 한다. 그들이 완전히 이해할 수 있다는 것은 아니다. 심지어 바울도 그렇게 하지는 못하였다. 그러나 기독교 진리는 은혜와 지식으로 자랄 수 있는 무한한 기회를 제공한다. 설교자는 복음의 본질을 설명해야 한다. 변화하는 시대를 대처할 정도로 설명이 제시되어야 한다. 그러나 구원을 위한 근본적인 필요와 하나님의 공급을 사용하는 것은 변하지 않는다.

B. 복음의 목표.

믿음은 이해해야 할 어떤 것일 뿐만 아니라 실천하고 살아야 할 어떤 것이다. 바울은 믿음과 생활을 분리하는 실수를 결코 하지 않았다. 특히 타락한 그레데라는 사회에서는 그리스도인이 경건을 추구하기가 어렵지만 반드시 필요하였다. 그리스도인으로서 살기가 쉬운 적은 한 번도 없었고 지금도 쉽지가 않다. 세상의 미묘한 세력이 이교 사상의 공공연한 대적보다 더 위험한 경우가 많다.

C. 복음의 약속.

생명은 복음의 약속이며 그 생명은 새로운 힘을 가지고 시작하여 영원토록 계속되는 것이다. 바울에게 소망은 믿음과 사랑과 함께 하는 세 가지 중의 하나였다. 소망은 종종 간과된 가르침이었다. 삶에 새로운 열정을 더하는 것이 소망이다. 그리고 하나님의 백성에게 기대에 찬 얼굴을 하게 하는 것이 소망이다. 일세기 신자들에게 그리스도인이 되는 것은 새 날이 동트고 있다는 것을 의미하였다. 우리가 영원을 생각하게 되는 것은 부활절만이 아니다.

D. 복음의 확실성.

"거짓이 없으신 하나님"이라고 바울은 말하였다. 하나님께서 약속하신 것은 이 세상과 다음 세상에 대한 우리의 보증이다. 믿음의 역사에 대한 묵상은 유익한 연습이다. 아브라함 시대 이래 하나님께서 그의 말씀을 성취해 오셨다. 하나님은 구주를 약속하셨고 그 구주께서 오셨다. 구주께서 왕국을 약속하셨고 그 약속이 이루어지고 있는 중이다. 구주께서는 그 백성을 돕겠다고 약속하셨고 참으로 많은 백성들이 그 도움을 받았다. 우리의 복음은 결코 우화가 아니다.

E. 복음의 근원.

물론 복음의 근원은 하나님 안에 있다. 영원한 때부터 우리를 구원하시는 것이 하나님의 뜻이었다. 예수 그리스도 안에서 하나님의 뜻이 성취되었다. 하나님께서 우리에게 말씀하셔야 하는 것은 모두 하나님께서 그의 아드님 안에서 말씀하신 것 안에 있다. 그것은 사람이 조작한 계획이나 인간 생각의 발전이 결코 아니다. 설교가 하나님이 말씀하시고자 한 것을 전달하는 위치에 있다는 것을 이해하게 될 때 설교는 참으로 엄숙한 것이 된다.

F. 복음의 선포.

　　바울은 자기가 복음을 전하기 위하여 택함을 받았다는 놀라운 사실을 잊은 적이 한 번도 없다. "모든 성도 중에 지극히 작은 자보다 더 작은 나에게 이 은혜를 주신 것은." "우리가 이 보배를 질그릇에 가졌으니." 그리고 바울은 복음을 전해야 할 긴박성을 잃게 되거나 책임 의식이 희미해진 적이 한 번도 없다. 우리 시대에 설교가 단념해야 한다는 심각한 주장이 있다. 어쩌면 어떤 설교는 많이 잃을 것이 없으므로 포기해도 괜찮을 것이다. 그러나 바울이 한 것과 같은 그런 설교는 포기해서는 안 될 것이다.

디도서 1:5-16

하나님의 청지기

1:6. "책망할 것이 없고 한 아내의 남편이며 … 불순종하는 일이 없는 믿는
자녀."
1:7. "하나님의 청지기로서 책망할 것이 없고."
1:8. "선한 사람들을 좋아하며."
1:9. "권면하고 책망하게 하려 함이라."

Ⅰ. 역사적 배경

그레데 교회의 기원은 알려져 있지 않다. 그레데인들이 오순절에 참석하
였다. 그들이 고향으로 돌아가 기독교를 믿기 시작하였다는 설이 있다. 그
레데에서 복음은 저급한 도덕적인 상태에 직면하였다. 교회는 환경에 침식
당하지 않을 수 있는 용기와 확신을 가지고 모범적인 도덕적인 생활을 하
는 지도자들이 필요하였다.

Ⅱ. 용어 해설

1:5. 디도는 "부족한 일을 바로잡고"(RSV에서는 "손상된 것을 고치
고") "장로들을 세우는" 두 가지 임무를 맡았다. 질서는 교회에 중요한 것
이었다. "나의"는 강조하는 말이다.

1:6. "비방"에 쓰인 단어는 누가복음 15:13에서 탕자에게 사용된 것이
다. 자녀의 성격은 그 가정 생활을 반영한다. 가정은 지도자에게 훈련장이
다.

1:7. "감독"은 "장로"와 번갈아 쓰이는 것이다. "제 고집대로"에 대하여

바클레이는 "자신만 만족하면 그 밖에 다른 것은 아무것도 문제가 되지 않는다"로 주석하고 있다. 여기에 언급된 것은 초보적인 것이지만 그레데의 사정을 나타내고 있다.

1:8. 여기에 기록된 자격은 디모데전서 3장에 기록된 자격과 실제적으로 똑같다. 회중의 직원은 믿음을 지키고 믿음을 대적하는 자들을 논박할 책임이 있었다는 것을 주의해야 할 필요가 있다.

1:10. 여기서 말하고 있는 대적들은 유대인 율법주의자들이었다. 율법주의는 은혜의 아주 끈덕진 원수이다.

1:11. 6절과 대조를 주목하라. 그러나 복음은 종종 그와 같은 곳에서 아주 큰 기적을 일으킨다. 그리스어 동사 크레티조는 "거짓말하다"이다.

1:15. 바울은 그 상황을 막연하게 말하였지만 의미심장한 부정적인 진술을 덧붙였다. "더럽고 믿지 아니하는 자들에게는 아무것도 깨끗한 것이 없고." 의식 존중주의는 무의미하고 효과가 없다. 그리스도의 가르침과 비슷한 것을 주의하라.

1:16. 10절에서처럼 거짓 선생들은 "가증한, 복종치 아니하는, 버리는"이라는 세 단어가 특징이다. "모든 선한 일을"이란 구절이 덧붙인 것은 편지의 요지를 고려할 때 중요하다.

III. 교리적 의의

비록 조직이 모든 것은 아니지만, 조직은 교회 생활을 위하여 중요하며 교회의 머리되신 이는 그 몸의 장성을 유지하고 촉진하기 위하여 조직을 사용하셨다. 지도자는 반드시 좋은 성품이어야 하고 바른 믿음이 있어야 한다. 바울은 지적인 재능과 개인의 재능을 무시하지 않았으나 중요한 것부터 먼저 말한다. 조직이 성령이 하실 일을 대신하는 것은 아니다. 조직은 성령의 도구이다.

IV. 실천적 목표

오늘날에 많이 시행하고 있는 선출에 의해 장로를 세우는 것이든 바울과 디도가 한 것처럼 임명에 의해 장로를 세우는 것이든간에 장로를 세우는 책임에 대해서 바울이 강조한 것을 신중히 살펴야 할 것이다. 인기가 있거나 오랫동안 출석하였거나 계속 관계가 유지되어야 할 필요가 있기 때문에 반드시 하나님의 청지기로 적절한 것은 아니다. 바울이 언급한 자격은 평범한 것이고 거의 기록할 가치가 없다. 그러나 기억해야 할 것은 그리스도인의 믿음은 매일 접촉하는 데서 발휘되는 단순한 덕에서 가장 잘 예시된다는 사실이다. 더욱이 믿음에 관하여 깊은 확신이 없는 사람은 믿음의 선한 청지기 노릇을 거의 하지 못한다.

V. 설교 개요

제목: "하나님의 청지기."

도입부

동일한 공부에서 이 단락의 내용을 결합시키는 이유를 말한다면 그것은 바울 자신이 장로들에 관한 그의 가르침에서 거짓 가르침의 실체를 이야기하였다는 것이다. 그와 같은 가르침이 신자들 가운데 퍼지고 있었다면, 앞장서서 그런 가르침을 막을 사람들이 있어야 하였다. 목사는 헌신적인 조력자들에게 많은 신세를 지고 있다. 우리는 어떤 의미에서 모든 그리스도인이 청지기라는 것을 기억하면서 청지기에 관한 바울의 말을 주의하자.

A. 그들의 직함.

바울은 7절에서 "청지기"란 이 말을 사용하였다. 이것은 관심을 끄는 뜻 있는 말이다. 이 말은 "가장이나 주인이 그의 개인 사무의 관리와 수령과 지출의 관리와 모든 종들에게 적당한 몫을 분배하는 책임과 심지어 장성하지 않은 자녀들을 돌보는 일까지 맡긴" 관리인을 의미하였다(테이어). 하나님께서 하나님의 가정에서 어떤 사람에게 그와 같은 직분을 주셨다는 것은 깊이 생각을 하도록 하는 것이다. 하나님의 소자가 그의 보살핌 가운데 있다. 그는 땅에서 하나님의 일을 관리하고 있다. 만일 명칭에 어떤 권고가 있다면 이 호칭에서 충성을 격려하는 것일 것이다. 하늘의 경영에서 그 호칭이 가장 영예롭다. 만일 청지기가 부끄러운 짓을 하고 싶은 유혹이 생기면 자기 자신에게 "주께서 나를 신뢰하신다"하고 말하자.

B. 그들의 자격.

어떤 것들이 여기서 두드러진다. (1) 청지기는 그들 자신의 가정에서 지혜롭고 경건한 가장이어야 한다. 그리스도인 지도자들이 다른 사람들의 일을 관리하느라 너무 바빠서 그들의 자녀들은 그들을 잘 알지 못한다고 알려져 있다. (2) 그들은 무절제한 말과 행동을 피해야 한다. 급히 분내는 것은 하나님의 일을 하도록 임명된 사람에게 좋지 못한 것이다. (3) 그들은 선한 사람들일 뿐만 아니라 선을 좋아하는 사람들이어야 한다. 하나님의 성령에 의해 감화된 성품은 참되고 거룩한 것에 반응한다. (4) 그들은 믿음의 수호자가 되어야 한다. 복음을 장려하는 것은 사역자들에게만 책임이 있는 것은 아니다.

C. 그들의 직무.

(1) 그들은 신실한 자들을 권면해야 했는데, 이는 그들이 신실한 자들을 돕고 격려하고 가르치고 지도해야 할 것을 말하였다. 우리는 복음을 구비(口碑)에 의존해서는 안 되지만 우리는 다른 사람으로 하여금 복음을 이해하는 데 도움을 줄 수 있고 그들의 삶에서 복음을 증거할 수 있는 사람들이 필요하다. (2) 그들은 복음을 반대하는 사람들을 논박해야 했다. 거짓 선생들과 그들의 가르침을 폭로하는 것이 바울이 디도와 디모데에게 편지한 주요한 목적 중 하나였다는 것을 주의하자. 그런 선생들이 표면상 교회의 지체들일 때 추방하도록 해야 한다는 말은 바울이 하지 않았다. 그들은 잠잠해야 했다. 그들은 무익한 말을 너무 많이 하였다. 그들은 물질적인 이익을 얻는 데 열심이었다. 가정의 관리자는 그들의 보살핌을 받고 있는 자녀들과 함께 가족을 보호해야 한다. "하나님의 청지기로서 책망할 것이 없고" — 이것은 사람이 감히 열망하지 못하는 최고의 부르심이지만 그럼에도 불구하고 그 부르심을 받드는 것은 명예로운 것이다.

디도서 2:1-15

하나님의 친 백성

2:1. "바른 교훈에 합한 것."
2:10. "이는 범사에 우리 구주 하나님의 교훈을 빛나게 하려 함이라."
2:11. " … 하나님의 은혜가 나타나."
2:13, 14. "우리의 크신 하나님 구주 예수 그리스도; 자신을 주심은."
2:15. "이것을 말하고 권면하며 모든 권위로 책망하여."

I. 역사적 배경

2장은 디도에게 그의 사역에 관한 권고의 말로써 시작하여 권고의 말로써 끝맺고 있다. 생각컨대 열거한 것들은 디도가 바로잡아야 했던 것들이었던 것 같다. 바울은 교인들을 다섯 계층으로 나누어 말하였다. 계층마다 독특한 유혹이 있었고, 적절한 인도가 필요하였다. 그레데에서 진실한 그리스도인의 증거를 보여준다는 것이 쉽지 않았다. 사역자는 요란한 주장이 아닌 그의 직무를 행함으로써 그의 직분에 대한 인정을 받을 생각을 해야 했다.

II. 용어 해설

"오직(but)"은 거짓 가르침에 관하여 이제 막 말했던 것과 강한 대조를 보여 준다.

2:2. 여섯 가지 자질은 훌륭한 사람이 가져야 할 그런 것이었다. "확고함"은 흥미있는 것인데, 이는 끝까지 계속해서 하는 것은 나이 많은 그리스도인의 현저한 덕이기 때문이다.

2:3. "선한 것을 가르치는 자들"은 고귀한 자질이다. "기독교 여성들은 교회의 역사가 흘러오는 동안 매우 귀중한 봉사를 하였다"(거스리).

2:4. "자녀를 사랑하며." 그와 같은 말이 실제로 필요하였던가? 그 당시에도 그런 말이 필요한 어떤 구체적인 이유가 있었겠지만 지금도 그런 말이 때때로 필요하다.

2:5. "근신하며(discreet)"는 2절의 "근신하며(temperate)"와 같은 말이다. "순종하는(obedient)"는 RSV에서는 "복종하는(submissive)"로 번역되었다(참조. 엡 5:22; 골 3:18).

2:8. "말"은 로고스이다. 7절의 "교훈"은 디다스칼리아이다. 여기서는 가르치는 행동보다는 오히려 내용을 염두에 두고 있다.

2:9, 10. 종들은 복종하고 정직하고 성실하라는 권고를 받았는데, 어쩌면 그레데의 사정에 부합하는 말이었을 것이다. "빛나게"는 코스메오로 아름답게 꾸미다(화장하다)라는 뜻이 있다.

2:11. 바울은 복음을 가장 아름답고 간결하게 요약하여 말하였다. 앞에서 말한 것과의 연결이 중요한데, "기독교 신앙의 영원한 다양성과 별도로 실제적인 충고를 한다는 것이 불가능함"을 보여 준다(거스리). "모든 사람에게"는 AV에서처럼 "나타나"보다는 "구원"과 연관될 것이다.

2:12. 은혜가 마치 일하시는 성령인 것처럼 거의 일컬어지는데, 이는 정말 사실이다. 거스리는 "근신함과 의로움과 경건함"이 우리 자신과 우리 이웃과 하나님을 향한 행동을 의미하는 것으로 해석될 수 있다고 말한다.

2:13. "나타나"는 에피파네이아로, 그리스인들은 특히 도움을 주기 위하여 신들이 나타날 때 이 말을 사용하였다. 기독교는 사람의 비현실적이고 공허한 소망에 실질을 주었다. "우리의 크신 하나님 구주 예수 그리스도"라는 칭호는 많은 논란을 야기시켰다. 골로새서 1장과 에베소서 1장에 비추어 보면 바울이 주님을 이런 식으로 말하는 것은 이상한 것이 아니다.

2:14. "위하여(for)"는 휘페르이다. "몸값을 받고 풀어 주는"(테이어) 것을 의미한 "구속하시고"와 연관하여 생각해 보면 "대신하여(instead of)"란 의미가 논리적이다. "독특한 백성(peculiar people)" "그의 친 백성

(people of his own)"(RSV)이다.

2:15. "권위"는 다시 한번 에피타게인데, 하나님의 명령에 해당하는 단어로 설교자의 위치를 가리킨다.

III. 교리적 의의

바울은 그의 복음의 핵심을 진술하였다. 그 기초는 예수 그리스도의 신성이다. 그의 어떠하심 때문에 그가 세상에 오심은 하나님의 은혜의 선포였다. 그의 일은 대속이었으며 그로 인하여 우리는 그의 백성이 된다. 그는 영광 가운데 다시 오실 것이며 이것을 소망함으로써 그의 백성은 견디고 있다. 비록 전체 장의 강조는 행위에 대한 것이지만 바울은 우리가 열매를 맺을 수 있기 전에 우리에게 뿌리가 있어야 한다는 것을 분명히 지적하고 있다. 우리는 은혜로 구원을 받았고 우리의 구원을 이루기 위하여 구원을 받았다.

IV. 실천적 목표

전체 구절이 생생한 그리스도인의 삶을 다루고 있다. 교회 안에 있는 계층마다 독특한 유혹이 있고 또 저마다 나름의 덕이 있다. 신자마다 그가 처한 곳에서 그의 가르침이 영예롭게 되는 것은 그에게 달려 있다. 은혜는 그레데에서도 경건한 삶을 일으킬 수 있다. "누구든지 그리스도 안에 있으면 새로운 피조물이라."

V. 설교 개요

제목: **"하나님의 친 백성."**

도입부

"특별한 백성"이라는 말은 구약 성경에서 하나님과 이스라엘의 관계를 나타낸다. 이스라엘은 에굽에서 구출을 받아 하나님의 소유가 되었고 언약을 수립하게 되었다. 그리스도께서 그가 이루신 구원으로 그의 친 백성을 모으셨고 새로운 언약을 세우셨다. 그들의 표는 의식이 아니라 그들의 구주를 닮음이다.

A. 생활.

만일 바울이 교회의 여러 계층의 지체들에게 편지를 썼다면, 그것은 각 계층이 예수 그리스도를 증거하는 데 크게 기여할 수 있다는 것을 지적하려는 것이었다. 노인들은 확고함을 보이거나 청년들이 자제력을 보이게 될 때 그와 같은 덕들은 그 덕들을 소유한 자들의 신분 때문에 그만큼 더 두드러진다. 이 구절에서 그리스도인의 생활에 관하여 상세하게 많이 언급한 것 중에서 세 가지 것이 강조될 수 있다.

(1) 신자들은 복음을 권할 동일한 책임이 있다. 아무도 계산하지 않아도 되는 사람은 없다. 누구든 감히 자기 자신의 행동은 조심하지 않으면서 다른 사람의 그리스도인다운 생활에 대해서 왈가왈부하지 못한다.

(2) 복음의 적용은 일반적인 것에 그칠 것이 아니라 개별적이어야 할 필요가 있다. 우리는 복음을 존 허턴(John A. Hotton)이 언젠가 "몸에 꼭 맞는"이라고 불렀던 것으로 만들지 못하는 경우가 종종 있다. 그리스도인의 증거는 내가 있는 곳에서 "나"를 의미한다.

(3) 사역자는 본을 보여야 한다. 그는 그가 고백하는 것의 최고가 되어야 한다. 그의 비평가들은 항상 지켜보고 있다. 그는 자신이 본을 보이려고 하지 않는 선한 일을 다른 사람들에게 권하려고 해서는 안 된다.

B. 가르침.

11-14절에 나오는 바울의 말은 물론 모든 신자를 의도하고 한 것이지만 그 말들은 그가 이제 막 말한 멸시받던 노예 계층에 대해서 특별히 언급한 것이라는 느낌이 없지 않을 것이다. 로마의 노예의 신세로서 고통을 겪었던 소망이 없고 학대받고 고난받는 사람들에게 "복된 소망"을 주기 위하여 하나님의 은혜가 특별히 그들의 구원을 위하여 임하였다고 생각하게 하는 데가 있다. 그들 대부분에게 이 활기찬 복음은 새로운 생활을 할 수 있는 힘을 제공하였다.

바울은 복음의 목적을 말하였다 ― 구원. 그는 복음의 실체를 말하였다

— 나타났다. 그는 복음의 목표를 말하였다 — 살도록 하기 위하여. 그는 복음의 약속을 말하였다 — 우리의 소망. 그는 복음의 수단을 말하였다 — 그가 우리를 위하여 자신을 드렸다. 그는 복음의 핵심을 말하였다 — 구속하기 위하여.

디도서 3:1-8上

그가 우리를 구원하셨다

3:1. "너는 저희로 하여금 … 모든 선한 일 행하기를 예비하게 하며."
3:2. "관용하며 범사에 온유함을 모든 사람에게 나타낼 것."
3:3. "우리도 전에는 … 자이었으나."
3:5. "우리를 구원하시되 … 오직 그의 긍휼하심을 좇아."

I. 역사적 배경

교회 자체 안에서 지체들의 행위를 다룬 뒤에 바울은 교회 밖의 사람들에 대한 그들의 행위의 문제를 거론하였다. 이 구절의 구조는 앞 구절의 구조와 많이 비슷한데, 이는 그 구절이 다시 기독교의 가르침의 아름다운 진술로써 끝나고 있기 때문이다. 다음의 장들에서 그와 같은 두 진술은 적어도 그레데와 같은 상황을 다룰 때 바울은 사람을 구원하는 복음의 충만한 능력이 필요하다는 것을 각별히 인식하였다는 것을 말해 준다.

II. 용어 해설

3:2. "기억하게 하라"는 이미 그들이 이런 가르침을 받았다는 것을 가리킬 것이다. 이 문맥에서 "정사와 권세 잡은 자들"은 세상 권세자들을 말한다. "모든 선한 일을 행하기를 예비하게 하며"를 필립스는 "그들이 할 수 있는 모든 선한 봉사를 할 준비를 하며"로 번역한다.

3:3. 바울은 그들이 구원받은 죄를 열거할 때 "우리"라고 말하였다. 바울이 그 자신을 첫째로 이야기하는 것은 아니었지만 분명히 그 자신을 배제한 것은 아니었다. 이런 악들이 개개인에게 다 있는 것은 아니다. 이런 악

들은 자연인이 사로잡히게 된 그런 악들이었다. "가증스러운 자요 피차 미워한 자"는 사람이 빠질 수 있는 가장 저급한 것의 하나이다. "가증스러운"은 다른 사람으로부터 혐오를 자아내게 하는 그런 특질이 있게 되는 것이다.

3:3. "이었으나"(영어 번역에서는 4절에 "but"으로 시작한다)가 나타내는 대조가 두드러진다.

3:4. "친절(kindness)"은 "자비"(benignity)이다(개역 한글판에서는 "자비"로 번역되어 있다). 이 말은 단순히 따스한 느낌에 불과한 것이 아니라 능동적인 덕을 말한다. "사람 사랑하심"은 필란드로피아이며, 그리스어에서 이 말은 다른 사람을 포로에서 구출한 사람에게 사용되었다.

3:5. RSV에서는 이것을 "우리에 의해 의롭게(즉 율법의 준수로써) 행해진 행위 때문이 아니고"라고 번역한다. 구원은 하나님의 자비로 말미암은 것이다. 회개나 믿음에 대한 언급을 하지 않은 것은 바울이 우리의 어떠하였던 것과 하나님께서 하신 것을 대조하고 있다는 사실에 기인한다.

필립스는 그 구절의 후반부를 "신생의 깨끗게 하는 힘과 성령의 도덕을 새롭게 하심에 의하여"로 번역한다. 새롭게 하심은 "새로이 만들기"로 번역할 수 있다. 그것은 옛날 힘이 회복된 것이 아니라 새로운 힘이 부여된 것이다.

3:6. 부정과거 시제가 암시하듯이 이 구절은 오순절을 나타낸다.

3:7. 목회 서신에서 바울적인 특색을 찾는 사람들은 여기서 그 특색 하나를 발견하게 될 것이다. "후사"는 아직은 실제로 소유한 것이 아니라 상속을 보장받고 그 상속을 받을 것을 기대하면서 사는 것이다. "영생의"는 그 소망이 어떤 것인지를 정의하는 것으로 소망에 부속되어 있다.

3:8상. "이 말이 미쁘도다"는 앞에 나오는 것에 아주 마음이 흡족한 것이다. 4-7절이 초기 찬송의 일부였거나 가르침의 표현 형식이었는데 바울이 이렇게 그것을 시인하는 것으로 주장하는 학자들도 더러 있다.

Ⅲ. 교리적 의의

다시 바울은 가르침을 생활에 관련시킬 목적으로 그의 메시지의 어떤 본질적인 요소를 주장하였다. 사람들이 하나님의 사랑에 의해 구원을 받았는데, 이 구원은 "저의 은혜에 의한" 의롭다 하심에 있다. 구원은 그 근원을 거슬러 올라가면 하나님과 그의 아드님의 희생에 있다. 오직 그와 같은 능력만이 처음 세 구절에서 묘사된 변화를 일으킬 수 있다. 생각하기 위하여 중생과 새롭게 하심은 경험의 두 측면으로 볼 수 있겠지만 사실은 그 둘은 하나로 된 전체의 일부분들이다. 중생은 세례와 관련되고 새롭게 하심은 주의 만찬과 관련될 것이다.

IV. 실천적 목표

그리스도인들은 세상에 속한 것은 아니지만 세상에서 살고 있다. 지역 사회와 그들의 관계는 그들의 신앙을 표현하는 것이 될 수 있다. 그들은 공적인 활동을 전혀 하지 않는 것이 아니라 그들의 확신을 고려하면서 그 활동에 참여해야 한다. 그레데인들은 극단적으로 나가는 경향이 있었을 것이다. 믿음이 사회적 정치적 혼란에 의한 도움을 받아서는 안 될 것이다. 그리스도인은 우월이나 독립을 요란하게 주장함으로써가 아니라 그들의 삶의 질로써 좋은 인상을 주는 것이다.

V. 설교 개요

제목: **"그가 우리를 구원하셨다."**

도입부

우리가 복음의 핵심을 이해할 때 그것은 이 세 마디 말로 귀착된다. 그리스도 안에서 하나님의 행위는 우리의 소망이다. 그 의미가 확장되면 이 세 마디는 기독교가 된다. 이 구절(5절, 영어 성경(KJV)에서는 "he saved us"로 되어 있으나 우리 성경에서는 "우리를 구원하시되"로 번역되어 있다 — 역자 주)의 이 말에 관해서 세 가지 것을 살펴보도록 하자.

A. 무엇을 위해 구원하셨는가?

물론 많은 것들을 위해서 구원하셨다. 그러나 여기서 우리가 주목할 것은 세상에서 빛이 되기 위해서라는 것이다. 일세기에 그리스도인들은 이방 사회에 놀라움의 대상이었다. 그리스도인 대부분이 바울이 명한 것을 그대로 행하였다. 그들은 온유하였는데, 심지어 그들을 모욕하는 사람들에게도 그리하였다. 그들은 훼방하는 말을 하지 않았다. 그들은 정직하게 일하였다. 사회에 새로운 집단이 나타났다. 기독교가 아주 이로운 영향력을 미쳤다는 점에서 그런 생각은 우리에게 확신을 준다. 그리스도의 백성이 만일 더욱더 헌신하였다면 더 많은 영향력을 미칠 수 있었다는 점에서 그와 같은 생각은 우리를 견책한다.

B. 무엇으로부터 구원을 받았는가?

"우리도 전에는" ─ 죄에 대해 열거한 것들은 그것들을 면밀히 주의해서 생각해 보기 전까지는 거의 과장된 것처럼 보인다. 그때에 우리는 우리가 어떠하였다는 것에 관한 진실을 깨달음으로써 깜짝 놀란다. 우리는 악한 열정과 도덕적인 굴종을 이미 잘 알고 있었으므로 하나님의 은혜가 없었더라면 우리가 어떻게 되었을지를 안다. 과거를 계속 들추어내면 거기에 전혀 덕이란 것이 없다. 거기에는 오히려 위험하기까지 한 것이 있다. 그러나 때때로 과거를 되돌아보고 기억하는 것이 좋다. 죄는 실재하며 우리의 불행의 뿌리에 있으며, 핵시대에도 그대로 있다. 우리는 구원이 필요하며 우리는 구원을 받았다.

C. 누구에 의하여 구원을 받았는가?

하나님의 "자비와 사랑"이 나타났다. 이 말은 놀라운 말이다. 이 말을 경험하게 될 때 훨씬 더 놀라운 말임을 알게 된다. 주시는 하나님의 행동을 말하기 위해 받는 우리 자신의 반응을 생략한 것 때문에 우리가 놀랄 필요는 없다. 모든 것은 그의 아드님을 보내시는 하나님의 행동에 있다. 자조(自助)로 빠지는 것에서 이것으로 되돌아오자. "나의 손으로 수고한 것이 아니오니, 당신의 율법의 요구를 이룰 수 있는 것은 … 당신은 반드시 구원하시나이다, 오직 당신만이." 〈*The Jerusalem Sinner Saved*〉에서 존 번

연은 이렇게 말하였다. "나 자신은 부도덕하였지만 자비를 얻었다. 그리고 나는 죄 가운데 있는 내 벗들에게 이 자비를 함께 받게 하려고 하였다. 그래서 나는 이 작은 책을 썼다." 우리를 구원한 자비에서 복음의 핵심을 찾았던 바울이 참으로 옳았다는 것을 시간이 증명하였다.

디도서 3:8下-15

신자의 의무

3:8. "하나님을 믿는 자들로 하여금 조심하여 선한 일을 힘쓰게 하려 함이라."

3:9. "어리석은 변론 … 을 피하라 이것은 무익한 것이요 헛된 것이니라."

3:14. "열매 없는 자가 되지 않게 하기 위하여 필요한 것을 예비하는 좋은 일."

I. 역사적 배경

바울은 마치 전교회에게 설교하는 말투로 공허한 이야기와 무익한 논쟁에 대해 마지막으로 한 가지 경고를 하고 끝을 맺었다. 이 말과 함께 그의 동역자들과 그의 계획에 대해서 덧붙였다. 니고볼리에서 과동한 것은 두 번 감옥에 갇혔던 그 사이의 시기만이 가능하다.

II. 용어 해설

3:8. "항상 주장하라(개역 한글판에서는 "굳세게 말하라"로 번역됨)"를 필립스는 "절대적인 확신으로써 말하라"고 번역한다. 설교자들이 마음에 두어야 할 것이다. "힘쓰게 하려 함이라"는 "앞장서게 하다"라는 의미를 가진 말이다. 그리스도인은 기회가 생기기만 기다리고 있을 것이 아니라 어떻게 선을 행할 수 있을지 계획해야 한다.

3:9. "피하라"는 방향을 바꾸어서 다른 길로 향한다는 의미이다. 거짓 가르침은 유대인의 율법주의였다.

3:10. RSV에서는 "이단"을 "당파적인"으로 번역하고 있다. 이 말은 아

직 불건전한 가르침을 의미하게 되지는 않았다. 다투기를 좋아하는 성향을 의미하였다.

3:11. 그와 같은 "이단"이 사용한 말은 강렬하다. "부패하여서" — "완전한 내적 오염과 비뚤어진 성격을 가리킨다"(엘리컷〈Ellicott〉). 그와 같은 사람이 스스로 정죄하는 일은 드물 것이다. 그와 같은 잘못된 과정의 결과는 죄를 범한 사람에 대한 정죄라는 뜻으로 바울이 말하였다. 필립스는 이렇게 번역한다. "그는 도덕이 비뚤어져 있다는 것을 너는 확신할 수 있으며, 그리고 그도 그것을 알고 있다."

3:12. 아데마는 여기에만 나온다. 니고볼리는 에피루스(Epirus)에 있던 도시였을 것이다.

3:13. 세나는 여기에만 언급되었다. "교법사"는 히브리 율법과 로마법 어느 쪽이든 관련이 있을 수 있다.

3:15. "믿음 안에서"는 관사 없이 엔 피스테이이다. 심프슨은 그것이 실제로는 부사 "신실하게"라고 생각한다. 항상 그렇듯이 바울의 마지막 말은 "은혜"였다.

III. 교리적 의의

바울의 마지막 말에서 두 가지를 강조하고 있다. 복음에 합당한 일의 중요성과 거짓 가르침의 위험이다. 복음의 참된 가르침은 긍정적이고 건설적이고 분명하다. 그것이 행동을 생각과 바른 교훈과 바꾸는 것을 의미한다면 행동에 대한 당면의 강조가 너무 지나칠 수 있다. 그러나 우리가 매일 생활에서 사용하고 있는 것만을 실제로 믿는다는 점에서는 그것이 옳다. 믿음은 마음에 담아 두고만 있는 것이 아니다. 믿음은 힘으로서 우리는 그 힘으로 행보하고 약해지지 않는다.

IV. 실천적인 목표.

설교자는 신중히 그리스도의 정신으로 권고하고 책망하도록 해야 한다. 그의 바른 교훈은 행동과 성품에 관한 분명한 진리가 동반되어야 한다. 에베소서에서도 바울은 그리스도인의 행보에 대해서 편지의 절반을 할애하였다. 신조를 암송하는 것이 위선적인 형식이 될 수 있다. 논증하고 추론할 때 겪는 어려움은 그 일을 하는 사람들이 자신들은 특히 종교적인 어떤 것을 해냈다고 종종 느끼는 것이다.

Ⅴ. 설교 개요

제목: "신자의 의무."

도입부

고대 세계의 종교들에서와 우리 세계의 상당히 많은 기독교와 비기독교 지역들에서 종교와 생활의 관계가 간과되었다. 비록 그레데에서 그 문제가 더 심각했을지는 모르지만 그 문제가 특별히 그레데에만 있는 것이 아니었다. 이 마지막 구절에서 핵심은 "좋은 일"이다. 하나님은 우리를 우리의 행한 바 의로운 행위 없이도 구원하셨다. 그러나 그것은 우리가 의로운 행위를 해야 할 의무를 회피할 구실이 되지 못한다. 어떻게 이 의무를 성취할 수 있는지에 관하여 바울은 우리에게 어떤 실제적인 요령을 말해 주었다.

A. 우리는 전념해야 한다.

우리가 자동적으로나 우연히 그리스도인처럼 살게 되는 것이 아니다. 우리가 그리스도인의 삶의 역설을 해결하기 위하여 부름을 받은 것이 아니다. 우리가 할 수 있는 것은 그것을 받아들이는 것이다. 우리 속에서 성령에 의한 그리스도의 일을 바울만큼 잘 믿었던 사람은 없다. 부르심을 받았을 때 바울만큼 열심히 일한 사람은 없다. 우리는 우리의 일 곧 좋은 일에 전념할 수 있도록 강력히 일깨우는 설교자가 필요하다. 우리 편에서는 결단이 필요하다. 8절에서 바클레이는 이렇게 번역한다. "하나님을 믿는 사람들은 어떻게 좋은 일을 행할 것인지 생각하고 계획해야 한다." "생각하고 계획하라" — 우리는 우리 일을 진지하게 생각하였는가?

B. 우리는 무익하고 무의미한 것을 피해야 한다.

이 구절에서 헛된 종교적인 논쟁에 대해 명확하게 경고하고 있다. 많이 이야기하는 것이 경건한 것으로 생각하기 쉽다. 우리는 토론 모임으로 시간을 보내고 우리가 어떤 것을 했는지를 생각하지 않게 된다. 더 좋지 못한 것은 우리의 게으름이나 비겁함이나 죄의식을 감추기 위하여 길게 토론할 수 있다는 것이다. 우리는 예루살렘에서 예배에 관하여 논쟁하기보다는 우리 자신을 살펴보는 것이 더 좋다. 바울이 이전에 안식일을 지키는 것에 관하여 논의한 적이 있었지만 인간의 필요에 관해서는 아무것도 논하지 않았다. 그리스도에 대한 진정한 헌신은 행동을 의미한다.

C. 우리는 우리의 공통의 책임을 받아들여야 한다.

바울이 두 가지 것을 강조하는 듯하다: 신자들이 매일 자기 일을 부지런히 해야 할 것과 다른 사람을 도울 준비가 되어 있을 것. "우리의 백성"은 부지런히 정직한 삶을 살아야 한다. 그들은 항상 "정원에서" 사는 것이 아니다. 즐겁게 놀고 먹으면서 영적 특권을 이기적으로 누리고 사는 것이 아니다. 그들은 더위와 먼지 속에서 살고 있으며 그런 속에서 살아 계신 주님의 힘과 임재에 의해 세상의 일을 이루고 또 감당하고 인내하고 충실하게 되어 작은 일에 그들의 의무를 다함으로써 그들은 그들을 기다리고 있는 즐거움에 언젠가 참여하기 위하여 매일매일 주를 증거한다. 그리고 주리고 지치고 병들고 감옥에 갇힌 자들을 볼 때 그들은 도울 수 있는 대로 도우며 비록 그들이 남의 눈에 띌 만한 자들이 아니라 할지라도 무익한 자들이 아니다. "이같이 너희 빛을 사람 앞에 비춰게 하여 저희로 너희 착한 행실을 보고 하늘에 계신 너희 아버지께 영광을 돌리게 하라."

빌레몬서

폴 리스(Paul S. Reese)

빌레몬서

사랑의 극치

9, 10절. "사랑을 인하여 … 아들 오네시모를 위하여 네게 간구하노라."

I. 역사적 배경

빌레몬서와 골로새서의 관계는 긴밀하고 아주 유별하다. 내용과 목적이 완전히 별개인데도 이 둘은 조화를 이룬다. 이용할 수 있는 모든 증거로 볼 때 이 두 편지는 문자 그대로 바울이 갇혀 있던 감옥(아마 로마의 감옥일 것이다)으로부터 골로새까지 함께 여행하였는데, 하나는 두기고가 가지고 온 "교회 편지"였고 또 하나는 그의 주인에게 잘못을 범하고 도망갔던 종 오네시모가 그의 주인 빌레몬에게 가져온 "사적인" 편지였다. 오네시모가 전달하기로 되어 있던 편지는 바울이 기안한 탄원의 걸작이며, 그 편지의 취지는 오네시모의 생명을 구하는 것이다. (그 편지에 의해 확정된 혹은 그 편지로부터 추측된 대로) 배경의 일부를 이루고 있는 중요한 사실은 이런 것들이다:

1. 빌레몬은 골로새 교회에서 존경을 받는 회원이었다(교회의 위치에 관해서는 굿스피드〈Goodspeed〉가 이의를 제기하였는데, 그는 빌레몬과 빌레몬의 가정 교회가 라오디게아에 있었다고 생각한다).

2. 빌레몬은 시간과 장소가 확실하지 않지만 바울의 사역을 통해 회심하였고 사도를 잘 알고 있었다.

3. 빌레몬의 종 오네시모는 빌레몬의 재물이나 돈을 훔쳐 가지고 도망쳤거나 아니면 그냥 몸만 도망쳐서 떠돌아다니다가 마침내 로마에까지 가게

되었다.

4. 로마에서 오네시모는 기록되지 않은 상황에서 바울을 만나(폴 미니어 ⟨Paul Minear⟩는 그들이 같은 감옥에 투옥되었을 것이라고 말한다), 바울 에 의해 그리스도 안에서 새로운 삶을 살게 되었다.

5. 오네시모가 바울에게 아주 요긴한 사람이 됨으로써 바울과 오네시모 사이에 따스한 우정이 싹텄지만 바울은 오네시모가 취해야 할 가장 바른 길은 그의 주인의 처분에 그 자신을 맡기는 것이라는 것을 알고 있다.

6. 유명한 르낭(Renan)이 "서간문 예술에서 진정한 작은 걸작"이라고 불렀던 것에서 바울은 빌레몬에게 그를 배반했던 종을 다시 받아들이되 그리스도인으로서 그렇게 할 것을 호소하고 있다. 빌레몬이 오네시모를 용 서를 비는 종으로서 환영할 것이 아니라 지금의 오네시모 곧 같은 그리스 도인으로서 환영할 것을 호소하고 있다.

근대 해석자들 두세 명(존 녹스도 이들에 속한다)은 6절에서 강조된 전 통적인 견해에 이의를 제기한 것을 덧붙여 말할 수 있는데, 그들은 바울이 참으로 원한 것은 비록 교묘하게 감추어져 있지만 오네시모를 풀어 달라 는 것이었으며 그것이 허락되면 바울 곁에서 그리스도인으로서 봉사하도 록 돌려 보내 달라는 것이었다고 주장한다.

II. 용어 해설

2절. "압비아"는 보통 빌레몬의 아내로 생각한다. "아킵보"는 누군지 불 분명한데 어떤 사람들은 빌레몬과 압비아의 아들이라고 생각한다. 무울 (Moule)은 그가 "골로새의 선교 목사"였다고 주장한다.

6절. 그리스어 본문이 일반적인 의미 외에는 번역자에게는 어렵고 해석 자에게는 뜻이 모호하다. 비록 틀림없이 다른 번역자들이 번역에서 미묘한 점들을 주장하겠지만 RSV(the Revised Standard Version)에서 그 본 문이 매끄럽게 번역되었다: "네 믿음의 교제가 그리스도 안에서 우리의 것인 모든 선한 지식을 증진시키기를 기도한다."

7절. "창자"는 "마음"으로 해석된다(개역 한글판에서는 "마음"으로 번역되어 있다).

8절. "명하다"는 사도적 권위의 행사를 말한다.

오늘날 용법에서 "편리한(convenient, KJV)"이란 말은 오해를 일으킨다. RSV에서 "마땅한(required)"으로 번역한 것이 더 낫다.

10절. "갇힌 중에 낳은"은 "나의 감옥에서의 영적 아들"이란 뜻이다. 빈센트(Vincent)는 이렇게 의역하고 있다: "나의 아들 오네시모, 그는 내가 감옥에 갇혀 있는 동안 나에 의해서 회심하였다."

11절. 전체 구절이 아주 진지한 의미를 가진 매력적인 언어 유희의 한 예이다. "오네시모"는 쓸모 있는 혹은 유익한이라는 의미가 있는 한 종의 이름이다. 이런 뜻을 생각하고서 바울은 요컨대 "그는 유익한이란 이름을 가졌지만 과거에는 (내가 시인하건대) 그가 유익하지 못하고 무익하였다. 그러나 앞으로는 그가 우리 둘에게 크게 유익할 것이다"고 말한다. 바울에게 "유익한"은 두 가지 형태를 다 말할 수도 있고 어느쪽 중 하나를 말할 수도 있다: (1) 바울의 복음 전도와 사도적 증거의 성공의 증거로서, (2) 바울이 감옥에 갇혀 있는 동안 노련하고 헌신적인 조력자로서.

12절. "돌려 보내노니." 이 시제(완료시제)는 편지에서 종종 사용되는데, 편지를 쓰는 사람이 그 메시지가 도착하는 때의 자신을 생각하고 있다는 것을 가리킨다.

"내 자신의 창자"(개역 한글판은 "내 심복"으로 번역됨). 강한 표현으로 의역하면 "나는 바로 내 마음을 내어주고 있다"(마팻〈Moffat〉)일 것이다.

13절. 웨이마우스(Weymouth)는 이 구절을 훌륭하게 번역하고 있는데, 미묘한 매력이 가득하다. "내가 복음을 위하여 감옥에 갇혀 있는 동안 너를 대신하여 그가 나의 필요를 돌보아 주므로 그를 내 곁에 붙잡아 두는 것이 내 소원이었다." 바울은 빌레몬이 관대한 사랑과 우정에서 기쁜 마음으로 그렇게 해줄 것이라는 것을 부드럽게 나타내고 있다.

14절. "마음(승낙)"은 지식과 동의의 힘이 있다.

"선한 일"은 "친절"로 번역해도 좋다. 그렇게 번역하면 그 구절의 나머지 부분이 NEB(the New English Bible)에서 잘 드러낸 의미를 나타내게 된다. "네 친절이 강제로 된 일이 아니고 네 자의로 된 일이 될 수 있도록."

15절. "떠나게 된 것." "그가 너와 단절되었다"는 무울(Moule)이 그것을 설명하는 방식이다. 바울의 생각과 표현의 매력은 번역으로는 쉽게 나타내지 못한다. 마팻은 15절과 16절을 극단적으로 번역하였다: "어쩌면 이것이 네가 그를 이제는 단순히 종이 아닌 종 이상으로 좋은 것 — 사랑하는 형제 — 으로 되돌려 받기 위하여 너와 그가 잠시 동안 헤어졌던 이유였을 것이다. 나에게 특별히 소중한데 하물며 너에게 있어서야 종으로서 그리고 그리스도인으로서 얼마나 소중하랴."

18절. "네게 진 것이 있거든"은 오네시모가 그의 주인에게서 도망쳤을 뿐만 아니라 물건도 훔쳤다는 견해를 뒷받침하는 구절이다.

"내게로 회계하라." 이것은 19절의 앞 부분에 나오는 것과 함께 바울이 말하는 방식이다. "너에게 변상하기 위하여 지금 바로 나 자신을 지불 보증으로 세우고 그에 따라서 약식 차용 증서에 서명하고 있는 나를 생각하라."

19절. "… 내가 말하지 아니하노라." 웨이마우스는 이것을 삽입구 형식으로 처리하여 번역한다: "너는 심지어 네 자신으로 내게 빚지고 있는 사실에 대해서 내가 아무 말도 하지 아니하노라." 그것은 바울이 빌레몬에게 그리스도의 지식을 가지게 한 것과 관련이 있다.

20절. AV(the Authorized Version)는 아주 정확하지만 고어체 형식이다. 필립스 번역문은 바울이 자신을 표현하고 있는 아주 정중하고 우아한 방식을 훌륭하게 포착하고 있다: "나의 형제여, 이제 나에게 이 호의를 베풀라. 그와 같은 사랑의 행위로 늙은 내 마음이 유쾌해질 것이다."

21절. "순종함" 즉 내가 너에게 하고 있는 다정한 요청에 대해서 네가 사랑으로 보여 줄 그 반응.

Ⅲ. 교리적 의의

어드만(Erdman) 교수의 단언적인 "그것은 기독교 교리의 진술을 전혀 담고 있지 않다"는 것은 정당한 듯하다.

Ⅳ. 실천적 목표

거의 사적인 편지(요컨대, 서두에서만 "교회"에 인사하였다)는 그리스도인 종과 주인을 화해시킬 목적이었다. 곧 바울의 오랜 친구인 주인과 회개하고 회심한 상태에서 감옥에 갇힌 사도의 소중한 친구가 된 도망갔던 종을 화해시킬 목적이었다. 어쨌든 이것이 이 편지의 주요 목적이다. 오네시모의 봉사를 계속 받기 위하여 빌레몬이 오네시모를 되돌려보내 주는 쪽으로 바울이 실제로 노력하고 있었다고 믿는 자들에 의하면 좀더 이면의 동기가 바울에게 있다.

Ⅴ. 설교 개요

제목: "사랑의 극치."

도입부

제네바의 폴 투니어(Paul Tournier)는 그의 「죄책과 은혜」(*Guilt and Grace*)에서 그가 "전혀 조건이 없는 사랑"이라고 부르는 것에 한 장을 할애하여 다루고 있다. 헌신적인 그리스도인으로 정신 치료학자인 그는 환자를 취급하는 그의 일에서 기독교 복음의 내용을 사용하는 일에 전혀 개의치 않는다. 비록 그는 그리스도인으로서 종교적인 면과 직업적인 면에서 다 프로이트에 동의하지 않지만 그럼에도 불구하고 그는 프로이트의 불후의 통찰력에 한해서는 프로이트를 아주 존경한다. 예를 들면 그는 프로이트가 많은 사람들에게 있어서 사랑을 받지 못하는 어린 시절의 두려움에서 생긴 감정의 문제를 증명하였다는 것을 믿는다.

투니어는 동의하면서 선의의 부모들이 못된 짓을 하는 자녀들에게 어리석고 해로운 것을 말하는 경우가 종종 있다는 것을 지적한다. 어머니는 이렇게 말할 것이다. "네가 나쁜 아이가 되어가기 때문에 나는 너를 더 이상 사랑하지 않겠다." 처음에 말할 때에는 어머니가 그렇게 말해도 진심으로 그러는 것이 아니다. 그 다음에 말할 때 그런 뜻으로 말하고 있다면 그녀의 모성애에 어떤 잘못된 것이 일어나고 있는 것이다. 어머니는 자기 사랑을 아이가 착하면이라는 조건을 붙여서 조건적인 것으로 만들었다.

그 의사는 계속해서 지적하기를, 하나님의 사랑의 훌륭함은 그것이 무조건적이라는 것이다. 성경 기자 중에 바울보다 이것을 더 잘 말한 사람은 없었다. 바울은 로마인들에게 "우리가 아직 죄인되었을 때에 그리스도께서 우리를 위하여 죽으심으로 하나님께서 우리에게 대한 자기의 사랑을 확증하셨느니라"고 쓰고 있다. 만일 우리가 자격이 있어야, 즉 아주 많이 개심해야, 아주 많이 참회해야, 아주 많이 배상을 해야, 아주 많이 눈물을 흘려야 사랑을 받게 되었다면, 그것은 은혜가 아니었을 것이다.

우리가 반드시 알아야 하는 이것이 바울이 이 보배로운 편지에서 그의 친구 빌레몬에게 말하지 않으면 안 되는 것에 대한 배경이며, 이 편지는 우리를 위하여 유일하게 보존된 바울의 개인적인 편지의 소중한 단편이다.

"사랑을 인하여 … 오네시모를 위하여 네게 간구하노라."

확실히 오네시모는 그의 주인 빌레몬에게 게으름뱅이였다. 확실히 그는 사기꾼이요 도둑이었다. 확실히 그때의 노예 제도의 법과 관습에 의하면 사실상 빌레몬은 이 가증스런 도망자의 생사권을 쥐고 있었다.

"그런데 빌레몬 너는 그리스도인이다. 너의 그리스도인 친구로서 나는 너에게 오네시모가 그리스도인이 되었다는 것을 말한다. 나는 그를 즐거이 받아들였고 너도 그를 즐거이 받아들이기를 바란다. 그를 다시 맞아들이라 — '사랑을 위하여.'"

이제 최상의 감동적인 — 최상의 글 솜씨가 감동을 주는 부분적인 이유이기도 하다 — 이 바울-오네시모-빌레몬 이야기에서 나는 기독교의 사랑에 관하여 네 가지 명제를 만들고자 한다. 그 각각에서 과장된 터무니없는 생각을 느끼기를 바란다.

A. 무엇보다도 여기서, 사랑이 제일 나쁜 것을 섬기는 사역을 가지고 있다는 것을 배우라.

오네시모를 생각해 보라. 그는 골로새에서 노예였다. 로마 제국에서 노예는 파리처럼 흔하였다. 그런데 오네시모가 종으로 있었던 브루기아의 종들은 질이 나쁘기로 악명 높았는데, 다른 지역 종들보다 더 게으르고 무례하였다. 그것이 원인이었든 결과였든 종들이 로마 제국의 다른 지역에서보다 소아시아 지방에서 더 심한 대우를 받았다는 사실은 이미 알려져 있다.

이 낮은 출발점 위에 오네시모는 그 자신의 중대한 범죄를 쌓아올렸다. 그의 절도와 배반은 그와 그의 주인 사이에 수천 마일의 거리를 두게 하였다. 이제 그는 여기 제국의 수도의 인간 쓰레기 가운데 있다. 그가 로마에 있는 동안 더 많은 죄를 범하여 감옥에 갇히게 되었고 바로 그 감옥에서 그가 처음으로 바울의 영향을 받게 되었다고 추측하는 사람들도 더러 있었다.

만일 여러분이 원한다면 그에 관하여 세 가지 것을 말한다:

그는 **사회적으로 신분이 없었다**. 예상할 수 있겠지만, 제국 전역에서 노예들을 실제로 대우하는 것이 지역에 따라, 또 가정에 따라 천차 만별이었지만, 어떤 경우에도 정상적인 의미에서 그들은 법적인 권리나 사회적 특권을 가지고 있는 것으로 간주되지는 않았다.

그는 **범죄적으로 이유가 없었다**. 어떤 법정에서도 그를 변호해 줄 사람을 찾을 수 없다.

그는 **개인적으로 소망이 없었다**. 위안과는 거리가 먼 그의 젊음은 그에게 아무런 미래가 없다는 냉엄한 사실을 악화시킬 뿐이다.

그러나 사랑 이 사람 바울 속에 있는 그리스도의 사랑은 그에게 관심을 가졌다. 또한 그 사랑은 그를 사로잡았다. 사랑은 그를 부드럽게 하였고 그를 산산이 부수어 개조하였고 그를 구속하였다. 안타깝게도 세세한 내용을 우리가 다 모르지만, 거기서 우리는 최종 결과를 본다. 곧 그리스도 안에서 거듭난 한 사람, 바울이 인상적으로 표현하고 있는 대로 갇힌 중에서 낳은 한 사람을 본다.

내가 자메이카에 방문하면 거기에 내가 한 번도 본 적이 없지만 항상 느끼고 있는 한 인물이 있다. 그 인물의 이름은 윌리엄 닙(William

Knibb)이다. 그 이름이 당신에게는 어떤 의미가 있는가?

영국 브리스톨 출신인 닙은 자메이카에 선교사로 갔다. 이때가 1820년 대 였는데, 그 당시 노예는 인간 노예였고 영국 속령에서는 법적으로 인정되어 널리 관행처럼 되어 있었다. 기독교국을 표방하는 정부가 그런 비참함을 야기한 제도를 눈감아 주고 있는 동안에는 복음이 한 발자국도 진전할 수 없다는 것을 닙이 느꼈을 정도로 자메이카 노예들이 처한 곤경은 아주 비참하였다. 그래서 닙은 설교하는 것 외에도 여론을 환기시키기 시작하였다. 이곳은 "흑인들" 사이에 결혼이란 것을 전혀 모르는 것이나 다름없는 사회 경제적 상황이었다. 결혼 제도에 관한 한 이성간의 결합은 번식을 위한 것이었다. 그리고 흑인들은 매매를 위하여 태어났다. 아이라 하더라도 그들의 "팔다리가 형성"되자마자 팔리게 될 것이다.

그리스도께서 그들을 사랑하신다는 것을 윌리엄 닙은 의심할 수 없었다. 그리고 그리스도 안에서 닙은 그들을 사랑하였다. 그들을 대신하여 그는 영국 의회를 상대로 그들의 자유의 문제를 가지고 계속 싸웠다. 영국에 있는 동안 한 열정적인 한 호소문에서 그는 이렇게 부르짖었다:

"만일 내가 영국의 동정을 불러일으키지 못한다면 나는 자메이카로 돌아가서 세상 모든 민족을 한 혈통으로 만드신 그분께 호소할 것입니다. 그리고 만일 내가 그리스도 안에서 나의 형제 자매된 이들의 해방을 보지 못하고 죽는다면, 그때에 하늘에서 기도가 허락된다면, 나는 영원하신 분 앞에 엎드리어 부르짖을 것입니다. '주여, 영국의 그리스도인들의 눈을 뜨게 하셔서 노예 제도의 악을 보게 하시고 그것을 땅에서 추방하게 하소서!'"

사람들이 들었다. 의회가 들었다. 영원하신 분이 들으셨다. 그리고 그 잔인한 멍에는 꺾였다 — 1838년, 7월 31일!

아, 나의 영혼아, 사랑의 사역자는 가장 나쁜 것을 섬기는 것이다 — 하여튼 사람들의 눈에 "가장 나쁜 것" 그리고 그들 눈에 진기한 일이 아닌 것.

"사랑은 자기 옷에 옷단을 대고

심한 먼지 속에 그것을 끌고 간다.

그것은 거리와 골목길의 얼룩에 닿을 수 있다.

그리고 그것은 할 수 있으므로 해야 한다."

B. 이제 둘째 명제로 넘어가자: 사랑은 가장 좋은 것을 얻는 정중함을 가지고 있다.

여러분이 빌레몬서를 읽으면 반드시 이제 그의 상처받은 주인에게 자신을 포기하고 맡겨야 할 오네시모의 안전을 위해서 간청할 때 바울이 발휘하는 마음을 사로잡는 쾌활성을 보게 된다.

바울은 어조의 정중함을 나타낸다. 그의 말은 정중하고 유쾌하다. 좀더 최근 번역들은 거의 어떤 것이라도 딱딱한 고어체의 "흠정역(King James)"보다 이것을 더 잘 전달할 것이다. 필립스가 그 한 실례를 보여 준다.

5절에서 이 맛을 느껴 보라: "나는 너의 사랑이 어떠하며 또 주 예수와 그를 믿는 자들을 얼마나 신뢰하는지를 들었다."

혹은 7절에서도 이것을 느낄 수 있다: "우리에게 그와 같은 위로와 기쁨을 주고 있는 것은 나의 형제인 너의 사랑이다. 왜냐하면 너의 사랑은 너의 믿는 형제들의 마음을 위로하기 때문이다."

14절에서도 이 맛을 느껴 보라: "먼저 너의 의견을 묻지 않고는 나는 아무것도 하지 않을 것이다. 이는 그것이 자원하는 것이 되고 환경에 의하여 억지로 하는 것이 되지 않게 하려 함이다."

17절에서도 느껴 보라: "너와 나는 공통점이 많지 그렇지? 그렇다면 네가 나를 맞아들이는 것처럼 그를 맞아들이라."

21절: "내가 이 편지를 보낼 때 나는 네가 내가 부탁한 것을 하리라는 것을 알고 있다."

참으로 어조가 우아하고 정중하다!

그러나 더욱 중요한 것은 그 어조를 설명하는 심정의 정중함이다. 바울이 빌레몬에게 접근한 방법은 심사숙고한 것이 아니었다고 말하는 것은 부당할 것이다. 그것은 심사숙고한 방법이었다. 그러나 그것이 정직한 제언이 아니었다고 말하는 것도 똑같이 부당할 것이다. 바울은 그의 친구에게 이 방법이 좋다고 느꼈다. 다윗이 한 번은 반역한 원수 — 아마 그의 아들 압살롬이었을 것이다 — 에 대하여 이렇게 불평하였다. "그 말은 기름보다 유하여도 실상은 뽑힌 칼이로다"(시 55:21). 바울이 빌레몬과 나누고 있었던 말에는 그와 같은 표리부동한 것이 전혀 없다.

말에 예술성이 있는 것은 가치 있는 것이지만 만일 그 예술적 기교를 뒷받침 해주는 깊이와 풍부함과 고결함이 전혀 없다면 그 가치는 거의 소멸되고 만다.

헨리 드러먼드(Henry Drummond)의 전기에서 보헴(F. W. Boreham)은 그를 일컬어 "남을 붙들고 길게 이야기하는 데 명수"라고 말한다. 왜냐하면 그는 항상 사람들로 하여금 대화에 참여하게 하고 그들과 그들의 일에게 관심을 보이고 그들과 함께 기뻐하고 그들과 함께 슬퍼하고 그리고 무엇보다도 그의 최고의 친구 예수 그리스도를 소개하는 데 열심이었기 때문이다. 이 좌담식의 복음 전도에 관하여 보헴은 드러먼드가 "그런 솜씨를 발휘함에 있어서 대가"였다고 말한다. 그는 자기가 붙들고 이야기하는 모든 사람으로 하여금 그가 그들을 사랑한다는 것을 느끼게 만들었고, 그의 동료로 하여금 그가 실제로 사랑하였다는 단순한 이유 때문에 그가 그를 사랑한다는 것을 느끼게 만들었다.

"그가 실제로 사랑하였다"는 것이 없다면 정중함은 허식이다. 번지르르하면 할수록 더욱더 위선적이다. 정중함이 항상 무례함이나 퉁명스러움이나 야만적인 행위보다 더 좋다는 것을 기억하라.

그리고 정중함은 특히 여러분이 성인과 청소년을 대하고 있을 때 항상 권위보다 더 좋은 것이다. 바울은 사람들에 대해서 아주 통찰력이 있었기 때문에 이것을 모르지 않았다. 그가 그의 사도적 권위의 큰 막대기를 휘둘렀던 것은 불법적이고 무책임한 극단적인 경우뿐이었다. 빌레몬에게 그는 이렇게 말한다. "비록 내가 그리스도 안에서 내 권위에 의지하여 내가 옳다고 생각하는 것을 하라고 네게 명할 수 있지만, 나는 그렇게 하지 않고 있다. 아니, 나는 너의 사랑에 호소하고 있다"(8, 9절, 필립스).

빌레몬이 그것을 거역할 수 있었을까? 그가 돌처럼 단단한 마음을 가지지 않았다면 그렇게 할 수 없었을 것이다.

C. 이제 셋째 명제로 넘어가도록 하자: 사랑은 조금도 이용하지 않으려는 정직함을 가지고 있다.

내가 여기서 말하지 않으면 안 되는 핵심이 12절의 간단한 말 속에 있는데, 필립스는 "내가 네게 그를 돌려보내고 있다"고 번역한다.

"너는 그를 붙잡지 못하였다. 너는 그가 어디 있는지조차 생각하지 못하였다. 아마 너는 그를 다시 보리라는 기대를 거의 하지 않았을 것이다. 게다가 나는 그가 지극히 유익하다는 것을 발견하였고 이제 그 역시 변화되어 우리 주를 따르는 자가 되었고 내 개인적인 소원대로라면 그를 바로 여기에 두는 것이 좋다." 이것이 바로 바울이 실제로 말하고 있는 것이다.

그러나 그는 더 어떤 것을 말하고 있다. "내가 네게 그를 돌려보내고 있다 ― 그리고 그가 그 계획에 흔쾌히 동의하였다 ― 왜냐하면 그는 너에게 잘못하였기 때문이다. 비록 내가 하나님께서 그를 용서하셨다는 것과 그가 새사람이 되었다는 것을 알고 있지만, 그는 반드시 '자진하여 책임을 져야' 한다. 요컨대, 그는 법적으로 너에게 속해 있다. 확실히 우리 중 누구도 하나님의 용서하심을 나쁜 행위를 회피하는 수단으로 쓰기를 원치 않는다. 하나님께서 용서하심같이 너도 그를 용서하리라는 것을 나는 알고 있다. 그러나 그것은 그리스도인으로서 네가 결정할 일이다."

신약 성경에서 사랑 ― 우리를 소유하는(결과) 그리스도의 사랑(원인) ― 이라고 부르는 것을 우리가 달콤하고 가능성이 희박한 혹은 감상적이고 무력한 감정으로 바꾸기가 너무 쉽다. 도드(C. H. Dodd)와 같은 신약학자는 우리가 그리스어 아가페를 번역하려고 했던 것을 유감으로 생각한다. 왜냐하면 그의 생각으로는 그 말이 번역될 수 없기 때문이다. 그의 말은 음미해 볼 만하다: "그 말은 본래 감정이나 애정이 아니라 의지의 능동적인 결정이다." 구별은 바른 것이다. 특히 우리가 "결정"을 우리 자신의 이를 악문 노력이 아니라 우리 안에 계신 하나님의 성령에 의하여 유발된 자세, 태도, 절제하는 태도로 생각한다면 구별은 바른 것이다.

감상적인 사랑은 절약하고 논쟁을 피하고 허물 없는 대화를 덮어놓고 좋아하고 도전에 의해 혼란하게 되는 것을 싫어하고 부엌에서 쏟아진 우유로 인하여 울고 매일 작업 조건이나 건강 상태에는 거의 관심이 없고 "인간성"에 대해서는 열광적으로 말할 수 있지만 (그들을 잘 섬기거나 그들의 신분을 보장해 주는 사람들 외에는) "사람들"에게 무관심하다. 감상적인 사랑은 "예수께서 그 모든 것을 갚으셨다(Jesus Paid It All)"를 노래하면서 가지 각색의 직업인들에게 급료를 지급하지 않는다.

한 제조 회사 사장인 달라스의 존 미첼(John Mitchell)은 *The Christian in Business*란 책을 썼다. 그 책 내용 중에 대학에 다니면서 그 회사에서 야간에 비상근으로 일한 한 젊은이에 관한 이야기가 있다. 야간 근무의 다른 사람들은 신뢰받은 대학 동료들이었기 때문에 실제로 전혀 감독을 받지 않았다. 그 중 한 사람이 그 공장을 떠나 다른 주로 이사를 간 지 일년 뒤에 미첼 씨는 그에게서 편지 한 장을 받았는데, 거기에 쓰인 글을 일부만 소개한다면 이와 같다:

"친애하는 미첼 씨,

과거 몇 주 몇 달 동안 나는 그리스도인으로서 가장 떨리는 경험을 하였습니다. … 그런데 풍성한 사귐과 함께 말씀의 탐조등이 비추었습니다. … 내가 존 이 미첼 회사의 야간 근무자로 일하였을 때 나는 일하러 가서 타임 카드에 시간을 찍고 출근을 하고서 다른 일을 하러 떠났다가 퇴근 시간이 되면 돌아와서 타임 카드에 시간을 찍고 퇴근한 적이 여러 번 있었습니다. 이러한 일은 명백히 도둑질이었습니다. … 주께서 이미 저를 관대하게 용서하셨습니다. 그리고 지금 나는 사장님께 용서를 빕니다."

만일 편지가 거기서 끝났다면 그와 같은 아주 감동을 주는 듯한 고백에 미첼 씨가 과연 얼마나 관심을 가졌을까? 그러나 편지는 거기서 끝난 것이 아니라 다음과 같이 계속되었다:

"내 짐작으로는 내가 갚아야 할 금액이 모두 60달러 정도 될 것입니다.

… 내가 금전적으로 갚을 능력이 되면 그 돈을 보내 드리도록 하겠습니다."

미첼 씨의 회신은 정중하고 관대하였지만 책임을 없애 주겠다고 제의한 것은 결코 아니었다. 돈을 보내 주었을 때 이서한 수표를 그 젊은이의 교회에 양도하여 그 젊은이에게로 돌려 보냈다. 여러분이 보시다시피 그 전체 처리는 철저한 그리스도인의 정직에 의하여 활기없는 감상적인 생각에서 벗어났다.

그러나 나는 사랑의 정직성과 명예의 이 문제를 이와 같이 간단하고 상투적인 예화로써 끝내는 것으로 만족하지 않는다.

훨씬 더 민감한 예화를 들어보기로 하자. 월드 비전 I(World Vision I)의 봅 피어스(Bob Pierce)와 함께 나는 인도네시아의 미국 관저에서 쾌적한 시간을 보내고 있었다. 그 관저의 안주인은 우리에게 루지애나 출신인 자기 남편의 생애에서 변화를 일으킨 사건에 관한 감동적인 이야기를 들려 주었다. 그 사건으로 인하여 그녀의 남편은 갑자기 그의 흑백(white-and-Negro) 철학을 잃어버렸다. 여러분은 그 철학이 어떤 것인지 알 것이다. 물론 그 철학을 메이슨 딕슨선(the Mason-Dixon Line, 옛날 미국의 북부와 남부의 경계선으로 간주했음)의 아래쪽에 있는 우리 나라의 사랑하는 지역에 국한하는 것은 중대한 잘못일 것이다. 남부인인 제임스 댑스(James Dabbs)는 그것을 흑인들을 친절하게 대하고 흑인들이 "그들의 장소"에 머무는 한에는 심지어 자애롭게 대하도록 제의하는 철학이라고 설명하였다. 댑스는 분명히 이렇게 말한다.

"백인에게는 없는 어떤 것이 흑인에게는 붙어 있다: 장소의 개념 … 우리는 흑인의 장소에 있는 흑인을 좋아한다. 그 좋아함은 거기에 머물러 있는 것에 대한 보너스이다. 우리는 백인이 그의 장소에 머물러 있는 것에 대하여 어떤 보너스를 주어야 하는 것이 아니다. 그 장소 자체가 보너스이다. 매력적이지 않은 흑인의 장소는 보너스를 지니고 있어야 한다. 따라서 백인은 순전히 개인적이거나 인격적인 이유 때문에 다른 백인을 좋아하거나 좋아하지 않는다. 한 가지 예외의 경우: 만일 백인이 어떤 어리석은 이

유 때문에 그의 장소에서 나온다면 — 즉 그가 마음에 들 수 있는 그의 속한 장소에서 흑인을 적당히 멀리하지 않는다면 — 우리는 그를 깊이 혐오한다.

흑인이 현재 종으로 있든 앞으로 종이 될 것이든 그에게 부여된 열등한 지위에 그대로 있는 한 우리는 어느 흑인이든 사랑한다. 우리는 흑인을 한 사람으로서 좋아하지 않는다. 참으로 우리는 얼빠진 종에게서 견실하고 활기 있는 사람을 좀처럼 보지 못한다."

갑자기 이런 말을 불쑥 집어넣은 것을 용서하라. 그러나 그것은 우리가 머물던 관저의 주인이 어릴 적부터 철저히 훈련받아 왔던 인종 관계의 철학이었다. 그렇지만 그가 멀리 있는 대학교의 법과 대학원으로 떠나게 된 그 날이 왔다. 졸업 후에 그는 옛농가를 방문하였는데, 노예 제도 시대부터 그 가족 소유였던 즐거운 농원이었다. 어느날 수십 년 동안 그 가족과 함께 있었고 "마르즈 짐(Mar' se Jim)"(우리가 머물던 집 주인)이 자라는 것을 다정하게 지켜 보고 있었던 한 흑인 종업원이 그에게 왔다. 수줍은 듯이 더듬거리는 말로 "짐"에게 조언이 좀 필요하다고 말하였다. 그의 아들이 "법률" 문제로 어려운 처지에 있었다. 그 아버지는 그 문제를 원고가 주장하고 있는 것만큼 중대한 것으로 느끼지 않았고 그가 이렇게 느낀 이유를 말하였다. 어떻게 해야 좋겠습니까? 법과대학원 초년생인 짐은 동정하여 그에게 말하였다. "헨리[이것이 그 사람 이름이었는지 그렇지 않았는지 지금 기억이 나지 않는다], 만일 당신의 말대로라면 반드시 변호사를 찾아가야 하겠어요." 그 지역에서 그의 문제를 맡아 줄 변호사가 아무도 없다는 것을 까마득이 잊고서 말이다.

그 다음 30초 만에 짐의 일생을 바꾸어 놓은 일이 일어났다. 그 말을 들은 늙은 흑인은 그 인자한 얼굴에 이루 말할 수 없는 묘한 표정을 하고서 아무 말없이 서 있었다. 침묵을 깨고 그가 한 말은 이것이었다. "마르즈 짐, 잊으셨어요? 저는 당신처럼 사람이 아니란 것을 말입니다!"

그 말에 큰 충격을 받은 그 순간 짐 베어드(Jim Baird)는 마음 속으로 그 "제도"가 잘못되었다는 것을 알았다. 그 날 이후로 다른 사람들이 어떻게 하든 짐 베어드는 사랑과 정직으로 그 구습을 타파하고자 하였다.

부언하자면 그 당시 "짐"과 "메리"가 살고 있었던 그 집은 하나님에 굶주린 사람들 — 인도네시아인, 말레이 사람들, 영국 사람들, 미국인들 — 이 함께 모여서 찬송하고 기도하고 인도네시아 수도에서 그들이 기독교를 증거할 수 있도록 인도를 구하는 사회적 영적 성소였다.

사랑은 가장 나쁜 것을 섬기는 사역자를 가지고 있고, 가장 좋은 것을 얻는 정중함을 가지고 있고, 전혀 타협하지 않는 정직함을 가지고 있다.

나는 한 가지 더 말하고자 한다.

D. 사랑은 가장 좋은 것을 기다리는 기대를 가지고 있다.

빌레몬은 바울의 이 엄청난 요구를 어떻게 받아들일까? 글쎄, 바울은 그의 친구가 "잘 받아들일" 것으로 생각할 것이다.

거기에는 반드시 성령의 심리학이 있고 그리고 여기 21절에 그것이 있다: "네게 이 편지를 보낼 때 나는 네가 내가 요구하는 대로 행할 것을 알고 있다. — 내가 확신하건대 실제로는 네가 더 행할 것이다."(필립스)

가장 좋은 것을 기대하는 이른바 활짝 핀 사랑의 기대가 있다.

요컨대 우리는 우리가 사람들에게 기대하는 것을 그럭저럭 그들에게서 얻는다(이런 잔인한 표현 방식을 쓰고 있는 것을 용서하라).

한 아이를 예로 들어보자. 만일 그 아이가 소극적이고 비관적인 아이로 간주되고, 게으르거나 단정치 못하거나 "우둔하거나" 재치가 없다는 말을 자주 듣게 되면 그 아이의 개성은 점점 더 뚜렷해지기는커녕 사라지고 만다. 그 아이의 도덕적 품성에서도 똑같은 일이 일어난다. 그 아이가 계속해서 거짓말하거나 속이거나 훔치거나 남을 못살게 구는 아이로 의심을 받게 되면 그 아이의 부모는 그들이 의심하고 있는 그대로 얻게 될 가능성이 있다.

우리 안에 있는 그리스도의 사랑은 믿을 수 없을 정도로 창조적이고 아주 적극적이고 끊임없이 기대하는 것이다. 이것이 바로 바울이 그 유명한 사랑의 찬송에서 훌륭하게 나타내고 있는 것이 아닌가? 사랑은 "모든 것을 참으며 모든 것을 믿으며 모든 것을 바라며 모든 것을 견디느니라"(고전 13:7).

18세기 말에 의회의 곱사등이 의원이었던 윌리엄 윌버포스(William Wilberforce)라는 이름을 가진 한 사람이 때때로 거의 혼자 싸우다시피 한 싸움을 대영제국의 노예 제도를 상대하여 싸우고 있었다. 비록 빛나는 갑옷을 입은 기사처럼 용감하였지만 그는 낙담하지 않을 수 없었다. 1791년 2월 어느 날 임종을 일주일 앞둔 노쇠한 존 웨슬리가 윌버포스에게 한 통의 편지를 써 보냈다. 그 편지에는 이런 글이 적혀 있었다:

"하나님께서 당신 편이시라면 누가 당신을 대적할 수 있겠습니까? 그들 모두(사람과 악한 영들)가 하나님보다 더 강하겠습니까? 오! '선을 행하다가 낙심치 마십시오.' 하나님의 이름으로 그리고 하나님의 전능하신 능력으로, 심지어 미국의 노예 제도(지금까지 존재한 것에서 가장 부도덕한 것)가 사라질 때까지 계속 그 일을 행하도록 하십시오 … . 당신이 어릴 때부터 당신을 인도하신 이가 당신에게 이 일을 계속할 수 있도록 당신의 친애하는 종 존 웨슬리가 귀하를 위해 기도하고 있습니다."

그와 같은 메시지는 윌버포스에게 용기를 북돋아 주었다. 웨슬리는 그를 믿었고 그가 싸우고 있었던 그 대의를 신뢰하였고 무엇보다도 그들이 함께 섬기고 있었던 하나님의 능력과 뜻을 믿었다. "친애하는 … 로부터!"

가장 좋은 것을 기대하고 있는 사랑!

오네시모가 바울의 편지를 들고 골로새로 돌아가 그의 나이 많은 주인 빌레몬의 처분에 자신을 맡겼을 때 어떤 일이 일어났는가?

나는 모른다. 그러나 나는 확신한다! 그 상황을 알 만한 기록은 전혀 없다. 내 마음 속에 확신을 주는 이 예감만 있을 뿐이다.

오네시모는 빌레몬이 편지를 읽는 동안 서 있다. 비굴하거나 불손한 태도가 전혀 없다. 그리스도께서 받아들이신 참회자의 조용한 겸손만 있을 뿐이다.

빌레몬은 편지를 다 읽고 오네시모를 머리에서 발 끝까지 훑어본다. 그는 다시 편지를 흘긋 본다. "종과 같이 아니하고 … 곧 사랑 받는 형제로 둘 자라."

아아, 거기에 언젠가 노예 제도를 산산이 부수어 버릴 그의 지발(遲發)성 도화선이 있었다.

"형제여!"

빌레몬은 환하게 웃는다. 바울은 그의 소원을 이룬다. 그리스도의 사랑이 그 뜻을 이룬다. 그리고 오네시모는 빌레몬에게서 입맞춤을 받는다. 입맞춤은 동방의 풍습에서는 화해, 영접의 표시이다. 전승에 의하면 훗날 오네시모는 감독이 되었다고 한다.

"사랑을 인하여!"

히브리서

클래런스 에스 로디 (Clarence S. Roddy)

머리말

신약 성경 서론 분야에서 히브리서는 종종 "신약 성경의 수수께끼"라고 불리고 있다. 그 저자와 보낼 곳과 저작 연대에 관한 전형적인 물음에 대하여 단지 추측만 할 뿐이다.

저자. "히브리서를 누가 썼는지는 오직 하나님만 확실히 알고 계신다"는 오리게네스가 한 유명한 말로서 지금껏 그 이상 더 알려진 것이 없다. 흠정역(the King James Version)은 히브리서를 "사도 바울 서신"이라고 하고 있지만 그가 저자가 아니라는 것이 대부분 학자들의 생각이다. 바나바와 아볼로와 브리스길라가 저자라는 주장도 있었지만 그런 주장을 뒷받침할 만한 확실한 증거는 전혀 없다.

보낸 곳: 이 서신은 유대인이 월등히 많은 교회 앞으로 보냈던 것 같다. 그러나 어디로? 예루살렘과 알렉산드리아와 로마를 생각해 왔는데, 현재는 로마라고 보는 견해가 지배적이다. 이것은 대개 히브리서 13:24 "이달리야에서 온 자들도 너희에게 문안하느니라"는 말씀 때문이다. 저자가 이탈리아인들의 문안을 그들의 고국 사람들에게 보내고 있다고 추론한다. 아마 이것이 정확한 추론일 것이다.

연대: 이것은 내적인 증거에 의하여 대략 그럴 것이라는 것일 뿐 아주 결정적인 것은 아니다. 예루살렘 성전이 여전히 존재하고 있다는 저자의 명백한 가정과 결부하여 교회가 박해를 받고 있다는 사실 때문에 이 서신의 연대를 일반적으로 A.D. 70년 이전으로 본다. A.D. 67년이 가능성 있는 연대일 것이다.

주제: 이 주제는 주로 관련된 교회의 형편에 달려 있다. 이 서신에서 보

면 그 사람들은 비록 극에 달한 박해는 아닐지라도 가혹한 박해를 경험하고 있던 2세대 유대인 그리스도인이었을 것이 분명하다. 그들은 유대교에서 추방당하였고 로마 제국의 요주의 대상이었다. 따라서 그들은 사회 일반에게 배척당하는 시련을 겪고 있었다. 이와 함께 그들은 그들의 민족적인 생활에서 깊이 간직되었던 정교한 형식과 의식의 종교로부터 어떤 민족적인 관계와 분리된 순수한 영혼의 종교로 변화를 시도하지 않으면 안 되었다. 영광스러운 역사와 소중한 상징성과 문화를 가진 이스라엘의 유산과 단절하는 것이 쉽지 않았다. 그 집단은 낙심하게 되어 흘러 떠내려 갈 형편에 이르렀고 실제로 배교할 위험에 처해 있었다. 저자는 그들이 흘러 떠내려 가지 않고 계속 나아갈 수 있도록 격려하기 위하여 편지를 쓰고 있다. 그는 그들에게 예수 그리스도가 옛언약의 최고 최상의 완전한 성취임을 보여 준다. 예수님은 모든 고대 지도자들과 제사장들보다 뛰어나며 그의 언약과 희생은 옛것보다 더 좋을 뿐만 아니라 하나님의 은총과 임재 안으로 들어가게 하는 궁극적인 것과 최종적인 것이다. 그러므로 그들은 뒤로 물러갈 것이 아니라 하나님의 최종의 완전한 말씀이신 그리스도 안에서 계속 힘써 영적인 성숙을 하지 않으면 안 될 것이다.

개요

이 지극히 풍성한 서신에는 중요한 개념과 용어들이 많다. 우리는 "더 뛰어남(superior)"이라는 말을 우리의 열쇠로 사용할 것이다.

히브리서 — 뛰어난 서신

A. 뛰어나신 말씀: 아들	1:1-2:18
태만의 위험	2:1-4
B. 뛰어나신 사도	3:1-4:13
모세보다 뛰어나심	3:1-6
불신의 위험	3:7-19
뛰어난(더 좋은) 안식	4:1-10
불순종의 위험	4:11-13

클래런스 에스 로디 (Clarence S. Roddy)
풀러 신학교, 패서디나, 캘리포니아주

차례

히브리서 1:1-4

하나님께서 마지막 말씀을 하심

1:1-4. "옛적에 선지자들로 여러 부분과 여러 모양으로 우리 조상들에게 말씀하신 하나님이 이 모든 날 마지막에 아들로 우리에게 말씀하셨으니 이 아들을 만유의 후사로 세우시고 또 저로 말미암아 모든 세계를 지으셨느니라 이는 하나님의 영광의 광채시요 그 본체의 형상이시라 그의 능력의 말씀으로 만물을 붙드시며 죄를 정결케 하는 일을 하시고 높은 곳에 계신 위엄의 우편에 앉으셨느니라 저가 천사보다 얼마큼 뛰어남은 저희보다 더욱 아름다운 이름을 기업으로 얻으심이니."

I. 역사적 배경

이 구절은 그리스어 신약 성경에서 아주 뛰어난 문장 중 하나로서 서신의 장대한 서론을 이루고 있다. 이 구절에서 서신서의 주제와 논증 방법과 그 내용의 범위가 나타난다. 저자의 목적이 다른 모든 중보자들보다도 그리스도가 더 뛰어나심을 나타내기 위한 것이기 때문에 그는 갑자기 선지자들의 일시적인 것과 그 아들의 궁극적인 것을 대조함으로써 그의 논제를 시작한다. 그는 구약을 축소하거나 파괴하는 것이 아니라 성육신하신 아들 안에서 그 완성을 보여 주고 있다. 이 편지는 한 교회에 쓴 것인데 아마 네로의 가혹한 핍박을 받은 뒤 수년 동안 낙심하여 지친 로마에 있는 한 교회에 쓴 것일 것이다.

II. 용어 해설

다음의 말들은 특별히 주의해서 공부해야 한다.

1:1. 데오스 랄레사스 — " … 말씀하신 하나님이." 이것은 이 구절에서 가장 주된 개념이다.

폴루메로스 — "여러 부분으로", 점차로, 조금씩, 단편적으로.

폴루트로포스 — "여러 모양으로", 많은 방식으로, 내용과 형식을 말한다: 의식과 율법과 시편과 비유와 상징과 역사와 예언들.

팔라이 — "옛적에" 구약 시대에. 유대인들은 시간을 옛시대와 앞으로 올 혹은 새로운 시대로 구분하였다. 이것은 이 서신의 지배적인 사상이다 (2:5).

1:2. 엔 휘오 — "아들로." 관사가 없는 것에 주의하라. 이 개념은 그의 위격보다는 오히려 그리스도의 아들로서의 관계에 관심이 있다 — 아들 대 선지자(3:6; 5:8; 7:28).

클레로노몬 — "후사"(비교. 벧전 1:4; 막 12:1-12).

1:3. 아파우가스마 — "광채"나 반사를 의미할 수 있다. 광채가 여기 생각에 가장 적절하다. 그 아들은 성육신에서 하나님의 밖으로의(outgoing) 표현이며, 반사가 아니다.

독사 — "영광"은 하나님의 속성들을 총괄하여 표현한 것이다(비교. 출 33:18-23). 독사는 신성에 관련된다.

카락테르, "정확한 상" 혹은 형판(型板)이나 조각사에 의하여 만들어진 날인. 이 말은 이 단락에서 아주 중요한 말의 하나이다. 하나님은 정확히 그 아들에서 그대로 나타나셨다.

Ⅲ. 교리적 의의

하나님께서 아들로 완전하게 최종적으로 말씀하셨다는 것이 큰 가르침이다. 아들의 전체 성육신의 사역은 하나님의 이 계시와 관련이 있다. 신약 성경 어디에서도 다른 모든 계시보다 그리스도의 인격과 사역의 뛰어남을 이 말에서만큼 더 분명하고 장엄하게 설명한 데가 없다. 서신의 나머지 부분은 그 내용의 전개이다. 오직 그리스도 안에서만이 자유롭게 그리고 완전하게 하나님의 앞으로 나아갈 수 있으며 하나님과 사귐을 가질 수 있다.

IV. 실천적 목표

그리스도인들이 그리스도에게서 흘러 떠내려 가서 저급한 어떤 것으로 가는 것을 막기 위함이다. 박해의 상황과 원기를 상실한 나태한 상황이 보인다. 신자의 순례는 멀고 지루하고 힘들지만 그 과시나 역사적 가치나 특별한 매력에도 불구하고 성부와 사귈 수 있는 다른 길은 전혀 없다. 절대로 없다. 이것은 우리 시대와도 아주 관계가 있다.

V. 설교 개요

제목: "하나님의 최종적이고 완전한 말씀."

도입부

누가 자연과 역사와 구속의 궁극적 신비에 대하여 대답하는가? 신성과 인성의 완전한 본성에 대하여 대답하는가? 하나님 외에 누가! 그런데 하나님께서 말씀하셨는가 ― 그 진리를 계시하셨는가? 만일 하나님께서 인류의 아버지시고 만일 하나님께서 사랑이시라면 하나님께서 그 자녀에게 자신을 알리실 마음이 없으실까? 성경은 분명하게 하나님께서 말씀하셨다고 진술한다. 하나님은 사람과 자연과 죄와 구속과 죽음과 영생과 자신에 관하여 말씀하셨다. 사람이 그의 구원과 생명을 위하여 알아야 할 필요가 있는 모든 것을 하나님께서는 계시하셨다. 하나님은 자연과 양심과 이스라엘 가운데서 말씀하셨다. 그리고 의식와 상징과 역사로 말씀하셨다. 그리고 선지자와 시인과 제사장을 통하여 말씀하셨다. 마지막에 절대적으로 완벽하게 하나님은 아들로 말씀하셨다.

이것은 하나님께서 자신을 가장 명확하게 전개하심이다. 만일 여러분이 하나님을 알고 이해하고 보고자 한다면 예수 그리스도를 배워야 한다. 그의 계시는 독특하다! 그 계시는 비길 데 없다! 그 계시는 배타적이다! 사람들은 이것에 대해 이의를 제기하지만 그 제시된 대안들로부터 예수께로 돌이킬 때, 그 독특함이 있다! 그대로 이것을 구체화하기 위하여 저자는 아들의 인격과 그 사역에서 아들에 관한 여섯 가지 사실을 진술한다.

A. 그 아들은 만유의 후사이다.

이것은 망연자실케 하는 주장이다. 저자는 무엇을 생각하고 있었던가? 시편 2:8, "내가 열방을 유업으로 주리니"라는 말씀을 생각하고 있었던 듯하다. 혹시는 그가 에베소서 1:9,10의 "그리스도 안에서 때가 찬 경륜을 위하여 … 다 그리스도 안에서 통일되게 하려 하심이라"는 진리를 알고 있었을지도 모른다. 이제까지 제출된 것 중 가장 바른 역사 철학이 여기 있다. 만물의 결국이 어떻게 될까? 만물은 하나님께서 그 뜻을 성취하시고 그리스도 안에서 모든 자연과 역사와 구속을 통일시키실 그날을 향하여 나아가고 있다. 세상이 조종 불능이 아니다. 그리스도가 그 마지막 곧 모든 것의 후사이다. 과연 그 모든 고난과 모든 슬픔과 고통이며, 그 모든 영광과 승리의 후사이다(계 11:13; 시 2:7, 8; 110:1). 초대 교회는 그 나라가 궁극적으로 그의 것이라는 것을 믿었다. 말세에 처한 이 시대에 어떤 메시지가 더 필요할까?

B. 그 아들은 세상의 창조자이셨다.

여기에 망연자실케 하는 또 하나의 주장이 있다. 하나님은 다른 사람 없이 심지어 아들 없이도 세상을 창조하실 수 없으셨던가? 어떻게 이 세상의 예수께서 우주의 창조에 어울릴 수 있을까? 사람들이 어떻게 생각하든 하나님은 여기서 모든 것의 후사이신 그분이 모든 것의 창조자이시라는 것과 그것이 훌륭한 논리라는 것을 나타내신다. "태초에 말씀이 계시니라 이 말씀이 하나님과 함께 계셨으니 이 말씀은 곧 하나님이시니라 … 만물이 그로 말미암아 지은 바 되었으니 지은 것이 하나도 그가 없이는 된 것이 없느니라"(요 1:1-3). 초대 교회는 하나님의 창조의 대리인이신 아들 — 곧 예수 — 이라는 특유의 표현으로만 모든 것의 후사, 따라서 창조물을 구속하실 있는 유일한 분을 생각하였다. 우리는 브라우닝(Browning)의 심원한 말을 생각하게 된다. "당신의 이성으로 받아들인 그리스도 안에 있는 하나님을 아는 지식은 당신을 위하여 세상 안과 세상 바깥의 모든 문제를 해결한다."

C. 그 아들은 하나님의 영광을 나타낸다.

앞의 주장에서 우리는 아들과 세상의 관계를 깨달았다. 이 놀라운 주장에서 우리는 하나님과 아들의 친밀한 관계를 발견한다. 그는 "하나님의 광채"이시다. 그리스도와 아버지의 관계는 빛과 태양의 관계와 같다. 그는 드러내신 하나님이시다. 감히 말한다면 그는 속을 뒤집어 보이신 하나님이시다. 그는 하나님의 형상 혹은 인장 혹은 날인이다. 하나님은 무엇과 같으신가? 하나님은 예수님과 같으시다(요 14:9; 17:5, 6). "영광은 눈에 보인 하나님의 거룩(하나님의 속성의 총체)을 의미한다"고 말한 사람도 있다. 그래서 하나님과 하나님의 영광에 대한 어떤 그림이 우리에게 있다. 세상의 왕들과 주권자들과는 너무도 다른 그림이다. 사람들을 억압하고 학대하는 그런 영광이 아니다. 노예와 농노 위에 세워진 물질적 부의 영광이 아니다. 심지어 승리 속에서도 패배를 가지고 있는 전장의 영광이 아니다. 오히려 그 영광은 사람에게 봉사하고 사람과 함께 고통을 참고 사람을 위하여 고통을 참고 사람과 함께 나누고 사람을 사랑하는 영광이다. 그것은 선한 사마리아인의 영광이며 탕자의 아버지의 영광이다. 과연 그것은 냉수 한 잔의 영광이며 겉옷을 벗어 주고 병든 자와 감옥에 갇힌 자를 방문하는 영광이다. 그것은 "시간의 소멸 위에 솟아 있는" 십자가의 영광이다. 그것은 "자신을 구원하실 수" 없는 것이 아닌 것의 영광이다.

"그의 영광의 광채"와 "그의 위격 꼭 그대로의 형상"(KJV)이라는 구절은 예수 안에서 하나님의 본체의 정확한 대표가 나타났다는 것을 의미한다는 것을 기억하라. 참 하나님의 참 하나님! 하나님의 완전한 계시가 예수 안에서 구현되었다. 인성으로 표현될 수 있는 하나님의 모든 것이 사람이신 그리스도 예수 안에서 표현되었다.

D. 그 아들은 만물을 유지하신다.

이것은 자연스럽고 논리적이다. 모든 것을 창조하시고 모든 것의 마지막이신 그가 필연적으로 모든 것을 유지하실 분이실 것이다. 알파와 오메가 사이에 모든 알파벳이 있다. 원시 교회는 섭리의 가르침을 상당히 이해하고 있었다. 그들의 하나님은 만물을 지으신 다음에 돌보지 않고 허공에 버려 두시고 만물이 어떻게 되든 상관하시거나 돌보시지 않으시는 분이 아니다. 실제로 성경은 처음부터 끝까지 창조와 구속과 섭리를 통하여 그분의 세상에 깊이 관련되어 있어서 그분이 세상을 버리시고 싶어도 버리실 수 없는 하나님이심을 보여 준다. 하나님은 그 자신의 사랑의 "포로"이시다. 그리스도께서 이 세상에 계시고 세상이나 지옥의 모든 권세로도 그리스도를 떠나가게 할 수 없다. 실제로 세상은 그분을 떠나서는 존재도 의미도 없다. 여기 깜짝 놀랄 만한 진술이 그러한 것이다. 사람들은 "그의 옷의 가장자리"인 원자에 관하여 이야기하지만 그리스도는 그들을 창조하셨고 그들을 질서 있게 붙드시고 당신의 때에 그들을 죄의 타락으로부터 구속하실 그 능력이시다. 상심한 자를 고치시는 그분이 또한 별의 수효를 계수하시고 그 별들을 다 이름대로 부르시는 분이심을 결코 잊어서는 안 된다(시 147:3, 4).

E. 그 아들은 죄를 깨끗게 하셨다.

이것은 저자의 메시지의 핵심이다. 그의 주된 주제는 창조의 그리스도나 하나님의 자연 계시가 아니라 거룩이신 하나님 앞에 나아갈 수 있도록 하신 구속의 그리스도이다. 깨끗게 하심은 그의 큰 표어이다. 그는 제사장의 관점에서 그 아들의 사역을 바라본다. 구속의 내용은 씻음에 있다. 죄는 더럽고 불결한 것이다. 죄인들은 정신적 도덕적 영적으로 목욕해야 한다. 사람들은 늘 죄와 구속을 씻는 개념과 관련시켰다. "무엇으로도 이 손이 깨끗게 되지 못할 것인가?"하고 부르짖은 맥베스의 부인의 부르짖음은 인간 보편의 부르짖음이다(시 51:7; 사 1:18; 요일 1:7, 8, 9; 계 7:14). 이 서신에서 우리는 죄와 죄책이 제거된 것을 깨닫고 준비된 하나님께 나아갈 수 있으며 크신 대제사장의 사역을 통하여 거룩한 삶이 성취될 수 있다는 확신이 현실화하였다. 이것이 책 전체의 중심이다.

F. 그 아들이 존귀히 되셔서 하나님의 우편에 앉으셨다.

아주 놀라운 많은 진술들 가운데 이 진술이 그 절정이다. 예수님이 세상의 창조자와 보존자와 완성자이시라는 것과 예수님이 세상의 죄를 위하여 죽으신 구속자시라는 것은 거대한 균형의 개념이지만 예수님께서 죽은 자 가운데서 살아나셔서 존귀히 되셔서 하나님 우편에 앉으셨다는 것은 삶의 의미를 나타내며 어떤 다른 단 하나의 사실보다 더욱 생생하게 이 세상을 나타낸다. 예수님이 시간과 역사 가운데서 참고 견디면서 계셨다는 것은 삶과 이 세상의 궁극적인 의미이다. 그의 앉으심은 심판의 승귀의 앉으심이 아니라 "중보의 승귀"의 앉으심이다. 그는 우리의 자비로운 대제사장으로서 하나님의 옆에 계신다(7:25; 롬 8:34). 우리는 세상에 계실 동안 우리를 위해 사시고 우리를 사랑하시고 우리를 위하여 죽으신 그분을 통하여 하나님께 나아간다. 역사의 예수를 알되, 반드시 연약하고 죄 있는 인성에 대한 그의 신적인 중보의 본질을 알아야 한다. 우리는 법정에 한 친구 한 형제가 있다. 이 사실은 행동에 영감을 불러 일으키고 시련을 겪는 동안 믿음을 주고 무거운 짐을 지고 있을 때 위로를 주고 생각과 마음에 평안을 주지 않는가?

히브리서 1:4-14

천사보다 뛰어나신 아들

1:4. "저가 천사보다 얼마큼 뛰어남은 저희보다 더욱 아름다운 이름을 기업
으로 얻으심이니."
1:5. "하나님께서 어느 때에 천사 중 누구에게 네가 내 아들이라."
1:6. "하나님의 모든 천사가 저에게 경배할지어다."
1:8. "아들에 관하여는 하나님이여 주의 보좌가 영영하며."
1:10. "또 주여 태초에 주께서 땅의 기초를 두셨으며 하늘도 주의 손으로 지
으신 바라."
1:13. "내가 네 원수로 네 발등상 되게 하기까지 너는 내 우편에 앉았으라."

I. 역사적 배경

이미 주목한 대로, 이 서신서는 신자들이 유대교로 되돌아가지 못하도록
하기 위하여 쓴 것이었다. 저자에게는 유대교란 열등한 계시였으며, 실제
로 이제는 더 이상 효력이 없는 것이었다. 그것은 그 계시의 전달을 위해
천사들에 의존하고 있는 계시였다. 천사들은 오늘날보다 그때에 대단히 큰
존중과 존경을 받고 있었다. 천사들은 유대인들의 마음에 아주 중요하였기
때문에 천사들을 경배하려는 위험이 항상 있었다(참조. 골 2:18). 하나님
의 초월성은 아주 존중되어서 사람들은 천사들의 중재를 통해서만 하나님
께 나아갈 수 있었다. 이 서신서(2:2)는 천사들이 하나님의 율법과 말씀을
중재하는 것으로 나타내고 있다. 그러한 데로 돌아가지 못하도록 하기 위
하여 저자는 메시야를 신적인 존재로 나타내고 있는데, 그분은 하나님 앞
으로 직접 나아가는 것을 비롯하여 사람의 완전한 구원의 사역을 시작하

실 수 있었고 시작하셨다. 이분은 천사들의 능력보다 절대적으로 뛰어나다. 따라서 왜 더 열등한 것을 위해 더 위대한 것을 포기하느냐 하는 것이 저자의 논증이다.

II. 용어 해설

이 구절은 표현이 풍부한 말로 가득 차 있다. 다음은 특별히 따로 공부하면 좋을 것이다. 그것들은 신적인 것과 영원한 것을 다루고 있다.

1:4 크레이트톤, "더 좋은" 혹은 더 뛰어난. 이 서신서에서 이 말이 열세 번 사용되었다. 이것은 도덕적인 우수성을 말하는 것이 아니라 위엄과 능력을 주로 말하고 있다.

디아포로테론("더욱 뛰어난", 개역 한글판에서는 "더욱 아름다운")은 앞의 말처럼 더 좋다는 개념이 아니라 뚜렷하고 명확한 차이의 개념이다.

1:5. "내 아들" ― 휘오스, "아들"의 강조점을 주의하라. 아들이란 말이 구약 성경에서 천사들에게 집합적으로는 적용되었지만, 개인적으로 사용된 적은 한 번도 없다. 여기서 이 말은 개인적으로 메시야에게 사용되었으며 신성과 신적인 위치를 주장한다.

게겐네카, "낳았다." 공식적으로 주권자로서 인정받기 위하여. 공식적인 자식의 신분의 관계.

세메론, "오늘날" 그 시기에 관해서는 의견이 많이 다르다 ― 영원한 세대, 성육신, 부활 들. 오늘날 가장 일반적으로 받아들이는 것은 부활일 것이다(롬 1:4). 저자는 관심이 없었던 듯하다. 기본 개념이 그의 관심이었던 것 같다.

"아버지" ― "아들"(삼하 6:14). 다윗의 아들 솔로몬과 그 왕국에 대한 언급이다. 다윗의 더욱 위대한 아들 메시야를 기대하고 있다.

1:6. 팔린 에이사고게, "다시 들어오게." 그가 두번째 오실 때. 재림 때 아들이 그의 유업 곧 그 나라를 받게 될 것이다.

프로토콘, "맏아들": 영광스러운 인성을 가지신 부활하신 메시야와 모든 것의 관계를 말한다. 그러나 주로 사람과의 관계를 말한다(참조. 골 1:15-

18).

프로스쿠네사토산, "경배할지어다": 원래 손에 입맞추는 것을 의미하였으나 마침내 경의, 경배를 의미하게 되었다.

1:7. 프뉴마타, "영들": 신약 성경에서 바람, 숨, 영들로 되어 있다.

1:8. 호 드로노스 수 호 데오스, "하나님이여, 주의 보좌": 번역이 어렵고 이것은 하나님은 당신의 보좌를 의미할 수도 있다. 그러나 본질적인 의미는 똑같다.

1:9. 에크리센, "기름 부음 받은" 아름다운 신구약 성경의 단어로, 이 단어에서 그리스도란 말이 나온다.

"즐거움의 기름"은 왕의 신분과 즐거운 잔치의 결합을 말한다. 오직 의만이 참된 행복에 이르게 된다.

1:11. 디아메네이스, "남아 있다." 현재 시간은 신성의 영원함과 영구함과 현재를 나타낸다. 시간에 얽매이지 않는다. 시편 110편, 하나님의 우편에 앉으신 메시야. 어떤 천사도 그렇게 앉지는 못하였다. 최고의 주권자 그리스도.

1:14. 천사들은 항상 부림을 받는 위치에 있고 그와 같은 역할을 하고 있다. 그들은 "부리는 영들"이지만 종들(둘로이)은 아니다.

III. 교리적 의의

이 구절은 우리 주의 절대적 신성과 시공간의 세계의 절대적 주권자로서 그의 제왕의 지위의 절대적 신성에 대한 "고전적인 진술"의 하나이다. 우리는 저자처럼 천사들에 관하여는 관심이 없지만, 우리는 (그리스도를 "훌륭한 사람"이나 "훌륭한 선생"이나 "현혹된 선지자", 그의 시대의 종말론적 환경에서 벗어나지 못한 사람으로 격하시키는 요즈음에) 그리스도로 불린 예수님의 참된 상에 관심이 있다. 어떤 더 정교한 묘사도 신약 성경에서 찾을 수 없다.

IV. 실천적 목표

이것은 우리가 앞에서 진술하였다. 신인(神人)이신 예수 그리스도를 믿은 믿음을 버리려고 하는 동요하는 그리스도인들을 붙들기 위함이다. 이것은 오늘날도 마찬가지이다. 우리가 예수님께 대해 좀더 고상한 견해를 가질수록 우리의 믿음과 생활은 좀더 힘찰 것이다. 우리가 이 세상의 주이시고 창조자이시고 후사이시라고 생각할 뿐만 아니라 성부의 영광의 광채이시고 그의 죽으심으로 우리를 죄에서 구속하셨고 그의 부활하심으로 성부의 은혜의 보좌 앞에서 매일 우리를 도우시기 위하여 하늘에 들어가셨고 역사를 세우고 우리의 영원한 운명을 보장하시기 위하여 다시 오실 분이라고도 생각하는 그분을 떠나는 것이 쉽지 않다.

V. 설교 개요

제목: "하나님이신 아들 — 천사들보다 뛰어나심."

도입부

어째서 천사들의 뛰어남을 보여 주는가? 이미 그것은 나타나지 않았던가? 물론 이미 그 뛰어남이 나타났다. 그러나 정확히 세밀히는 나타나지 않았다. 그 문제는 좀더 중대한 뒷받침을 요구한다. 꼭 하나님의 말씀의 지지가 필요하다. 이 문제가 우리에게는 이상하게 보일지 모르나 우리 시대의 천사들에 대한 생각과 관심에 상관없이 천사들은 신약 유대인들의 종교 생활에서 아주 중요하고 없어서는 안 될 부분이었다.

이 서신서는 처음 두 장을 천사들과 메시야의 대조에 할애하고 있다. 1장에서는 그리스도를 하나님을 사람에게 계시하시는 하나님의 독특한 아들로 다루고 2장에서는 그리스도를 하나님에 대한 사람의 완전한 대표로서 다루고 있다. 이것은 그리스도를 하나님과 사람 사이의 완전한 중보자로 구성한다. 그리하여 천사들을 그의 경쟁자로서 바꾸어 놓는다. 마커스 도즈(Marcus Dods)가 그것을 잘 진술하듯이 "그러나 이 저자가 살았을 때 천사들은 소유를 가지고 있다고 말할 수 있지만 반면에 그리스도는 아직 그의 유업을 얻지 못하였다." 천사들은 이 당시 세상에 가득하였고 그들에 대한 신뢰가 증대하였다. 성경을 연구해 보면 가브리엘(눅 1:26)과 같은 하나님의 위대한 사자들로부터 아이들의 천사들에 이르기까지(마 18:10) 사람들이 천사들을 많이 생각하였다는 것이 금방 나타난다. 저자는 천사들의 지위가 아주 고귀하고 높다는 것을 깨달았으며 또 천사들 덕분에 하나님의 율법이 전달되었다고 했다(2:2). 그는 하나님의 사역자들로서 그들의 지위를 결코 과소 평가하지 않지만 하나님과 사람 사이의 유일한 절대적 중보자로서 아들의 지위를 천사들이 빼앗는 것을 용납지 않는다. 그는 일련의 중보들에나 그 중보들에 대한 그릇된 생각에 내포된 위험을 인식하였다. 오늘날 우리는 로마 가톨릭에서 성도들과 동정녀 마리아를 통한 중보 제도를 본다. 아니, 그리스도가 절대적이고 유일한 하나님과 사람 사이의 완전한 대제사장이시다. 그리고 그리스도는 그의 생사(生死)에 의해 더 좋고 더 뛰어난 이름을 기업으로 얻으셨다.

A. 당신은 영원하신 아들이시다.

"이러므로 하나님이 … 모든 이름 위에 뛰어난 이름을 주사." 이것이 기독교의 중심이다. 기초 중의 기초가 예수 그리스도의 인격이다. 예수님의 삶과 죽음의 참뜻과 가치는 그가 누구셨는가 하는 것에 절대적으로 달려 있다. 예수님은 그의 대적자들에게 "너희는 그리스도에 대하여 어떻게 생각하느냐 뉘 자손이냐?"고 외치셨을 때 자신을 알고 계셨다. 그러므로 그는 인성에 대한 "피할 수 없는 물음"을 요구하셨다.

저자는 구약 성경에서 아주 인상적인 세 개의 인용문으로써 대답하였다. "하나님께서 어느 때에 천사 중 누구에게 네가 내 아들이라 오늘날 내가 너를 낳았다 하셨으며." 그들에게 그렇게 말씀하신 적이 전혀 없다. 시편 2편에서 그 아들은 그의 아버지와 아들의 관계를 근거로 하여 만국을 다스리는 우주적인의 주권을 받으셨다(시 2:7-9). "나는 그에게 아버지가 되고." 천사들에게 이렇게 말한 적이 있었던가? 한 번도 없다! 예수님은 하나님과 독특한 사귐을 주장하셨다. 하나님과 하나가 될 정도여서 그러한 의식에서 예수님은 이렇게 말씀하실 수 있었다. "나와 아버지는 하나이니라"(요 10:30). "나를 본 자는 아버지를 보았다"(요 14:9). 감히 전자를 주장할 사람은 있을지 모르지만 결코 후자를 주장하지는 못할 것이다. "또 맏아들을 이끌어 세상에 다시 들어오게 하실 때에 하나님의 모든 천사가 저에게 경배할지어다 말씀하시며." 이것은 "거룩한 천사들과 함께 그의 아버지의 영광 가운데" 오시는 그리스도의 재림을 말한다. 천사들이 그와 동등한가? 아니, 천사들은 그에게 경의를 표하게 되어 있다. " … 모든 무릎을 예수의 이름에 꿇게 하시고 모든 입으로 예수 그리스도를 주라 시인하여 하나님 아버지께 영광을 돌릴 때"(빌 2:10-11) 그렇게 하는 무리들 가운데 천사들이 있을 것이다.

B. 당신은 영원한 왕이시다.

"아들에 관하여는 하나님이여 주의 보좌가 영영하며." 아들의 주권은 절대적이고 우주적이고 영원하다. 이것은 의에 기초를 두고 있으며 이 의만이 행복과 평안을 내놓을 수 있다. 이것은 기초이다. 우리의 세상은 행복과 평안을 경험한 적도 없고 또 세상이 의의 왕 앞에 무릎을 꿇고 그의 의를 받아들이고 그의 기쁨에 참여하기 전까지는 결코 행복과 평안을 경험하지 못할 것이다. 하나님은 거룩하시고 (하나님의 형상으로 만들어진) 사람은 도덕적으로 되어 있으므로 죄로 타락한 사람은 의의 열매를 도저히 거둘 수 없다. 사람은 그 자신에게서나 스스로 의를 찾을 수 없다. 사람은 신적인 주도권을 잡으시고 사람을 위하여 구원하시는 의를 성취하신 하나님의 아들 안에서 이 의를 찾을 수 있다. 이 의는 삶의 최종 목적이다. 강한 믿음이 의를 붙잡고 그 의의 지복(至福)과 힘을 누린다.

C. 당신은 영원한 창조자이시다.

"또 주여 태초에 주께서 땅의 기초를 두셨으며 … 그것들은 멸망할 것이나 오직 주는 영존할 것이요." 유물론 철학자들은 우주를 바라볼 때 그것밖에 보지 못한다. 유물론 과학자들은 "물질의 영원성"을 이야기한다. 그러나 거기에 더 어떤 것이 있으므로 간절히 알고 싶은 생각이 사람의 머리에서 떠나지 않는다는 것이 사람의 증언이다. "내가 보는 주위의 모든 것은 변하고 부패하오니. 오 변치 않으시는 당신께서 나와 함께 계시옵소서"라는 말은 사람의 큰 갈망을 좀더 완벽하게 나타낸다. 마음은 자연이나 원리나 힘이나 방법에서 안식과 만족을 찾지 못한다. 어거스틴이 표현한 대로 "우리는 당신 안에서 안식하기까지 안식이 없나이다." 저자는 전체 성경과 일치되게 그 아들이 시공간을 초월하여 계신다는 것을 분명하게 말하고 있다: "그것들이 옷과 같이 변할 것이나 주는 여전하여 연대가 다함이 없으리라." 13장에서 저자는 그것을 다시 노래하고 있다. "예수 그리스도는 어제나 오늘이나 영원토록 동일하시니라."

D. 당신은 영원히 승리를 거두신다.

이 말은 성경의 증거들의 그와 같이 영광스러운 배열의 적절한 절정이다. 시편 110편은 다음과 같이 찬양을 하고 있다: "여호와께서 내 주에게 말씀하시기를 내가 네 원수로 네 발등상 되게 하기까지 너는 내 우편에 앉으라 하셨도다." 이 비유는 여호수아가 그의 군장들에게 정복한 왕들의 목을 밟으라고 명령하였던 그 사건에서 취한 것이었다(수 10:24). 이 그림은 그리스도의 최후의 승리를 기대하고 있다. 그것은 기독교 신앙에 절대적으로 필요한 것이다. 그의 나라는 모든 역사가 나아가고 있는 목표이며 기독교 역사 철학이다. 이것은 그리스도인이 싸워야 할 필요를 축소시키지 않는다. 그것은 싸워야 할 필요를 더욱 절실하게 만든다. 그리스도께서 아직 승리의 최종 단계에 들어가시지 않았지만 세상을 정복하고 계시며, 그를 따르는 자들은 그들의 주의 선한 군사들이 되어야 한다. 히브리서 기자는 서신 전체에서 결정과 행동의 중요성이나 긴박성을 강조하고 있다 (2:1-4; 4:1-13; 10:19-39; 12:1, 2). 이 구절에서 그리스도는 모든 것 위에 뛰어나시며 특히 천사들보다 뛰어나시다. 천사들은 하나님께서 그의 나라에서 그를 섬기도록 하기 위하여 창조하신 영들이며, 특히 현세에서는 주의 구원의 자녀들을 위하여 그를 섬기도록 하셨다.

히브리서 2:1-4

태만의 위험

2:1-4. "그러므로 모든 들은 것을 우리가 더욱 간절히 삼갈지니 혹 흘러 떠내려 갈까 염려하노라 천사들로 하신 말씀이 견고하게 되어 모든 범죄들과 순종치 아니함이 공변된 보응을 받았거든 우리가 이같이 큰 구원을 등한히 여기면 어찌 피하리요 이 구원은 처음에 주로 말씀하신 바요 들은 자들이 우리에게 확증한 바니 하나님도 표적들과 기사들과 여러가지 능력과 및 자기 뜻을 따라 성령의 나눠 주신 것으로써 저희와 함께 증거하셨느니라."

I. 역사적 배경

이 편지의 수신자들은 어쩌면 사반 세기 동안 어떤 형태의 핍박을 받고 있었다. 그들은 유대인들에게 이스라엘의 반역자로 멸시를 받았고 따라서 출교당한 자들이었다. 그들은 로마인들에게도 오해를 받아 국가 종교성(省)의 인정을 전혀 받지 못하고 무신론자들로 몰렸다. 그들은 생활 경험의 모든 분야 곧 상업적 정치적 사회적인 면에서 긴장 상태를 면할 수 없는 잘못 놓인 집단이었다. 그들은 지쳐서 싸울 힘을 점점 잃어가고 있었다. 따라서 그들은 그들의 기독교 신앙에 대하여 나태해지고 무관심해지고 냉담해졌다.

II. 용어 해설

이 단락에서 논법이 "덜 중요한 것에서 더 중요한 것으로" 알려진 논증 곧 천사에 대한 말에서 아들에 대한 말로 옮겨 가는 논법이라는 것을 유의하라.

2:1. 중추적인 단어는 프로세케인("삼가다")와 파라르레인("미끄러지다, 떠내려 가다")이다. 프로세케인은 주의를 기울인다는 의미로 사용되었다. 파라르레인은 뜻이 많다. 이 말은 미끄러지거나 떠내려 가는 어떤 것에 사용되었다. 두 단어 모두 항해의 의미로 사용되었으며 여기에 적용할 수 있을 것이다. 그것은 선장이 배의 항로에 주의를 기울이지 않아서 배가 항구를 지나 파멸로 미끄러져 가고 있는 그림이다.

2:2. 두 개의 다른 단어가 두드러진다: 파라바시스("범죄")와 파라코에("순종치 아니함"). 파라바시스는 "선을 넘음"이라는 뜻이다. 율법과 양심이 선을 그었다. 그 선을 넘는 것은 죄이다(참조. 롬 2:23). 파라코에는 불충분하게 들음을 뜻하며, 그 다음으로는 정신차리지 않고 들음을 뜻하며, 그리고 마지막으로는 마지못해 들음을 뜻하며, 그로 인하여 불순종하게 된다. 구약 성경에서 이 관념을 주의해 보라(출 15:26; 19:5, 8; 수 1:18; 사 28:12; 렘 11:10).

2:3. 소테리안("구원"). 말씀이 옛시대를 인치듯이 이 말이 새 시대를 인친다. 구원에 관한 가르침이 아니라 그 실재 자체이다 — 아들로 말미암은 죄로부터 구원.

III. 교리적 의의

여기서 그리스도의 구원의 우수성을 알린다. 교회의 증거가 첫째로 언급되었다. 그리스도의 사역에 대한 기적의 증거가 강조되었다. 이러한 가르침은 오늘날에도 강조할 필요가 있다. 은사를 분배하는 성령의 사역이 인정되었다. 기술과 조직이 두드러진 시대에 교회가 성령의 사역을 다시 연구하는 것이 좋지 않은 것일까? 마지막 문장에서 우리는 하나님의 주권적인 뜻의 기본적인 가르침을 직접 대하게 된다. 이것은 유감스럽게도 간과되는 가르침이고 또 오해되는 가르침이기도 하다. 진지하게 생각해 보라.

IV. 실천적 목표

그리스도인들을 그들의 무기력과 나태에서 일으키기 위함이다. 박해의 긴장 가운데 있는 그들은 가장 훌륭하고 좋은 것을 포기하고 보잘것 없고 아주 나쁜 것에 만족하기 쉬웠다. 이것은 어느 세대에서나 볼 수 있는 것이다. 기독교는 고도의 윤리를 나타내고 훌륭한 삶을 요구하기 때문에 종종 낙심한 신자들이 자포자기하여 무관심 가운데 빠져 생기가 있는 믿음을 상실해 버린다. 사람들은 하나님께서 말씀하실 때 하나님을 무시해서는 안 된다는 것을 알아야 할 필요가 있다. 그것은 참으로 생사의 문제이다. 하나님께 무관심하다는 것은 존경하지 않고 경의를 표하지 않는 것과 똑같으며 불순종의 구성 요소가 된다.

V. 설교 개요

제목: "정말 위험하다."

도입부

"그러므로!" 그러므로 어떻다는 것인가? 저자는 하나님이신 아들의 인격과 사역의 초월적인 주제와 천사보다 그의 뛰어나심을 논하면서 그의 논증에서 암시되고 있는 것이 나타나는 삶의 무대까지 다루고 있다. 암시되고 있는 것은 유순한 영혼에게 무시무시하고 충격을 주는 것이다. "그러므로 모든 들은 것을 우리가 더욱 간절히 삼갈지니." 하나님께서 말씀하셨다! 하나님께서 많은 방법과 많은 대리자를 통해서 말씀하셨다는 것이 구약 성경에서 계시되었지만 이제 하나님께서 그 아들로 우리에게 말씀하셨다. 새로운 계시가 전혀 필요없고 주실 필요도 없다. 우리는 하나님께서 말씀하신 것에 주의해야 하고 그 계시를 연구해야 하고 말씀하신 그 점에서 향상이 있어야 한다. 하나님이 말씀하신 것은 믿음 안에서의 생활을 요구하는데 왜냐하면 사람이 하나님께서 말씀하신 그 진리에 자신을 맡길 때만이 배우고 향상하기 때문이다. 만일 하나님께서 말씀하셨다면 당연히 우리가 들어야 한다는 것은 분명하다. 다른 소리들은 다 몰아내고 오직 하나님의 말씀에만 귀를 기울이자. 만일 그렇게 하지 않으면 우리는 비극적인 위험에 직면하게 된다.

A. 이같이 큰 위험.

흘러 떠내려가는 위험. 이것은 예나 지금이나 다를 바가 없다. 이것은 이 편지를 쓴 그 세대에도 있었고 오늘날에도 있다. 이것은 우리에게 늘 있는 일이다. 이 그림은 안전한 항구에서 떠나 파멸로 흘러가는 배를 그리고 있다. 몇몇은 고의적으로 믿음을 버리기로 결정하였기 때문에 길을 잃어버렸다. 외부로부터 오는 압박 — 생계를 꾸리기 위한 정상적인 노력이나 명예를 얻으려고 하는 어리석은 시도 — 때문에 훨씬 더 귀한 하나님을 알고 섬기는 것을 버린다. 일로 너무 분주하고 심지어 종교에서도 활동으로 정신이 없지만 정작 신성하고 영원한 것을 알려는 것은 전혀 없다. 천천히 영원한 상실의 나이아가라 강 위로 다시는 돌아올 수 없는 지점을 넘어 흘러 떠내려가고 있다. 예수님은 그것을 거듭거듭 강조하셨다. "들을 귀 있는 자들은 들을지어다." 들어라! 경청하라! 주의를 기울이라! 혼신을 다하여, 생명을 다하여.

B. 이같이 큰 형벌.

그들은 소극적인 의미에서 구원의 영역에서 흘러 떠내려가는 위험에 처해 있을 뿐만 아니라 하나님의 적극적인 심판을 받는 자리로 나아가고 있다. "천사들로 하신 말씀이 견고하게 되어 모든 범죄들과 순종치 아니함이 공변된 보응을 받았거든 우리가 이같이 큰 구원을 등한히 여기면 어찌 피하리요?" 모세의 율법을 말하고 있다. 그것은 의로운 율법이었고 그것을 어기는 것마다 그에 상응한 정당한 처벌이 따랐다. 그것은 발작적인 진노가 아니라 하나님의 거룩한 본성으로부터 정당하고 의로운 반응이다. 그렇다면 우리가 어찌 피하겠는가? 그 물음의 논리를 능가하기는 어려울 것이다. 특권이 클수록 책임도 크다는 원리가 그 속에 깊이 간직되어 있다. 스승의 가르침을 비롯하여 그 모든 것을 성경을 통하여 깨닫게 되었다.

영원하신 분의 친구가 되는 것은 두려운 책임이라고 말한 사람들도 더러 있다. 하나님의 택함을 받은 이스라엘이 그 고난과 포로로 잡혀 간 것에서 그 의견을 예증하고 있다. 이제 사람들은 영원하신 하나님의 영원하신 아드님 외에는 전혀 다른 계시가 없다. 그들의 특권이 참으로 크다. 그들의 책임이 참으로 크다. 그들이 게을리하고 불순종하면 그들이 받을 형벌이 참으로 두렵다. 삶은 도덕적 책임이 없는 꿈이 아니다. "삶은 실재적이며, 삶은 진지하다." 삶의 엄숙한 책임은 반드시 충족되어야 한다. 그렇다. 의로운 책임이 높이 고양되지 않으면 하나님의 은혜가 거의 없거나 전혀 의미가 없다. 은혜와 심판은 서로 얽혀 있다. 도덕이라는 튼튼한 실재로 인하여 하나님의 은혜가 대단히 설득력이 있게 된다. 하나님께서 말씀하신 것을 경청하지 않을 때 나타나는 상실의 두려운 위험을 과소평가해서는 안 된다.

C. 이같이 큰 구원.

우리는 논증의 핵심에 도달하였다. 이것은 경외심을 일으키게 하는 장엄함과 무서운 위험을 느끼게 한다. 그 구원은 대단히 크다! 하나님의 은혜가 다름 아닌 하나님 자신이 성육신하신 하나님의 독생자로 사람에게 임하였다. "그는 자기 백성에게 오셨다." 그 구원이 크다는 것이 세 가지 측면에서 나타났다.

1. 그 구원은 주로 말씀하셨다. 하나님께서 더 이상 말씀하지 않으실 것이다. 이상하고 거의 불경하게 들릴지 모르나 하나님께서 최종적으로 궁극적으로 말씀하신 것이 있는 그대로의 사실이다. 하나님은 더 이상 하실 말씀이 없다! 크고 무한한 대가를 치르시고 말씀하신 것이었다. 그의 아들의 생명과 고난과 죽음이 하신 말씀의 구성 요소였다. 그의 십자가의 고난과 그의 죽으심과 그의 영광스러운 부활이 모두 연약하고 죄 있는 사람들을 위한 것이었다. 우리는 머릿수대로 나눠 주는 것을 이야기하고 있다 — "오 거룩한 그 머리가 이제 상처를 입었도다" — 그와 같이 머릿수대로 나눠 주는 것이 지금까지 있었던가?

2. 그 구원은 교회 곧 들었던 자들 — 목격자 — 에 의하여 증명되었기 때문에 크다(요일 1:1-3). 이 증거는 진실로 주 예수를 가리킨다. 그가 사

신 삶은 숨어서 사신 것이 아니었다. 그는 시간 속으로 공간 속으로 역사 속으로 오셨고 그의 가르침과 도덕적 요구는 역사의 사실에 뿌리를 두었다. 우화나 신화나 전설이 하나님의 계시의 초석이 아니라 인간 활동의 무대에서의 생생한 경험이 그 초석이다. 세대마다 참된 교회는 이 증거를 전하였고 우리도 그 증거를 순결하게 보존하고 순수하고 힘찬 어조로 진술하여야 한다.

3. 하나님께서 친히 그 구원의 권위를 기적과 성령의 은사로써 증거하셨기 때문에 큰 구원이다. 기적들이 오늘날에는 옛날처럼 기독교 변증에서 비중을 차지하지 않을지라도 하나님께서 확인해 주신 그 기적의 중요성은 그대로 남아 있다. 기적에 대해서 지나치게 생각할 필요는 없지만 영혼의 부활과 그의 부활의 영광된 것을 경험한 자에게는 기적이 논리적으로 그리고 자연스럽게 잘 이해가 된다. 은사를 나눠 주시고 아들에 대하여 증거하시는 성령의 사역은 초월적인 가치가 있다. 신자 속에 거하시는 하나님의 영은 많은 점에서 최고의 증거이다. 그리고 이것은 복음을 증거하고자 하는 모든 그리스도인의 목표가 되어야 할 것이다. "교회에 가장 필요한 가르침은 가장 간과된 가르침 곧 성령의 가르침이다." 그리하여 저자는 하나님께서 그 아들의 복음으로 말씀하셨다는 사실을 위하여 그의 증거를 제시한다. 자연스러운 질문은 무엇인가? 대답할 수 없는 질문은? "우리가 이같이 큰 구원을 등한히 여기면 어찌 피하리요?" 사람들이 흘러 떠내려가는 것은 증거가 부족하기 때문이 아니라 단지 그들이 가지고 있는 그 증거에 대하여 주의를 기울이기를 거부하기 때문이다.

히브리서 2:5-18

성육신하신 아들 예수

2:5. "하나님이 우리의 말한 바 장차 오는 세상을 천사들에게는 복종케 하심
이 아니라."

2:9. "오직 우리가 천사들보다 잠깐 동안 못하게 하심을 입은 자 곧 죽음의
고난 받으심을 인하여 영광과 존귀로 관 쓰신 예수를 보니."

2:11. "거룩하게 하시는 자와 거룩하게 함을 입은 자들이 다 하나에서 난지
라."

2:15. "또 죽기를 무서워하므로 일생에 매여 종노릇하는 모든 자들을 놓아주
려 하심이니."

2:17. "그러므로 저가 범사에 형제들과 같이 되심이 마땅하도다 이는 하나님
의 일에 자비하고 충성된 대제사장이 되어 백성의 죄를 구속하려 하심이
라."

I. 역사적 배경

이 서신에서 다루고 있는 역사는 깊고 복잡하다. 그것은 인간 존재의 큰
무대와 관계가 있고 영원함과 얽혀 있는 장대한 규모이다. 여기에 웅변적
인 구절 "장차 오는 세상"이 있다. 이 구절에서 메시야 시대에 대하여 직
접적으로 언급하고 있다. 유대인은 시대를 천사들의 활동이 두드러졌던
"이전 시대"와 메시야가 지배하고 그의 아래의 지배를 받는 사람이 그의
창조의 신적인 목적을 실현할 "장차 올 시대"로 구분하였다. 이 시대는 성
육신하신 예수님과 함께 시작한다.

II. 용어 해설

2:5. "장차 오는 세상"(오이코우메넨, "세상"은 물질적인 우주, 코스모스가 아닌 사람들이 살고 있는 땅을 말한다).

2:6. "인자가 무엇이관대 주께서 저를 권고하시나이까?" 히브리어에서 (시편 8편) 이 말은 사람이 참으로 하찮고 보잘것 없다는 뜻이 있다. 사람이 하늘과 비교되었다. 이것은 삶의 가장 핵심적인 문제 중 하나이다. 하나님과 사람에 대한 우리의 생각은 모든 삶의 기본적인 확정적인 개념을 구상한다. 무신론적 공산주의에서는 기독교 계시와는 현저하게 다르게 하나님과 사람에 대한 철학을 나타낸다.

"인자(son of man)"는 히브리어에서 "사람(man)"과 같은 말이다(참조. 겔 21:2; 30:2; 80번 이상 이 말이 나온다).

2:7. 히브리어에서 "천사"는 실제로 하나님이다. 여기서 우리는 사람에 관한 중요한 생각에 직면하지 않으면 안 된다. 곧 사람이 하나님의 형상으로 창조되었다는 것과 만물을 완전히 지배하게 되어 있다는 것이다. 그것이 암시하고 있는 것은 참으로 깜짝 놀랄 만한 것이다. 그러나 우리가 보는 바는 어떠한가? 죄 가운데 있는 사람은 하나님의 형상이 손상되어 있고 그의 세상은 불의와 슬픔과 두려움으로 가득하고 그 자신은 그의 업적에도 불구하고 좌절하여 죽어가고 있다. 그러나 하나님께서 더 좋은 뜻이 계셔서 그 뜻을 이루실 것이다. 어떻게? 그의 메시야 곧 사람이 되셔서 인류를 구속하시고 완전케 하시는 아들을 통하여 그렇게 하실 것이다.

2:9. "천사들보다 잠깐 동안 못하게 하심을 입은 자 예수." 1장에서 그 아들은 천사보다 높이 계셨다. 이제 성육신하심으로 그는 스스로 사람이 되시고 사람으로 하여금 마땅히 되어야 할 그대로 되게 하기 위하여 잠시 동안 못하게 되셨다.

"죽음의 고난"은 "영광과 존귀로 관 쓰신"과 연결되어야 하며 천사들에게 복종한다는 말이 아니다.

"죽음을 맛보려 하심"은 맛본다는 현대적 개념보다 훨씬 강한 의미의 말로서 실제로 "완전하게 경험한다"는 뜻이다.

2:10. "온전케 하심"(텔레이오사이)은 그의 인격과 관계된 것이 아니고

그의 사역과 관계된 것이다.

"주(captain)"는 인도하는 사람으로 저자가 좋아하는 말이다.

2:11. "거룩하게 하시는 자와 거룩하게 함을 입은 자들이 다 하나에서 난지라." 또 하나의 깊고 심오한 진술이다. "하나"는 기원을 말한다. 아담이나 아브라함이 아니라 창조자 하나님을 말한다. 그러나 본성의 동일함이 아니라 경험의 동일함이다. 예수님은 우리의 맏형이 되셔서 우리를 형제라 부르기를 부끄러워 아니하셨다.

2:14. "없이 하시며"(카타르게세)는 전멸시킨다는 뜻이 아니라 무능력하게 한다는 뜻이다.

2:17. "구속"(힐라스케스다이)는 신약 성경의 핵심 단어들 중의 하나이다. 이 단어는 오늘날 논란이 많다. 그것은 하나님의 진노를 제거한다는 의미인가 아니면 죄를 도말한다는 뜻인가? 복음주의자들은 일반적으로 전자를 취한다. (참조. *The Apostolic Preaching of the Cross*, by Leon Morris. 충분하고 풍부하게 논의하고 있다.)

III. 교리적 의의

성경 전체에서 성육신에 대한 진술들 중 아주 훌륭하고 소중한 진술 하나가 이 구절에 있다. 우리 주님의 신성을 강조한 나머지 그의 인성을 배제하기 쉽다. 그가 완전한 중보자가 되기 위해서는 반드시 하나님뿐만 아니라 사람이셔야 한다는 것을 기억해야 한다. 이 서신서의 1, 2장에서 전체 주제가 아주 훌륭하게 조화를 이루고 있다.

IV. 실천적 목표

우리 구주께서 우리와 하나이시며, 우리가 당하는 모든 것을 그가 경험하셨기 때문에 다 아시고 이해하시며, 그의 승리에서 우리도 승리할 것이라는 것을 아는 데서 오는 힘을 신자가 얻도록 하기 위함이다.

V. 설교 개요

제목: "오직 우리가 예수를 보니"

도입부

이것이 참으로 모든 설교의 목적이다. 필라델피아 침례교회의 강단에 목사가 볼 수 있도록 새겨진 말은 다음과 같다: "목사님, 우리는 예수님을 보고 싶습니다." 회중들이 예배 동안에 예수님을 볼 때 그들은 만족하게 되고 진정으로 예배드리고 그 다음에 나갈 때 그 마음에서 "그때에 제자들이 주를 보고 기뻐하였다"고 말한다. 히브리서 기자는 여기서 예수님의 전 사역을 망라하는 예수님에 대한 네 가지 아름다운 그림을 그리고 있다. 그 그림들은 예수님의 영광스러운 성육신의 틀로 짜여져 있다.

A. 우리 구주 예수님.

우리가 요약하여 십자가의 극적인 전사건을 간결하게 진술하였다. 하나님의 아들은 천사들보다 못하게 되셔서 사람이 되신다. 하나님의 본체이신 그가 자기를 비어 종의 형체를 가져 사람들과 같이 되셨다. 그것을 해석하는 것은 말할 것도 없거니와 그것을 설명할 말을 우리가 어디서 찾을 것인가? 이것은 하나님의 은혜이다. 왜냐하면 부(富)하시지만 우리를 위하여 가난하게 되신 그리스도의 은혜를 알고 있기 때문이다. 설교자들은 그 실례를 세상에서 계속 찾았지만 결코 찾지 못하였다. 오직 하나님만이 세상을 이처럼 사랑하셔서 자기 아들을 주실 수 있었으며 하나님만이 그것을 생각하실 수 있었으며 하나님만이 그렇게 하실 수 있었다. 그러나 비하가 그 구절의 목표가 아니다.

예수님은 영광과 존귀로 관을 쓰셨다. 사람의 영광과 존귀가 아니라 하나님의 영광과 존귀이다. 이유는? 두 가지 의견이 경건한 자들에 의해 제시되었다. 그는 죽으셨기 때문에 존귀히 되셨다. 그의 승귀는 성부의 보상이었다. "저는 그 앞에 있는 즐거움을 위하여 십자가를 참으사." 그러나 그 본문에서 또 다른 생각이 가능하다. 다른 합당한 사람이 전혀 없어서 예수님이 죽으시고 인류를 구원하시는 존귀를 받으셨다. 요한계시록에서 그가 적절하게 그 책을 받으시는 것과 비슷하다(계 5:4, 5). 그는 모든 사람을 위하여 죽음을 맛보셨다. 속죄 곧 복음의 핵심. 속죄와 별도의 구원이란 있을 수 없다. 여기에 죄의 패배가 있다. 여기에 신자의 승리가 있다.

B. 우리를 거룩하게 하시는 예수님.

그리스도는 고난에 의한 그의 직분에서 완전하게 되셨다. 유대인과 헬라인들에게 범죄의 죽음의 고난 특히 십자가는 거침돌이었다. 그러나 모든 것을 만드신 분에게는 그것이 아들에게 맞는 것이었다.

그의 구원은 창조와 연관되어 있다. 그것이 하나님의 모든 것이다. 거룩케 하시는 분은 하나님이시다. 거룩케 되는 자는 성도들이다. 그리스도는 그 사이를 잇는 분이시다. 하나님이신 그분이 거룩하게 하시기 위하여 사람이 되셨다. 즉 구원받은 자들을 하나님을 위하여 따로 떼어두어서 구별하여 하나님께 드리기 위하여 사람이 되셨다. 비록 깨끗게 하는 것이 전혀 강조되지 않는 것은 아니지만 깨끗게 함보다는 오히려 하나님께 구별하여 드리는 데 강조점이 있다. 개개인보다는 오히려 집단을 생각하고 있다. 이 때문에 우리는 그리스도의 몸의 통일성을 깨닫고 구하게 된다(요 17장; 엡 4:1-16). 그리스도는 우리의 형제이다. 그는 그 사실을 인정하는 것을 부끄러워 아니하셨다. 우리는 우리의 형제애를 실현해야 한다(요일 3:14). 그리스도는 자신을 위하여 그의 신적인 능력을 사용하신 적이 한 번도 없다. 그는 믿음으로 행보하셨고 믿음으로 고난당하셨고 믿음으로 죽으셨고 믿음으로 살아나셨다.

C. 두려움에서 우리를 건지신 예수님.

그는 우리처럼 몸과 피를 가지셨기 때문에 우리의 해방자가 되셨다. 죽음은 두려움의 절정이다. 사람이 되셨기 때문에 그리스도께서 친히 죽음을 담당하지 않으면 안 되셨던 것에서 그리스도께서 우리와 완전히 동일한 사람임을 증명하신다. 그는 이렇게 하셨다. 그리고 이렇게 하심으로써 그는 죽음의 경험에서 절정을 이룬 두려움의 속박에서 사람을 건지셨다. 죽음으로 인하여 모든 사람의 열망이 좌절된다. 기독교 이전의 문학에서 그런 사상이 많이 있다. 죽음은 큰 좌절이다. 누가 죽음을 없앨 수 있는가?

죽음은 또한 심판을 의미한다(9:27). 죽음은 죄의 결과이다(롬 6:23). 예수님은 죽음에 대한 자신의 태도로써 죽음과 부딪치셨다(눅 12:4). 그는 죽음을 직시하셨고 죽음과 부딪치셨다. 그의 죽으심으로 그는 죽음에 죽음을 가하셨다(고전 15장). 그는 사람을 지배하는 마귀의 세력을 무력하게 만드셨다. 우리는 마귀가 죽음을 정확히 어떻게 사용하는지 모르지만 그 죽음은 죄의 제국 내에 그의 수중에 있다. 그 힘이 분쇄되어서 그 속박 가운데 있던 사람들이 풀려 났다는 것을 여기서 말하고 있다. 그것은 너무나 참되다. 죽음과 심판의 두려움을 비롯한 죄의 세력이 그리스도의 죽음과 신자의 생활에서 그 죽음의 경험에 의하여 타파되었다(롬 8장). 마귀는 패배한 적이다. 그가 전혀 활동하지 않는 것은 아니지만 그의 때가 단축하여졌다는 것을 그는 알고 있다. 연합군이 노르만디 해변에 상륙하였을 때 끝장이 났다는 것을 히틀러는 알고 있었다. 다음의 사실을 결코 잊어서는 안 된다. 마귀는 패배한 적이다.

D. 자비하고 충성된 제사장이 되신 예수님.

각 단락을 시작할 때 저자가 그리스도께서 우리와 동일하심을 말하고 있는 것을 유의하라. 이 단락은 뛰어난 성육신의 구절이다. "저가 범사에 형제들과 같이 되심이 마땅하도다." 이것은 하나님의 사랑의 필연성이다. 오직 그렇게 하심으로써 그는 그 사랑을 나타내시고 사람을 구원하실 수 있었다.

여기에 서신서의 주제가 명료하게 진술되었다. 곧 예수님의 대제사장직. 그 명칭을 가지시고 하나님께 사람을 드릴 권리를 획득하고 계신 유일하신 분. 죽음을 멸하심으로써 그는 하나님께 나아갈 길을 여셨다. 구약 성경에서 죽음의 두려움은 불결한 사람의 하나님께 다가가는 것과 관련이 있었다(민 23:3, 5). 제사장은 그와 같은 것을 방지하기 위한 중보자 역할을 하였다. 그리스도는 자비로운 대제사장 곧 긍휼이 많으신 대제사장이시다. 이것은 구약 성경의 대제사장의 태도는 아니었다(호 4-9장). 무정한 사두개파 제사장들의 지배하에서 고통을 겪은 유대인들은 이러한 그림에 마음이 끌렸을 것이다. 예수님은 하나님과 사람에게 제사장의 직분을 수행하심에 있어서 믿을 수 있다는 점에서 충성되었고 충성되시다. "우리는 다 무익한 종들입니다"는 말은 사역자들의 고백을 가장 잘 나타낸 표현이다. 그는 모든 점에서 항상 충성된 완전한 제사장이시다. 왜? 그는 시험을 받으셨지만 시험에 들지 않으셨기 때문이다. 그러므로 그는 시험을 받은 자들을 구하실 수 있다. 한 번도 실패하지 않았던 사람들은 너무 엄하게 되는 경향이 있다. 실패한 사람들은 너무 너그러운 경향이 있다. 그러나 죄없이 시험을 받으신 그분은 완전한 심판을 하실 수 있다.

히브리서 3:1-6

모세보다 뛰어나신 그리스도

3:1. "그러므로 함께 하늘의 부르심을 입은 거룩한 형제들아 우리의 믿는 도
리의 사도시며 대제사장이신 예수를 깊이 생각하라."
3:3. "저는 모세보다 더욱 영광을 받을 만한 것이 마치 집 지은 자가 그 집
보다 더욱 존귀함 같으니라."
3:6. "그리스도는 그의 집 맡은 아들로 충성하였으니 우리가 소망의 담대함
과 자랑을 끝까지 견고히 잡으면 그의 집이라."

I. 역사적 배경

모세보다 그리스도의 뛰어나심을 이야기하는 이 구절은 유대교에서 모
세의 역사적인 위치와 대조하여 제시되었다. 모세의 이름은 최고의 이름으
로 기록되었다. 사람으로 태어난 중에 그를 능가하는 사람은 없었다. 그는
타의 추종을 불허하는 하나님의 종이었다. 랍비들은 그를 하나님의 집에서
심지어 천사들보다 높은 위치에 두었다. (민수기 12:7과 문맥을 아주 조심
스럽게 공부해 보라.) 모세와 율법은 늘 복음의 경쟁자였다(참조. 사도행
전, 로마서, 갈라디아서 등등).

II. 용어 해설

3:1. "거룩한 형제들아", 그리스도에 의해 거룩하게 되었기 때문에 "거룩
하고" 아들이 스스로 그들의 하나가 되었기 때문에 "형제들"이다.

"그러므로" — 앞에서 이야기한 것과의 밀접한 관계를 주의하라. 그 논
증은 1장과 2장에 영향을 미치고 있다.

"함께 하늘의 부르심을 입은" — 하나님에 의해 하나님께 부르심을 받은. 불변하고 영원한 것을 받는 그 부르심(빌 3:14).

"생각하라"(카타노에사테), 깊고 꼼꼼한 관심을 가져라. 어쩌다가 갖는 관심이 아니다. 내면을 살피라. 교회가 그리스도께 전적으로 주의를 기울이지 않고 있었기 때문에 흘러 떠내려가고 있었다. 그에게만 집중하라(눅 12:24).

"사도"(아포스톨로스). 이 서신서의 저자는 이 칭호를 다른 사람에게는 절대로 사용하지 않는다. 그리스도를 위해서만 남겨 두었다. 이 말은 산헤드린의 사절이나 로마의 대사로서 권위를 가지고 파송된 사람을 뜻한다. 대사에게 그가 대표한 나라의 권위가 부여되어 있듯이 그리스도에게 하늘의 권위가 부여되어 있었다. 그의 말씀은 곧 하나님의 말씀이다.

"제사장"은 라틴어 폰티펙스에서 파생한 말로서 교량 건설자이다. 그 제사장은 하나님과 사람 사이에 다리를 건설한다. 그리스도는 대제사장이시다. 왜냐하면 신인이신 그가 홀로 그와 같은 다리를 실제로 건설하셨기 때문이다.

3:3, 6. 집(오이코스). 건물에도 사용되었고 그 속에 거주하는 사람들에게도 사용되었다. 그리스도의 창조와 그리스도의 권속에게 사용되었다.

III. 교리적 의의

창조자와 사람의 구속자이신 그리스도의 가르침에 초점을 맞춘다. 물질 등의 영원함에 대조하여 신적인 창조를 강조한다. 모세와 그의 사역이 하나님의 지시를 받은 것으로 묘사하고 아들의 사역은 그것을 성취한 것으로 묘사함으로써 구약 성경과 신약 성경이 본질적으로 통일을 이루고 있다는 것에 주의하게 한다.

IV. 실천적 목표

모세에게로 되돌아가서 열등한 위치에서 안식을 찾지 못하도록 하기 위함이다. 예수님에 대한 관심을 불러일으키고 게으름과 싸우도록 하기 위함이다. 다른 사람에게 전혀 마음을 빼앗기지 않도록 오직 예수님께만 마음을 두라. 예수님이 당신의 기본 자세를 결정하게 하고, 당신의 결정을 주장하게 하고 당신의 감정을 세련되게 하고 당신의 삶의 모든 영역에서 당신의 뜻을 지도하게 하라. 그러면 전혀 흘러 떠내려갈 염려가 없을 것이다. "대저 그 마음의 생각이 어떠하면 그 위인도 그러한즉"(잠 23:7).

Ⅴ. 설교 개요

제목: "우리의 믿는 도리의 사도이시며 대제사장이신 예수."

도입부

예수님을 선지자들과 천사들보다 뛰어나심을 확증한 후 왜 또 모세보다 예수님이 뛰어나시다는 것을 확증해야 했는가? 유대인들에게 모세처럼 특별하고 존귀한 위치를 차지하고 있었던 사람이 아무도 없었기 때문이다. 그는 선지자 그 이상이었다. 하나님은 그와 "대면하여" 말씀하셨다(민 12:7). 모세는 이스라엘 자녀들을 애굽에서 인도해 낸 사도였으며 시내 산의 두려움 가운데 그들에게 율법을 주었다. 그는 율법뿐만 아니라 성막과 그 의식도 주었다. 그리하여 모세는 이스라엘의 정치, 사회, 종교 전생활에서 뗄래야 뗄 수 없을 정도로 깊숙이 박혔다. 역사에서 그의 나라와 그처럼 깊은 관계에 있는 사람도 아마 없을 것이다. 이날까지 모세는 유대인 가운데 칭송을 받는 이름이다. 모세와 율법이란 곧 유대인과 생활을 뜻하는 것이다. 저자는 이 사실을 알고 있고 그를 헐뜯으려는 의도는 조금도 없다. 그러나 그는 그리스도의 어떠하심과 그의 하신 일 때문에 더 크시다고 말하는 것이다.

A. 그리스도의 충성.

여기서 생각하고 있는 것은 고유한 성격에 관한 것이다. 그리스도께서는 요람에서 무덤까지 그의 아버지의 뜻에 충실히 따르셨기 때문에 그에게 충성되신 분이라는 칭호를 얻었다. 성전에서 물으실 때, 물에서 세례받으실 때, 광야에서 시험받으실 때, 산 위에 계실 때, 병자를 고치시고 귀신들을 쫓아내시고 제자들을 가르치시고 바리새인과 제사장들을 대하시고 무리를 먹이시고 여인과 이야기하시고 그의 사도들을 훈련시키시고 동산에서 잔을 마시고 십자가를 참으실 때 그는 하나님의 뜻에 충성되이 따르셨다. 왜냐하면 그는 내적 성실 그 자체이셨기 때문이었다. 이 서신서에서 이것이 더욱더 발전되었다. 믿음과 충성은 주장이 진행되는 동안 점점 더 강해지고 있다.

B. 모세보다 더 크신 예수.

어떤 점에서 예수님이 더 뛰어나신가? 충성됨에서? 전적으로 그것만은 아니다. 왜냐하면 예수님은 모세가 충성한 것과 같이 충성하였다고 간주되기 때문이다. 모세에게서 그 질이 결코 축소되지 않고 있다.

그리스도는 모세보다 하나님의 집과 더 깊은 관계를 유지하셨다. 그는 그 집을 지은 자이시다. 그는 그 집을 설립하셨고 그 집을 만드셨다. 그러므로 창조와 구속에서 하나님의 아들과 하나님의 직접적인 대리인이신 그는 하나님의 종에 불과했던 자보다 더 높은 위치를 차지하고 있었다. 모세는 위대하였지만 그 집의 일부인 반면에 예수님은 그 집 위에 계시고 그 집보다 먼저 계시고 그 집을 만드신 자이시다.

그리고 그는 종으로서가 아니라 아들로서 충성하셨다. 구약 성경의 70인역에서 모세의 종의 역할을 묘사하는 단어는 둘로스("노예", 종)이나 히페레테스("부하")가 아니라 데라폰("자발적인 종", 의무와 사랑에 자극을 받아 자유로이 봉사하는 사람)이다. 아론과 미리암의 비난에 대해서 모세를 변호하실 때 하나님은 "내 종 모세와는 그렇지 아니하니 그는 나의 온 집에 충성됨이라. 그와는 내가 대면하여 명백히 말하고 은밀한 말로 아니하며 그는 또 여호와의 형상을 보겠거늘 …"(민 12:7, 8)이라고 말씀하셨다. 다른 어떤 사람에게도 이런 말씀을 하지 않으셨다. 모세는 앞으로 말하게 될 것들에 대하여 곧 그와 같으시지만 그보다 더 크신 이 — 그는 아들이시고 그 집을 지으신 분이시기 때문이다 — 가 오시는 것에 대하여 증거할 때 종으로서 충성을 다하였다. 모세보다 더 존귀히 여김을 받을 사람은 없을 것이지만 그래도 그는 여전히 사람이었다. 그러나 예수님은 그의 창조자와 주인과 하나님이셨다.

C. 예수님과 하나님의 집.

비유를 말하고 있다. 신자들은 하나님의 가족이다. 옛날에는 영주와 통치자들이 거대한 토지를 소유하고서 그 안에 살고 있는 모든 사람들은 그의 가족(집)으로 간주되었으며 그 가족을 나타내는 복장을 하고 있었다. 그들은 종이기도 하였지만 또한 그 영주가 보호하고 돌보는 사람들이기도 하였다.

더 크고 더 좋은 의미에서 우리는 하나님의 집이다(벧전 4:17; 딤전 3:15). 그 집은 하나님께서 거하시기를 기뻐하시는 곳이다 — 성막, 성전, 거하시는 곳(엡 2:21; 계 21:1-4). 여기가 우리가 사랑하는 곳이고 우리가 무척 사랑받는 곳이다. 여기에 최고의 기쁨과 깊은 평화가 있다. 여기에 이해와 동정이 있다.

"가정"이라는 아름다운 말로 요약될 수 있는 모든 것의 이상형은 하나님의 가정에서 발견된다. 모든 그리스도인이 그것을 마음에 간직하고 있다면 어떻게 될까? 우리 교회와 우리 자신의 가정이 새로운 광채를 띠는 것이 아닐까? 그리스도께서 창조에서 그 집을 시작하셨다. 그는 이스라엘에서 그 공사를 더 진척시키셨고 교회에서 더욱 높이 세우셨고 모든 피조물과 나라들이 우리 하나님과 그의 그리스도의 나라가 될 그때 하나님의 나라에서 그의 계획을 완성하실 것이다. 이에 대하여 엄숙한 경고가 추가되어 있다. "우리가 우리의 고백을 견고히 잡으면." 여기에는 피상적으로 "한 번 구원받으면 항상 구원받는다"는 것은 결코 없다. 내적인 경험에서나 외적 경험에서나 피상적으로 구원을 받고 길을 잃게 되는 것이 결코 아니다. 삶에서 하나님의 은혜의 실재의 증거는 환경과 내적인 문제에도 불구하고 변함없이 살아 있는 믿음인 것을 여실히 보여줄 뿐이다.

히브리서 3:7-19

믿지 아니하는 악심

3:8. "노하심을 격동하여 광야에서 시험하던 때와 같이 너희 마음을 강퍅케 하지 말라."

3:12. "형제들아 너희가 삼가 혹 너희중에 누가 믿지 아니하는 악심을 품고 살아 계신 하나님에게서 떨어질까 염려할 것이요."

3:17-19. "또 하나님이 사십 년 동안에 누구에게 노하셨느뇨 범죄하여 그 시체가 광야에 엎드러진 자에게가 아니냐 또 하나님이 누구에게 맹세하사 그의 안식에 들어오지 못하리라 하셨느뇨 곧 순종치 아니하던 자에게가 아니냐 이로 보건대 저희가 믿지 아니하므로 능히 들어가지 못한 것이라."

I. 역사적 배경

광야에서 이스라엘 백성의 경험 특히 정탐꾼이 돌아온 뒤에 약속의 땅에 들어가지 못하게 된 것이 이 심각한 경고의 배경이 되고 있다(출 17장; 민 13, 14장; 신 9, 10장). 이러한 사건들은 유대인들의 마음에 지울 수 없게 새겨져 있었다. 그들은 결코 그 사건들을 잊어서는 안 되었다. 애굽으로부터의 구원처럼 광야의 유랑 생활은 이스라엘의 국가적인 의식의 일부였다.

II. 용어 해설

3:7, 8. "그러므로 성령이 이르신 바와 같이 오늘날 너희가 그의 음성을 듣거든 … 하지 말라." 사이에 있는 모든 말은 삽입구이다. 불신앙에 관한 생각의 윤곽은 앞 단락의 후반부에서 시작되었다.

"오늘날"은 현재 시간, 그리스도의 시대이다.

여기와 15절에 나오는 "격동하여"는 피크로스("쓴")에서 파생한 것이며 그러므로 쓴 맛을 자극하는 것이다. 시편 95:7-11에서 격동과 시험이란 단어가 히브리어 지명인 맛사와 므리바로 번역되었다(참조. 출 17:17; 민 20:1-13). 이스라엘 분순종뿐만 아니라 모세의 불순종이 강조되었다.

3:11. "내 안식에 들어오지 못하리라" 즉 약속의 땅에 들어오지 못하리라. 모세를 비롯하여 아무도 들어가지 못하였다.

3:12. "염려할 것이요" 실재가 아닌 낌새.

"믿지 아니하는 악심": 믿지 아니하는 마음은 악한 마음이다.

"살아 계신 하나님에게서 떨어질까"; 이것은 불신앙의 특징이다. 믿는 마음은 하나님과 연합되어 있다. 신앙은 연합하지만 불신앙은 흩어진다.

Ⅲ. 교리적 의의

이 경고는 현저하게 신자의 견인의 가르침을 제시한다. 그것은 논리와 결부해서가 아니라 생생한 심리적인 문맥에서 그 가르침을 논의한다. 둘다 어떤 건전한 신학 체계에서든 고려되어야 할 것이다. "한 번 구원받으면 항상 구원받은 것이다"고 하는 피상적인 논리적 방법에 의하여 많은 해를 입었다. 그 때문에 많은 선한 사람들이 좌절을 겪었다. 그 가르침은 항상 극히 중요하고 다이내믹하게 가르쳐야 한다. 믿음은 신자의 영원한 경험의 증거이다. 믿음은 함양되고 양육되어야 하므로 그 접근 방법은 신자의 지정의(知情意)에 호소해야 한다.

Ⅳ. 실천적 목표

이 서신서에서 늘 같다. 아주 힘든 처지에 있는 사람들의 생각과 마음에 살아 있는 믿음과 동적인 소망을 조성하기 위함이다. 이 경고들 중에 겉으로는 그렇게 보일지 모르지만 낙심케 하기 위하여 쓴 것은 하나도 없고 다만 연약한 마음과 박약한 의지를 격려하려는 의도에서 쓴 것이었다. 하나님은 일하시고 계시며 단념하지 않으신다. 그러나 하나님이 하신 것을 당연하다고 생각하거나 멸시하는 일이 없도록 조심하라.

V. 설교 개요

제목: "지금은 구원의 날이라."

도입부

이 짤막한 구절에서 저자는 세 번이나 오늘날, 오늘날, 오늘날 하고 외치고 있다. 전체 단락 혹은 경고가 수천 년 전의 사건에 근거를 두고 있지만 그 사건이 교훈하는 것은 아주 현대적이었다. 위험은 현재에도 항상 있다. 하나님의 은혜는 항상 눈앞에 있다. 경고는 항상 초청과 조화를 이루고 있다. 소극적인 것은 적극적인 것과 짝을 이루고 있다. 하나님께 감사하게도 여전히 그의 은혜의 날이다. 삶이 계속되는 동안 오늘이다. 지금 하나님을 사랑하고 하나님께 순종하라. 그러면 하나님의 약속의 땅 곧 그의 안식에 들어갈 것이다.

A. 하나님의 약속.

하나님은 애굽의 종들에게 노예에서 벗어나게 하여 땅과 율법과 자유와 안식을 주시겠다고 약속하셨다. 그들은 자유인의 존엄을 경험하게 될 것이었다. 그들은 그들의 성전에서 그들의 방식대로 하나님께 예배드리게 될 것이었다. 그들은 그들 고유의 문화를 계발시킬 것이었다. 국민이 의미할 수 있는 모든 것이 그들 가운데 하나님께서 함께 하실 것이라는 놀라운 특권과 함께 그들의 것이 될 것이었다. 그들이 더 바랄 것이 무엇이겠는가? 하나님의 해방에도 불구하고 그들은 불평하였고 마침내 올라가서 그 땅을 차지하라는 하나님의 명령을 거역하였다. 참으로 그들은 몸보다는 오히려 마음이 더 종이었던 것 같았다. 마찬가지로 하나님은 오늘날에도 사람들에게 자유를 주신다. 비록 전혀 없는 것은 아니지만 국가적인 의미에서가 아니라 사람의 영혼과 개인의 자유라는 의미에서 그렇게 해주신다. 그리스도 안에서 하나님은 죄로부터 해방을 주시고 영혼 속에서 하나님의 평화가 되는 하나님과의 사귐을 허락하신다.

B. 하나님의 조건.

하나님의 조건은 임의의 것이 아니라 인격의 기능의 없어서는 안 될 부분이다. 하나님은 신뢰와 복종을 요구하신다. 신뢰와 복종은 동전의 두 면이다. 그 두 가지는 믿음의 요소이다. "신뢰하고 복종하라. 왜냐하면 신뢰하고 복종하는 것 외에 예수 안에서 복되게 되는 다른 길이 전혀 없기 때문이다." 그리스도에게 전인격을 맡기고 임대하고 양도하고 헌신하는 것이다. 단순히 지적인 동의뿐만 아니라 자신을 다른 사람에게 곧 예수 그리스도께 드리는 것이다. 믿음은 성경에서 다이내믹한 용어이다. 복종은 알고 있는 것을 좇아 적극적으로 행동하는 것이다. 사람이 그리스도를 알 때 그의 명령을 지키게 되는데, 이는 어떤 외부의 압박이나 위협 때문이 아니라 내부의 정당한 태도 곧 사랑의 태도 때문이다. 너희가 나를 사랑하면 나의 계명을 지키리라(요 14:15). 불순종은 불신앙의 자식이고 불신앙은 죄의 자식이다. 사람들은 그들의 도덕적 윤리적 본질에서 어딘가 잘못되면 하나님을 떠난다. 이렇게 되면 마음의 완고가 생기고 마침내 배도하게 된다. 그와 같은 것은 불신앙의 심리적인 요소이다. 불신앙으로 말미암은 이러한 마음의 완고 때문에 하나님은 격동하시게 된다.

C. 우리 서로에 대한 책임.

이런 두렵고 엄숙한 말 가운데 우리는 "매일 피차 권면하여"라는 말씀을 읽게 된다. 그 말은 파라칼레이트이며, 격려와 위로라는 점에서 이야기하는 것이다. 매일 그렇게 하라! 이것은 떨어지는 것을 막는 보루의 하나이다. 아무도 혼자 그리스도인의 삶을 살 수 없다. 우리는 서로 동무가 필요하다. 사람들은 서로가 있을 때 두 배로 강해진다. 모든 일 특히 고난을 함께 나누고 사귐을 갖게 될 때 사람들이 하나로 뭉치게 된다. 우리는 서로의 짐을 져야 한다. 삶의 독립심은 교만에 이르고 교만은 추락하게 된다. 우리가 성령으로 거듭났을 때 우리는 살아 있는 사회적 유기체 안으로 세례를 받았다. 격리와 고립은 참된 그리스도인에게 불가능하다. 교회는 은혜 안에서 자라는 것이 최우선적으로 필요하다.

히브리서 4:1-11

하나님의 안식

4:1. "그러므로 우리는 두려워할지니 그의 안식에 들어갈 약속이 남아 있을
지라도 너희 중에 혹 미치지 못할 자가 있을까 함이라."
4:3. "이미 믿은 우리들은 저 안식에 들어가는도다."
4:7. "오랜 후에 다윗의 글에 다시 어느 날을 정하여 오늘날이라고 미리 이
같이 일렀으되 오늘날 너희가 그의 음성을 듣거든 너희 마음을 강퍅케
말라 하였나니."
4:9. "그런즉 안식할 때가 하나님의 백성에게 남아 있도다."

I. 역사적 배경

이 단락에서는 이전의 광야에서의 이스라엘 백성의 경험에 창조에서 하
나님의 활동과 관계가 있는 기록을 엮어서 이야기를 전개하고 있다. 제 칠
일에 하나님께서 그의 창조 활동을 멈추시고 쉬셨다. 유대인들은 그들의
시대를 주의 안식으로 생각하였다. 이것은 또한 그들의 국민적 의식의 참
된 부분이었다.

II. 용어 해설

4:1. 포베도멘, "우리는 두려워할지니". 유대인들에게는 아주 흔한 경험
이다. 도케 히스테레케바이, "그가 미치지 못하였다 혹은 너무 늦게 왔다는
것을 생각해야 좋을 것이다"고 번역하는 것이 가장 좋을 것이다. 그 구절
의 주장은 그 약속은 여전히 눈앞에 있고 그 약속을 받기에 아직 너무 늦
은 것이 아니라는 것이다.

카타파우신, "안식"(행 7:49)은 여기서 하나님이 거하시는 하늘의 복과 하나님께서 그를 믿고 신뢰하는 자들에게 약속하신 것을 묘사하기 위하여 사용되었다.

4:3. "들어가는도다" — 이것은 어조가 힘이 있다. 그것에 관하여 전혀 의심할 것이 없이 우리는 들어갔다. 우리가 믿었을 때 그렇게 되었다.

4:7. 헤 호리제이, "정하여(defines)"가 어느 날을 "제한하여(limits, KJV)"보다 더 좋은 번역이다. 하나님께서 "오늘날"이라 정하시는 다른 은혜의 시대를 하나님께서 준비하시고 계신다.

4:9. 안식에 대한 새로운 단어이다 — 사바티스모스, "안식일". 이 안식은 하나님께서 창조하신 뒤에 안식하신 것을 가리킨다. 그것은 여전히 하나님의 백성에게 유효한 "이상적인 안식"을 나타낸다. 이것은 창조와 구원이 모두 아들을 통한 한 과정이라는 서신의 주제와 조화를 이룬다. 아들이 두번째로 와서 그의 기업을 받을 때 모든 것이 완성될 것이다.

III. 교리적 의의

성도의 견인과 은혜의 날 혹은 은혜의 시대와 하나님의 주권적인 뜻에 의하여 성취되는 하나님의 뜻의 절대적인 확신을 강조하고 있다. 창조와 주권과 함께 살아 있는 믿음의 필요.

IV. 실천적 목표

사람들이 하나님의 은혜의 날에 미치지 못하였다는 어떤 거짓된 생각을 근절하기 위함이다. 낙심한 사람들은 자신들이 하나님의 은혜를 놓쳤고 "용서받을 수 없는 죄"를 범하였다고 생각하기 쉽다. 저자는 그들에게 그들이 실패했다는 생각만으로는 하나님의 은혜가 변하는 것이 아니라는 것을 확신시켜 주고 또 그들에게 포기하고 불신앙으로 배교하고 말 것이 아니라 그들이 믿었을 때 하나님의 안식을 받았다는 것과 하나님께서 그들을 도와주실 것이라는 것을 계속 알고 있으라고 권한다. 이것은 우리 시대를 위해서도 아주 적절하다.

V. 설교 개요

제목: "하나님의 안식."

도입부

누가 의심과 두려움과 좌절과 무의미함이 사라진 안식을 소원하지 않겠는가? 지치고 비탄에 잠긴 사람에게 그와 같은 안식이 있는가? 이 구절은 우리에게 그런 안식이 있다는 것을 확신시켜 준다. "오늘날"은 여전히 우리와 함께 있다.

A. 하나님의 안식.

이것은 아주 복잡한 구절이지만 거기에는 몇 가지 분명한 원리가 있다. 저자가 하나님의 안식에서 의미하는 것은 무엇인가? 그는 이 말을 세 가지 방법으로 쓰고 있다. 그는 그 말을 사용하여 이스라엘의 백성들이 약속의 땅에 들어간 것과 창조 후의 하나님의 안식한 안식(sabbath rest)과 안식의 충만함 가운데 신자를 위한 하나님의 축복을 의미하고 있다. 이것은 물론 신약의 성도들과 우리 자신들이 속해 있는 것이다. 그리스도인에게 안식은 예수님의 말씀으로 가장 잘 정의될 수 있을 것이다. "수고하고 무거운 짐진 자들아 다 내게로 오라 내가 너희를 쉬게 하리라"(마 11:28). "하나님의 평강"은 안식을 표상한다(빌 4:7). 그것은 육신의 영역이 아닌 영혼의 영역에 속하는 것이다. 나쁜 양심, 불성실한 결정, 두려움, 좌절, 이기주의, 교만 이런 것은 안식의 원수들이다. 복음은 하나님의 안식에 그 해답이 있다.

B. 안식의 약속.

거기에 그와 같은 안식이 있는가? 사람들은 안식을 추구하였고 안식에 관하여 들었지만, 그 안식을 결코 찾은 것 같지가 않다. 신자를 위한 그와 같은 안식이 있다는 것을 입증하기 위하여 저자는 이 단락의 주장에 비중을 두고 있다. 1절, "그의 안식에 들어갈 약속이 남아 있을지라도." 틀림없이 그 안식은 있다. 2절, "우리도 복음 전함을 받은 자이나" 즉 우리에게 복음이, 그들에게 구출의 복된 소식이 전해졌다. 3절, "이미 믿는 우리들은 저 안식에 들어가는도다." 저자는 이스라엘 백성들이 약속의 땅에 들어가지 못하였지만 이것 때문에 안식을 주시는 분이 바뀐 것은 아니라는 것을 말하고 있다. 이 일곱째 날에 하나님께서 안식하고 계시다는 사실은 그 안식이 여전히 유효하다는 것을 말해 준다. 다윗의 글에 "오늘날 너희 마음을 강퍅케 말라"고 말하였다. 그러므로 여호수아가 그들에게 안식을 주었다면 하나님께서 그들에게 여전히 안식을 주고 계시지 않을 것이다. "안식할 때가 하나님의 백성에게 남아 있도다"(9절). 아니, 안식의 날이 여전히 우리와 함께 있다.

C. 안식의 원리.

구절 전체가 불신앙에 대해서 경고하고 있다. 믿음은 안식의 원리이다. 신뢰와 개인적인 헌신이라는 믿음. 믿음 이면의 모든 것은 하나님께서 아들로 말씀하셨으므로 귀를 기울이고 신뢰하지 않는 것은 위험한 일이라는 주장이다. 이스라엘 백성들의 예를 들어서 경고하는 것으로 그치지 않고 거기서 더 나아가 바로 하나님의 말씀을 배척 혹은 부인할 수 있다는 것을 좀더 설득력 있게 고찰하고 있다.

히브리서 4:12-13

하나님의 말씀

4:12, 13. "하나님의 말씀은 살았고 운동력이 있어 좌우에 날선 어떤 검보다
도 예리하여 혼과 영과 및 관절과 골수를 찔러 쪼개기까지하며 또 마음
의 생각과 뜻을 감찰하나니 지으신 것이 하나라도 그 앞에 나타나지 않
음이 없고 오직 만물이 우리를 상관하시는 자의 눈앞에 벌거벗은 것같이
드러나느니라."

I. 역사적 배경

앞 단락과 동일하다.

II. 용어 해설

4:12. "하나님의 말씀"(호 로고스 투 데오스). 하나님의 생각은 어떤 매
체를 통하여 계시되었다. 여기서는 앞 단락의 안식에 관한 것이다. 필자는
여기서 요한이 그의 서두에서 한 것처럼 하나님의 말씀과 개인적인 표현
을 동일시하지 않는다. 선지자들과 성경과 아들을 통하여 이 서신서에 계
시되었다. 이 서신서의 그리스도는 말씀이 아닌 아들로 간주되었다.

"살았고"(존), 즉 생명이 있는 것이다. 여기서 그 말씀이 살아 계신 하나
님의 말씀이기 때문에 살아 있는 것이다.

"운동력"(에네르게스), 에너지.

"예리하여"(토모테로스), 동사 "자르다"에서 파생한 말이다.

"혼"(프쉬케스), 생명을 주는 힘, 사람과 짐승에게 있다.

"영"(프뉴마토스), 숨, 바람, 영. 여기서는 영을 말한다. 이성이 있는 사람

의 일부이며, 그의 인격이다. 동물에게는 사용되지 않는다.

"감찰"(크리티코스), 나누고 분석하고 판단하는 생각.

"마음의 생각과 뜻": 사람의 내면 생활과 그의 생각과 태도와 소원과 의지를 말한다. 온전한 속사람.

4:13. "벌거벗은"(굼노스)은 문자 그대로 발가벗겨진.

"드러나느니라"(테트라켈리스메나), 긴 단어이고 진단하기가 어렵다. 교회 교부들이었던 "의사들"은 그 단어 때문에 애를 먹었다. 목, 목구멍과 어떤 관련이 있다. 분명히 쳐다보라고 할 때 오히려 부끄러움으로 고개를 숙일 것이다.

III. 교리적 의의

로고스 혹은 하나님의 말씀에 대한 가르침을 두드러지게 제시한다. 그것은 성경을 "기록된" 말씀으로 보는 우리의 관점과 관계가 있다. 그것은 또한 자연 계시를 포함한다. 그것은 하나님께서 말씀하신다는 기본적인 진리를 가르친다. 이 유물론적인 시대에 우리는 거듭거듭 하나님께서 말씀하셨고 여전히 그의 성령과 교회를 통하여 말씀하고 계신다는 것을 상기해야 할 필요가 있다.

IV. 실천적 목표

이것은 하나님께 진심으로 헌신하여 하나님의 약속을 존중하라는 저자의 마지막 간청이다. 오직 그렇게 해야만 이로울 것이다. 왜냐하면 하나님의 말씀은 자세히 살피고 있고 하나님은 모든 것을 아시며 우리는 하나님의 눈을 피할 수 없기 때문이다. 다른 말로 하면, 사태의 심각성과 우리가 대하여야 할 그분을 분명히 알아야 한다. 2장의 경고와 마찬가지로 우리가 어떻게 피할 수 있겠는가? 이것은 영적으로 방심하지 않도록 한다.

V. 설교 개요

제목: "하나님의 말씀."

도입부

이 서신서에는 초월적인 장대한 진술이 많이 있다. 우리는 첫장 서두에서 하나님의 아들에 관한 것을 보았다. 이제 우리는 하나님의 말씀의 이 서술에서 똑같이 중요한 것을 본다. 해석하기가 결코 쉽지 않고 확증할 수 없는 많은 생각들이 표현되었지만, 그것의 주된 요점 곧 하나님의 말씀에 대한 찬송이 다른 낮은 봉우리 위에 우뚝 솟은 에베레스트 산처럼 두드러지게 나타난다. 하나님의 말씀은 우리에게 하나님께서 자신을 우리에게 계시하셨다고 알려 준다. 하나님은 그의 피조물을 전혀 돌보지 않는 부재자신이 아니시다. 또 하나님은 말씀하실 수 없을 정도로 그의 피조물에게 구속되신 것도 아니다. 하나님은 살아 계신 하나님이시며 사랑과 자비로 그의 피조물과 깊이 관련을 맺으시고 그들과 직접 교제하신다.

A. 하나님의 말씀은 살았다.

하나님의 말씀은 생명을 가지고 고동친다. 말씀은 죽은 것이 아니며 결코 죽을 수도 없다. 그 말씀은 살아 있다. 그 말씀은 영원히 살아 있다. 많은 말들, 중요한 말들, 심지어 위대한 운동을 유발하고 많은 선한 것들을 불러일으켰던 아주 기념비적인 말들조차도 오늘날에는 완전히 그 생명을 상실하였다. 대부분은 연구하는 학자들에게 기억되고 있고 더러는 아직도 세상에 어떤 영향력을 발휘하고 있다. 그러나 그 말들을 하나님의 말씀과 비교할 수 있겠는가? 모든 세대 모든 나라에서 하나님의 말씀이 사람들에게 생생한 문제가 되게 하는 것은 무엇인가? 사람들이 하나님의 말씀을 받아들이거나 배척하지만 그 말씀을 피할 수는 없고 또 그 말씀을 알고 있다. 하나님의 말씀이 살아 계신 하나님의 말씀이기 때문에 하나님의 말씀은 살았다.

B. 하나님의 말씀은 운동력이 있다.

하나님의 말씀은 표현에서 에너지 곧 힘이다. 하나님의 말씀은 결코 헛되이 돌아오는 법이 없다(사 55:11). 하나님께서 말씀하시면 무엇인가 일어난다. 하나님께서 말씀하시자 세상과 인류가 생겨났다! 하나님께서 말씀하시자 깊음의 물이 세상에서 반역하는 인간을 깨끗이 씻어 버렸다. 하나님께서 말씀하시자 아브라함은 자기 고향을 떠나 알지 못하는 곳으로 갔다. 하나님께서 말씀하시자 강력한 애굽은 노예를 포기하였다. 하나님께서 말씀하시자 한 나라가 생겼다. 하나님께서 말씀하시자 이스라엘이 포로로 잡혀 갔다. 하나님께서 말씀하시자 고레스가 그들을 돌려 보냈다. 하나님께서 말씀하시자 하늘이 열리고 한 아들이 탄생하셨다. 하나님께서 말씀하시자 십자가가 우주의 제단과 땅 위에 쏟은 사랑으로 세워졌다. 하나님께서 말씀하시자 돌이 무덤에서 굴려졌다. 하나님께서 말씀하시자 교회가 탄생하였다.

하나님은 여전히 말씀하고 계시며 하나님의 음성을 듣는 사람들은 생명, 풍성한 생명, 영원한 생명을 발견한다. 하나님은 오늘날 그의 말씀으로, 그의 교회로 그의 종들로, 말씀하고 계신다. 그리고 하나님은 그 아들이 다시 오셔서 그의 나라를 기업으로 받으실 때 마지막으로 말씀하실 것이다. 하나님의 말씀을 진지하게 읽는 사람은 이 말씀이 반드시 실행되는 어떤 것이라는 것을 본능적으로 안다. 이 말씀은 효과가 있고 운동력이 있다. 그 말씀을 전파하라!

C. 하나님의 말씀은 예리하여 찌른다.

말씀은 좌우에 날선 검보다 예리한데, 좌우에 날선 검은 항상 한 쪽에 날선 무기보다 더 예리하다고 생각되었다. 좌우에 날선 것은 한 쪽에 날선 것보다 찌르는 힘이 더 우수하다. 그러므로 하나님의 말씀은 혼과 영과 관절과 골수까지 쪼갠다. 많은 사람들이 이 문장의 구성 요소와 씨름하였다. 일반적으로 인정되는 온전한 생각에 따르면 저자가 우리에게 알도록 하는 것은 하나님의 말씀은 사람의 혼과 영에서 찔러 들어가지 못할 정도의 장애물을 결코 마주치지 않는다는 것이다. 사람의 인격의 가장 깊은 마음 속까지 하나님의 말씀은 가장 예리한 다마스커스 칼날이 가장 훌륭한 비단을 베는 것보다 더 쉽게 들어간다.

D. 하나님의 말씀은 마음의 생각과 뜻을 감찰한다.

마음은 사람의 합리적인 생활의 중심이다. 사람의 마음은 몹시 악하여 누가 그 마음을 알 수 있겠는가? 하나님의 말씀은 마음을 소유한 사람보다 그 마음을 더 잘 안다. 그 생각을 더 잘 안다. 우리 자신이 우리의 마음을 좀 이해할 수 있으면 좋으련만. 우리가 우리의 생각이 드러나는 것을 원할까? 우리는 아주 피상적인 경우가 많다. 그러나 하나님은 생각을 다 알고 계신다. 뜻 — 이것은 우리 소원과 동기의 영역이다. 우리는 종종 큰 소리로 구원을 부르짖는다. 여기서 우리는 진정한 갈등과 몸부림을 깨닫는다(롬 7장). 종종 무릎을 꿇고 우리의 소원이나 우리의 동기가 그분과 일치되지 않는다는 것을 알게 된다. 그의 말씀이 우리 존재의 깊은 것까지 드러내실 때 우리는 하나님께 어떤 것을 숨길 수 있다고 생각한 것이 참으로 어리석다는 것을 생각하게 된다. 아담이 하나님에게서 숨은 뒤로 우리는 그를 본받아서 수풀 사이로 숨는다. 서늘한 저녁에 우리를 불러내는 것은 오직 은혜와 사랑과 자비로운 하나님의 음성뿐이다.

E. 하나님의 말씀은 모든 것을 보신다.

말씀의 능력의 장엄하고 두려운 계시에서 저자는 이 무섭고 장엄한 절정을 만들어 내고 있다. 그 말씀을 보내시는 그분, 모든 것의 근원과 창조자이신 그분은 모든 것을 보신다. 우리는 문자 그대로 그분 앞에 벌거벗었다. 지적으로 도덕적으로 영적으로 우리는 벌거벗겨졌다. 우리는 알몸이 되었다. 아주 건전한 생각이 아닌가! 우리는 벌거벗었을 뿐만 아니라 우리는 그의 응시 곧 "우리를 상관하시는 자의 눈"을 피할 수도 없다. 그가 사용하고 있는 단어는 가장 생생한 표현이다(테트라켈리스메노스). 많은 의미를 나타내는 것이 분명하지만 똑같은 일반적인 생각을 전달한다. 그것은 씨름하는 자가 서로의 목을 꽉 쥐고 그 머리를 뒤로 던지는 것에 사용되었다. 하나님께서 우리를 꽉 붙드셔서 우리는 힘없이 하나님의 얼굴만 쳐다보아야 한다. 이 단어는 짐승의 가죽을 벗기는 데 사용되었다. 그래서 우리는 하나님에 의해 알몸이 되었다. 이 본문에 가장 잘 들어맞는 그림은 죄인이 형장으로 가는 도중에 대중의 시선을 피하려고 애쓰지만 그의 턱 아래 있는 칼 때문에 외면할 수 없어서 "그가 상관해야 하는 자들을 바라보지" 않을 수 없는 그런 모습일 것이다. 그것이 무엇이든지간에 우리 하나님 곧 재판장의 응시를 외면하려고 해도 우리로서는 도무지 어쩔 수 없는 것이 문제의 진상이다. 저자는 즉시 그의 독자들에게 우리의 크신 대제사장을 말하여 그분 안에서 우리가 성부를 응시하여 성부의 얼굴이 긍휼과 사랑과 기쁨의 얼굴임을 알게 하는 것은 아주 적절하다.

히브리서 4:14-16

완전하신 대제사장 예수

4:14. "그러므로 우리에게 큰 대제사장이 있으니 승천하신 자 곧 하나님 아들 예수시라 우리가 믿는 도리를 굳게 잡을지어다."

4:15. "우리에게 있는 대제사장은 우리 연약함을 체휼하지 아니하는 자가 아니요 모든 일에 우리와 한결같이 시험을 받은 자로되 죄는 없으시니라."

4:16. "그러므로 우리가 긍휼하심을 받고 때를 따라 돕는 은혜를 얻기 위하여 은혜의 보좌 앞에 담대히 나아갈 것이니라."

Ⅰ. 역사적 배경

광야에서 성막이 세워진 이래 이스라엘 나라의 의식적 경험의 전체 배경이다.

Ⅱ. 용어 해설

이것은 "안식의 약속"에 대한 고찰에서 저자가 5장-10:8에서 설명하고 있는 예수의 대제사장에 대한 공부로 넘어가는 과도적인 단락이다. 그는 여기서 2:17에서 말한 대제사장에 대한 생각을 다시 하고 있다. 그것은 그 책의 주제 곧 하나님의 아들 예수의 완전하신 대제사장직을 명확히 나타낸다. 예수님은 (a) 하나님의 안식(14절)을 얻으셨고 그 안식에 들어가셨기 때문에 자격이 있으며, (b) 우리와 완전히 공감하실 수 있기(15절) 때문에 자격이 있으며, (c) 따라서 우리가 하나님께 가까이 갈 수 있기 때문에 자격이 있다(16절).

4:14. "큰"(메간)은 직분의 위엄을 강조한다. 실제로 아론보다 더 크시다. 이상적인 제사장을 말하고 있다. "승천하셔서" 하나님의 존전으로 들어

갔다. 이것은 그 시대의 헬라인이나 유대인에게 아주 아주 혁명적인 생각이다.

"하나님의 아들 예수", 우리 주의 완전한 신성. 신이신 아들과 인간 예수는 절대적으로 하나이다.

4:15. "체휼"(순파데사이) 10:34을 참조하라. 지식에 의한 것이 아니라 경험에 의한 공감이다. 이것은 하나님이신 분에 관하여 급진적인 진술이다. 왜냐하면 헬라인은 전혀 그와 같이 생각하지 않았고 유대인들은 하나님을 생각할 때 다른 차원에서 멀리 계신 하나님으로 생각하였기 때문이다.

"죄는 없으시니라." 내부나 외부에 죄가 없으시다. 삶의 모든 유혹을 통하여 죄가 없으시다.

4:16. "은혜의 보좌 앞에"(토 드로노 테스 카리토스). 신약 성경에서 여기서만 사용되었다. 은혜가 신적 능력의 선물이라는 생각을 하게 한다. "긍휼하심 … 은혜." 과거의 죄에 대한 긍휼하심, 미래의 시련에 대한 은혜.

III. 교리적 의의

성육신과 예수님의 대제사장에 대한 가르침에 주의를 기울이게 한다. 성육신과 대제사장에 대한 가르침은 하나님께서 죄와 싸우시고 죄를 대적하심으로써 우리 인류와 확실히 동일시되었다는 것을 가르친다. 하나님을 가까이 하라. 그의 내재성을 강조한다.

IV. 실천적 목표

핍박받은 사람들의 상처를 치유해 주기 위함이다. 종교적으로나 국가적으로 비우호적인 적들을 대항하여 매일 싸우고 있는 그들을 위로하고 위안을 주기 위함이다. 그들의 유일한 소망에서 떠나지 않도록 그들을 지켜주기 위함이다. 틀림없이 이 구절은 이 세상 도처에 있는 모든 그리스도인들이 매일 이용한다. 이것은 신자의 성경 어휘에서 반드시 있어야 하는 것 중 하나이다.

V. 설교 개요

제목: "우리의 완전하신 대제사장."

도입부

앞 구절과 분위기가 아주 바뀌었다. 만일 구원과 보장이 전혀 없었다면 모든 것을 보시는 하나님 앞에 우리의 위험한 상태를 드러내는 것이 잔인하였을 것이다. 우리의 큰 대제사장에 대해 이렇게 훌륭하게 설명을 하는 가운데 이것을 이야기하였다.

A. 우리의 대제사장 — 그의 위치와 위엄.

서신서 앞부분에서는 예수님을 우리의 대제사장으로 언급하였는데, 그러나 지금은 예수님을 큰 대제사장으로 일컫고 있다. 이것은 예수님을 아론 계통의 어떤 제사장들보다 더 높으신 분으로 여기는 것이다. "그가 하늘들을 통과하였다(개역 한글판에서는 '승천하신'으로 번역되어 있다)." 삼층천과 칠층천에 대한 고대의 생각은 우리로 하여금 모든 하늘들을 통과하여 지성소 곧 하나님 앞으로 간다는 생각을 하게 한다. 그가 나무에 달려 죽으시고 죽은 자 가운데서 살아나셔서 죄를 깨끗게 하신 뒤에 승천하셔서 하나님의 우편에 앉으시고 모든 이름 위에 뛰어난 이름을 받으셨다. 하나님의 아들 예수. 저자는 우리에게 그 이름을 주고 있다. 신성에 어울리는 가장 충만함이 그 속에 간직되어 있다. 신약 성경의 어떤 저자도 예수님에게 그보다 더 높은 지위나 이름을 주지 않았다.

B. 우리의 대제사장 — 그의 긍휼하심.

예수님을 가장 높은 하늘에 올린 뒤에 저자는 이제 예수님을 가장 낮은 땅으로 내려보내어 우리에게 그의 완전하게 긍휼이 많으신 인성을 보여준다. 긍휼은 고대 세계에서 전혀 모르는 것이다. 어떻게 그럴 수가 있었을까? 고대 종교에서는 긍휼이 거의 없었다. 그리스와 로마의 신들은 긍휼을 몰랐다. 실제로 그 신들은 그들의 본성에 의하여 사람들을 감동시킬 수 없었다. 스토아 철학자들은 그 신들이 감정을 초월해 있다고 추리하였다(아파데이아). 에피쿠로스주의자들의 신들은 세상을 초월한 행복 속에 살고 있어서 완전히 세상과는 분리되었다. 히브리인들은 하나님의 거룩 혹은 "타자"에 대한 뛰어난 개념을 가지고 있었지만 긍휼에 대한 생각이 없었기 때문에 그들의 경험에서 긍휼을 깊이 느끼지 못하였다. 그들 가운데 사신 예수님께서 하나님의 본질적인 동정(sympathy)을 계시하셨다. 접두사 sym은 "와 함께"란 뜻이며 그것은 그리스도의 새로운 요소이다. 그는 그 백성과 하나가 되셨다. 그의 성육신으로 그는 인류와 하나가 되셨다. 그는 인류의 생명을 나누어 가지셨다. 그의 시험이 여기서 두드러졌다. 모든 점에서 시험을 받으셨지만 죄는 없으셨다. 그는 똑같이 시험받으셨다. 그는 철저하게 시험받으셨다. 우리는 너무 빨리 시험에 넘어지기 때문에 그렇게 시험을 받은 적이 한 번도 없다. 그는 시험의 충분한 압력을 경험하셨지만 한 번도 죄를 범하지 않으셨다. "너희 중에 누가 나를 죄로 책잡겠느냐?" 오직 그만이 인간의 본성이 설 수 있는 것을 실제로 알고 있다. 그러므로 그가 어떤 사람보다도 더 잘 동정할 수 있고 이해할 수 있고 판단을 내릴 수 있다.

C. 우리의 대제사장 — 그의 적절함.

우리가 믿는 도리를 굳게 붙잡아라! 어떻게? "은혜의 보좌 앞에 담대히" 나아감으로써. 비록 싸움이 무서울지라도 우리는 포기해서는 안 된다. 우리에게는 도움이 있다. 하나님의 보좌에는 헤아릴 수 없는 지원군과 자원이 있다. 보좌? 그것은 권능과 장엄과 심판을 말한다. 과연 그렇다. 그러나 여기서는 그것이 신적인 권능과 은혜의 장엄함을 말한다. 은혜 — 하나님은 사람의 받을 만한 자격대로 대하시는 것이 아니라 사람의 필요대로 대하신다. 그러므로 거만하게 담대히 나아갈 것이 아니라 확신을 가지고 담대히 나아가라. 왜냐하면 우리의 높으신 대제사장께서 우리를 이해하시고 또 말할 수 없이 사랑하시기 때문이다. 과거에 대한 긍휼과 현재와 미래에 대한 은혜는 우리에게 거저 주신 것이다. 그런 은혜에서 떠나는 것은 철저한 상실을 경험하는 것이다. "누구에게 가야 할까?" 예수님에게만 영원한 생명의 말씀이 있다.

히브리서 5:1−10

예수님과 대제사장의 자격

5:1. "대제사장마다 사람 가운데서 취한 자이므로 하나님께 속한 일에 사람
　　을 위하여 예물과 속죄하는 제사를 드리게 하나니."
5:2. "저가 무식하고 미혹한 자를 능히 용납할 수 있는 것은."
5:4. "이 존귀는 아무나 스스로 취하지 못하고 오직 아론과 같이 하나님의
　　부르심을 입은 자라야 할 것이니라."
5:7. "그는 육체에 계실 때에 자기를 죽음에서 능히 구원하실 이에게 심한
　　통곡과 눈물로 간구와 소원을 올렸고 그의 경외하심을 인하여 들으심을
　　얻었느니라."
5:8. "그가 아들이시라도 받으신 고난으로 순종함을 배워서."
5:9. "온전하게 되었은즉 자기를 순종하는 모든 자에게 영원한 구원의 근원
　　이 되시고."

I. 역사적 배경

　광야에서의 아론 계통의 제사장직과 그리스도의 고난과 겟세마네와 십
자가를 강조하는 그의 땅에서의 삶.

II. 용어 해설

　5:2. "용납하다"(메트리오파데인). 신약 성경에서 여기만 나온다. 뜻이
깊고 풍부한 단어이다. 다른 사람의 부족에 대하여 관대하고 온유하게 판
단한다. 제사장은 죄인에게 관대해야 한다. 죄인의 죄는 미워해야 하지만
죄인은 사랑해야 한다. 지나치게 엄해서도 안 되지만 그렇다고 해서 지나
치게 관대해서도 안 된다. 판단하는 태도보다는 용납하는 태도여야 한다.
오늘날 복음을 전하는 자와 목회자의 삶에서 아주 중요한 것이다.

"무식" — 의도적으로 죄를 짓거나 뻔뻔스럽게 죄를 지으려고 계획한 것이 아니라 환난 가운데 범한 죄. 뻔뻔스럽게 지은 죄는 배교의 요소가 되었으며 결코 사죄함을 받지 못하였다(히 10:26).

5:7. "자기를 죽음에서 능히 구원하실." 어쩌면 비록 뻔뻔스럽게 죄를 지은 경우일지라도, 죽음 자체나 죽음의 고통과 그 세력으로부터 능히 구원하실. 어려운 구절이지만 우리 주님의 완전한 감정을 포착하고 있다.

"그의 경외하심을 인하여." 정확히는 경건한 두려움, 자신의 뜻보다 아버지의 뜻을 먼저 생각한 그리스도께서 품으신 것과 같은 헌신적인 본성의 경건.

5:9. "온전하게 되었은즉." 그리스인들은 완전을 도덕적인 점에서보다는 오히려 기능적인 면에서 생각하였다. 사람이나 일을 하나님이 뜻하신 목표 혹은 결과로 이르게 함. 하나님의 뜻을 성취하시는 그리스도의 사역에 대해서 말하고 있다.

III. 교리적 의의

우리는 그리스도의 대제사장직에 주의를 돌리고 있다. 우리 주의 인격을 개관하게 되었다. 그는 아들이라 불린다. 그리스도 안에서 신성과 인성의 통일, 한 인격 안에 두 본성. 사죄와 속죄의 필요성. "무지"라는 말에서 그 특징이 드러난 죄의 본질. 연구해야 할 필요가 있는 아주 깊고 진실한 주제. 오늘날의 죄를 피상적으로 다루고 있는 것에서 좀 탈피할 수 있으면 좋겠다. 아들과 하나님의 은혜의 자기 것으로 삼음과 관련되어 있는 복종의 가르침. 기도와 하나님의 응답에 대한 가르침이 현저하게 나타난다. 하나님께서 기도를 들으시고 항상 응답하시는가? 응답의 본질은 무엇인가? 기도의 전체 철학이 경건한 사색가에게 공개되어 있다. 부르심의 본질에 대한 사역의 가르침이 두드러진다. 여기서 누가 주도권을 잡는가? 우리가 사역이나 선교에 대한 부르심을 이야기할 때 우리는 어떤 뜻으로 말하는가? 이런 생각의 단위에서 한 낱말을 알기가 쉽지는 않지만 어떤 가르침은 조금씩 알게 된다.

IV. 실천적 목표

저자는 독자들에게 인생의 무서운 싸움을 그들이 홀로 싸우고 있는 것이 아니라는 것을 알려 주고 싶어한다. 그들에게는 사람이신 동시에 하나님이시고 승천하셔서 매일 그들을 위하여 중보하시는 분이 계신다. 그는 그들의 고대 종교적인 의식이 할 수 있었던 것보다 더 잘 그들을 위하여 하실 수 있고 하시려고 한다. 그는 대제사장의 모든 자격을 최대한으로 성취하신다. 그의 구원은 완전하고 영원하다. "담대하라 내가 세상을 이기었노라."

V. 설교 개요

제목: "예수, 완전하신 대제사장."

도입부

그의 회중에게 하나님의 아들의 사역의 복을 소개한 뒤에 이제 그는 더 나아가 어떻게 그 제사장이 다른 모든 제사장들보다 뛰어나게 제사장직의 조건을 채우는지를 설명함으로써 그들의 믿음을 강화하고 있다. 그는 완전한 대제사장이다.

A. 제사장의 사역.

그는 하나님께 대하여 사람을 대신해서 말하고 행동해야 한다. 사람들에게 "판결자"가 아주 절실히 필요하다. 욥은 모든 세대를 위하여 그것을 이렇게 말하였다. "내가 어찌하면 하나님 발견할 곳을 알꼬 그리하면 그 보좌 앞에 나아가서." 그런 다음 우리의 문제를 더욱 깊이 조사하여 이렇게 외치고 있다. "하나님은 나처럼 사람이 아니신즉 내가 그에게 대답함도 불가하고 대질하여 재판할 수도 없고 양척 사이에 손을 얹을 판결자도 없구나"(욥 9:32, 33). 죄는 하나님과 사이를 갈라 놓았고 사람들은 거룩하신 분 앞으로 나아가기가 부끄럽게 되었다. 그러나 사람들은 그들의 영혼이 간절히 사모하는 가운데 하나님께 나아가기를 소원하고 있다. 누가 혹은 어떻게 그 간격을 이어줄 것인가? 아무리 종교적인 의식들, 그리고 인류의 종교들이 설득력 있는 증거를 퍼뜨릴지라도 사람들은 하나님과 사람을 알고 있는 중보자를 원한다. 그들은 우리와 같은 한 사람이 참으로 필요하다는 것을 느낀다. 그러나 그는 그들보다 반드시 더 나아야 한다. 그것은 신성을 가진 인간을 사람이 심히 그리워함이다.

브라우닝(Browning)은 그의 「사울」(*Saul*)에서 다윗으로 하여금 사울에게 부르짖게 할 때 이 그리움을 감동적으로 표현한다. "내가 구하는 것은 강함 속에 있는 약함입니다! 내가 신성 속에서 찾고 있는 것은 나의 육신! 나는 그것을 찾아 발견합니다. 오 사울이여, 당신을 환영하는 얼굴은 나와 같은 얼굴이어야 할 것입니다. 나와 같은 사람이어야 할 것입니다. 당신은 영원히 사랑하고 사랑받아야 할 것입니다. 이 손과 같은 손으로 당신에게 새로운 생명의 문을 열어 주어야 할 것입니다. 그리스도를 보십시오!" 얼마나 훌륭한 사역인가!

아마 기도 분야에서 그 근대의 목회자가 그 이상적인 제사장에 가장 근접할 것이다. 참으로 훌륭한 특권이다. 과거에 많은 하나님의 사람들은 그들이 충성스럽게 그들의 양떼의 이름을 하나하나 불러가며 기도하였기 때문에 그들이 강단을 맡고 있는 동안에 그들에게 임한 귀한 기쁨과 능력을 이야기하였다. 참으로 교회들은 거룩한 기억 속에 그와 같은 것을 견고히 붙잡고 있다. 목회자가 은혜의 보좌에서 그들을 잊지 않고 있다는 것을 꼭 알라. 그 다음에 양들을 먹이는 그 말씀(the Word)의 사역이 있다. 굶주린 교회는 오늘날 그 말씀을 알고 전하는 사람들을 간절히 요구하고 있다. 권고하는 방의 신성한 가장 내면의 사역도 포함되어 있다. 그 방은 진정한 지성소가 될 수 있고 되어야 한다.

B. 제사장은 죄의 문제를 다루어야 한다.

제사장의 사역의 중심 곧 핵심은 사람의 근본적인 질병을 다루는 것이다. 사역자는 그의 주된 임무가 구속하는 은혜의 복음을 전하는 것이어야 한다는 것을 잊어서는 안 된다. 밀접한 관계가 있는 것이 많고 호기심을 자극하는 부차적인 것에 빠져들게 하는 유혹이 많을 것이지만 사역자는 그의 주된 임무는 영혼의 구원이라는 사실을 항상 의식하지 않으면 안 된다. "내가 너희 중에서 예수 그리스도와 그의 십자가에 못 박히신 것 외에는 아무 것도 알지 아니하기로 작정하였음이라"(고전 2:2). 본문에서는 이것을 "무식"이라는 말로 바꾸어 말한다. 구약 성경에서는 그와 같은 죄들만 용서받을 수 있다는 것을 분명하게 밝혔다. 10장에서 이 저자는 짐짓 범하는 죄는 용서받을 수 없다고 말한다(히 10:26). 민수기에서는 모르고 범죄한 것과 고의적으로 범죄한 죄를 구별짓고 있다. 전자를 위해서는 속죄를 할 수 있지만 후자는 "그 죄악이 자기에게로 돌아가서 온전히 끊쳐지리라"(민 15:22-31).

모르고 범한 죄에 속하는 것은 어떤 것인가? 성난 가운데 혹은 충동적으로 범한 죄들이나 어떤 감정을 압도하는 유혹이나 진정한 회개가 뒤따르는 어떤 죄에 기인하는 죄들이다. 실제로 대부분의 범죄는 육신의 연약함에 기인한다. 고의적으로 짓는 죄들은 배교의 죄들이다: 하나님께 대하여 냉랭하고, 의도적이고 슬픔이나 후회의 흔적이 없고 이탈하는 불순종이며, 하나님께서 멸시를 받는다. 이와같이 제사장은 사람들로 하여금 하나님께로 돌이키도록 부르고 하나님과 사귐을 가질 수 있는 문을 개방하였다. 두렵지만 참으로 영광스러운 특권이자 영예이다.

C. 제사장은 사람의 생활을 함께 나누어야 한다.

이것은 절대 불가결의 요소이다. 그는 반드시 사람 가운데서 취한 자이어야 하며 그는 반드시 사람들과 공감할 수 있어야 한다. 그 자신이 사람의 생활을 경험하였기 때문에 공감하는 것이다. 그는 분투와 유혹과 슬픔과 고통과 기쁨과 승리를 맛보지 않으면 안 된다. 그는 인간 경험의 깊이를 느끼지 않으면 안 된다. 그는 그가 삶을 아는 것만큼 위대하게 될 것이다. 자신에게 없는 것을 다른 사람에게 줄 수 있는 사람은 아무도 없다. 이 원리는 제사장의 원리에서 절대적이다.

예수님은 이 점에서 자격이 있는가? 저자는 그가 다른 누구보다도 자격을 갖추고 있다는 것을 분명하게 보여준다. 저자는 우리의 시선을 예수님의 겟세마네 경험으로 돌리게 한다. 여기서 인자는 밑바닥까지 경험하였다. 사용된 말들은 예리한 말들이었다. 기도와 심한 통곡과 눈물. 통곡(크라우게), 깊은 고민에서 쥐어짜이는 듯한 통곡. 억제할 수 없는 통곡. 경험의 긴장과 압박에 의해 터져 나왔다. 랍비들의 글을 인용해 보자. "세 종류의 기도가 있는데, 각 기도는 바로 앞의 것보다 더 고상하다 ─ 기도, 통곡, 눈물. 기도는 조용히 하게 된다. 통곡은 격앙된 목소리와 함께 하게 된다. 그러나 눈물은 모든 것을 압도한다." 예수님이 흘리신 눈물은 피눈물로 범벅이 되었다. 그 어두운 시간에 아들은 고통하였고 그 고통으로 순종의 율법을 성취하였다. 마음이 유순한 그는 아버지의 뜻에 겸손히 순종하심으로써 육체로 그 순종을 체험하셨다. 참으로 자식이 하지 않는 쪽이 더 나은 어떤 일에 있어서 자식이 부모의 뜻에 따랐을 때, 참으로 순종하는 방식은 다를 수 있지만, 순종을 항상 가장 잘 배우게 된다. 이제까지 예수님만큼 더 깊이 체험한 사람은 없었다.

D. 제사장은 그의 사역에서 온전하게 된다.

일반 제사장들은 그의 직분의 위엄의 온전함을 가질 뿐인데 예수님만은 그 직분에 실제적인 온전함이 있게 하셨다. "예수님은 온전하게(텔레이오운) 되셨다." 이것은 그의 속성과 관련이 있는 것이 아닌데, 이는 그는 언제나 죄가 없으셨기 때문이다. 이것은 그의 직분, 그의 사역과 관련이 있는 것이다. 그리스인들은 그 말을 기능적인 의미에서 사용하였으며, 우리는 그 말을 실용주의적인 의미에서 말할 수 있을 것이다. 만일 맡은 일이 그 맡은 일에 할당된 임무를 완수하였다면 그 맡은 일은 완료되었다. 예수님은 그의 모든 사역 곧 세례 받으심에서 그의 부활까지 그가 태어나신 목적을 다 이루셨다. 그러므로 그는 하나도 남김없이 구원하실 수 있다. 그의 완전한 사역 때문에 그가 주시는 구원은 일시적인 것이 아니라 영원한 것이다. 예수께서 사람들을 끝까지 지켜 주실 것이라는 확신을 가지고 그에게 그들의 영혼을 맡길 수 있다. 그것은 무차별적으로 허락되는 것이 아니라 그에게 순종하는 자들에게 허락된다. 믿음의 능동적인 면이 이 서신에서 강조되었다. 신뢰하고 순종하라. 이는 신뢰하고 순종하는 것 외에 예수 안에서 행복하게 되는 다른 길은 전혀 없기 때문이다.

E. 제사장은 하나님이 택하신다.

스스로 정확히 제사장의 역할을 행하는 것을 평가할 수 있는 사람은 아무도 없다. 여기서 임명의 대권은 항상 하나님만이 행사하신다. 하나님은 이 사역의 영역에서 간섭을 원치 않으신다. "이 존귀는 아무나 스스로 취하지 못하고 오직 아론과 같이 하나님의 부르심을 입은 자라야 할 것이니라"(히 5:4). 우리는 구약 성경에서 이 점에 대해서 하나님께서 불쾌하게 여기신 현저한 예를 여러 번 본다. 고라와 그의 형제들이 스스로 취하려다가 그 자리에서 형벌을 받았다. 사울이 어리석게도 함부로 그렇게 하다가 왕권을 상실하였다. 참으로 위대한 왕 웃시야가 영혼의 사역에서 주의 권위를 침범하였다가 하나님에게 매를 맞고 문둥병에 걸렸다. 불행하게도 예수님 당시의 대제사장은 정치적으로 임명된 것에 불과하였는데, 그렇게 된 것은 틀림없이 그 당시 유대의 종교가 무력한 이유 때문이었을 것이다. 그러나 "그리스도께서 대제사장 되심도 스스로 영광을 취하심이 아니요 오직 말씀하신 이가 저더러 이르시되 너는 내 아들이니 오늘날 내가 너를 낳았다 하셨고 또한 이와 같이 다른 데 말씀하시되 네가 영원히 멜기세덱의 반차를 좇는 제사장이라 하셨으니"(히 5:5, 6; 참조. 시 110:4). 이처럼 우리 주님은 모든 시험에 응하여 만족시키시고 우리의 완전한 대제사장이 되신다.

오늘날 "사역에 가장 적격인 사람을 얻어야 하며" 그리고 "우리는 선발하는 방법을 더 개발하여야 한다"는 말을 하는데, 그때 우리가 결코 잊어서는 안 될 것은 우리의 방법에도 불구하고 하나님께서 부르시며 그 사역 후보생의 부름에 대한 자각보다 더 중요한 것은 아무것도 없다는 사실이다. 오직 소명에 대한 인식이 있어야만이 목자가 그 양을 위하여 그의 생명을 버리는 참된 사역의 고됨과 비참한 경험을 감당할 수 있을 것이다. 이 점 곧 하나님의 부르심을 받은 점에서 그는 반드시 그의 주인과 절대적으로 동일해야 한다.

히브리서 5:11-6:8

성숙하지 않으면 배교할 수 있다

5:12. "때가 오래므로 너희가 마땅히 선생이 될 터인데 너희가 다시 하나님
의 말씀의 초보가 무엇인지 누구에게 가르침을 받아야 할 것이니."

6:1, 2. "그러므로 우리가 그리스도 도의 초보를 버리고 … 완전한 데 나아
갈지니라."

6:3. "하나님께서 허락하시면 우리가 이것을 하리라."

6:4-6. "한번 비췸을 얻고 하늘의 은사를 맛보고 성령에 참예한 바 되고 하
나님의 선한 말씀과 내세의 능력을 맛보고 타락한 자들은 다시 새롭게
하여 회개케 할 수 없나니 이는 자기가 하나님의 아들을 다시 십자가에
못박아 현저히 욕을 보임이라."

I. 역사적 배경

여기에는 발육 정지의 문제가 있다. 이 교회는 흘러 떠내려 갈 위험이
있어서 저자는 이 교회에게 그리스도를 아는 지식이 자라지 않고 있는 것
이 당면한 문제라는 것을 지적하고 있다. 이 교회는 발육 부진이 두드러졌
다. 이 교회는 긴박한 상태나 어려움을 만나게 되면 무기력해질 수밖에 없
다. 아주 악의를 품고 있는 세상을 마주하고 있는 "어린 교회"이다.

II. 용어 해설

이 부분은 또 하나의 만만찮은 구절이다. 이 서신서에는 이런 구절들이
많다.

5:11. "멜기세덱에 관하여는 할 말이 많으나"는 본질적으로 멜기세덱을
말하는 것이 아니라 멜기세덱의 반차를 좇은 대제사장 그리스도를 말한다.

두세르메뉴토스, 듣는 것이 둔함, 곧 퇴보라는 말이다. 너희가 듣는 것이 둔하게 되었다 혹은 듣는 것이 더디고 둔하다.

5:12. 정말로 아주 초보임을 말한다(갈 4:13).

5:14. "단단한 식물은 장성한 자의 것이니." 실제로 단단한 음식은 성숙한 자들을 위한 것이다.

"선악", 도덕적인 구별이 아니라 선한 가르침과 악한 가르침의 구별이다. 영혼에 유익한 것과 영혼에 해로운 것을 말한다.

6:2. "완전한 데 나아갈지니라." 성숙하게 될지니라. 완전한 지식 또는 진리로 나아갈지니라. 누가 나아가야 하는가? 저자가 그의 가르침에서 그렇게 나아가야 한다고 주장하는 사람들도 더러 있고 그 말씀을 받은 사람들이 그렇게 나아가야 한다고 주장하는 사람들도 더러 있다. 대부분 학자들은 둘다 관계가 있다고 믿는다. 저자는 그리스도의 제사장되심에 대한 높은 가르침을 계속하기를 원하고 그 말씀을 받은 사람들은 그리스도의 사람되심을 깨닫는 데까지 나아가서 그 가르침을 실제로 올바르게 인식하게 되어야 할 것이다.

"터를 다시 닦지 말고." 그 터가 근본적인 것이 아니라거나 중요하지 않은 것이라는 것이 아니라 그 터가 상부 구조를 위하여 세워진 것이다. 그 터는 건물의 약속에 불과하다. 터는 완성된 건물과 별도의 목적이 전혀 없다.

"회개함"(메타노이아스), 마음의 변화와 함께 그와 동일한 생활의 변화.

"죽은 행실." 여기서 암시하는 것은 다수이다. 죽음에 이르게 하는 행실, 신성을 모독하는 행위, 의식적일 뿐 중요한 종교적 경험과는 전혀 관련이 없는 행실. 좋은 진술은 "말의 일상적인 의미에서 죄악적인 행실이 아니라 살아 계신 그리스도를 믿는 믿음에서 나오는 생명의 요소가 없는 행실"이다.

6:2. "영원한 심판"(크리마토스 아이니오우). 시간의 길이뿐만 아니라 이 세상 혹은 일시적인 심판을 초월하는 심판의 본질을 말한다. 사람이 아닌 하나님의 심판이다.

6:3. "하나님께서 허락하시면"(고전 16:7; 행 18:21). 그 논의에 포함된 최후의 문제는 최후의 분석이 하나님께 반드시 달려 있다.

"한번 비췸을 얻고"(아팍스), 단번에. 이 서신서에서 자주 사용되었다 (9:7, 26, 27, 28; 10:2; 12:26, 27). 이것은 아주 강력한 말이다. 최후, 궁극의 개념은 결코 다시 생길 수 없다.

6:5. "맛보고"(규사메누스)는 단지 조금만 맛본다는 것이 아니라 의식적으로 남김없이 마셔 버리는 충분한 경험을 말한다.

6:6. "타락한 자들은"(카이 파라페손타스). "저자는 그가 있음직하다고 생각하는 상태를 서술한다."

6:6. "할 수 없나니"(아두나톤). 불가능한. 이 말은 아주 풀기 어려운 만큼 단순화하지 못하였다.

"현저히 욕보임이라"(파라데이그마티존타스). 신약 성경에서 여기만 나오는데, 공공연히 치욕을 보이고, 지적하고, 예로 들어 보이고, 드러내는 것을 말한다.

III. 교리적 의의

성도의 견인에 대한 전체 가르침이 여기에 포함되어 있다. 하나님의 주권과 사람의 믿음의 생명력이 관련이 있다. 배교한 자는 회개가 불가능하다.

IV. 실천적 목표

놓쳐서는 안 된다. 전체 생각 단위가 그 목적을 나타낸다: 점점 기독교 진리에 대해 아주 무관심하게 되어 가고 배교의 위험이 있는 행동을 하는 신자들에게 경고하기 위함이다. 그리스도인으로서 성공적인 생활을 하려면 장성이 있어야 한다. 그대로 정지하게 되어 있지 않다. 계속 앞으로 나아가거나 아니면 뒤로 물러가게 되어 있다. 배교는 영혼에 아주 치명적이다.

V. 설교 개요

제목: "성숙하지 않으면 배교할 수 있다."

도입부

갓난아기는 아름답다. 그러나 갓난아기가 전혀 자라지 않고 아이로 그대로 있게 되면 부모의 근심거리가 된다. 그리고 불행하게도 그런 경우가 있다. 애처롭지만 지진아는 거의 치료하기 힘들다. 이러한 것은 예방할 수도 없고 그대로 순응할 수밖에 없지만 도대체 자라기를 싫어하는 사람에 대해서는 무어라고 말해야 할까. 물론 그들은 육체적으로는 자라고 있다. 그러나 정신적으로는 아이에 불과하다. 정서적으로 그들은 아이들이다. 그들 역시 그들을 사랑하는 사람들에게 슬픔과 두통거리이다. 재능을 가지고 있으면서 그 재능을 개발하지 않으려고 하는 것은 무엇 때문일까? 참된 가능성을 가지고 있고 그것을 가지고 있다는 것을 알고 있는 사람이 여전히 자라기를 거부하고 있다. 이러한 사람들도 역시 고통과 슬픔을 준다.

그러나 우리는 한 차원 더 높여서 하나님의 놀라운 계시를 받고 영적인 생활을 경험하고서도 그 생활에서 성숙하기를 거부하는 사람들을 생각해 보자. 이것은 정말 슬픈 일이다. 이것은 정말이지 아주 고통스러운 것이다. 무관심할 수 있는 그런 것이 아니다. 교회는 무관심해서 안 되며 하나님은 무관심하지 않으신다. 마음을 아프게 하고 상처를 주는 것이다. 이런 상태에 빠지면 영적 생활을 잃어버리게 된다. 저자는 그의 사랑하는 양떼의 위험을 보고서 그들에게 그들의 상태에 대해서 경고하며 그들에게 각성하여 자랄 것을 요구한다. 더 이상 아이로 있지 말고 젖만 먹지 말고 메시지의 강한 음식을 먹을 수 있도록 자라라는 것이 그의 요구이다.

A. 터에서 더 나아가라.

그는 그들에게 기초 곧 그리스도인의 경험의 초보를 요구한다. 그 터가 중요하지 않은 것이 아니라 그 터는 전체 건물이 아니다. 실제로 건물은 터가 있어서 지지하고 있는 것이다. 모든 부문의 발전이 정상적이어야 한다. 어떤 직업에서든 연구하고 생각하기를 거부하는 사람은 정체되어 궁극적으로 실패하게 되어 있다. 따라서 저자는 이런 기본적인 원칙을 그리스도인의 생활에 적용하고자 하였다. 예수 그리스도의 독특한 대제사장 직분의 큰 진리는 그리스도인이 매일의 생활에서 더 장성하고 주께 더욱 가까이 나아가기 위하여 반드시 깨닫고 받아들여야 하는 것이다. 참으로 그것은 오늘날에도 은혜 안에서 자라고 전진하기를 힘쓰는 대부분 그리스도인들이 취해야 할 것이다. 그것은 모든 영적인 목회자의 애끓는 마음이다.

B. 터의 본질.

그는 여섯 가지 기본적인 가르침을 준다: 회개, 신앙, 세례들, 안수, 부활, 영원한 심판. 처음 둘은 생각과 마음의 행동이며, 두번째 둘은 규례와 관계가 있고, 마지막 둘은 종말과 관련이 있다. 그것들이 사람의 경험 처음에서뿐만 아니라 항상 중요하다는 것을 아무도 부인하지 못할 것이다. 회개와 신앙. 예수님과 세례 요한과 사도들은 죽음에 이르는 그러한 일들로부터 회개할 것을 전하였고 그리스도 예수로 말미암아 하나님께 나아가는 믿음을 권하였다.

세례는 복수로 되어 있다. 세례의 충만한 효과의 어떠함 그대로 우리는 모든 시대에 남겨야 할 것이다. 그러나 이 교회의 유대인 회심자들은 이전 신앙의 여러 가지 정화(淨化)와 기독교 세례의 신성한 의미를 익히 잘 알고 있었다. 교회의 초기 문헌에서는 세례를 받으려는 사람들이 세례의 의미와 본질에 관하여 아주 상세한 가르침을 받았다는 것이 나타난다. 아주 조심스럽고 겸손한 태도로 접근하였다. 오늘날에도 그런 정신이 좀 있어야 할 것이다.

안수하는 문제는 이 시대에는 별로 의미가 없지만 초대 교회에서는 안수가 중요한 의미가 있었다. 유대인 의식에서는 죄책의 전가와 관련이 있었다. 예배자나 제사장은 희생 제물의 머리에 안수하였다. 아버지들이 자녀들에게 축복할 때 안수하였다. 사도행전에서 안수는 성령의 주심을 의미하였다(행 8:17; 19:6). 안수는 또한 특별한 사역을 위하여 따로 세울 때

행하여졌다. 초대 교회에서는 안수가 세례 의식과 관련하여 사용되었다. 죽은 자의 부활은 기독교 진리의 성전의 모퉁잇돌이었으며 또한 현재에도 모퉁잇돌이다. 심판, 이것은 오늘날 우리보다도 훨씬 더 생생한 방법으로 모든 유대인들과 모든 그리스도인들의 마음에 살아 있었다. 시대의 마지막이 가까웠다고 생생하게 생각한 사람들은 매일 주님의 날과 그의 심판 아래에서 살았다. "한 번 죽는 것은 사람에게 정하신 것이요 그 후에는 심판이 있으리니"라는 것은 저자 자신의 말이다.

이 중요한 진리들을 배열함으로써 저자는 그들이 그것들을 넘어서 완전하신 대제사장의 장엄한 사역의 진리에까지 나아가야 할 것을 말하고 있다. 언급된 가르침들이 설교자들을 포함한 많은 그리스도인들이 의거하여 살아가고 있다고 자랑하는 바로 그런 것에 관한 것이라는 것을 주목할 때 흥미롭다. 그들이 원하는 것은 모두 "단순한 복음"이다. 그들이 증거하는 것은 많은 사람들에게 아주 피상적인 경험이다. 기독교 진리와 체험에 장성이 없다는 것은 그때나 지금이나 똑같이 위험한 것이다. 세상은 그 결과를 금방 알게 된다. 물론 세상이 보는 것을 분석하기는 어려울 것이다.

C. 번개.

이 구절 전체에서 그의 이야기가 절정에 달하고 있다는 것을 느끼게 된다. 정말 절정이다. 성숙하지 못하면 배교의 무서운 상태에 떨어질 수 있고 또 떨어지게 된다. 이렇게 굉장히 충격적인 경고를 받고 있는 사람들의 상태는 어떠한가? 그들은 "비췸"을 받았다. 그들은 어둠에서 빛으로 나아왔었다. 예수 그리스도의 얼굴에 있는 하나님의 지식의 빛. 그것은 하나님의 지식의 빛일 뿐만 아니라 성육신한 그리스도로 말미암은 사람의 본질적인 영광의 빛이다. 인도의 빛이요 행동의 빛이요 바로 생명의 빛이다. "그 안에 생명이 있었으니 이 생명은 사람들의 빛이라"(요 1:4; 참조. 1:9; 9:5; 등등).

어떤 사람들은 이 빛을 세례와 관련된 것으로 생각하였는데, 이는 교회의 초기 생활에서 세례가 "교화(enlightenment)"로 불렸기 때문이었다.

이 구절에서 어떤 사람들은 세례받은 뒤에 범한 죄들은 용서받을 수 없었다고 추론하였다. 그래서 콘스탄티누스 대제가 했던 것처럼 임종시까지 세례를 미루는 관행이 많이 있었다. 그러나 이것은 분명히 여기서 말하는 의미는 아니다.

그들은 하늘의 은사를 "맛보았던" 사람들이었다. 하나님의 은사는 죄의 용서와 그에 따른 평강과 영생이다. 맛본다는 말을 오늘날 우리가 조금 시식해 보는 그런 의미로 생각해서는 안 된다. 이 말은 경험하는 것을 의미한다. 똑같은 말이 2장에서 그리스도의 죽음에 사용되었다. 극히 중대한 경험을 그렸다. 그들은 "성령에 참여한 바" 되었다. 성령과 별도의 그리스도의 경험이나 그의 구원이란 결코 있을 수 없다. 새로운 성향과 새로운 방향과 새로운 동기를 가진 삶의 새로운 질은 성령의 직접적인 역사이다. 그들은 "하나님의 선한 말씀과 내세의 능력을 맛보았다." 이 말들은 힘찬 말이며 그리스도와 함께 경험한 자들의 아주 명확한 속성이다. 하나님의 말씀은 그들이 진리에 낯선 자들이 아니었다는 것을 알려 준다. 앞으로 올 시대는 이 현시대의 두려움 속에서 그들이 큰날 혹은 주의 시대에 속하는 평화와 안정과 능력과 생명을 알고 경험한다는 것을 나타낸다.

우리는 이 말씀을 어떻게 생각해야 하는가? 저자는 만일 그들이 배교하면 그들은 다시 돌이켜서 회개할 수 없다고 말한다. 이 구절에 관하여 논의와 논쟁이 많았다. 언급된 것들의 조건을 축소하려고 해보았지만 조금도 성공을 거두지 못하였다. 어떤 사람들은 성도의 견인의 가르침이 끝난 것으로 보았다. 어떻게 해석해야 할까? 누구든 미끄러져 넘어지지 않도록 하기 위하여 인간의 책임에 대한 가르침을 강조한 것으로 보아야 하지 않을까? 논리적인 논술보다는 심리적인 접근이 아닌가? 성경에는 주권적인 하나님의 직접적인 감동에 대한 것뿐만 아니라 사람의 책임에 대한 것도 많이 있지 않은가? 분명히 저자는 신학적인 논의를 생각하고 있는 것이 아니라 오늘날 선한 목회자이면 누구든 자기 교인들에게 나태함과 무관심에 대해서 경고하듯이 실제적인 구원에 대하여 우리가 유일하게 가지고 있는 증거는 살아 있는 믿음이다 하는 것을 환기시키려는 것이었다.

전체 단락은 위선적인 상황과 관계가 있다. 그는 그들이 배교하였다는 것을 말하는 것이 아니라 그리스도에게서 의도적으로 돌이키려고 하는 것에는 더 이상 회개할 여지가 전혀 남아 있지 않다는 것을 보여 준다. 왜냐하면 그들이 하나님의 마지막으로 하신 말씀을 어겼기 때문이다. 하나님께서는 그들을 위해 더 이상 하실 말씀이 아무것도 없다. 또 그들은 그리스도를 공공연히 욕보이는데 이는 그들이 그들을 십자가에 못박았던 자들과 연합함으로써 그리스도에 대한 원수들의 평가를 받아들이기 때문이다. 이 말들은 핍박의 날에 진정한 의미가 있다. 그러한 시간에 많은 사람에 대한 시험 기준은 "네가 주를 부인하였느냐?" 하는 것이었다. 이것은 분명히 보통 범하는 죄나 다시 잘못에 빠져드는 것을 말하는 것이 아니다. 이것은 전적인, 고의적인, 결정적인 배교 즉 그리스도를 부인하고 그와 그의 교회와 그가 표상하는 모든 것을 버리는 것을 가리킬 뿐이다. 그 다음의 실례는 그리스도 예수 안에 있는 하나님의 은혜를 받고 그 은혜를 좇아야 할 사람의 책임을 이야기하고 있다. 만일 사람이 하나님이 하신 일을 거부하면 더 이상 하실 것이 아무것도 없다.

하늘로부터 번쩍이는 이 무서운 경고를 한 다음 저자는 장엄하고 영광스러운 동시에 위로와 격려가 되는 말을 한다. 이 장의 참된 목적은 낙심시키려는 것이 아니라 격려하기 위함이다. 따라서 첫단락과 마지막 단락을 분리해서 생각해서는 안 될 것이다.

히브리서 6:9-20

영혼의 닻

6:9. "사랑하는 자들아 우리가 이같이 말하나 너희에게는 이보다 나은 것과 구원에 가까운 것을 확신하노라."

6:13. "하나님이 아브라함에게 약속하실 때에 가리켜 맹세할 자가 자기보다 더 큰 이가 없으므로 자기를 가리켜 맹세하여."

6:17. "하나님은 약속을 기업으로 받는 자들에게 그 뜻이 변치 아니함을 충분히 나타내시려고 그 일에 맹세로 보증하셨나니."

6:19. "우리가 이 소망이 있는 것은 영혼의 닻 같아서 튼튼하고 견고하여 휘장 안에 들어가나니 그리로 앞서 가신 예수께서 멜기세덱의 반차를 좇아 영원히 대제사장이 되어 우리를 위하여 들어가셨느니라."

Ⅰ. 역사적 배경

멀리 믿음의 조상 아브라함의 생활로까지 소급하여 말하고 있다. 그의 믿음의 절정의 여행 곧 모리아산으로 가는 여행. 이삭, 그의 "아들, 그의 독자"를 제물로 드림과 하나님께서 건져 주심과 하나님의 약속(창 22:1-18). 또 왕들과 아브라함과 멜기세덱의 사건(창14:1-24). 이 모든 것이 편지를 받은 교회의 상황에 적합하였다.

Ⅱ. 용어 해설

6:9. "사랑하는 자들"(아카페토이), 이 서신서에서 딱 한 번 사용되었다. 아주 의미심장하다. 그와 같은 무서운 경고 뒤에 그는 그 충격을 완화시키고 그가 사랑에서 그렇게 말하고 있다는 것을 그들에게 알게 해야 한다.

"확신하노라." 의심없는 절대적인 확신을 말한다. 이것은 위안을 주는 것이다.

"구원에 가까운 것." 속에서 역사하는 성령의 역사를 나타내는 행동들. 그들에게 배교자의 위선적인 경우를 제시함으로써 그는 그들의 나태함에도 불구하고 그들이 그런 상황까지 간 것이 아님을 자기가 확신한다는 것을 그들에게 서둘러 확신시키려고 한다.

6:10. "그의 이름을 위하여 나타낸." 주를 사랑하고 주와 그의 이름을 위해 수고하는 참된 증거를 보여 주었다. 이런 일에 있어서 다시 십자가에 못박는 일은 결코 없다.

6:12. "믿음과 오래 참음." 실제로 오래 참는 것이다. 믿음은 오래 참음 즉 견인을 통해서만이 그 목표에 이르게 된다.

6:13. 아브라함이 믿음의 최고의 모범으로 표시되었는데, 이는 그가 금방 약속을 받은 것이 아니라 많은 세월 동안 시련을 거친 후에 비로소 약속을 받았기 때문이다. (창세기 12:7; 17:5, 6; 18:18; 22:16-18을 공부해 보라.) 또 바울이 로마서 4장에서 아브라함을 들어서 한 이야기를 주목해 보라. 이 교회는 고난에 직면하여 그와 같은 모범이 필요하였다.

6:16. "맹세는 저희 모든 다투는 일에 최후 확정이니라"("최후", 페라스, 외적인 끝, 사람이 더 이상 갈 수 없는 지점).

6:18. "큰 안위"(이스쿠포스). 장애물에 대항하는 힘으로써 표시된 내재하는 힘 또는 능력을 말한다. 전투 태세를 한 군대, 아니 더 정확히는 전투하고 있는 군대.

"피하여 가는"(카타푸곤테스), 단순히 도망하는 것이 아니라 일정한 사람이나 장소로 피하여 가는 것이다.

6:19. "튼튼하고 견고하여." 그 요새를 파하는 것이 불가능하다.

"휘장 안에." 이것은 하늘의 보이지 않는 실재이다. 영혼이 닻으로 고정되어 있는 배로 간주되었고, 영혼이 믿음으로 하늘의 휘장 안에 있는 지성소에 시선을 두고 있는 예배자로 간주되었다.

6:20. "그리로 앞서 가신 … 우리를 위하여 들어가셨느니라." 이 구절은 참으로 독특하다. "그리로"는 "어디에"로 해석할 수 있다. 체류하거나 남아

있음을 빼어난 관점으로 인식한 것이다. "앞서 가신"(프로드로모스). 신약
성경의 여기서만 급히 앞서 가는, 사전에 막는, 정찰하는 사람들에 대하여
사용되었다. 그리스도는 (우리를 위하여) 하늘로 들어가신 우리의 앞서 가
신 분이시다. 어떤 대제사장에게도 앞서 가셨다고는 하지 않았다. 사람들
은 그들을 따를 수 없다. 우리는 우리의 대제사장을 좇아서 하나님의 존전
으로 들어간다. 우리는 우리 주 예수 그리스도 안에서 휘장을 통하여 들어
간다.

III. 교리적 의의

하나님의 약속은 유효하다. 믿음은 약속을 소유하는 동인이다. 소망은
그것이 하나님의 말씀과 그 아들의 사역 특히 그의 대제사장직에 뿌리를
두고 있다는 것이다. 이것은 물론 이 구절의 큰 가르침이다. 지금 하늘에서
이루어지는 그리스도의 사역. 그리스도의 나라를 세우는 그리스도의 승천
과 재림 사이의 사역. 이것은 신자가 하나님 앞에 나아가는 것을 의미한다.
하나님은 더 이상 멀리 계시지 않으시기 때문에, 일년에 단 한 번 대제사
장만이 가까이 나아가는 것이 아니라 그의 자녀들이 멜기세덱의 반차를
좇아 영원히 대제사장이 되신 아들의 인격 안에서 수시로 나아갈 수 있다.
그리스도인의 소망은 하나님의 영원한 속성에 철저히 근거를 두고 있다.

IV. 실천적 목표

이 저자는 "예수께서 결코 실패하지 않으신다"는 것을 강조하여 말하고
있었다. 우리의 연약함과 실패와 의심과 두려움 배후에 저자는 하나님의
온전하신 속성을 배치시킨다. 우리의 미래와 우리의 모든 것과 만사가 전
적으로 하나님께 달려 있다. 바울은 그것을 이런 말로 표현하고 있다. "만
일 하나님이 우리를 위하시면 누가 우리를 대적하리요." 성경 전체에서 맹
세의 말씀과 영혼의 닻에 관한 이런 말씀보다 더 엄청난 격려의 진술이
있을지 모르겠다.

V. 설교 개요

제목: "소망 — 영혼의 닻."

도입부

믿음과 소망과 사랑은 생명줄을 만들어 낸다. 생명은 그것들이 없이는 정말 있을 수 없다. 믿음과 소망은 쌍둥이 자매이고 사랑은 그들의 어머니이다. 그 쌍둥이는 떼어놓을 수 없다. 만일 하나가 죽으면 다른 하나도 죽게 된다. 저자는 그의 백성들의 믿음에 관하여 깊은 관심이 있었다. 이 책은 믿음의 책이다. 그러나 믿음은 소망이 없이는 존재하지 않는다. 우리 믿음의 본질은 우리 소망의 본질에 의해 뚜렷하게 인식될 수 있다. 미래를 향하지 않는 믿음은 무슨 소용이 있는가. 믿음은 하나님의 약속을 믿는 것이다. 소망은 그 약속이 실현되기를 바라는 것이다. 이 부분은 명확히 하나님의 약속과 믿음에 의한 약속의 전유와 소망을 통하여 그 영혼을 안정시킴과 관련이 있다.

A. 소망의 완전한 확신.

완전한 확신은 그들에게 없는 것 같다. 그것은 그들에게 필요한 것이었고 저자가 그들이 소유하기를 바랐던 것이었다. 이 확신을 확장하기 위하여 그는 무엇보다도 그들에게 구원에 수반하는 것들을 나타내라고 권한다. 그들이 하나님의 계시된 진리를 공부하는 것을 게을리하였지만, 그러나 성도를 위한 그들의 사랑의 수고는 미쁘시고 그의 자녀들에게 적절히 상급을 주시는 하나님께서 아신 바가 되었다. 행위에 의한 구원이 아니라, 구원의 계시가 역사하는 것이다. 핍박의 날에 멸시받은 그리스도인이라고 증거하는 것이 적지 않았다. 그는 그들에게 그들이 배교의 범주에 들어 있지 않았으며 그가 경고로서 쓴 것은 그들 자신들의 구원얻는 상태를 실제로 믿고 있는 그들의 믿음을 혼란스럽게 하기 위함이 아니었다는 것을 일깨워 주고 있다. 그러나 더러 게으른 사람들이 있었기 때문에 그는 그들 "각사람"으로 하여금 끝까지 소망의 완전한 확신을 가지고 살도록 하고 싶었을 것이다. 확실히 이 저자는 목자의 마음과 인간의 마음의 작용에 대한 아주 심원한 지식이 있었다.

B. 변치 아니하는 두 가지 것.

이제 우리는 실제로 견고한 터 곧 영혼의 반석 위에 있는 자신을 발견한다. 나태함은 지나칠 수도 있을 뿐더러 그리하여 역동적이고 활기 찬 믿음에 의한 하나님의 약속을 기업으로 받는 것을 실패할 수도 있다. 맹렬하고 긴 고난을 견딜 수 있는 믿음. 그 믿음은 얼마나 강해야 하는 것인가? 적어도 아브라함의 믿음 정도는 되어야 한다. 유대인이라면 누구든지 그와 같은 호소를 충분히 이해할 수 있었을 것이다. 아브라함 — 믿음의 조상! 오늘날 우리라면 "믿음 씨, 그 사람"이라고 말할 것이다. 하나님은 아브라함을 갈대아 우르에서 불러내셔서 그에게 개인적인 복과 민족적인 복과 세계적인 복을 약속하셨다. 세 가지 복 모두 태어날 아들이 감싸고 있었다. 시련과 실망 가운데서도 아브라함은 아들을 가진다는 것이 그에게 불가능하게 보였던 25년 뒤까지 소망할 수 없는 것을 소망하였고, 그리하여 사라가 이삭을 낳았다. 그 다음에 그 소년이 열일곱 살가량 되었을 때 하나님께서 아브라함에게 그 소년을 번제물로 바치라고 요구하셨다.

이것은 믿음 중의 믿음이었으며 오늘날까지 최고라 할 수 있는 믿음의 상징이다. 하나님은 이삭의 죽음을 바라신 것이 아니라 아브라함의 모든 것을 원하셨다. 아브라함은 그 아들을 위하여 자기 생명을 줄 수 있었을 것이지만 하나님께서 그 아들을 요구하셨을 때 하나님께서 아브라함의 죽음을 요구하심으로써 아브라함을 감동케 하셨을 것보다도 더 깊이 감동케 하셨다. 그 시간에 하나님은 아브라함과 하신 언약을 맹세로써 보증하셨다. "자기를 가리켜 맹세하여 가라사대 내가 반드시 너를 복 주고 복 주며 너를 번성케 하고 번성케 하리라." 여기서 저자는 그의 중추적인 어휘에 다른 말을 덧붙이고 있다. 믿음, 소망, 약속이란 말에 맹세란 말을 연결하고 있다. 저자는 하나님께서 진노하셔서 맹세하여 이스라엘 자손들이 하나님의 안식에 들어가지 못하리라고 말씀하셨다는 것을 이미 진술하였고 그 다음 장에서 그는 맹세로써 영원히 대제사장이신 그리스도를 임명하시는 하나님에 관하여 설명하지 않으면 안 되었다.

맹세는 유대인에게 아주 엄숙하고 구속력 있는 경험이었다. 맹세는 유대인의 삶의 모든 경험을 관통한다. 맹세는 호소의 최고의 법정이었다. 맹세는 모든 논쟁을 종결시켰다. 사람들이 맹세하는 사람들을 이해할 수 있지만 그렇게 하시는 하나님의 생각은 깜짝 놀라게 하는 것이고 경외심을 일으키게 하는 것이다. 하나님의 말씀은 진리이므로 최종적인 것이다. 사람들은 하나님을 믿어야 하지 않을까? 정말 그래야 하지만 하나님은 (우리의 체질을 아시므로) 아주 사랑하시고 자신을 낮추시사 우리의 연약에 대한 용인으로서 맹세하여 우리로 하여금 그를 믿도록 하신다. 그것이 다른 무엇보다도 하나님께서 원하시는 것이다. 하나님은 우리가 하나님의 말씀 곧 그를 믿는 믿음이 있기를 원하신다. 단지 우리가 하나님께서 말씀하시는 것을 믿으려고 만하여도 하나님은 모든 영적인 복으로 우리에게 복 주시려고 하실 것이다. 오늘 우리가 그 교훈을 깨달을 수 있기를 빈다.

이 구절보다 믿음에 더 도움이 되는 어떤 것을 생각해 내기 어렵다. 하나님의 말씀은 불변하며, 그의 맹세도 불변하며, 그분의 속성도 늘 불변하였다. 이 모든 것은 하나님의 약속 이면에 있다. 이것은 기독교 신앙의 뿌리이다. 자신을 믿는 믿음이 아니라 하나님, 오직 하나님을 믿는 믿음이다. 우리에게 있는 모든 것, 현재 우리의 모든 것, 앞으로 우리의 모든 것은 절대적으로 하나님의 말씀과 속성에 영향을 미치며 그리고 우리는 우리의 모든 자아와 몸과 생각과 정신을 온전히 헌신하여 하나님을 믿고 신뢰할 수 있고 해야 한다. 하나님은 미쁘시며 우리가 신뢰할 수 있다. 하나님께서 거의 이렇게 행동하시는 것처럼 보인다. 거짓말하실 수 없는 하나님께서 맹세하신다. 그것은 공평하지 못한 것 같지 않은가! 그것은 터무니 없다! 그렇다. 하나님의 사랑은 그러하였고 그러하다. 이해를 뛰어넘는다. 분명히 그분의 길은 우리의 길과 다르며, 그분의 생각은 우리의 생각과 다르다.

만일 저자가 사람의 견인에 관하여 의심하는 것 같았다면 이 진술은 그 의심을 쫓아 버린다. 그러나 저자는 우리에게 우리가 가지고 있는 우리의 신적인 생활의 유일한 증거는, 그것이 아무리 희미할지라도, 살아 있고 절대 필요하고 역사하는 믿음이라고 하는 중요한 진리를 일깨워 준다. 그러나 필요없다. 그것은 이 장엄하고 능력 있는 계시에 비추어 볼 때 그렇게 되어야 할 필요없다.

C. 영혼의 닻.

"앞에 있는 소망을 얻으려고 피하여 가는 우리로 큰 안위를 받게 하려 하심이라." 이 소망은 닻에 비유되었다. 이것은 어느 시대를 막론하고 누구든 다 알 수 있는 비유이다. 소망은 닻이다. 사람이 떠내려 가지 않도록 지켜 준다. 소망은 속사람에게 안정을 준다. 바울은 소망을 머리를 보호해 주는 투구에 비유하였다. 생각은 동일하다. 인내, 견인, 진지한 확신, 확고함. 소망이 있을 때 사람들은 절망도 포기하지도 않는다. 그리스도인은 "예수 그리스도의 죽은 자 가운데서 부활하심으로 말미암아 거듭나게 하사 산 소망이 있게 하신" 자들이다. 자신과 경험과 환경과 국가 권력과 교회 제도나 계급의 권위가 아니라 하나님이 임재하시는 지성소로 들어가신 하나님의 큰 대제사장 그리스도 예수로 말미암아 살아 계신 하나님의 약속에 소망이 있다. 닻의 기능적 가치는 그 닻이 붙들고 있는 것에 달려 있다.

어느 곳이나 닻을 내리기에 좋은 곳은 아니다. 시간의 해안을 따라 난파선이 많다는 것은 그 비극적인 사실을 웅변적으로 말해 준다. 우리의 닻은 바로 하나님의 마음에 고정되어 있다. 그것은 휘장 안에 있다. 그리스도께서 운명하시는 순간 위에서 아래로 둘로 찢어진 성전의 휘장은 이제 사람들이 하나님의 아들로 말미암아 하나님의 존전에 들어갈 수 있게 되었다는 것을 의미한다. 이렇게 가까이 나아갈 수 있는 것은 그리스도로 말미암아 그의 약속을 성취하신 하나님께 근거를 두고 있다. 그것은 견고하고 안전한데 이는 그것이 영원하신 하나님의 속성과 인격에 고정되어 있기 때문이다. 하나님이 계시는 동안에는 우리의 닻은 아주 오래도록 유지될 것이다. "우리에게 영혼을 지켜 주는 닻이 있어서 큰 물결이 일어나도 튼튼하고 견고하며, 움직이지 않는 반석에 붙들어 매여 있고, 구세주의 사랑에 확고하게 깊이 기초를 두었다."

히브리서 7:1-28

멜기세덱의 반차를 좇은 제사장

7:1, 2. "이 멜기세덱은 살렘 왕이요 지극히 높으신 하나님의 제사장이라 … 그 이름을 번역한 즉 첫째 의의 왕이요 또 살렘 왕이니 곧 평강의 왕이요."

7:3. "항상 제사장으로 있느니라."

7:11. "레위 계통의 제사 직분으로 말미암아 온전함을 얻을 수 있었으면 … 어찌하여 아론의 반차를 좇지 않고 멜기세덱의 반차를 좇는 별다른 한 제사장을 세울 필요가 있느뇨."

7:16. "그는 육체에 상관된 계명의 법을 좇지 아니하고 오직 무궁한 생명의 능력을 좇아 된 것이니."

7:24, 25. "예수는 영원히 계시므로 그 제사 직분도 갈리지 아니하나니 그러므로 자기를 힘입어 하나님께 나아가는 자들을 온전히 구원하실 수 있으니 이는 그가 항상 살아서 저희를 위하여 간구하심이니라."

7:26, 27. "이러한 대제사장은 우리에게 합당하니 … 하늘보다 높이 되신 자라 저가 저 대제사장들이 먼저 자기 죄를 위하고 다음에 백성의 죄를 위하여 날마다 제사 드리는 것과 같이 할 필요가 없으니 이는 저가 단번에 자기를 드려 이루셨음이니라."

I. 역사적 배경

6장과 동일하다. 고대 멜기세덱의 특징과 깊은 관계가 있다. 창세기 14:18-20.

II. 용어 해설

저자는 6장에서 경고한 뒤에 그리스도의 제사장직의 주제를 다시 시작한다. 그것은 또 하나의 아주 치밀하고 다소 복잡한 주장이다. 그의 생각의 핵심은 그가 종교를 하나님께 나아가는 것으로 생각하며 이 일은 제사장을 통해서만 보장될 뿐이라는 것이다. 모든 제사장들은 실패하였는데, 왜냐하면 그리스도의 제사장직에 있는 것 곧 영구함이 없었기 때문이었다. 중요한 단어는 영원히이다. 아론의 제사장직은 가계에 예속된 것으로 계승되었다. 그리스도의 제사장직은 그리스도의 영원하신 인격 때문에 영원하며 개인적이고 가계의 어떤 명령보다도 우위에 있다. 그리스도는 멜기세덱의 반차를 좇고 있는데, 멜기세덱은 족보도 없고 시작이나 끝도 없고 아버지나 어머니도 없고 끝없고 시간을 초월하고 영원히 제사장이고 그리하여 아론의 제사장직보다 뛰어난 자를 표상하였다.

7:1. "멜기세덱"은 문자적으로 "나의 왕은 의롭다."

"살렘"은 "평화"를 의미한다. 그것은 예루살렘의 터를 상징하였다.

7:3. "아비도 없고 어미도 없고 족보도 없고." 신약 성경에서 여기에서만 나온 낱말들이다. 그 말은 가문의 족보가 전혀 없다는 것을 시사한다. 구약 성경을 대충 읽어 보아도 그 문화에서 족보가 가장 중요하다는 것이 나타난다. 특별히 제사장과 관련해서는 족보가 더욱더 중요한 것이 사실이다. 구약 성경에는 족보가 많이 나온다. 그들은 족보 속에 살았다.

"시작한 날도 없고 생명의 끝도 없어." 어느 쪽에 대해서도 전혀 기록이 없다. 이 구절은 그가 실제로 아버지나 어머니가 전혀 없었다는 것을 말하는 것은 아니다. 이것은 표상이다.

"항상 제사장으로 있느니라." 이것은 그의 주장의 요점이다. 멜기세덱이 표상적으로 시작이나 끝이 전혀 없듯이 그의 제사장 직분도 영원하였다. 이 점에서 그는 하나님의 아들의 표상이었다.

7:6. "아브라함에게서 십분의 일을 취하고." 멜기세덱의 우월함에 주의하라. 이스라엘의 설립자인 족장 아브라함이 지극히 높으신 하나님의 제사장인 이 사람에게 십일조를 바친다.

7:11. "온전함"(텔레이오시스). 아론의 제사장 직분은 완전히 해낼 수 없었기 때문에 그것은 온전하지 못하였다. 그것은 하나님과 완전한 사귐의

실현을 말한다.

"별다른 한 제사장"은 실제로 다른 종류의 제사장이다.

7:12. 변역(change)를 강조하고 있는 것에 주의하라. 이것은 유대인들에게 거의 혁명적인 생각이다. 이것은 급진적인 생각이다. 그것은 옛날부터 내려오는 유대인들의 종교 제도 중에서도 핵심이 되는 제도를 없애는 (전복하는) 것이다.

7:16. "육체에 상관된 계명의 법." 이 히브리서에만 나오는 말이다. 육체는 육신을 말한다. 이 제사장 직분은 완전한 육체의 혈통을 따라 이루어졌다. 그러므로 그 직분은 죽음에 종속되어 있어서 일시적이었다.

"무궁한 생명의 능력을 좇아." 큰 대조이다. 그리스도는 그의 고유한 생명의 능력 때문에 대제사장이다. 파기할 수 없고 영원하다.

7:19. "더 좋은 소망이 생기니." 사람과 하나님 사이에 참된 사귐을 성립시키는 데 복음의 소망이 율법의 계명보다 더 효과가 있다. 오직 그리스도를 믿는 믿음으로 사람은 "하나님께 가까이 나아갈" 수 있다.

7:21. "맹세 없이." 하나님의 맹세를 강조하고 있는 것에 주의하라. 그것은 이 서신서의 독특한 개념의 하나이다.

7:25. "온전히." 아론의 제사장 직분이 할 수 없었던 것을 그리스도께서 하신다. 그리스도는 완전하고 완벽하고 그 완전에 있어서 최종적이고 궁극적인 구원으로 이끈다.

"저희를 위하여 간구하심이라." 기도만을 이야기하는 것이 아니고 하늘에서 신자들을 위하여 그리스도께서 하시는 전체 사역을 말한다. 성육신으로 하나님의 거룩한 목적을 완성하심. 이것은 심오하고 영광스러운 생각으로 위엄과 영광이 가득하다.

III. 교리적 의의

이 구절은 그리스도의 대제사장 직분에 대한 가르침과 구약 성경보다 신약 성경의 우월함에 대한 빛을 던져 준다.

Ⅳ. 실천적 목표

여기서 저자는 율법주의와 물질적 의식들과 제도의 불충분성으로부터 우리 주의 죽으심과 승천에 철저히 근거를 둔 참된 영적인 믿음의 실재로 훌쩍 넘어간다. 우리 주는 하나님의 우편에 계시기 때문에 우리를 온전히 구원하실 수 있으며 언제든지 우리를 도우실 수 있다. 우리는 영원하신 아들의 중보를 통하여 영원하신 하나님께 영원히 나아간다. 이로 인하여 우리는 모든 두려움과 의심을 버리고 주님의 안정과 평화 가운데 살 수 있다.

Ⅴ. 설교 개요

제목: "우리의 완전하신 대제사장."

도입부

마침내 저자는 멜기세덱의 문제를 붙잡고 씨름한다. 4장으로 돌아가서 그는 시편 110편에서 인용한 "네가 영원히 멜기세덱의 반차를 좇는 제사장이라"는 말을 삽입하여 넣었다. 왜? 그는 이 유대인 그리스도인들에게 그리스도께서 선두에 서 있는 그리스도의 사역과 구원의 제도가 아론과 레위인들의 그것보다 더 크고 높은 반차임을 보여 줌으로써 그리스도와 그의 사역을 영화롭게 하려고 하였기 때문이다. 이렇게 하기 위하여 그는 멜기세덱의 비유를 사용하고 있다. 그가 추론하고 있는 것을 따라가 보도록 하자.

A. 아브라함보다 더 크신 이.

첫째로 그는 멜기세덱이라는 기록된 인물을 통하여 뛰어남을 보여 준다. 그의 이름 자체가 주의 인격을 말해 준다. 그는 "의의 왕"이다. 이것은 그의 이름이 나타내는 바 본질적인 의를 말한다. 이것은 레위 계통의 제사장들에게 속하는 것으로 도무지 생각할 수 없는 것이다. 그것은 의이신 그분, 그 속에 죄가 전혀 없는 그분 곧 그리스도에게만 속할 수 있을 뿐이다. 그는 살렘 곧 평강이시다. 이분 역시 레위인들보다 훨씬 뛰어나다. 평강은 의의 열매이며 본질적인 의를 소유하고 있는 그분만이 죄인의 마음에 평강이 있게 할 수 있다. 그리고 이 평강은 그리스도 안에서 충만해질 수 있을 뿐이다. 알레고리의 일반적인 방법을 사용하고 있는 저자는 멜기세덱의 사역에 대한 성경의 기록을 통하여 "영원히 제사장"(즉 영원한 제사장)이라는 한 그림을 그린다. 그는 아버지와 어머니가 없고 족보가 없고 시작한 날도 없고 생명의 끝도 없다. 저자에게는 이것이 영원하고 끝없는 제사장 직분의 반차를 말하는 것이다. 이 직분은 족보에 달려 있었고 그 속에 죽음으로 말미암은 소멸되는 연약성이 있는 레위 계통의 직분보다 훨씬 뛰어난 것이다.

그 다음에 우리는 조상 아브라함보다도 멜기세덱이 더 뛰어나다는 것을 알게 된다. 유대인들은 항상 이스라엘 종족의 창시자에 호소하였다. 과연 유대인들이 그렇게 하는지 조사해 보지는 않았지만 이스라엘 역사에서 그의 뛰어난 위치를 의심하는 사람은 아무도 없다. 이 문제와 함께 저자는 이스라엘 나라의 기본 율법의 하나 곧 십일조를 언급하고 있다. 하나님의 십일조는 그 백성의 마음에 깊이 새겨져 있었다. 저자는 아브라함이 멜기세덱에게 십일조를 바치고 그 제사장의 축복을 받았다는 것을 생각하고 주장한다. 이 제사장의 신분이 지극히 높으신 하나님을 대표할 정도로 뛰어난 것이 아닌가. 항상 낮은 자가 높은 자에게 십일조를 바친다는 것을 우리가 기억할 때 이것은 아주 권위 있다. 아브라함뿐만 아니라 레위인들도 아브라함 안에서 십일조를 바친다. 이것이 오늘날 우리에게는 별 느낌을 주지 못할지 모르지만 그 당시 정신적 맥락에서는 아주 엄청난 주장이다.

B. 아론과 레위의 반차보다 더 뛰어나다.

아브라함에 관한 주장으로부터 그는 아론의 반차보다도 멜기세덱의 반차가 더 뛰어나다는 것으로 이야기를 논리적으로 진전시킨다. 11절은 생각의 두 단락을 연결해 준다. 레위의 반차는 교체되었기 때문에 그것은 하나님의 사역을 완성하지 못하였던 것이 틀림없이 분명하다. 그러므로 하나님께서 멜기세덱의 반차를 좇아 그리스도를 제사장으로 임명하셨을 때 그는 아론의 제사장직을 폐기하셨다. 마찬가지로 하나님은 제사장 사역을 뒷받침하는 기본적인 율법을 바꾸셨다. 이것을 입증하기 위하여 저자는 그의 독자들로 하여금 새로운 제사장은 레위 지파가 아님을 주목하게 한다. 즉 그는 족보에 의한 제사장이 아니다. 이것은 이 장의 중추적인 생각의 하나이다. 족보는 전체 나라와 그 나라의 종교적 경제적 사회적 제도의 기초였다. 신분과 땅과 제사장의 지위는 그 족보에 고정되었다. 이스라엘에서 아론의 자손이라는 것을 증명하지 못하면 아무도 제사장이 될 수 없었다. 에스라가 그 땅으로 돌아온 뒤에 어떤 제사장 가문이 그들의 족보를 증명할 수 없어서 섬기는 일을 금지당하였던 것을 보게 된다(스 2:61: 느 7:63-65). 여기서 우리는 유다 지파 출신의 한 사람이 임명된 것을 본다. 그는 족보 때문이 아니라 개인적인 자격 때문에 임명되었다. 그 자격은 그의 속성 속에 본래부터 있는 것이다. 이스라엘의 상황에 엄청난 혁명이다. 우리가 이해하기 어렵다. 육체적이고 인간적이고 법적인 명령에 의한 것이 아니라 무궁한 생명의 능력을 좇아 임명되었다. 왜냐하면 그는 영원하신 하나님의 영원한 아들이기 때문이다.

우리의 대제사장은 참으로 크시다! 사람과 공간과 시간을 훨씬 초월하여, 어제나 오늘이나 영원토록 동일하시다. 그렇다. 하나님은 그가 멜기세덱의 반차를 좇아 영원히 제사장이라는 것을 말씀하신다. 다시 그는 옛것은 "아무 것도 온전케 못하였다" 곧 구속의 일과 죄인을 자유롭게 하는 일을 온전히 성취하지 못하여 이에 더 뛰어난, 더 좋은 소망이 생기니 이것으로 우리가 하나님께 가까이 가느니라고 주장한다. 셋째로 그는 맹세에 대한 그의 큰 주장으로 되돌아간다. 하나님은 맹세로써 그를 취임시킨 반면에 아론 계통의 제사장은 율법의 단순한 계명만 가졌을 뿐이다. 그러므로 예수님의 사역은 율법의 그것보다 더 좋은 언약을 보증한다. 이러한 주장을 절정으로 이끌면서 그는 죽음으로써 사역을 멈추게 된 아론 계통의 제사장들과는 달리 멜기세덱의 반차를 좇아 하나님의 맹세로써 임명된 이 대제사장이 영원히 살아 계시므로 변치 않는 사역을 행하시기 때문에 절대적으로 완전히(온전히) 구원하실 수 있고 하신다는 것을 말하고 있다. 시작도 없고 끝도 없으신 하나님의 영원하신 아들은 영원한 생명의 능력을 통하여 완전히(온전히) 구원한다. 이분을 능가할 사람은 아무도 없다. 이분은 하나님의 마지막 말씀이시며, 그의 절대이시며, 그의 궁극이시다. 더 이상 무엇을 바라거나 요구할 수 있겠는가?

C. 이상적이고 완전한 제사장.

이것은 우리가 필요로 하는 대제사장이다! 우리를 위하여 영구히 중보하실 수 있는 분! 그리고 그가 그와 같으신 분이다! 그의 자격을 보라. 그 외에도 거룩하고 죄없으신 분이시다. 그 자신을 위하여 제사를 드릴 필요가 없는 분이시며, 그의 경건과 순종과 충성과 겸손에 흠이나 티가 없으신 분이시다. 그의 고유한 본성이 악의나 사악한 것이 없기 때문에 교활하지 않고 악의가 없으시다. 죄 많은 사람들과 접촉할지라도 그는 그의 절대적 순결과 완전을 유지하시기 때문에 더럽혀지지 않으신다. 따라서 그는 죄인들과 구별되었고 구별되고 정사들과 권세들과 주관자들보다 훨씬 더 높이 최고의 하늘로 올리웠으며 땅 위에 있는 것과 땅 아래 있는 것과 만물의 밖에 있는 모든 것들의 이름보다 뛰어난 이름을 얻으셨다. 그리고 그의 사역의 성격은 그의 이름과 지위에 어울린다. 아론 계통의 제사장들은 계속 제사를 드렸어도 항상 또 다른 제사를 드려야 하는데, 이 사람은 자신을 단번에 드리시되 시간과 영원을 위하여 죄의 문제와 관계된 만유의 단에 드리셨다. 그는 "다 이루었다"고 부르짖으셨고 죄인 중의 괴수에게도 하나님께 나아가는 길을 열어 놓으셨다. "임마누엘의 혈관에서 흘러 나온 피로 가득한 샘이 있고, 죄인들은 그 피로 가득한 곳에 뛰어들어 그들의 죄책의 모든 얼룩을 씻는다." 우리에게는 그와 같은 대제사장이 계시므로 우리는 세상의 모든 제도와 의식을 버리고 확신과 신뢰로써 "그를 힘입어 하나님께 나아가자."

히브리서 8:1-13

뛰어난 사역

8:1, 2. "이제 하는 말의 중요한 것은 이러한 대제사장이 우리에게 있는 것
이라 그가 하늘에서 위엄의 보좌 우편에 앉으셨으니 성소와 참 장막에
부리는 자라 이 장막은 주께서 베푸신 것이요 사람이 한 것이 아니니
라."

8:6. "그러나 이제 그가 더 아름다운 직분을 얻으셨으니 이는 더 좋은 약속
으로 세우신 더 좋은 언약의 중보시라."

8:10. "내 법을 저희 생각에 두고 저희 마음에 이것을 기록하리라."

8:12. "내가 저희 불의를 긍휼히 여기고 저희 죄를 다시 기억하지 아니하리
라 하셨느니라."

8:13. "새 언약이라 말씀하셨으매 첫것은 낡아지게 하신 것이니."

I. 역사적 배경

여기서 저자는 시내 광야 시절 옛언약을 주시고 그 광야에서 성막을 짓
던 시대로 거슬러 올라간다(출 19-40장).

II. 용어 해설

이 짤막한 장은 저자의 주장에 중추적인 것이다. 여기서 그는 1:3으로
되돌아가서 시작한 대제사장의 인격을 생각하던 것을 멈추고 그의 사역에
대해서 이야기한다. 그는 그의 인격에 있어서 선지자들과 천사들과 모세와
아론보다도 더 크시다. 그의 사역 또한 더 뛰어나므로 옛언약보다 더 우월
하다.

8:1. "중요한 것", 이 말(케팔라이온 — "머리")은 개요, 머리, 중요한 점,

중요함 등으로 번역되었다. "중요한 점"이 아마 그 생각을 가장 잘 번역한 것일 것이다.

"그가 보좌 우편에 앉으셨으니." 앉아 있는 사역자 개념이 아니라 왕이기도 한 제사장 개념이다. 아론과 레위인들과는 현저히 다르게 왕인 제사장이다.

8:2. "참 장막." 강조적인 표현이다. 그것은 광야의 장막과 대조적으로 참되고 진정한 장막이다.

8:5. "저희가 섬기는 것은 하늘에 있는 것의 모형과 그림자라." 그 당시 그리스인들과 헬라파 유대인들의 생각은 이 세상을 보이지 않는 완전한 세계를 불완전하게 나타내는 것에 지나지 않는다고 생가하였다. 이것은 또한 하나님께서 모세에게 장막의 설계도를 주시는 이야기가 나오는 출애굽기에 기록된 유대인의 생각을 표현한 것이다(출 25:40 이하).

8:5. "본"(투폰), 대부분 랍비들이 가르친 것처럼 하늘에 있는 장막의 정확한 형태인가? 그렇게 보기 어려운데, 이는 저자가 그의 독자들로 하여금 물질적인 것에서 벗어나서 영적인 것으로 향하도록 노력하고 있기 때문이다. 성경은 하늘의 어떠함에 대해서는 침묵하고 있다. 그렇지만 우리는 여기서 하나님의 영적 장막의 보이지 않은 실체들을 대하고 있다는 것을 확신할 수 있다. 거기에는 틀림없이 거룩과 하나님께 나아감과 예배와 정결을 위한 준비와 중보의 필요와 사랑으로 말미암은 영원한 제사와 영원한 중보가 있다.

8:6. "중보"(메시테스), 화해시키는 사람(욥 9:33; 갈 3:19). 여기서는 예수님이 하나님과 사람을 불러 모아서 화해시키는 것을 말한다.

8:6. "언약." 이것은 우리 믿음의 중요한 말, 개념 중의 하나이다(디아테케). 일반적으로는 언약이란 쌍방간에 맺은 계약이다. 각자는 조건에 동의하여 서명을 하고 그것을 준수할 책임이 있다. 여기서 하나님 홀로 조건을 정하시고 그의 뜻을 사람에게 이렇게 표하신다. 옛언약은 율법에 근거를 둔 사귐을 제의한 것이다(출 24:1-8). 새 언약은 더 좋은 은혜에 바탕을 둔 것이다.

8:8. "새"(카이네). 이 말은 단순히 네오스와 같이 시간에서만이 아니라 본질과 품질에서 새로운 것을 의미한다.

8:13. "없어져 가는 것이니라." 예레미야 시대로부터 옛언약은 사라져 가고 있었다. 그 백성들이 실패하였기 때문에 그것은 실패하였다. 그것은 사람의 연약함에 대한 아무런 준비를 하지 못하였으므로 그것에 대한 준비가 있는 새 언약에게 길을 내주어야 했다.

Ⅲ. 교리적 의의

저자는 아들이신 그리스도의 중보 사역의 엄청난 중요성을 지적한다. 또 우리 믿음의 기본 개념 곧 은혜 안에 있는 하나님의 영원한 언약을 강조하고 있다. 이것은 모든 기독교 신학의 기초이다. 우리의 책은 신약 성경 곧 새 언약의 책이다.

Ⅳ. 실천적 목표

우리의 대제사장이 바로 지금 이 우리 주의 시대에(in this year of our Lord) 하늘에서 위엄의 보좌 우편에서 우리를 위하여 중보하시며 우리에게 그와 함께 우리의 아버지이신 살아 계신 하나님 앞에 나아가자고 초청하고 계시다는 것을 아는 것보다 더 가치 있는 것이 있겠는가.

Ⅴ. 설교 개요

제목: "우리의 대제사장의 완전한 사역."

도입부

멈추어 서서 주목하여 들어라! 이것은 중요한 것, 정점, 영광스러운 절대적인 진리이다. 우리에게는 7장에서 묘사된 대로 영원한 하늘에서 우리를 위하여 사역하고 계시는 그런 대제사장이 있다.

A. 그는 하늘에서 사역하신다.

1. 그는 권위가 있는데, 이는 그가 위엄의 보좌 우편에 앉아 계시기 때

문이다. 그것은 하늘과 땅의 모든 권세를 그에게 주셨다는 것을 의미한다.

2. 그는 참 장막에서 사역하신다. 그의 성전은 낡아지고 찢어지는 물질을 가지고 사람의 손으로 만들어졌던 아니 정확히는 만들어진 것이 아니라 하나님에 의해 영원의 보이지 않는 영적 실체들로 형성된 영원한 본질로 만들어진 것이다. 저자는 그와 같은 것을 쓰려고 하다가 보니까 당혹해졌는데, 이는 우리의 빈약한 인간의 말로는 그와 같은 초월적 실체를 암시하는 것으로 그칠 수밖에 없기 때문이다. 모든 대제사장처럼 그도 드려야 할 어떤 것이 있어야 하고 섬길 수 있는 장소가 있어야 한다. 그의 장소는 하늘에 있다.

이는 땅에서는 아론의 반차를 좇아 임명된 사역자들이 있었기 때문이다. 참으로 이들은 하늘의 영원한 실체들을 어렴풋이 표현하는 것에 불과한 것을 가지고 이 세상에서 사역한 사실에서 그들의 봉사의 합법성에 대한 정당화를 발견하였다. 장막의 모든 것은 하늘의 실제의 표상이었다. 그들의 장막과 기구는 은혜로 만족스러운 제사를 드리기까지 자유로이 접근하지 못하도록 금지함으로써 하나님의 거룩과 죄의 무서움을 말하였다. 그것은 갈보리와 앞으로 오실 완전한 분을 증거하고 있었다. 그것은 중재와 중보 기도의 소중함을 말해 주고 있었다. 그러나 그것은 그것이 할 수 있는 전부였다. 큰 대제사장 그리스도는 그의 삶과 죽음과 승천으로 그 모든 상징과 표상을 성취시키시고 이제 하늘에 있는 하나님의 성소에서 일하고 계신다.

B. 그는 더 좋은 언약의 보증이 되신다.

1. 첫 언약은 무흠하지 않았다(8:7-9). 이런 이상한 말도 있을까! 하나님께서 첫 언약을 하셨을 때 실수를 하셨다는 말을 하고 있는 것인가? 전혀 그렇지 않다. 왜냐하면 이 서신서 전체에서 하나님의 모든 계시를 존중하는 것이 나타났다. 하나님은 첫 언약 곧 율법에서 당신 자신의 도덕적 본성과 거룩하심을 나타내셨고 또 하나님은 사람에게 만일 사람이 하나님과 사귐 가운데 사는 것을 기뻐한다면 사람과 사귐을 가질 것을 약속하셨

다. 모세와 이스라엘 자손은 그 조건을 받아들였다. 그러나 그들의 연약함을 아시는 하나님은 도덕적인 율법과 함께 정결케 하고 구속하는 의식의 제도를 마련하셨다. 이러한 것들은 하나님의 섭리 가운데 오셔서 그 성전 예배의 상징과 표상을 성취하실 그분을 증거하였다. 그러나 이런 은혜의 예배에도 불구하고 이스라엘 자손들은 그들의 하나님을 버리고 그의 율법뿐만 아니라 그에게 예배드리는 것을 싫어하였다. "저희를 허물하여 일렀으되"라고 말씀하고 있는 구절에 주의하라. 틀림없이 그 제도는 완전하지 않았다. 성취의 필요성이 인정되었다. 그러나 정말 흠이 있었던 것은 사람이지 구원의 방도가 아니었다. 바울은 옛언약을 몽학 선생으로 묘사하고 있다(갈 3:24).

2. 새 언약의 영광(8:10-13). 옛언약은 이스라엘 사람들로 하여금 하나님의 거룩과 그 언약을 지킬 수 없는 그들의 무능력을 깨닫게 하였으며, 새 언약은 그런 부족을 채워 주었다. 새 언약은 더 나은 약속에 근거를 두었다.

(a) 새 언약은 마음에 새겨져 있다! 이것이 요점이다. 옛언약은 외적인 율법과 외적인 금지와 관련되었다. 그것은 사람의 깊은 속을 전혀 사로잡지 못하였다. 옛언약은 서기관의 글과 바리새인의 행동에서 분명히 나타난 대로 율법주의의 모든 연약성에 지배를 받았다. 이것은 심지어 오늘날에도 아주 정말 위험하다. 많은 그리스도인들이 "은혜 안에서" 불안을 주는 율법주의의 좌절 아래 살고 있다. 이것은 신실한 자들을 연약하게 하고 좌절하게 하고 교만한 자들을 위선에 빠지도록 할 뿐이다. 생각과 마음, 지성과 감정이 새로운 언약에서 하나님에 대한 지식과 사랑으로 고취되었다. 이것은 진리와 은혜로 자라게 해주고 하나님의 의로운 뜻에 따라 살고자 하는 강한 의지를 준다. 내적인 동기 대 외적인 압력!

(b) 그것은 범위가 세계적이다. 8:11. "저희가 작은 자로부터 큰 자까지 다 나를 앎이니라." 그리하여 분할시키고 나누었던 중간의 담이 허물어졌다. 이스라엘에는 종교적 사회적 담이 있었다. 바리새인들과 정통주의자들과 엄격한 종교주의자들에게서 율법을 잘 지키지 않았던 사람들은 "그

땅의 백성"이라고 멸시하는 말을 들었다. 그들 사이에 통혼하는 것과 함께 사업을 하는 것은 불가능하였다. 이제 그러한 것은 새 언약 곧 그리스도 안에서 사라지게 되었고 모두가 하나가 될 것이다. "너희는 유대인이나 헬라인이나 종이나 자주자나 남자나 여자 없이 다 그리스도 예수 안에서 하나이니라"(갈 3:28). 새 언약은 문을 활짝 열어서 우리의 크신 대제사장 곧 하나님의 아들로 말미암아 하나님께로 가라고 말한다.

(c) 그것은 실제적인 사죄를 해준다. 8:12. 이것은 좋은 소식 곧 복음이다. 이것은 인류가 지금까지 들었던 것에서 가장 좋은 소식이다. 소크라테스가 플라톤에게 말한 다음과 같은 기록이 있다. "신께서 죄를 용서하실 수 있을지 모르나 나는 방법을 알지 못한다." 사람은 아무도 방법을 이해할 수 없었다. 어떻게 하나님께서 그의 거룩한 인격에 반하는 죄를 용서하실 수 있을까! 이 구절은 우리에게 그것이 모두 은혜라고 말한다. 하나님이 친히 그 아들의 인격에서 그의 거룩한 의를 만족시킬 길을 마련하셨고, 사랑 안에서 죄를 용서할 길을 마련하셨다. 사랑이 그 대답이다. 주권적인 하나님의 사랑. 옛언약에서는 부족하고 연약한 인간에게 아주 많은 것이 달려 있었다. 새 언약에서는 모든 것이 하나님께 달려 있다. 그는 은혜와 자비와 사랑이시다. 그의 능력이 거룩과 의 가운데 살도록 베풀어졌다. 그는 신자를 끝까지 지켜 주실 것을 약속하신다. 모든 신자 뒤에는 하나님의 사랑과 능력이 있다. 우리가 더 무엇을 요구하겠는가? 우리가 더 무엇이 필요하겠는가? 다시금 바울은 우리 모두를 위하여 노래한다. "만일 하나님이 우리를 위하시면 누가 우리를 대적하리요?" 새 언약은 우리로 하여금 하나님과 사귐을 가지게 하며 하나님이 계시다는 아주 중요한 것으로 우리를 둘러싼다. 이것은 아주 깜짝 놀라게 하는 생각이다. 그것을 믿어라. 그것은 진리이다.

히브리서 9:1-14

옛제사장 직분과 새 제사장 직분의 비교

9:1. "첫 언약에도 섬기는 예법과 세상에 속한 성소가 있더라."

9:5. "그 위에 속죄소를 덮는 영광의 그룹들이 있으니 이것들에 관하여는 이 제 낱낱이 말할 수 없노라."

9:7, 8. "오직 둘째 장막은 대제사장이 홀로 일년 일차씩 들어가되 피 없이는 아니하나니 … 성령이 이로써 보이신 것은 첫장막이 서 있을 동안에 성소에 들어가는 길이 아직 나타나지 아니한 것이라."

9:11. "그리스도께서 장래 좋은 일의 대제사장으로 오사 손으로 짓지 아니한 곧 이 창조에 속하지 아니한 더 크고 온전한 장막으로 말미암아."

9:14. "하물며 영원하신 성령으로 말미암아 흠 없는 자기를 하나님께 드린 그리스도의 피가 어찌 너희 양심으로 죽은 행실에서 깨끗하게 하고 살아 계신 하나님을 섬기게 못하겠느뇨."

I. 역사적 배경

이것은 이스라엘의 고대 장막과 예배에 관한 주장의 계속이므로, 그 역사적 배경은 이전 장들에서 나오는 것 곧 그리스도의 구속 사역을 생각하면서 이스라엘의 종교 제도들과 그것들의 오늘날의 타당성에 대해서 이야기하고 있는 것이다.

II. 용어 해설

9:1. "세상에 속한 성소." 이 말은 일반적으로 윤리적인 강조이지만 여기서는 단순히 지상의 방도를 의미한다.

9:2, 3. "예비한 첫 장막이 있고 … 또 둘째 휘장 뒤에 있는 장막을 지성

소라 일컫나니." 이 구절들은 두 개의 별개의 "장막"을 말하는 것이 아니라 하나의 장막의 구분을 말한다. 출애굽기 26:31-37에 따르면 두 부분을 나누고 있는 두 개의 휘장이 있었다.

9:4. "금향로 … 있고." 가장 어려운 구절로, 이에 대한 논의가 끝이 없다. "향로단이 있고"로 번역할 수도 있다. 데이비슨(Davidson)은 속죄일에 그 제단의 중요한 사용 때문에 이것이 확실한 의미이며, 제단은 지성소 안에는 당연히 없었으므로 일반적인 의미로 그 단어가 사용되었다고 생각한다.

9:5. "속죄소"(힐라스테리온). (로마서 3:25에서는 "화목 제물"로 번역되었다.) 그리스도의 화목제의 죽으심으로 사람과 하나님이 화목하게 되었다. 속죄소로 불린 궤의 덮개는 하나님께서 그리스도의 죽음에 의한 만족된 공의의 터 위에서 하나님의 자비를 베푸신 그 보좌를 상징하였다.

9:8. "성령이 이로써 보이신 것은." 저자가 고대 장막과 그 의식을 결코 헐뜯는 것이 아니다. 그는 그것의 일시적인 본질을 주장하고 있지만 존중하는 태도로 말하고 있다. 그것은 성령께서 보이신 것이었다.

"첫 장막이 서 있을 동안에." 이것은 옛장막과 그리스도의 하늘의 장막 사이를 비교하는 것이 아니라 고대 장막의 첫부분 곧 성소를 말하고 있는 것이다. 이 부분은 하나님이 임재해 계시는 지성소로부터 제사장들과 백성들을 지켜 준다.

9:9. "이 장막은 비유니." 이것은 둘째 장막이나 성소를 말하는 것이다. 성소는 하나님께 향하는 불완전한 움직임을 묘사한다. 더러는 나아가지만 많은 사람은 그렇지 못하다. 사람들은 어느 정도까지 갈 수 있었지만 절대 필요한 접근에 충분할 만큼 가까이 갈 수는 없었다. 이것은 전체 옛언약을 묘사하고 있다.

"양심상." 이것은 옛언약이 실패한 부분이다. 옛언약은 속사람을 참으로 감동시켜서 새롭게 하지 못하였다.

9:10. "개혁할 때." 아주 흥미로운 단어이다(디오르도시스). 의학 용어로 부러진 팔다리와 같은 것을 정상으로 고치는 것, 사람의 습관을 고치는 것

을 말한다. 하나님께서는 그의 아들 우리 구주로 말미암아 신약 시대를 여셨을 때 일을 바르게 만드셨다.

9:12. "오직 자기 피"(이디오스). 소유권뿐만 아니라 인격적이고 독특한 소유권도.

"영원한 속죄"는 구속의 기간뿐만 아니라 그 질도 말한다. 이제 사람의 필요는 충족되고 바로 그때 시간의 조건들은 영원히 사라질 것이다. 영적이고 윤리적인 것이다. ("속죄", 루트로신; 값을 지불하고 해방시킴.)

9:14. "영원하신 영(spirit)으로 말미암아 흠 없는 자기를 하나님께 드린 그리스도." 영원하신 영(spirit)은 성령을 가리키는 말이 아니라 그의 인격, 영원하신 아들이기 때문에 영원성을 띤 그의 영의 본질에 있어서 그리스도를 가리키는 말이다. 이 드림은 그리스도의 가장 깊은 자기를 드림이었다. "영원한 영(spirit)은 조건에 얽매이지 않고 순수하게 전적으로 자유롭게 순전히 홀로 독자적인 방향을 세우는 절대적 영, 신적인 영, 따라서 자의식의 영이다: 그러므로 그리스도의 그 영원하신 영(Spirit)을 통한 자신을 드림은 그 자체가 절대적 가치의 도덕적 행위이다." 이 구절을 지나치게 강조하는 것은 곤란하다. 이것은 우리 주의 속죄를 정당화하고 유효하게 하는 것이다.

Ⅲ. 교리적 의의

이 단락은 예수님의 대제사장 직분과 하나님께 나아가는 경험의 본질적인 영적 성질과 그리스도의 희생의 정당성을 강조한다. 피의 속죄의 중심 교리가 핵심이다.

Ⅳ. 실천적 목표

종교적인 의식이나 일반 의식이 가치가 있지만 그것들 자체가 구원을 주는 것이 아님을 보여 주려는 것이다. 그 의식들은 기껏해야 실체의 그림자에 불과하다. 의식으로써는 사람의 가장 깊은 속의 본성을 감동시키지 못하고 감동시킬 수도 없다. 또 믿음이 흔들리는 사람들을 격려하여 믿음을 지키도록 하려는 것이다. 왜냐하면 그들은 그리스도 안에서 선한 행실의 실체를 내놓을 수 있고 양심을 죄의식으로부터 벗어나게 할 수 있는 사죄가 있기 때문이다. 우리는 예수 그리스도 안에서 하나님께 받아들임이 되었으므로 아무도 절망할 필요가 없다.

V. 설교 개요

제목: "개혁의 필요."

도입부

저자는 선지자들보다 더 크신 그리스도를 생각하다가 이제 아론의 반차를 좇은 대제사장들보다 더 크시다는 놀라운 진리에 대해서 생각하고 있다. 이 중대한 사실을 확증한 뒤에 이제 우리의 관심을 그리스도가 그의 사역의 지위(place)와 그의 사역의 본질(nature)에서 더 뛰어나시다는 놀라운 진리로 돌리도록 한다. 그는 구약 성경이 기대하였던 것을 이루셨다. 그는 옛것의 상징을 성취하는 데 필요한 "개혁"을 일으킨다.

A. 개혁 이전.

반차(orders)와 의식은 종교에 속한 것이다. 거룩한 장소들이 반드시 필요하다. 만일 제사장이 일을 수행하는 장소가 없다면 제사장이 있어야 할 이유가 있겠는가? 장소는 옛언약에 의해 준비되었고 제사장은 하나님께서 명하신 것이었다. 종교를 성립시켰고 종교가 모든 아름다움과 하나님의 장엄함이 있게 한 것은 하나님의 영광스러운 계시였다. 저자는 첫성소를 사랑하고 존중하는 심정으로 그리고 있다. 이러한 것들은 "산에서 보이던 본"을 좇아 만든 것이었다. 그것들은 영원한 것의 그림자였다! 그것들을 멸시해서는 안 되겠지만 그것들의 이 세상의 기능과 목적을 생각해야 한다. 그것들은 예비적인 것이다.

1. 장막 자체는 바로 하나님의 이름이 있다는 것을 나타냈다. 등대는 모든 사람에게 하나님은 빛이시라는 것을 말하였다. 상과 진설병은 그들에게 삶의 모든 것이 창조자에게 달려 있다는 것을 말하였다. 이러한 것들은 하

나님의 종들인 제사장들이 매일 백성을 대신하여 섬겼던 성소에 있었다.

2. 그러나 거기에는 또 하나가 있었다. 그룹들이 있는 금색과 자주색과 청색의 찬란한 휘장 뒤의 지극히 거룩한 곳 곧 지성소가 바로 그들의 믿음의 중심이었다. 거기에는 하나님의 임재가 나타났다. 그곳은 두려운 곳이었고 경외심을 불러 일으키는 곳 곧 거룩한 곳이었다. 그 안에는 거룩한 언약궤가 있었다. 만나의 금항아리와 아론의 지팡이는 하나님께서 노예 민족을 자유민으로 단련시키셨던 광야에서 하나님의 놀라운 돌보심을 웅변적으로 말해 주었다. 인류 역사에서 이와 같은 일이 이전에도 일어난 적이 없었고 이후로도 일어난 적이 없었다. 이러한 기구들이 아름답고 영광스러웠지만 하나님께서 속죄의 피로 이스라엘을 만나셨던 속죄소 때문에 그것들이 의미가 있었을 뿐이다. 일년에 한 차례 일년 중 가장 큰 날 곧 대속죄일에 대제사장만 홀로 그곳에 들어갔는데 자신의 죄와 백성의 죄를 속하는 피가 없이는 들어가지 못하였다. 제사장은 백성의 부정 때문에 반드시 정결케 해야 했다. 제사장은 향기 사이로 떨면서 들어갔는데, 이는 그가 거룩한 곳을 바라보지 않고 사역해야 했기 때문이다. 그가 사역하는 동안 백성들은 바깥에서 숨을 죽이고 그가 돌아나올 때까지 기다리고 있었다. 하나님께서 받으셨을까 아니면 거절하셨을까? 그가 살아서 나올까? 그가 완수한 것이 정확히 무엇일까? 일년에 한 차례 항상 피를 가지고! 이것은 깊고 깊은 교훈을 가르쳤고, 동시에 초월적인 축복인 이것은 개혁의 필요를 가르쳤다.

3. 하나님의 섭리에서 모든 백성이 하나님 앞으로 자유롭고 완전하게 나아갈 날을 위한 그 때가 아직 이르지 않았다는 것이 교훈이었다. 거룩에 대한 교훈은 명확하고 정확하게 가르쳤다. 속죄소에서 하나님은 자비로써 만나셨지만 하나님 앞으로 자유롭게 나아가는 길은 아직 미래에 될 일이었다. 장막을 섬기는 일은 그 자체의 본질 때문에 양심을 깨끗게 하고 자유롭게 하는 완전한 사역을 할 수 없었다.

B. 그러나 이제 오랫동안 고대하던 개혁이 도래하였다.

우리 하나님을 찬양하라! 성전 휘장이 찢어지고 믿는 모든 사람들에게 하나님께로 가는 길이 열렸다. 그리스도께서 자신의 피를 가지고 하늘의 지성소로 들어가셔서 모든 사람들이 성부 하나님을 영적으로 접근할 수 있도록 하셨다. 그의 장막과 그의 희생 제사는 영원한 것이기 때문에 더 좋은 것이다. 그림자가 아니라 실체이다. 그의 장막은 땅에 있는 것이 아니라 하늘에 있는 것이다. 손으로 지은 성소가 아니라 하늘의 실체들 속에 있는 영원한 것이다. 그와 같은 사역 장소에는 동질의 가치의 제사가 필요하다. 거기에는 그러한 제사가 필요하다. 그 자신의 보혈이 필요하다. 이것을 설명한다는 것은 쉬운 일이 아니다. 어떻게 그리스도의 보혈을 황소와 염소와 양의 피와 비교할 수 있겠는가. 참으로 어찌 가장 훌륭한 사람의 그것과도 비교할 수 있겠는가. 그것은 하나님의 아들의 피이다. 그것은 아들의 생명이다. 사람의 생각으로는 그 구절의 의미를 충분히 다 이해하지 못한다. 하나님의 사랑과 긍휼과 의와 거룩이 그 속에 싸여 있다. 그것은 깨끗한 양심을 얻는다. 그것은 영혼을 깨끗게 한다. 그것은 의지를 자유롭게 한다. 그것은 구원하되 영원히 구원한다. 그것은 생활의 대변혁을 일으키고 우리를 죽은 행실에서 건져 내어 우리에게 살아 계신 하나님을 섬길 수 있는 동기를 준다. 이런 엄청난 사실로 인하여 생각과 상상력이 도전을 받지만 그것은 어떤 것에 의해서든 경험될 수 있다. 필요한 것은 회개하고 죄를 깊이 뉘우치는 마음뿐이다. 아들을 믿는 자는 영생을 소유한다. 복된 진리, 귀한 진리. 그것을 믿으라. 그리고 살라.

히브리서 9:15-28

새 언약의 중보

9:15. "이를 인하여 그는 새 언약의 중보니 이는 첫 언약 때에 범한 죄를 속
하려고 죽으사 부르심을 입은 자로 하여금 영원한 기업의 약속을 얻게
하려 하심이니라."

9:17. "유언은 그 사람이 죽은 후에야 견고한즉 유언한 자가 살았을 때에는
언제든지 효력이 없느니라."

9:26. "이제 자기를 단번에 제사로 드려 죄를 없게 하시려고 세상 끝에 나타
나셨느니라."

Ⅰ. 역사적 배경

앞의 주장의 연속이다.

Ⅱ. 용어 해설

9:15. 하나님과 사람 사이에 서 있는 자인 "중보"란 말이 다시 나온다.
모세가 옛언약의 중보였듯이, 그리스도는 새 언약의 중보로 묘사되었다.
새 언약(New Testament)이란 말을 주의하라. 그 말은 디아데케이다. 그
말은 계약 혹은 유언을 의미하는가? 이 문제에 관하여 많은 글을 썼다. 옛
언약(Old Testamant)에서 그 말이 하나님에 관하여 사용되었을 때 일방
적인 계약을 가리킨다. 동의의 모든 조건이 하나님에 의해 정해지며, 그 조
건을 받아들이는 동의 또한 그러하다. 새 언약의 동의도 마찬가지이다. 이
러한 계약들(옛언약)은 희생의 죽음에 의해 재가되었다. 이 장에서 새 언
약도 역시 그러하였다. 그러나 유언을 말하는 것으로 보이는 유언자가 있

다. 게다가 그의 죽음도 강조되었다. 고대 그리스어에서 그 단어가 유언을 가리켰기 때문에 저자가 이 구절에서 그 말을 그렇게 쓸 수 없었다는 것은 전혀 옳지 않은 이유이다. 결국 기억해야 할 중요한 진리는 죽음이 계약 혹은 유언을 유효하게 하기 위하여 반드시 필요하였다는 것이다.

"부르심을 입은 자." 여기서 계약 관계의 범위가 확대되어 유대인들만이 아니라 열국을 포함하였다.

9:16. "유언은 유언한 자가 죽어야 되나니." 유언은 유언하는 사람이 살아 있는 동안에는 전혀 가치가 없다. 죽음이 법 앞에서 유언을 정당하게 만든다.

9:23. "하늘에 있는 그것들은 이런 것들보다 더 좋은 제물로 할지니라." 어떻게 이럴 수가 있는가? 하늘에 죄가 있는가? 이것은 대답하기가 쉬운 것이 아니다. 그것은 대제사장이 대속죄일에 자기 자신과 백성의 죄를 속하기 위하여 피를 뿌릴 뿐만 아니라 장막을 위해서도 피를 뿌려야 했던 레위기에 적힌 율법에 정해진 의식에 근거를 둔 것이었다. 그 생각은 장막 자체가 사람들의 만짐에 의해서 더럽혀졌다는 것이다(레 16:16 이하). 이 비유에서 하늘의 장막은 사람의 죄의 오염에서 깨끗하여졌다. 알포드(**Alford**)는 다음과 같이 말한다: "하늘 자체는 그리스도의 속죄의 피에 의한 정결케 함이 필요하였고 또 정결함을 얻었다. 그리고 만일 우리가 어떻게 이런 일이 있을 수 있는지를 조사하면 우리는 그리스도를 향한 하나님의 생각과 관점에 대한 인간의 죄의 결과를 곰곰이 생각함으로써 해답을 찾을지 모른다. 그것은 창조자께서 그의 창조를 완성하신 저 빛나는 은혜가 죄에 대한 하나님의 분노에 의해 흐려졌지만 성부께서 기뻐하신 그에 의해 다시 빛을 발하게 되었고 그의 피로 인하여 그 어둠은 빛으로 바뀌었고 찌푸렸던 것도 영원한 웃음으로 바뀌었다."

9:24. "이제 … 나타나시고." 아주 중요한 진술이다. 이제는 계속 곧 영구적인 임재의 실재를 강조한다. 나타나시고는 분명히 드러난이라는 말과 같은 말이다. 볼 수 있게 공개되었다. 그리스도의 사역의 결과 그의 죽음으로 말미암아 새 언약은 향기로 뒤덮인 제사장이 아닌 성부 하나님 앞에

분명히 모습을 드러낸 제사장을 예비하고 있다.

"자주 자기를 드리려고." 그의 죽음에 대한 언급이 아니라 하늘에서 성부에게 자신을 드리는 것을 말한다. 그는 단번에 죽으시고 자신을 단번에 드리신다. 초월적인 영광스러운 진리요 우리 믿음의 핵심이다.

9:26. "죄를 없게 하시려고." 죄들이 아니라 악의 근원적인 기초 원리 곧 죄이다. 레위기의 율법에 적힌 제사들은 개인의 죄들의 범위에서 영향을 끼쳤다. 그리스도의 피는 문제의 근원, 원칙적으로 죄까지 영향을 미친다.

"세상 끝에"는 실제로 시대의 완성을 말한다. 그리스도는 상징과 의식과 표상의 모든 시대를 성취하셨다.

III. 교리적 의의

이 구절은 기독교 신앙의 핵심 곧 우리 주 그리스도의 피 속죄를 중심으로 이야기하고 있다. 이 장의 말씀은 대속의 죽음에서 전혀 벗어나지 않고 있다. 다른 사람들이 그의 속죄의 이론에 어떤 것을 덧붙일지라도 다른 사람을 대신한 하나님의 크신 희생양이신 그리스도의 죽음을 이야기에서 제외할 수 없을 것이다. 이것은 또한 "단번에" 죽으신 죽음이다. 그것은 절대적으로 완전하였고 완전하다. 이 글 속의 진술에 비추어 볼 때 그 밖의 다른 것은 우리 주의 제사에 비하면 존중할 가치가 없는 것이다. 비록 그러한 것들이 참으로 참람하지 않을지라도 말이다. 복음에서 피 속죄를 빼버리면 이 서신서에 따르면 전혀 아무것도 남지 않는다.

IV. 실천적 목표

박해받는 그리스도인들의 믿음에 확고한 기초를 세우려는 것이다. 그들에게는 성전도 의식도 전혀 없다. 그들에게는 그러한 것들이 필요없었다. 그리스도께서 그들의 죄를 위하여 완전한 제사의 죽음을 죽으셨고 그들을 받아들이신 하나님의 존전으로 자유롭게 들어갈 수 있는 길을 그들에게 열어 주시기 위하여 하늘의 지성소로 들어가셨다. 그들의 죄책은 제거되었고 이제 그들은 그들의 주 예수 그리스도의 아버지이신 하나님과 매일 친밀한 사귐을 나누면서 살았다.

V. 설교 개요

제목: "새 언약 — 그 피, 그 제사장!"

도입부

우리는 그 동안 완전한 대제사장 그리스도를 공부하느라 먼 길을 왔다. 그는 제사장 직분의 모든 요구를 이루셨을 뿐만 아니라 그 요구를 능가하였다.

(1) 그는 그의 인간으로서의 경험에 의해 시험과 사람의 슬픔을 당하셨다는 점에서 그 요구를 다 이루셨다. 그는 이 사역을 행하기 위하여 하나님의 부르심을 받았다. 그가 하나님 앞으로 가지고 간 예물에 의하여 그는 그의 자격을 절정에 이르게 하였다. 그러나 그의 제사장 직분은 아론의 반차의 제사장 직분을 능가하였다. (2) 그는 하나님의 맹세에 의한 제사장이시다. 그는 멜기세덱의 반차를 좇은 제사장이시다. 그는 영원히 제사장이시다. 그는 죄없는 제사장이시다. 그의 예물은 "단번에" 드리신 것이며 절대적이고 영구하고 최종적이고 완전하다. 그는 하나님 앞에서 계속 일하신다. 그의 예물은 양심을 깨끗게 하며 양심의 죄책감을 덜어 주어 안도하게 하며 선한 행실의 삶을 살도록 명하였다. 이 모든 것은 두 가지 결정적인 실재로 귀착한다: 제사 제도의 필요가 없어졌으며 아들을 믿는 자들은 아들로 말미암아 그들이 우리 주 예수 그리스도의 하나님이시요 아버지이신 거룩하신 하나님께 지극히 가까이 나아가 사귐을 가지게 됨에 대한 거룩한 확신이 있다.

A. 새 언약의 거대한 범위.

그렇다. 우리는 하나님과 생명의 친교가 있다. 그러나 이러한 특권이 있는 자들은 누군가? 저자는 우리의 눈을 들어 "월등한" 그리스도의 피의 우주적 적용의 참으로 어지러울 정도의 높이로 향하게 한다. 모든 죽음 중의 이 죽음은 결국 논리적으로 제한적인 회원을 가진 옛언약의 폐기로 이어지며, 모든 인류의 죄를 위하여 예비된 새 언약으로 이어진다. 그는 옛언약이 심지어 이스라엘을 위해서도 할 수 없었던 것 즉 그들의 허물에 대한 실제적인 용서를 하는 새 언약을 소개한다. 참것의 그림자에 불과한 옛언약은 "단번에" 제사를 드리는 새 언약을 기대하였다. 그의 죽으심으로 그들이 그들의 기업을 받을 수 있게 되었다. 무슨 기업인가? 구원의 약속이다. "부르심을 입은 자들"이란 구절과 함께 그 약속은 속박을 풀고 인류에게 자유를 주었다. 복된 진리, 복된 자유로다!

B. 언약의 효력.

이 소망은 무엇에 의거하고 있는가? 유언하는 자의 유언과 죽음에 의거하고 있다. 기업에 대한 약속들은 기대로 마음을 부풀게 하지만 그 약속이 필요를 결코 만족시킬 수는 없다. 오직 유언하는 자가 죽음으로써 언약의 내용이 유효할 수 있다. 그리스도께서 십자가에서 죽으셨고 그로 말미암아 그 약속이 유효하게 되었을 뿐만 아니라 믿는 모든 사람들에게 그 유언의 내용이 유효하게 되었다. 사죄와 하나님과의 사귐이 이제 경건한 약속을 받아들이고자 하는 모든 이의 재산이다. 이것의 필요를 증명하기 위하여 저자는 독자들에게 모세 시대와 이후 시대의 이스라엘의 고대 관행에 대해서 말한다. 거의 모든 것이 피로써 정결케 되나니 피흘림이 없은즉 사함도 없다. 피! 피! 피! 왜 피인가? 그것은 무엇을 의미하는가? 간단하지만 심오한 것으로 그것은 사람에게 가장 귀한 것을 알려 주려는 뜻이 있다. 그것은 곧 생명이다. 생명을 버렸고, 쏟아 부었다. 옛날에 옛원리가 "생명이 그 피에 있다"는 것을 공표하였다. 오늘날같이 혈액 은행이 있는 이런 시대에 피의 중요함을 이해하기가 어렵지 않다. 그것은 생명이다! 그러나 우리는 귀한 물질적인 실체에 관심이 있는 것이 아니라 논의하기 어려운 생명 자체의 본질에 관심이 있다. 이것은 구속하기 위하여 그리스도를 희생하는 것이다. 그리스도는 자기 생명을 주셨다. 그는 모든 사람을 위하여 죽음을 맛보셨다. 죄를 알지도 못하신 자로 우리를 대신하여 죄를 삼으신 것은 우리로 하여금 그의 안에서 하나님의 의가 되게 하려 하심이다.

C. 하늘에 계신 우리의 대제사장.

오직 계시만이 이것을 쓸 수 있다. 아무도 하늘의 대제사장의 장엄한 사역을 생각할 수도 없고 생각하려고도 하지 않는다. 그 이야기는 간결하고 절제되어 있고 세련되고 순결하고 고상하다. 사람은 천 가지 비유들과 문학의 소심함의 천 가지 과장된 표현으로 그것을 파괴하려고 하였다. 하늘의 장막을 정결케 하는 것이 필요하였다고까지 주장하는 것은 무모한 생각이다. 어쩌면 이것을 너무 지나치게 강조하지 않는 것이 더 나았을 것이다. 이스라엘의 현세의 장막의 유추법은 저자의 생각을 충분히 정당화할 수 있다. 그러나 저자는 죄의 우주적 영향에 대해서 알고 싶어한다. 죄의 전범위가 어떠할지라도 그리스도의 희생은 사람과 우주의 모든 죄를 위하여 충분하다는 것을 확신할 수 있다. 우리는 하늘에 계신 우리의 제사장을 바라보자. 저자는 땅의 대제사장의 나아감(나타남)과 유사한 세 가지 나타남에 그의 생각을 집중하고 있다.

1. 그는 우리를 위하여 하나님 **앞**에 나타난다. 앞에서 주목하였듯이 그 단어는 분명히 드러난이란 뜻을 함축하고 있다. 지성소에서 향기로 둘러싸인 대제사장처럼 불분명한 것이 아니라 지극히 높고 거룩하신 하나님 앞에 의식적으로 드러낸다. 그는 이제 거기에 있다. 그의 들어가심은 단번이었다. 그는 제사장들처럼 하나님께 나아가기 위하여 그의 제사를 되풀이하여 드릴 필요가 없었다. 아니, 바로 지금 예수 그리스도는 신자를 위하여 그의 사역을 계속하면서 그의 아버지 앞에 계신다. 그것은 용서하는 은혜의 사역이며 사랑의 힘을 전가하는 사역이며 분투하는 일상 생활을 위로하는 사역이다.

2. 그는 그 자신의 제사로 죄를 없게 하시려고 세상 끝에 나타나셨다. 다시 저자는 "단번에"라는 생각을 여러 가지로 바꾸어 말한다. 그 제사를 요구하는 제도는 어떤 것이든 다시금 오류가 생기고 고쳐야 한다. 기독교는 세상에게 하나님께서 갈보리에서 죄를 영원히 처리하셨다는 것을 말한다. 예수께서 "다 이루었다"고 외쳤을 때 그는 그 문제를 최종적으로 완전 무결하게 해결하셨다. 더 해야 할 것이 아무것도 없다. 이것에 보태는 것은

그리스도의 완성된 사역을 감하는 것이다. 한 번 죽는 것은 모든 사람에게 정해진 것처럼 그리스도께서도 한 번 죽으셨다. 사람들은 심판하에 들어간다. 그리스도께서 그들의 심판을 담당하셨고 그리고 이제 그가 다시 나타나신다는 영광스러운 소식이 있다.

3. 영광 가운데 나타남. 이 나타남은 그의 두번째 나타나심이다. 찬란한 복장을 한 대제사장이 대속죄일의 사역을 마친 뒤에 백성들에게 하나님께서 그들에게 자비와 은총을 주셨다는 확신을 주기 위하여 그들 앞에 모습을 드러내었던 것처럼 더 크고 참되신 대제사장이 그를 바라고 있는 모든 자들 곧 신자들에게 완전한 구원을 주시기 위하여 세상에 다시 오실 것이다. 이것은 교회의 소망일 뿐만 아니라 이 세상이 교회에게 제공한 유일한 소망이다. 그리스도께서 오실 것이다. 그는 반드시 오신다. 역사의 이치는 그가 오시는 것을 필요로 한다. 그는 세상의 눈으로 볼 때 실패와 수치 가운데 떠났다. 그의 부활에 의하여 그에게 속한 자들이 그를 영접하였는데, 이 세상도 그의 것이므로 반드시 그가 주와 왕이심을 보고 알아야 한다. 그가 첫번째 오신 것은 개인들을 구원하시기 위함이었고, 그가 두번째 오고 계신 것은 역사를 구원하시기 위함이다. 여기에 신뢰할 수 있는 유일한 역사 철학이 있다. 바다 이 끝에서 바다 저 끝까지 하나님 나라를 세우심으로써 하나님의 뜻을 성취하기 위하여 "죄 없이" 오시고 계신다(이것은 확고한 것이다). 그렇다. 주 예수께서 오시되 속히 오신다.

히브리서 10:1-25

그리스도의 완전한 사역

10:1. "율법은 장차 오는 좋은 일의 그림자요 참 형상이 아니므로 해마다 늘 드리는 바 같은 제사로는 나아오는 자들을 언제든지 온전케 할 수 없느니라."

10:5, 7. "그러므로 세상에 임하실 때에 가라사대 하나님이 제사와 예물을 원치 아니하시고 오직 나를 위하여 한 몸을 예비하셨도다 … 이에 내가 말하기를 하나님이여 보시옵소서 … 하나님의 뜻을 행하러 왔나이다."

10:14. "저가 한 제물로 거룩하게 된 자들을 영원히 온전케 하셨느니라."

10:22. "우리가 마음에 뿌림을 받아 양심의 악을 깨닫고 몸을 맑은 물로 씻었으나 참 마음과 온전한 믿음으로 하나님께 나아가자."

I. 역사적 배경

앞 장과 동일하다. 동일한 내용과 주장이 발전되어 영광스러운 절정에 이르고 있다.

II. 용어 해설

10:4, 5. 이것은 주장의 요점이다. 제사 대 순종. 이것은 제사의 개념을 거부하는 것인가? 절대로 그렇지 않다. 순종을 강조하는 것은 성경에서 전혀 새로운 것이 아니다. 사무엘이 사울에게 한 말은 영원히 메아리치고 있다! "순종이 제사보다 낫고 듣는 것이 수양의 기름보다 나으니"(삼상 15:22; 참조. 시 51:16, 17; 암 5:21-23; 미 6:6, 7; 사 1:11-15). 윤리적인 순종의 질이 없이 단순히 형식적인 제사를 드리면 책망을 면치 못한다. 그리스도는 그의 전생애를 통하여 심지어 아버지의 뜻을 이루기 위하여 십

자가에 자신을 드리기까지 아버지께 순종하기 위하여 오셨다. 그의 완전하신 순종으로 그의 제사가 온전케 되어 완전한 속죄를 이루었다.

10:18. "다시 죄를 위하여 제사 드릴 것이 없느니라." 이것은 4:14에서 시작한 웅장한 주장의 끝이다. 그것은 최후의 나팔소리이다. 죄에 대한 완전한 용서로 말미암아 더 이상 제사 제도가 있을 자리가 없게 되었다.

10:20. "새롭고 산 길이요." 제도들을 대조하는 것은 새로운 길과 옛길을 말하는 것이 아니다. 왜냐하면 옛길은 전혀 없었기 때문이다(9:8). 장막에서 성소를 구분함으로써 지성소로 접근하는 것을 막았다. 그러므로 그리스도의 죽음이 새로운 길 곧 산 길이다. 그것은 "생명에서 생명으로 이르는 길"이다. 그것은 기독교 신앙의 핵심이다. 기독교란 곧 그리스도를 말한다.

"곧 저의 육체니라." 이것은 대제사장이 휘장을 통과하여 지성소로 들어가는 것을 말한다. 그리스도는 그의 고난의 인성을 통하여 분리의 휘장을 통과하였다. 참으로 아름다운 비유이다.

10:22. "우리가 마음에 뿌림을 받아 양심의 악을 깨닫고." 우리의 영혼이 그리스도의 죽으심으로 깨끗게 되었다. 우리의 죄의식이 제거되었다. 또 하나의 귀한 사상이다.

"몸을 맑은 물로 씻었으나." 대부분 세례를 언급하는 것으로 생각한다. 그것은 좀 확실치 않다. 전인격과 혼과 영의 완전한 씻음으로 생각할 수는 없을까?

"우리가 믿는 도리의 소망." 그 단어는 엘피도스(소망)이다. 이 단락에서 믿음과 소망과 사랑이라는 기독교의 위대한 3대 요소를 다시 대하게 된다.

10:25. 잘 주의하라. "그날이 가까움을 볼수록." 그리스도인들에게는 위대한 날 곧 마지막 날, 우리 주 그리스도의 날이다.

Ⅲ. 교리적 의의

그리스도이신 아들의 대속의 죽음의 절대적인 최종성과 유효성. 완전한 아들의 완전한 제사를 통하여 거룩하신 하나님 앞으로 충분하고 완전하게 나아감.

IV. 실천적 목표

사람의 죄의식을 제거하는 것보다 더 실제적인 것이 무엇이겠는가? 오늘날에는 죄의식이 심리학자들의 연구에 의하여 현저히 부각되었다. 상담이 활개를 치고 있다. 어떻게 영혼이 죄책에서 벗어날 수 있을까? 최종적으로 가장 공평하게 오직 그리스도 안에서 하나님께서 용서하셨다는 것과 하나님께서 하나님의 거룩한 존전으로 우리를 즉시 맞아들이신다는 것을 믿음으로써만. 이것이 정말 치료이다.

V. 설교 개요

제목: "더 이상 보탤 것이 없는 최종적인 것"

도입부

저자는 오르간 연주자처럼 이제 그의 테마의 절정에 도달하였다. 그는 완전한 제사와 대제사장이신 주 예수 그리스도의 절대적인 우월성을 노래하면서 장엄과 영광의 (오르간의) 음전(音栓)을 뽑기 시작한다. 이 구절에서 그는 찬양의 노래를 삽입한다.

A. 반복된 제사의 헛됨.

장막의 제사는 매년, 뿐만 아니라 매일 드려야 하였다. 그 제사가 할 수 있는 것은 기껏해야 백성들에게 그들의 죄를 깨닫게 하는 것이었다. 황소와 염소의 피가 비록 하나님께서 명하신 것이었지만 죄를 최종적으로 처리할 수 없었다. 오직 완전하신 아들의 죽음만이 이것을 완전하게 처리할 수 있었다. 과거의 모든 의식들은 그 아들 안에서 성취될 그 날을 바라보고 있었다. 아들의 제사는 우리 인격의 중심에 있는 죄를 처리한다.

1. 그것은 우리의 죄를 판단한다.

이것과 별도로 용서가 결코 있을 수 없다. 십자가에서 우리는 우리 자신의 어떠함과 하나님의 사랑을 거역하고 있다는 것을 보게 된다. 그것은 상처를 준다. 우리는 우리가 우리 자신 속에서 보는 것을 좋아하지 않는다. 그러나 그것은 우리의 구원이다. 우리는 "주여 나를 불쌍히 여기소서. 나는 죄인이로소이다!" 하고 부르짖는다. 십자가는 우리의 위선과 우리의 자기애와 우리의 철저한 이기주의를 벗기고 우리로 하여금 길 잃고 망하게 된 우리 자신을 보게 한다.

2. 우리 영혼의 깊은 데서 작용하는 십자가는 우리로 하여금 **성부 하나님의 완전한 용서**를 바라보고 즐거워하게 한다.

우리의 죄책의 짐은 우리가 갈보리를 응시할 때 벗겨졌다. 우리가 그리스도께서 "아버지여 저희를 사하여 주옵소서 자기의 하는 것을 알지 못함이니이다"고 하시는 말씀을 들을 때 우리는 하나님의 자녀의 자유를 깨닫는다. 양심은 자유를 얻었고 그리스도의 새로운 삶이 우리 존재와 혼과 영의 전부분에 들어온다. 그리고 우리는 우리 자신이 새로운 피조물이 된 것을 발견한다. 우리는 새로운 이상으로 가득 차게 되고 새로운 소원으로 충만하게 되고 새로운 동기를 부여받게 된다. 생명, 충만한 생명이 마음 속에 약동한다. 하늘에 계신 아버지의 확고한 사랑과 긍휼로 말미암아 죄가 말끔히 없어졌다.

3. 또한 십자가는 우리를 죄의 모든 원리로부터 구원하였다.

아, 참으로 이것은 승리이다. 죄책이 사라지고 이제 죄의 세력이 무력해졌다. 우리가 한 순간 곧 눈깜짝할 사이에 성화된 것은 아니지만 오랫동안 우리를 사슬로 매어 속박하던 죄의 무서운 원리를 끊을 수 있는 힘을 부여받았다. 앞으로도 계속 싸워야 하지만 우리 혼자서 싸우고 있지 않으며 믿음의 갑옷 속에 있는 가장 뛰어난 한 가지 무기는 내부에서 죄의 지배력이 분쇄되었다는 것과 죄에 대하여 죽고 하나님께 대하여 산 우리는 더 이상 죄의 지배 아래 있지 않다는 것을 아는 지식이다. 이러한 지식 자체가 바로 힘이다. 이것은 우리의 악과의 싸움에서 과소 평가해서는 안 되는 것이다.

B. 그리스도의 순종하는 제사.

과거의 헛된 제사에서 화제를 돌려 저자는 하나님의 아들의 뛰어난 제사, 순종하는 제사를 이야기한다. 그는 순종의 큰 선율을 뽑는다. 유대인들은 사무엘이 부르짖는 소리를 들을 수 있었다. "순종하는 것이 제사보다 나으니." 그는 그 합창에서 다윗과 아모스와 이사야와 또 다른 사람들이 함께 부르고 있는 소리를 들을 수 있었다. 그가 피 제사의 표상을 배척하는 것인가? 결코 그렇지 않은데, 이는 그가 하나님의 계시를 아주 존중하기 때문이다. 그는 상징에서 핵심으로, 그림자에서 실체로 이동하고 있다. 그는 모든 의의 중심을 지적하고 있다. 곧 하나님의 뜻에 대한 완전한 순종. 외부에서 중심으로, 피상적인 것에서 삶의 핵심으로 옮겨가고 있다. 행위로부터 내적 태도와 동기로 옮겨간다. 죄는 불순종의 증거이다.

모든 사람이 죄를 범하였다. 누가 건지고자 하며 누가 건질 수 있는가? 오직 하나님의 뜻을 온전히 이루는 자만이 할 수 있다. 그런 사람이 어디에 있는가? 그는 오셔서 동정녀에게 나시고 다른 사람과 똑같이 생활하시고 일하시고 사랑하셨고 아버지의 뜻에 따라 십자가에 달리셨고 그의 영원한 영을 통하여 의와 사랑의 모든 요구를 만족시키셨다. 고난을 통하여 완전하여진 그 완전한 사람은 완전한 순종으로 주께서 그를 위하여 예비하신 그 몸을 바쳤고 그로 인하여 그를 믿을 모든 사람을 위하여 완전하고 영원한 구원을 마련하였다. 최종적이고 완전한 구원. 이 구원은 희생적이고 윤리적이고 도덕적이다. 삶의 어떤 영역도 빠뜨려지지 않았다. 그것은 어떤 생각도 다 포괄하며 도덕적 본성의 가장 깊은 갈망도 만족시키며 마음에 깊고 영구적인 평안을 준다. 그 구원은 되풀이하여야 할 필요가 전혀 없다. 거듭거듭 이 예술가는 "단번에"란 대담하고 아름다운 동기를 쓰고 있다.

C. 그리스도의 대관식.

우리의 대제사장은 여전히 성전 뜰을 밟고 있고, 여전히 향과 제사를 올리고 있는가? 아니다. 그는 하나님의 우편에 앉으셨다. 이것은 승천의 영광이다. 죽은 자 가운데서 살아나신 그는 아버지께로 올라가셨다. 모든 이름

위에 뛰어난 이름을 가지고 영광과 위엄으로 관을 쓰시고 우주의 보좌에 앉아 계신 그를 보라. 하늘과 땅과 땅 아래 모든 피조물이 그 이름에 절할 것이다. 세상은 고대의 강자로부터 현대의 영웅에 이르기까지 많은 승리의 행진을 보아 왔지만 그러한 행진들은 주의 적이 그의 발등상이 될 주의 영광스러운 그날과 비교하면 초라한 것이 될 것이다. 최후의 가장 큰 원수가 멸망당한다. "사망아 너의 이기는 것이 어디 있느냐 사망아 너의 쏘는 것이 어디 있느냐 우리 주 예수 그리스도로 말미암아 우리에게 이김을 주시는 하나님께 감사하노니." 세상의 어떤 예술가도 어떤 음악가도 그날을 충분히 다 찬미하지 못할 것이다. 오직 하나님의 힘과 위엄만이 그 일에 적합하다. 그에게 만왕의 왕과 만주의 주의 면류관을 씌우실 것인데, 이는 "죽임을 당하신 어린 양이 능력과 부와 지혜와 힘과 존귀와 영광과 찬송을 받으시기에 합당하기" 때문이다. 이 모든 것은 그가 "한 제물로 거룩하게 된 자들을 영원히 온전케 하셨기" 때문이다.

D. 더할 나위 없는 은혜.

저자의 논지의 핵심에서 믿음과 소망과 사랑이라는 기독교의 위대한 덕이 드러난다. 그는 그것들을 서로 연결할 뿐만 아니라 기본 신학과도 연결하고 있고 또 그것들을 실천적인 매일의 삶과 연결하고 있다. "참 마음과 온전한 믿음으로 하나님께 나아가자." 누구에게 가까이 나아가자는 것인가? 왜, 하나님에게! 어떻게? 산 길 곧 그리스도 예수를 통하여. 확신을 가지고 가까이 나아가자. 참으로 믿음의 정의를 잘 서술하고 있다. 하나님께 가까이 나아가는 것을 두려워 말라. 하나님은 우리를 사랑으로 맞이하셨고 하나님께 들어가는 문은 사랑과 자비의 돌쩌귀가 자유롭게 움직여져서 활짝 열려 있다. "우리가 믿는 도리의 소망을 굳게 잡아." 고대 그리스어는 이렇게 해석된다. "움직이지 말고"란 말이 덧붙여져 있다. 그것은 소망의 일이다. 믿음은 하나님의 약속에 대한 확신이다.

소망은 약속의 성취를 기대하는 성향이다. 소망은 요동하지 않게 한다. 소망은 그리스도인의 행보가 안정되게 한다. 소망은 머리를 보호하는 투구이다. 오늘날 사람들은 소망이 없다고 부르짖고 있다. 소위 세상의 사상가라고 하는 몇몇 사람들이 세상에 어떤 소망을 준다. 그러나 우리는 견고하고 확실한 소망을 가지고 있다. 그 소망은 하나님의 본체에 고정되어 있다. "사랑과 선행을 격려하며." 여기에 삶의 최고선이 있다. 참으로 감동적인 권고이다. 우리는 서로 사랑해야 한다. 사랑은 사회의 유대이며, 삶의 진미이다. 오늘날 그리스도인들은 필요한 유일한 것이 사랑이라는 것을 깨닫고 있다. 사랑으로 인하여 우리는 교회의 사귐을 나누게 되며 사랑으로 인하여 주의 오심을 기다리면서 괴로운 삶을 헤치고 나아갈 때 서로 격려하게 된다.

히브리서 10:26-39

배교에 대한 엄숙한 경고

10:26. "우리가 진리를 아는 지식을 받은 후 짐짓 죄를 범한즉 다시 속죄하
는 제사가 없고."
10:31. "살아 계신 하나님의 손에 빠져 들어가는 것이 무서울진저."
10:35. "그러므로 너희 담대함을 버리지 말라."
10:38. "오직 나의 의인은 믿음으로 말미암아 살리라."
10:39. "우리는 뒤로 물러가 침륜에 빠질 자가 아니요 오직 영혼을 구원함에
이르는 믿음을 가진 자니라."

Ⅰ. 역사적 배경

하나님의 언약을 어기는 것에 대한 모세의 경고에 대조하여 교회의 위
험을 나타낸다.

Ⅱ. 용어 해설

저자는 죄와 심판을 두려워한다. 그는 죄와 심판의 두려움을 알고 있으
므로 청중에게 죄와 심판에 관하여 경고하기를 주저하지 않는다. 예수의
완전한 구원에 관한 영광스러운 구절 뒤에 이것은 청천벽력과도 같은 충
격을 준다.

10:26. "짐짓 죄를 범한즉." 여기서 그가 전한 복음을 그가 부인하고 있
는 것인가? 아니다! 그가 무지하고 무엄한 모든 죄를 용서하였다고 진술
하였지만 여기서는 그가 삶의 원리로서 선의 자리에 의도적이고 의식적이
고 고의적인 악의 선택을 말한다. "악이 내 생활이다." 하나님의 은혜를 알

면서도 그와 같이 행하는 것은 당연히 용서받지 못한다.

"다시 속죄하는 제사가 없고." 6절에서 한 주장과 동일하다. 하나님의 최종적인 사역을 거부하면 더 이상 남아 있는 것은 아무것도 없다. 심지어 하나님도 그의 최종적인 것 이상으로 하실 수 없다. 필연적으로 이 세상이 도덕적인 하나님에 의하여 지배를 받는 도덕적인 세상이기 때문에 심판 외에는 아무것도 남아 있지 않다.

10:30. "원수 갚는 것"은 최선의 번역은 아닌데, 그것은 하나님의 본성에 적합하지 않은 복수를 암시한다. 그 생각은 완전한 심판을 말한다.

10:38. "의인은 믿음으로 말미암아 살리라"(합 2:4). 바울이 로마서 1:17과 갈라디아서 3:11에서 인용한 하박국의 유명한 말이다. 로마서에서는 "의인"이 강조되었다고 할 수 있고 갈라디아서에서는 "살리라"가 강조되었다고 할 수 있고 여기 히브리서에서는 "믿음으로"가 강조되었다고 할 수 있다.

III. 교리적 의의

기독교는 정적인 지적 신념이 아닌 동적인 믿음이라는 사실을 언급한다. 성도의 견인이 두드러진다. 살아 있는 믿음은 그 생명의 활동에 의하여 알려질 수 있을 뿐이다.

IV. 실천적 목표

하나님의 사랑과 자비를 이용하려고 하지 않는 게으른 그리스도인들을 경고하기 위함이다. 그들은 그리스도와 그리스도의 대의를 위하여 충실한 매일의 생활로 그들의 선택과 부르심을 확실하게 해야 한다. 게으름으로 인하여 배교할 수 있다. 논리적인 강조라기보다는 심리적인 경고이다.

V. 설교 개요

제목: "천둥과 번개."

도입부

내가 소년이었을 때 나는 당대의 가장 훌륭한 오르간 연주자 중의 한 사람이 세상에서 가장 큰 오르간의 하나로 "폭풍(the Storm)"이라는 제목의 곡을 연주하는 것을 들은 적이 있다. 지금도 우르르 천둥치는 그 소리가 내 귀에 쟁쟁하며 여름 풍경을 가로질러 번쩍거리던 번개가 지금도 눈에 선하다. 뉴욕 세계 박람회 때에 제너럴 일렉트릭 회사가 우리 앞에서 번개를 조작해 보여 주었을 때 나는 그 빌딩에서 무서워 벌벌 떨었다. 이 구절은 무척 청명한 여름 낮에 번쩍이는 번개와 같은 경고이다. 왜? 분명히 박해로 인하여 그리스도와 그리스도께서 나타내셨던 모든 것을 고의로 포기하는 배교의 실제 위험이 그때에 있었을 것이다. 사랑의 목회자는 그의 교인들을 훈계와 엄한 경고로써 구하려고 하였을 것이다. 사랑하는 사람이 위험에 처해 있을 때 구하기 위해 사용된 도구에 대해 투덜거리지 않는다.

A. 하나님의 아들을 다시 십자가에 못박음.

하나님의 은혜가 결코 평범한 선물이 아니듯이 배교도 평범한 죄가 아니다. 신명기 17:2-7의 말씀은 이스라엘이 하나님께로부터 돌이켜서 다른 신들을 섬긴 것을 이야기한다. 여기서 죄란 단어는 고의적으로 계속 죄를 짓는 것 곧 죄가 영혼의 근본적인 성향과 태도임을 뜻한다. 이것은 충분한 지식이 있음에도 배교하는 것을 말한다. 그리고 배교의 필연적인 결과는 형벌이다.

만일 사람이 하나님께서 사랑으로 하실 수 있는 최선의 것을 멸시하면 무엇이 남아 있겠는가? 그의 죄로 인하여 마땅히 받아야 할 심판을 그가 어떻게 피할 수 있겠는가? 하나님조차도 그를 도우실 수 없다. 그는 하나님이 베푸신 자비를 던져 버렸고 피 곧 아들의 죽음에서 나타난 하나님의 사랑을 그 발로 짓밟았다. 그는 하나님의 사랑을 무가치하게 여겼을 뿐만 아니라 성령을 경멸하였다. 이러한 죄는 율법에 불순종하는 것이 아니라 하나님의 인격을 모욕하는 것이다. 그것은 그의 사랑의 마음을 모욕하는 것이다.

그리스도는 용서받을 수 없는 유일한 죄가 성령을 거스르는 것이라고 가르치셨다. 성령은 그의 존재의 근본 본질상 하나님이시다. 그것보다 더 깊게는 사람이 갈 수 없다. 가장 거룩한 사람을 늘 거룩하지 못한 삶을 살았던 사람이라고 일컫고 진리에 대해 등을 돌리고 아들의 인격에 있는 생명을 부인하는 것은 철저히 타락하고 완고한 마음과 생각을 나타낸다. 이것은 용서받을 수 없는 죄를 범한 자들의 용서받을 수 없는 상태이다. 그들은 스스로 그리스도 예수 안에 있는 하나님의 말할 수 없는 은혜의 한계를 벗어났다. 만일 이 세계가 도덕적인 세계라면, 마지막 날에 하나님은 그의 도덕적 본성을 입증하시기 위하여 반드시 심판하신다. 저자는 그 양 떼에게 그들이 하나님의 공의를 경험하는 자들 가운데 들지 말 것을 호소하고 경고한다.

B. 기억하고 서두르라.

저자는 분위기를 바꾼다. 그는 참으로 예술가이다. 격려의 훈계 다음에 한 경고는 그들 자신의 경험에 바탕을 두었다. 지금 포기하지 말라! 놀라운 행보를 망치지 말라! 기억하라! 기억을 불러일으키는 어떤 힘이 있다! 과거의 경험은 삶에서 연속성의 핵을 제공한다. 우리는 과거에 입은 하나님의 은혜를 기억함으로써 도움을 받은 적이 많다. 기억하라! 너희가 시작하였을 때 쉽지 않았다. 너희는 멸시를 받았다. 너희가 신분과 지위와 소유와 모든 것을 잃었지만 주님 앞에서 기뻐하였다. 너희는 "가장 좋은 시간"을 즐기고 있었다.

너희는 사죄와 새로운 생활과 앞으로 올 시대에서 하늘의 약속을 받았다. 너희 담대함을 버리지 말아라. 괴롭고 힘들지만 그분은 결코 버리시거나 포기하지 않으시며 그분의 약속은 진실하고 너희에게는 생명, 곧 영원한 생명이 있다. 잠시 잠깐 후면 그가 오실 것이다. 그와 같이 용감히 싸웠는데 지금 포기하여 싸움에 져서는 안 된다. 하박국을 기억하라! 의인은 믿음으로 살리라! 하박국 당시 모든 것이 사라졌지만 하박국은 실망하지 않았다. 싸움과 강탈과 파멸의 소음을 뚫고 그는 외쳤다. "비록 무화과나무가 무성치 못하며 포도나무에 열매가 없으며 감람나무에 소출이 없으며 밭에 식물이 없으며 우리에 양이 없으며 외양간에 소가 없을지라도 나는 여호와를 인하여 즐거워하며 나의 구원의 하나님을 인하여 기뻐하리로다." 고대 깃발이 바람에 나부끼고 있다 — 의인은 믿음으로 살리라. 우리는 파멸로 물러난 자들에게 속해 있지를 않고 영혼이 구원받는 것을 믿는 자들 속에 있다. 아멘. 아멘.

히브리서 11:1-16

승리하는 삶의 원리

11:1. "믿음은 바라는 것들의 실상이요 보지 못하는 것들의 증거니."

11:3. "믿음으로 모든 세계가 하나님의 말씀으로 지어진 줄을 우리가 아나니 보이는 것은 나타난 것으로 말미암아 된 것이 아니니라."

11:6. "믿음이 없이는 기쁘시게 못하나니."

11:13. "이 사람들은 다 믿음을 따라 죽었으며 약속을 받지 못하였으되 그것들을 멀리서 보고 환영하며 또 땅에서는 외국인과 나그네로라 증거하였으니."

I. 역사적 배경

이스라엘의 전역사, 심지어 맨 처음 아브라함의 시대까지 거슬러 올라가고 있다.

II. 용어 해설

11:1. "믿음은." 저자는 그들이 물러난 자들에게 속한 것이 아니라 믿음으로 그들의 영혼의 구원을 받은 자들에게 속하였다고 주장하였다. 믿음이 무엇이냐고 하는 것보다 더 필연적인 물음이 무엇인가? 그는 단언적인 정의를 하는 것이 아니라 믿음이 하는 것을 설명하고 있다. 그것은 "신실하게 되는 믿음"이다.

"바라는 것들의 실상이요." 휘포스타시스, 여기서는 실체보다는 오히려 보증을 의미한다. 믿음은 보이지 않는 것을 확고하게 붙잡는 것이다.

"보지 못하는 것들의 증거니." 엘레그코스는 논증의 개념이 있는데, 이로 인하여 확신하게 된다.

"보지 못하는 것들." 믿음은 눈에 보이지 않는 실체를 붙잡는다. 이것은 책 전체를 통한 저자의 요점이다. 일시적인 보이는 것들이 아닌 영원한 보이지 않는 것들이 실체의 재료이다.

11:3. "우리가 아나니." (노우멘) 신약 성경에서 단순한 물리적인 행동을 말하는 것이 결코 아니고 마음으로 보는 것이다. "여기서 의미하는 것은 하나님의 작품으로서 보이는 창조물에 대한 내적 지각과 판단이다."

"하나님의 말씀으로." 로고스가 아닌 레마티 인 것을 주의하라. 이것은 자연에 표현된 하나님의 장엄하신 뜻이다. 하나님의 명령이다. 이것은 물질의 영원성을 부정한다. 그것은 이신론과 무신론과 다신론과 범신론과 유물론을 부정한다. 그것은 창세기 1:1과 완전히 일치한다.

Ⅲ. 교리적 의의

여기에 동적인 믿음의 가치를 훌륭하게 보여 준다. 믿음 곧 완전히 헌신하게 되는 신뢰의 감정. 지적인 신념만이 아니라 인격과 생각과 감정과 의지를 하나님의 약속에 전적으로 맡기는 것이다. 그와 같은 믿음은 하나님과 구원의 관계가 되게 할 뿐만 아니라 또한 인간의 힘 이상의 힘을 부여한다.

Ⅳ. 실천적 목표

신약 성경이 어떻게 구약 성경의 자연스러운 성취인지를 보여 주기 위함이다. 유대인의 옛종교를 과감히 버림으로써 이 유대인 그리스도인들을 모욕하는 것은 매우 위험하였을 것이다. 그러나 그렇지 않다. 거기에는 연속성이 있고 유대인의 전역사를 통한 믿음의 가치에 대한 이 기록은 그들의 새로운 "믿음"에 깊은 일체감을 주었다.

Ⅴ. 설교 개요

제목: "믿음 — 삶과 실체의 비결."

도입부

  책 전체를 통하여 저자는 동적인 믿음의 절대적인 필요를 강조하고 있었다. 그는 한시도 독자들이 그것에서 주의를 딴 데로 돌리는 일이 없도록 하였다. 이제 그는 그 필요를 충분히 제시한다. 생사의 차이는 믿음의 사실 혹은 믿음의 결여이다. 그가 믿음의 정의를 내리는 것인가? 어째서 그가 해야 하는가? 요컨대 누가 정의를 내릴 만큼 위대한가? 그것은 정의할 수가 없다. 그럴 필요가 거의 없는데, 이는 경험의 모든 영역에서 모든 사람들에 의해 그것이 다양하게 보편적으로 경험되기 때문이다. 아니 오히려 그것은 그의 의도를 벗어날 것이다. 이제 행위로 믿음을 보여 줄 차례이다. 믿음이 하는 것이 무엇인지를 보여 주려는 것이다. 손으로 만질 수 없고 헤아릴 수도 없고 눈에 안 보이는 실체인 믿음은 보이지 않는 실체의 사실을 붙잡고 확신과 신념을 가지고 전진하고 최종적이고 궁극적인 승리를 두려움없이 확신한다. 여기서 믿음은 영원하신 하나님과 그의 아들 주 예수 그리스도에게 뿌리를 박고 거기에 근거를 두고 있다.

A. 하나님 곧 창조자를 믿는 믿음.

  "태초에 하나님이 천지를 창조하시니라." 창세기의 옛시인은 이렇게 노래하였다. 이 후렴이 여기서 되풀이되었다. 우리도 그 일부인 세상의 창조에 관하여 지금까지 기록된 것 중에 이보다 더 심오하게 기록된 것은 없다. 과학이 자연의 과정을 다루지만 그 기원에 대해서는 침묵할 수밖에 없다. 창조의 그 이론들은 인간의 생각의 힘뿐만 아니라 연약성을 드러낸다. 그 이론들은 이론을 낸 사람들을 결코 능가할 수는 없다. 신비를 풀기 위하여 합리적인 시도만 하려는 것을 훌쩍 뛰어넘어 하나님께 부르짖는 것은 믿음이다. 믿음은 보이는 세계 뒤에 계시는 보이지 않는 하나님을 본다. 물리적인 원인이 아니라 하나님의 명령이 세상을 존재케 하였다는 것은 믿음의 증거이다. "하늘이 하나님의 영광을 선포하고 궁창이 그 손으로 하신 일을 나타내는도다."

B. 아벨의 믿음.

가인과 아벨의 이야기를 읽을 때 아벨의 위대함이 그가 기뻐하시는 것 즉 마음으로부터 우러나는 신실한 믿음으로 제사를 드렸다는 것이었음을 확신하게 된다. 우리는 두 형제가 드렸던 제사의 성격에 관하여 쓸데없이 너무 많이 사색하였다. 우리가 가인과 그의 제사에 관하여 알고 있는 것은 "죄가 문에 엎드리느니라"는 것이 전부이다. 이것은 도덕의 영역에서 표현하는 것이다. 가인은 하나님께 불순종하였다. 아벨은 정직한 믿음으로 순종하였는데, 이 순종은 항상 참된 믿음의 열매이다. 참으로 모든 이들에게 교훈이 된다. 우리는 겉모양을 보기 쉽다. 우리는 외적으로 나타나는 것에 영향을 받지만 하나님은 "중심을 보느니라"(삼상 16:7). 예수님은 자기와 함께 있음직하지 않은 열두 사람을 택하셨고 가난한 과부를 칭찬하셨고 종교나 사회의 허식에 현혹되신 적이 없으셨다. 믿음이 없이는 크든 작든 풍부하든 빈약하든 어떤 제사도 열납되지 않는다.

C. 에녹의 믿음.

아벨의 믿음의 내면의 신뢰를 나타낸다면 확실히 에녹은 하나님을 기쁘게 하고 하나님께 은총을 받는 믿음을 소유하였다. 그때에 우리는 하나님께 드릴 수 있는 가장 훌륭한 형태의 예배가 오직 하나님을 신뢰하는 것이라는 것을 배우게 될 것이다. 그것은 아주 평범하고 아주 단순하게 들리지만 부인할 수 없는 성경의 가장 심오한 진술이다. 조금만 생각해 보아도 하나님을 신뢰하는 것이 의의 기본 원칙이라는 결론에 이르게 된다. 의심과 불신은 우리의 최고의 적이다! 하나님이 계신 것을 의심한다면 어떻게 하나님에게서 받을 것을 기대할 수 있겠는가? 이것은 기본이면서 중요한 것이다. 하나님께서 믿는 것에 대해 상급을 주신다는 것은 의문의 여지가 없다. 에녹이 받은 상급은 무엇이었는가? 가장 놀라운 가능성이다. 하나님과 함께 있도록 하기 위하여 그를 데리고 가실 정도로 그런 하나님과의 사귐이었다. 이것과 필적할 만한 것이 무엇이겠는가?

D. 노아의 믿음.

세상을 부끄럽게 하는 믿음이 여기에 있다. 세상의 조롱에도 아랑곳하지 않고 보이지 않는 것을 확신한 믿음이 있었던 노아는 하나님의 말씀을 믿고 그 자신과 그의 가족에게 구원을 주는 방주를 지었다. 그의 믿음은 쉬운 믿음이 아니었다. 그 믿음은 무척 인내하지 않으면 안 되는 것이다. 세상을 대적하기가 쉽지 않고 합리적이고 그럴 듯함에도 아랑곳하지 않고 하나님의 명령을 믿는 믿음을 지키기가 쉽지 않다. 대세를 따르기는 아주 쉽다. 사람들은 비겁하게 "모든 사람이 그렇게 하는 걸" 하고 말한다. 깊은 도덕적 관습을 거스르는 것은 고사하고 단순히 무해한 도덕적 습관을 거스를 수 있는 사람도 거의 없다. 노아와 모세와 선지자들과 사도들과 아타나시우스와 루터와 웨슬리와 윌리엄 부스(William Booth)는 많은 사람들을 격려하고 그로 말미암아 세상을 정죄한 불과 몇 안 되는 사람들이었다. 직접적으로가 아니라 좀더 깊이 간접적으로. 선인은 모두 악인을 정죄한다. 믿음의 증거는 믿음이 없는 자를 정죄하는데, 이는 믿는 자가 어떤 사람 속에서도 그 가능성을 나타내기 때문이다.

E. 아브라함의 믿음.

이것은 내세를 생각하는 믿음의 완전한 예가 여기에 있다. 오늘날 온 세상에 아브라함은 신자와 불신자에게 믿음의 위대한 모범으로 알려져 있다. 그는 "믿음의 조상"이다. 참으로 비길 데 없는 믿음이다. 참으로 증거가 되는 믿음이다. 그 믿음은 순종하는 믿음이었다. "부르심을 받았을 때 순종하여." 문장에서 강조하는 것은 그가 이유를 댄 것이 아니라 즉시 순종하고 착수하였다는 것이다. 그는 그의 삶과 장래를 하나님께 맡겼다. 그것은 바로 우리가 회심할 때 행하는 것이다. 우리는 우리 자신과 우리 장래를 비롯한 우리 자신의 삶을 전적으로 하나님께 맡긴다.

사람은 그가 다 맡길 때 하나님께서 자기에게 무엇을 요구하실지 결코 알지 못하며, 완전한 신뢰는 염려하지 않는다. 하나님께서 인도하시거나 보내시는 대로 가기를 기뻐한다. 그의 믿음은 장래를 바라보는 믿음이었다. 그는 이 세상에 열중하지 않았다. 그는 동방의 대도시에 살기를 포기하고 팔레스타인에서 방랑하였지만 그것이 전부는 아니었다. 다 상상할 수 없었다. 아브라함은 더 중요하고 소중한 것을 붙들었다. "그는 하나님의 경영하시고 지으실 터가 있는 성을 바랐다." 우리는 그러한 정신을 꼭 간직해야 한다. 사실은 우리가 제일 좋다고 생각하는 세상, 이 현세는 너무 훌륭하므로 우리는 가고 싶어하지 않는 것이다.

이 마지막 날에 현대 교회의 의식 속에 하늘과 영원에 대한 공감을 다시 불러일으키는 것은 하나님에게 속한 일일 것이다. (천상의 설교를 들어 본 지가 얼마나 오래 되었던가?) 우리가 그것을 얼마나 많이 갈망하는가? 우리는 "세상의 것이 이상하게도 점점 흐려진다"고 노래하지만 그것 때문에 우리가 사는 삶의 방식에 큰 차이가 나타나는 것은 아니다. 기껏해야 그것은 아주 기력을 빼앗는 감정의 비현실성에 불과하다. 아브라함과 함께 우리에게는 사라가 있다. 사라의 믿음은 아주 중요하다. 하나님께서 90세에 잉태하리라는 말씀을 하셨을 때 사라는 웃었다. 사라가 반드시 의심하는 사람은 아니었지만 "완고한" 사람이었던 것은 사실이다. 글쎄, 어째서 그랬을까? 사라는 자신이 이미 생산할 나이가 지났다는 것을 알고 있었다. 그러나 사람에게 불가능한 것이 하나님에게는 가능하다. 그녀는 믿었으며 모든 과학적인 사실에도 불구하고 그녀는 잉태하였다. 불가능의 믿음이다. 일종의 부활의 믿음이다. 이것은 하나님의 성실하심에 기초를 둔 믿음이었으며, 이 하나님의 신실하심으로 인하여 항상 하나님을 의지하고 믿는 믿음을 가지게 되는 것이다.

F. 하나님의 신실하심을 믿는 믿음.

"이 사람들은 다 믿음을 따라 죽었으며 약속을 받지 못하였으되 그것들을 멀리서 보고 환영하며." 믿음은 완전하지 않은 것을 항상 붙잡고 있다. 믿음은 항상 여기와 지금, 보이는 것과 볼 수 있는 것을 넘어서 나아간다. 믿음은 부분적이고 불완전한 것으로 결코 만족할 수 없다. 믿음은 현재와 보이는 것 위로 높이 솟아 올라 하나님의 나라의 장래의 영광, 재림의 날, 하나님의 날을 자기 것으로 주장한다. 이 현재의 악한 세상에서 승리하는 삶을 살기 위해서는 믿음의 눈을 높이 들어서 우리 주 예수 그리스도의 완전한 승리를 바라볼 필요가 있다. 믿음으로 우리는 우리의 완전한 성화와 부활과 새 하늘과 새 땅을 바라보아야 한다. 만일 우리가 그러한 것들을 보지 못한다면 우리는 즉각 믿음의 선한 싸움을 싸울 준비가 되어 있지 않은 것이 확실하다. 만일 우리가 "세상을 이기는 믿음"을 소유할 마음이 있으면 그 믿음은 반드시 "내세"의 성질을 띠고 있는 특성이 있어야 하며 우리 스스로 이 땅 위에서 순례자와 나그네라는 것을 생각해야 한다. 우리의 상급은? 하나님이 우리를 부끄러워 아니하신다. 이보다 더 바랄 것이 무엇인가? 참된 자녀들은 세상과 관계를 끊고 바로 그 세상 앞에서 그들을 부끄러워 아니하시는 하나님께 받아들임이 되었다. 만일 우리가 지위와 신분과 명성을 바란다면, 그것은 영혼에 재난이 되지 않는 유일한 형태 속에 있다.

히브리서 11:17-40

믿음 — 크고 장엄함

11:17. "아브라함은 시험을 받을 때에 믿음으로 이삭을 드렸으니 저는 약속을 받은 자로되 그 독생자를 드렸느니라."

11:24, 25. "믿음으로 모세는 장성하여 바로의 공주의 아들이라 칭함을 거절하고 도리어 하나님의 백성과 함께 고난 받기를 잠시 죄악의 낙을 누리는 것보다 더 좋아하고."

11:33. "저희가 믿음으로 나라들을 이기기도 하며 의를 행하기도 하며 약속을 받기도 하며 사자들의 입을 막기도 하며."

11:36. "또 어떤 이들은 희롱과 채찍질뿐 아니라 결박과 옥에 갇히는 시험도 받았으며."

11:39, 40. "이 사람들이 다 믿음으로 말미암아 증거를 받았으나 약속을 받지 못하였으니 이는 하나님이 우리를 위하여 더 좋은 것을 예비하셨은즉 우리가 아니면 저희로 온전함을 이루지 못하게 하려 하심이니라."

I. 역사적 배경

앞 단락과 동일하다. 이스라엘의 역사와 로마에 있는 새 이스라엘과의 관계.

II. 용어 해설

저자는 그의 낙심한 형제들에게 믿음이 삶의 요소라는 것을 보여 주기 위하여 옛날 이스라엘 사람들의 생활에서 믿음의 현저한 경험의 예들을 산더미처럼 쌓아 놓고 있다. 저자가 그들의 공통된 믿음의 통일성과 연속성을 어떻게 확대하여 보여 주는지 주의하라. 아브라함과 모세로부터 얼마간 분명히 약속에 들어간 사람들까지 그리고 분명히 들어가지 못한 사람들까지. 그러나 모두가 공통의 경험을 하였으므로 그는 하나님의 약속을 믿는 믿음을 하나님의 전체 계획에서 절대 필요하고 중요한 부분이라는 것을 그의 독자들에게 숨김없이 이야기하고 있다.

11:40. "이는 하나님이 우리를 위하여 더 좋은 것을 예비하셨은즉 우리가 아니면 저희로 온전함을 이루지 못하게 하려 하심이니라." 구약 성경과 신약 성경에서 믿음의 통일성에 대한 장중한 진술이다. 이 영감받은 저자의 생각으로는 하나님의 약속의 성취에 있어서 두 언약이 절대로 나누어질 수 없다는 것이다.

III. 교리적 의의

앞 단락을 보라.

IV. 실천적 목표

앞 단락의 목적의 연속이다.

V. 설교 개요

제목: "믿음 ― 전적으로 증명되었다!"

도입부

영감을 받은 저자는 독자들을 믿음의 정점 곧 아브라함의 시험으로 이끈다. 믿음의 연대기에서 대등한 것은 고사하고 이것과 비교할 어떤 것이 있는가? 하나님의 미래의 계획이 모두 달려 있는 약속의 자녀의 조상은 자식을 잡아서 그를 제사로 드리라는 요구를 받았다. 아브라함은 실패하였던가?

A. 아브라함 ― 순종할 수 있을 뿐인 믿음.

창세기 22장의 신성한 기사를 읽으면 아브라함이 하나님의 뜻을 행하는 데 주저하였다는 암시가 전혀 없다. 그가 어떤 의심을 하였는지 모르지만 기록에는 나타나지 않는다. 그는 그의 열여섯 살 소년, 그의 아들, 그의 독자, 그의 사랑하는 아들을 데리고 나아간다. 그 자신을 위하여 그리고 하나님 나라를 위하여 가장 사랑하는 아들을 데리고 나아간다. 그들이 산에 오를 때 종들은 아버지와 아들이 돌아오리라고 확신하였다. 그 소년은 하나님께서 예물을 예비하실 것을 확신하였다. 그와 같은 믿음은 도저히 설명이 불가능하다. 소년이 결박당하였다. 칼이 높이 들렸다. 그때 이삭을 원하신 것이 아니라 아브라함을 원하신 하나님께서 수풀에서 부르셨다. 인류의 기록에서 갈보리를 제외하고 순종의 믿음의 가장 훌륭한 예가 바로 여기에 있다.

B. 모세 — 만인의 마음을 가진 믿음.

히브리서 저자는 모리아 산에서 단일한 민족의 믿음이 두드러지는 이삭과 야곱과 요셉의 들로 내려온 다음에 시내 산 꼭대기와 많은 재능을 가진 사람 모세의 거대한 믿음으로 올라간다.

1. 그의 부모는 믿음으로 그를 구원하였다. 그들은 그의 아름다운 눈을 들여다보고 그의 아름다운 작은 몸을 보았을 때 믿음으로 그가 죽지 않을 것이라는 것을 믿을 수 있었다. 이것은 참으로 진정한 의미에서 모든 경건한 부모의 순수하고 순전한 믿음이다. 그런 믿음을 결코 잃어서는 안 된다. 궁정에서 자라던 모세에게 신중한 결정을 내려야 할 날이 찾아왔다. 그는 결정을 내린다. 무슨 결정을 내리는가? 세상의 역사에서 가장 중추적인 한 결정을 내린다. 한 나라, 한 종족, 세계의 모든 장래가 한 사람의 결정에 영향을 받는 순간들이 있다. 그가 바른 결정을 내릴까?

과연, 모세는 그렇게 했다! 모세는 바로의 공주의 아들이라 여기기를 거절하고 멸시받던 노예 이스라엘 백성의 한 사람이 되기로 하였다. 그는 일시적인 궁정의 쾌락, 잠시 죄의 쾌락을 즐기기보다 하나님의 백성의 고난을 함께 나누고자 하였다. 이것은 말로 다할 수 없는 영웅적이고 웅대하고 영광스럽고 장엄한 것이었다. 지위와 힘의 자리, 부와 화려함의 자리에서 사람의 일반적인 생각으로는 도저히 생각할 수 없는 노예의 신분을 택하였다. 우리는 일반적으로 반대의 순서를 생각한다. 우리에게 성공은 정반대의 방향으로 평가된다. 그는 확실히 달랐고 그렇게 한 그를 찬양하지 않으면 안 된다. 그로 하여금 그렇게 하도록 만든 것은 무엇인가? 그의 용기? 그의 지성? 전혀 그렇지 않다! 저자의 대답은 믿음이다. 그로 하여금 영원한 가치를 붙들게 하고 시간보다 영원을 택하게 하고 세상보다 하나님을 택하게 한 것은 믿음이었다. 그리고 우리도 마찬가지로 영혼의 동일한 태도와 성향에 의하여 영원한 삶의 가치를 식별할 수 있을 뿐이다.

2. 그는 왕의 진노를 개의치 않고 애굽에서 도망쳐서 40년 동안 보이지 않으시는 그를 볼 때까지 참으면서 생각하고 묵상하였다. 때때로 활동하지 않는 날들이 적극적인 투쟁의 날들보다 영혼을 더 파괴한다. 모세는 그가 내린 큰 결정에 계속 충실하기 위하여 동적인 믿음이 필요하였다. 우리는 전혀 너무 조심없이 이런 산 같은 날들을 지나왔다. 그가 아무것도 하지 않고 있었고 그는 실패한 사람이었다고 주장하는 것은 그의 삶의 방식과 어울리지 않는다. 그가 어떻게 할 줄 몰랐다는 것은 아무도 의심할 필요가 없지만 그것은 그가 끝났다는 생각과는 전혀 다른 것이다. 전혀 그렇지 않다! 하나님은 그의 원래 믿음을 귀하게 보셨고 그러한 세월 동안 그에게 하나님의 백성을 속박에서 인도하는 데 필요한 덕을 가르치셨다. 그는 믿음으로 아브라함의 하나님을 알았기 때문에 인내하였다.

3. 믿음으로 그는 돌아와서 고대와 현대에 유대인 종족의 가장 중요한 의식인 유월절을 제정하였다. 그것은 어떤 다른 형식과 개념보다도 더 ― 사람들이 유대인들에게 할 수 있는 모든 것에도 불구하고 ― 유대 민족을 결집시켰다. 그것은 그들 민족의 의식의 핵심이다. 그런 다음 하나님이 주시는 담대함을 가지고 그는 홍해를 건넜다. 하나님을 믿는 믿음은 물을 강타하였고 물이 둘로 갈라졌다. 오늘날 죄와 불경건의 물을 가르고 하나님의 백성을 자유롭게 할 수 있는 믿음의 사람이 어디 있는가? 모세는 가고 없지만 그의 정신은 늘 살아 있다! 믿음으로 여리고의 성벽이 무너졌다. 이 사건은 노래와 드라마 혹은 농담과 폭소의 주제가 되어 왔다. 전체 이야기는 현대인의 생각에 아주 수수께끼이다. 오합지졸에 불과한 유대인, 나팔, 법궤의 운반 ― 이런 것들은 성읍의 점령과 무슨 관계가 있는가? 당신은 나에게 무엇을 믿으라고 요구하고 있는가? 심지어 부활도 그것보다는 더 이해가 된다. 이해가 되든 이해가 안 되든간에 그것은 믿음이 한 것

이다. 고지식함이 아니라 믿음이다. 추상적인 믿음이 아니라 하나님의 능력과 뜻의 보이지 않는 실체를 붙잡는 동적인 믿음이다. 오늘날 헐어야 할 필요가 있는 여리고의 담이 많이 있으며 오직 믿음의 사람들만이 그 일에 적합하다는 것을 우리는 아주 확신할 수 있다. 죄와 수치의 담이 허물어지고 있을 때 이 세대의 라합들이 전혀 회개할 필요가 없다고 생각하는 아흔아홉보다 먼저 하나님 나라에 들어갈 것이다.

C. 승리하는 믿음 — 고난.

그 나라의 훌륭한 인물을 시간 때문에 일일이 다 열거할 수 없다. 그러나 하나님의 사람의 삶을 살펴보자. 그 삶은 뚜렷한 승리와 뚜렷한 실패로 채색되어 있다. 그러나 그 모든 삶을 통하여 한 가지 큰 주제 곧 믿음의 주제가 흐르고 있다. 정복을 당하였든지 심한 굴욕을 겪든지 믿음의 사람들은 정신의 영역에서 정복자들 이상이었으며 그들의 믿음 때문에 진실하였다. 믿음의 사람들은 외적인 요소가 어떠할지라도 실패나 상실을 전혀 모른다. 왜냐하면 그들은 영원과, 영원의 하나님과 연합되었기 때문이다.

D. 믿음의 절정.

여기서 저자는 이 책에서 가장 심오한 한 진술을 하고 있다. 이것은 오늘날 기독교 시대에 우리가 반드시 붙들어야 하는 것이다. "이 사람들이 다 믿음으로 말미암아 증거를 받았으나 약속을 받지 못하였으니 이는 하나님이 우리를 위하여 더 좋은 것을 예비하셨은즉 우리가 아니면 저희로 온전함을 이루지 못하게 하려 하심이니라." 이전의 모든 것은 한 예로서 의미가 있을 뿐만 아니라 그 모든 것은 현재가 없이는 완전하지 않다. 하나님은 세상을 구원하시는 일을 시작하셨고 하나님의 계획의 각 부분은 전체와 조화를 이루며 전체와 분리되어서는 불완전하다. 먼 과거에 뿌리를 둔 우리 시대는 미래에 의미가 있고 미래와 상관없이 완전하게 되지 않는다. 모든 것은 최종적인 완성의 날을 향하여 가고 있다. 이 분열의 시대에 우리는 참으로 하나님의 전체 계획의 통일성과 결속에 대하여 깊이 생각할 필요가 있다.

히브리서 12:1-11

징계의 장점과 가치

12:1, 2. "이러므로 우리에게 구름같이 둘러싼 허다한 증인들이 있으니 모든
무거운 것과 얽매이기 쉬운 죄를 벗어 버리고 인내로써 우리 앞에 당한
경주를 경주하며 믿음의 주요 또 온전케 하시는 이인 예수를 바라보자
저는 그 앞에 있는 즐거움을 위하여 십자가를 참으사 부끄러움을 개의치
아니하시더니 하나님 보좌 우편에 앉으셨느니라."

12:6. "주께서 그 사랑하시는 자를 징계하시고 그의 받으시는 아들마다 채찍
질 하심이니라 하였으니."

12:11. "무릇 징계가 당시에는 즐거워 보이지 않고 슬퍼 보이나 후에 그로
말미암아 연달한 자에게는 의의 평강한 열매를 맺나니."

I. 역사적 배경

저자는 독자들로 하여금 그들이 받는 고난의 뜻과 가치를 생각하도록
한다. 만일 고난에 대한 건전한 철학이 없다면 사람은 좌절하게 된다. 신실
한 자들의 고난과 하나님의 아들의 고난을 배경으로 저자는 성품과 의의
함양을 위하여 하나님의 징계하시는 섭리를 이야기한다. 고난은 모두 우리
주 예수 그리스도의 아버지의 가정에 속한 자녀에게 의미가 있다.

II. 용어 해설

12:1. "구름같이 둘러싼 허다한 증인들." "구름"(네포스)는 증인들이 아
주 많음을 말한다. "증인들"(마르투론)은 단순히 구경꾼이 아니라 11장의
훌륭한 인물과 관련된 진리에 대한 증거를 가진 자들을 말한다.

"무거운 것"은 달리기 선수가 훈련 때 사용하다가 경주할 때에는 버린

다.

"얽매이기 쉬운 죄." "얽매다"는 긴 겉옷이나 가운 같이 둘러싸는 것을 의미하는 단어에서 나온 말이다. 그러므로 그리스도인 경주자는 그의 긴 겉옷과 가운을 벗어 던지고 죄와 상관없이 자유롭게 달리는 것이다.

12:2. "우리 믿음의 주요 또 온전케 하시는 이." 아르케온의 의미에 대해서는 권위 있는 사본마다 해석이 다르다. 창조자 혹은 창시자로부터 지도자 혹은 우두머리까지 번역하고 있다. 후자가 더 나은 번역일 것이다. 그리스도는 우리의 믿음을 완전하게 할 때 우리를 지도하신다.

"그 앞에 있는 즐거움." 어떤 즐거움인가? 상당히 날카로운 의견 대립이 있다. 그가 십자가를 위해 하늘의 즐거움을 포기하였다고 주장하는 이도 더러 있다. 대부분은 그 말이 그의 믿음의 목표였던 경주의 구원의 큰 소망을 말하며 그 경주에 대한 상급으로 그를 승리자로서 그의 아버지의 보좌에 앉히실 것이라고 믿는다. 후자가 더 타당하다.

12:3. "죄인들의 거역한 일." 반대하는 일. 그리스도는 끊임없이 죄인들의 논란과 조롱의 대상이 되셨다. 참는 것이 쉽지 않았다.

12:4. "너희가 아직 피 흘리기까지는 대항치 아니하고." 그들이 당한 박해가 어느 정도였는지 모르지만 그들은 아직 피흘리거나 죽음을 당하는 지경까지는 가지 않았다.

12:7. "너희가 참음은 징계를 받기 위함이라." 즉 너희는 너희 하늘 아버지께서 의도하신 훈련으로서 징계를 받는다.

12:11. "의의 평강한 열매." 징계를 참고 견딘 자들은 마음과 영혼에 깊은 평안을 느끼는 안정된 성품을 상급으로 받는다.

Ⅲ. 교리적 의의

하나님의 아들을 따르는 자들에게는 삶이 모두 훈련소이며 때가 되면 모두 하나님의 약속을 믿는 그들의 믿음의 총상급을 받을 것이다. 고난은 의미가 있다. 우리가 고난의 발생과 고난의 본질을 이해하지 못할지라도 믿음으로 우리는 하나님께서 우리 주 예수 그리스도 안에서 시작하신 그 일을 완성하시기 위하여 우리 영혼 안에서 일하고 계시다는 것을 안다. 고난은 그리스도인에게 결코 우연한 일이 아니다. 그것은 항상 영원한 중요성이 있다. 성도의 견인의 큰 교훈과 결부된 하나님의 섭리의 큰 교훈이 이 구절의 핵심이다.

IV. 실천적 목표

이 서신서의 중요한 취지의 계속이다. 상당한 박해와 고난으로 고통하며 흔들리는 교회를 격려하기 위함이다. 괴로움으로 인하여 나태해진 그들을 일으켜 세우고 십자가를 참으사 모든 수치를 감당하시고 승리하신 분의 이름으로 모든 적과 맞서서 계속 믿음을 지키도록 격려하기 위함이다.

V. 설교 개요

제목: "우리의 영광스러운 경주."

도입부

믿음의 위인들이 살아 있는 세대의 눈앞에서 검열을 받았다. 참으로 그들은 거인의 행렬이다. 그들이 무엇을 말하고 있는가? 우레 같은 한 목소리로 그들은 외치고 있다. "서둘러라! 두려워 말라! 달려라! 보라, 우리가 너희에게 횃불을 넘긴다!" 저들을 실망시킬 것인가? 절대로 그래서는 안 된다. 우리도 달리자!

A. 달리자!

달리고 그리고 우리만 달리게 하지 않으시는 하나님께 감사하자. 인생의 큰 경주에서 혼자가 되는 것은 두려운 일이다. 그것은 파멸을 가져오는 것이다. 그러나 우리에게는 구름같이 둘러싼 허다한 증인들이 있다. 우리에게 참으로 유익한 역사이다. 우리의 과거의 유산을 깊이 파서 발굴하자. 위인들과 귀인들의 삶은 우리도 숭고한 삶을 살 수 있다는 것을 말해 준다. 빛나는 깃발을 가진 강한 군대가 우리에게 우리가 혼자일 때에는 감히 꿈도 못 꾸던 것을 개척할 마음이 일어나도록 고무한다. "강한 군대처럼 하나님의 교회가 앞으로 나아간다." 그것은 단거리 경주가 아닌 장거리 경주 곧 마라톤이므로 견인 불발의 정신으로 달리자. 산을 오르고 골짜기로 내려가고 물을 건너고 불을 지나 우리는 길을 재촉한다. 그리스도인 경주자에 관한 큰 사전에는 실패라는 단어가 전혀 없다.

긴 장애물 경주를 위해 그 자체로는 죄악적인 것이 아니지만 악과 싸울 때 우리를 불리하게 하는 크고 작은 삶의 무거운 것들을 던져 버리자. 많은 사람에게는 그것이 "가장 좋은 것 대 좋은 것"의 상투적인 콘테스트이다. 그래서 많은 그리스도인들은 하나님께서 그들에게 가장 좋은 것을 가지기를 원하실 때 별로 만족하지 않는 것처럼 보인다. 그러면 그러한 죄들 중에서 우리가 아주 쉽게 빠지는 것은 어떤 것인가? 아주 사사로운 일같이 보이고 거추장스러운 긴 옷으로 우리를 둘러싸는 그러한 것들이 우리로 하여금 경주를 하지 못하게 만든다. 하나님의 은혜의 자유 가운데 경주하기 위하여 우리의 죄를 매일 고백하는 것이 참으로 필요하다. 고백하지 않은 죄는 그리스도인에게 가장 치명적인 적이다. 하나님은 우리 죄를 처리하고 또 우리 속에 그의 성령을 주시기 위하여 은혜의 보좌를 준비하셨다. 그러므로 하나님의 자녀라면 이런 끊임없이 엄습하는 죄들을 당연히 던져 버려야 한다.

B. 보자!

예수님을 자세히 보자! 우리를 앞서 가신 그분을 알고 깨닫는 것이 참으로 필요하다. 그 길을 알고 계시는 그분이 인도하고 격려하실 수 있다. 결승점이 지금까지는 시간의 회랑들 아래에 있고 허들과 장애물에 의해 분명하지 않은 때가 너무 많아서 모범 곧 줄곧 경주자와 함께 하면서 그의 앞에 가는 코치가 반드시 있어야 한다. 경주는 뒤를 돌아보아서는 결코 승리하지 못한다. 랜드리(Landry)는 대영제국 경기 대회(Empire Games)에서 배니스터(Bannister)가 어디에 있는지 보려고 뒤돌아보다가 일마일 경주에서 패배했는데, 왜냐하면 그 순간 그의 달리던 리듬이 깨어졌고 배니스터는 그의 옆으로 나는 듯이 달려갔기 때문이다. 예수님은 우리의 믿음의 사람이며 적임자 중의 적임자이다. 그의 경우에는 믿음이 출발할 때부터 끝을 보고 있었고 보이지 않는 분을 보는 것처럼 인내하고 있었다. 우리의 대장은 자신을 위하여 그의 신적인 능력을 사용하신 적이 한 번도 없다. 그는 우리와 마찬가지의 수준 곧 믿음으로 삶을 사셨다.

우리의 믿음의 완성자의 인성을 과소 평가함으로써 십자가의 부끄러움이나 그 능력을 잃게 해서는 안 된다. 그는 십자가의 부끄러움을 개의치 않으셨다. 그것은 우리에게 어떤 의미가 있는가? 우리 교회 위에 달려 있고 숙녀의 목에 걸려 있고 남성의 시곗줄에 달려 있는 십자가가 극악한 범죄자에게 가했던 그 나무의 극도의 수치를 나타내는가? 전기 의자나 교수형 올가미나 가스실에서 우리가 영광스러운가? 그러한 것들의 복제품을 장식으로 걸고 싶을까? 도무지 상상할 수 없는 일이다. 누가 감히 그러겠다고 말할까? 그러나 예수님 시대에 십자가는 그런 것들보다 더 불쾌한 것이었다. 그러나 예수님은 십자가를 개의치 않으시고 참으셨다. 부끄러움과 고난을 개의치 않으셨다.

하나님의 어린 양의 고난, 죄를 전혀 알지 못하시는 그분이 죄가 되신 것을 누가 묘사할 수 있을까? 복음 전도자의 절제된 말에는 육체적·정신적·감정적 고통이 당연히 남아 있다. 그것이 무엇이었든지 그것은 지옥의 모든 고통과 비극이었다. 그가 왜 그렇게 고난을 당하셨는가? "그 앞에 있는 즐거움을 위하여." 그렇다. 그 즐거움은 그의 아버지의 뜻을 성취시키는 데 있었고 앞으로 올 시대에서 구속의 신적인 계획을 성취시키는 것을 바라보는 데 있었다. 그와 같은 비전을 가지고 그는 어떤 것이라도 견딜 수 있었고 견디었는데, 이는 그가 "사랑이신 하나님, 뛰어난 모든 사랑, 세상에 내려오신 하늘의 기쁨"이시고 또한 그러하셨기 때문이다. 참으로 믿음의 주요 믿음의 완성자이시다. 한시라도 그에게서 눈을 떼서는 안 된다. 예수님을 바라보며 우리 앞에 있는 경주를 인내로써 달리자.

C. 인내하자!

인내, 이것은 우리에게 참으로 필요하다. 우리는 인내의 요소를 어떻게 얻는가? 우리의 하늘에 계신 아버지의 징계하시는 훈련에 복종함으로써. 징계는 오늘날 별로 좋아하는 말이 아니다. 그러나 징계가 없이 지금까지 가치 있는 일이 이루어진 것은 아무것도 없다. 장거리 경주를 위하여 우리는 생활의 규칙에 우리의 몸과 정신이 복종하도록 길들이는 훈련이 반드시 필요하다. 하나님은 조롱을 받지 않으시며 우리가 삶의 영역에서 무엇으로 심든지 그대로 거두게 된다. 의식을 제어하지 못하면 그 의식이 우리를 지배하여 몸과 자아의 파멸적인 붕괴를 일으킨다. 때때로 징계는 상처를 준다. 훈련은 반드시 고통이 따른다. 이것은 삶의 모든 영역에서 분명하며 자기를 부인하고 십자가에 못박아야 하는 영혼의 영역에서 특히 그러하다. 징계는 피의 제사가 필요할지도 모른다. 그리스도는 고난을 통하여 완전하게 되셨다. 고난없이 완전하게 되리라고 한순간인들 생각할 수 있겠는가? 삶의 학습은 정반대에 대해서 아무런 증거를 남기지 않는다. 그는 피흘리기까지 고난을 당하셨다. 만일 우리가 그의 고난에 참여하도록 부름을 받았다면 실망하지 말자.

사람은 하나님과 관련하여 고난에 대해서 두 가지 방식으로 반응할 수 있다. 사람은 하나님에게서 돌이키거나 하나님께로 돌이킬 수 있다. 기독교 신앙의 관점에서 고난은 하나님과 자기 자신에 대해서 더 깊이 깨닫게 한다. 그와 같은 징계를 싫어하지 말자. 징계는 우리의 유익을 위한 것이다. 아버지이신 하나님은 우리 각자에 대하여 거룩한 뜻이 있으며 하나님의 섭리 가운데 무슨 일이 일어날지라도 그것은 우리의 영원한 유익을 위한 것이다. 이것은 고통과 고난과 상실과 분명한 실패의 가시를 이용한다. 우리의 징계에는 목적이 있다. 그렇다. 그것은 결코 유쾌한 것이 아니다. 그것은 결코 고통이 없는 것이 아니다. 그것은 세상에서 정말 지옥일 수 있다. 고통과 슬픔과 박해를 대수롭게 여겨서는 안 될 것이다. 어떤 사람의 섬세한 감정을 해치거나 아프게 해서는 안 될 것이다. 그러나 여러분의 몸이나 마음이나 영혼의 고난이 헛되지 않을 것이다. 하나님은 그 고난 가운데 계시며 그 고난 가운데 있는 여러분을 위하여 계시며 그 고난은 여러분의 영원한 유익을 위한 것이다. 고난을 피하는 것은 두려운 비극일 것이다. "헛된 고난"에 대하여 너무 많이 증거하는 것은 낙담시키는 것이다. 고난을 피하는 사람들은 고난이 주는 교훈과 복을 이해하지 못한다.

우리가 징계받은 거룩한 결과는 무엇인가? 하나님의 거룩함에 참여할 것이다. 우리는 더 높이 열망할 수 없다. 그것은 하나님과 같이 되는 것이다. 우리는 모든 것의 목적이 우리가 되도록 하기 위함임을 안다. 행동이 중요할지 모르지만 행동(doing)의 어떤 것도 존재(being)와 동등시될 만한 것이 전혀 없다. 하나님은 우리가 그의 사랑하시는 아들의 형상에 일치되기를 바라신다. 이것은 우리를 시공간을 초월하여 내적 삶의 세계 속으로 들어가게 한다. 이것은 본질적인 자아를 다루고 있다. 이 약속은 최고의 믿음까지도 흔들리게 한다. 목표라니! 우리가 그와 같은 숭고한 이상에 마음이 사로잡혀 넋을 잃고 있을 동안에도 배움의 날들이 유쾌하지 않을지라도 그 배움에서 모든 사람이 여전히 평강과 의의 삶을 성취한다는 것을 기억하자. 평강이라 함은 고요함과 근심이 없다는 뜻이 아니라 깊음이 진동하고 산들이 요동해도 하나님이 여기에 계시며 그의 이름을 위하여 모든 것을 완전하게 하실 것에 대한 깊고 영구한 확신을 뜻한다.

히브리서 12:12-29

최종적인 경고와 격려

12:12. "그러므로 피곤한 손과 연약한 무릎을 일으켜 세우고."
12:14. "모든 사람으로 더불어 화평함과 거룩함을 좇으라."
12:15. "너희는 돌아보아 하나님 은혜에 이르지 못하는 자가 있는가 두려워
하고."
12:18. "너희의 이른 곳은 만질 만한 불 붙는 산과 흑운과 흑암과 폭풍과."
12:22. "그러나 너희가 이른 곳은 시온 산과 살아 계신 하나님의 도성."
12:25. "너희는 삼가 말하신 자를 거역하지 말라."
12:28, 29. "그러므로 우리가 진동치 못할 나라를 받았은즉 은혜를 받자 이
로 말미암아 경건함과 두려움으로 하나님을 기쁘시게 섬길지니 우리 하
나님은 소멸하는 불이심이니라."

Ⅰ. 역사적 배경

앞 단락과 동일하다.

Ⅱ. 용어 해설

경건한 징계의 가치와 필요성에 대한 저자의 설명을 좇으면 우리는 계
속 필요한 전형적인 훈계를 깨닫게 된다. 피곤한 손과 연약한 무릎이 일으
켜 세움을 받을 수 있다. 징계로 인하여 그들의 행보가 바르게 되고 순례
여행을 하는 동안 건강과 활력을 얻을 것이다. 행보가 바르게 되어야 하는
데, 이는 구부러진 것에 대조되는 곧은 것이라는 의미가 아니라 완만하고
평탄하고 순조로운 것을 뜻한다. 트로키아는 문자적으로 바퀴 자국이다.
그들이 길을 고치고 있으므로 아무도 다치게 되거나 절뚝거리지 않을 것

이다.

12:17. "회개할 기회를 얻지 못하였느니라."에서는 회개로써 그가 한 일을 뒤바꾸어 놓을 수 있는 길을 전혀 발견할 수 없었다. 그의 어리석은 육욕적인 결정은 최종적인 것이었다.

12:18-24. "불붙는" 산을 생각하기 위해 출애굽기 19:18의 두려운 광경을 다시 살펴보라. 다음의 것들은 함께 공부해야 할 것이다: 신명기 4:11; 5:23-27; 9:19; 출 19:12, 13. 시내 산과 옛언약을 주심에 대한 이 언급은 하나님의 경외심과 두려움을 불러일으키는 장엄함과 하나님의 근접할 수 없음을 나타낸다. 그것은 두려움과 장엄한 경외의 그림이다. 여기서 저자는 새 언약의 영광으로 화제를 돌린다. 우리는 시온 산에 가야 한다. 거기에 어떤 것이 우리를 기다리고 있는가? 하나님은 여전히 가까이할 수 없는 분이실까? 새 예루살렘은 신자에게 다음과 같은 것을 공급한다: (1) 새로운 창조와 새로운 질서. (2) 심히 기뻐하는 천만 천사들. (3) 선택된 자의 사귐, 장자의 총회. 이 사람들은 그들의 기업에 참여하는 자들이며, 하늘의 명부에 이름이 기록된 자들이다. (4) 그들은 그들의 하나님이시요 그들의 아버지이신 심판장을 대면한다. (5) 가장 좋은 것은 새 언약의 중보이신 예수님을 만나는 고귀한 특권이다. 이것보다 더 좋은 것을 상상할 수 없을 것이다. 이것은 절대적 특권과 명예와 기쁨의 절정이다. 예수님을 뵙고 예수님의 환영을 받는다. 예수님은 하늘이다! 이것은 오랫동안 심사숙고한 것에 적합한 놀랄 만한 대비이다.

"아벨의 피." 아벨의 피는 복수를 요청한다. 예수님의 피는 화해를 요청한다. 율법은 사랑에게 길을 내준다. 더 이상 사람은 접근할 수 없는 하나님을 두려워 떨면서 살지 않고, 그의 사랑 안에서 거룩하시고 그의 거룩하심 안에서 사랑이 있는 분 앞에서 산다. 그리고 이것은 하나님의 아들 곧 예수님의 죽으심으로 가능하게 되었다. 예수님을 통하여 우리는 지성소로 나아가게 되었다.

12:25-29. 이 마지막 단락에서 저자의 경고는 절정에 달한다. 그의 모든 경고는 이 웅변적이고 엄숙한 구절에서 절정에 이른다. 그 경고들을 살펴

보자: 등한히 여김, 2:1-4. 불신앙, 3:7-4:13. 배도, 5:11-6:20. 짐짓 범하는 죄, 10:26-31.

그리고 이제 "너희는 삼가 말하신 자를 거역하지 말라." 모든 것은 어떤 형태로나 하나님의 계시를 가리킨다. 신앙과 순종이 기대되었다. 아들에게 계속 충성하고 아들을 외면하지 않는 것이 저자의 의무이다. 참으로 죽 늘어선 경고! 경고의 수효에 의해 경고는 저자가 말하고 있는 것에 대하여 엄청난 중요성을 부여한다. 그는 세상에서 가장 중요한 본질을 다루고 있다. 곧 구원이냐 아니면 불멸의 영혼의 상실이냐 하는 것을 다루고 있다. 여기서 그의 주장은 만일 시내 산에서 들렸던 그 목소리에 순종해야 했다면 하물며 아들로 직접 말씀하시는 그 목소리에 복종해야 하지 않겠느냐 하는 것이다. 불타는 산을 진동시키신 하나님이 지금 땅뿐만 아니라 하늘도 진동시키기로 되어 있다. 일시적이고 세상적인 모든 것은 없어질 것이다. 오직 하나님의 영원한 나라만이 남을 것이다. 그 주장의 강조점은 분명하다. 하늘로 말씀하시는 그분을 거부하는 것은 재난과 영원한 죽음을 초래하는 것이다. 왜냐하면 그 목소리는 최종적이고 궁극적인 것을 나타내기 때문이다. 더 이상 아무것도 없다.

경고 속에는 장엄한 위로가 있다. "우리 하나님은 소멸하는 불이심이니라." 위로라고 말하는가? 그렇다. 위로이다. 사랑하는 그분은 의롭고 거룩하시며 그분은 자신의 사랑하는 자들을 위하여 그리고 자기 자신을 위하여 그의 권속의 거룩한 삶을 해치고 훼손할 수 있는 모든 것을 없앨 것이다. 유일하게 남을 것은 그의 거룩한 속성과 조화하는 것이다. 참으로 그런 생각을 할 수 있을까! 죄 없는 우주! 너무 좋아서 믿어지지가 않는다. 그러나 그것은 정말 믿을 수 있는 것이다. 하나님은 소멸하시는 불이시다.

Ⅲ. 교리적 의의

다시 한 번 하나님의 주권이 강조되었다. 신적인 계시의 교훈이 그 주장에 깊이 간직되어 있다. 개인의 절대적인 도덕적 책임이 두드러진다. 그 다음에 마지막 날과 내세에 대한 가르침이 있다. 대속의 죽음과 화목이 강조되었다. 이 몇 구절에 어떻게 그 많은 가르침을 담아 넣을 수 있는지 놀랍다.

IV. 실천적 목표

헌신과 삶 속에 나태함이 나타나고 있는 사람들에게 한 가지 마지막 경고를 함. 박해로 인하여 그리스도에 대한 그들의 신뢰가 무너질 위험이 있었다. 저자가 그와 같이 무서운 말과 비유로써 아주 많은 경고를 하고 있기 때문에 틀림없이 아주 격렬한 위험이 있었을 것이다.

V. 설교 개요

제목: "경고와 격려와 확신."

도입부

징계받은 뒤에 위로를 받는다. 불로 연단되었기 때문에 이제 믿음의 선한 싸움을 싸울 준비가 되었다. 그렇게 하려면 지도가 필요하며 하나님께서는 빛 없는 가운데 성도들을 결코 버려 두시지 않는다. 하나님의 훈계는 항상 분명하고 솔직하다. 이러한 것들을 다루어 보도록 하자.

A. 하나님의 경고.

미끄러질 염려가 있는 사람들은 나태와 연약함에 대하여 경고를 받을 필요가 있다. 그러므로 피곤한 손과 연약한 무릎을 일으켜 세우는 것이다. 다른 말로 하면 그 사람을 일어서게 하여 담대하게 하는 것이다. 구약 성경에서 이스라엘의 전쟁의 외침이 몇번이고 되풀이된다. "담대하라. 대장부가 되어라." 태만해지고 연약해질 필요가 전혀 없다. 또한 부지런하라. 자기를 돌보지 말고 동료 여행자를 위하여 울퉁불퉁한 길을 평탄케 하는 데 조력하라. 낙심하지 않는 가장 좋은 방법은 자신을 잊고 다른 사람의 필요를 생각하는 것이다. 2차 세계대전 당시 북부 잉글랜드의 정신 병원에 환자가 전혀 없었다는 이야기를 들었다. 독일군 공습 동안 그 병원 환자들이 병원을 뛰쳐 나와서 이웃 사람들 속으로 들어가 다른 사람을 위하여 목숨을 걸었다고 한다. 다른 사람에 대한 관심이 영혼을 위한 좋은 치료법이다.

그 다음에 무엇보다도 모든 사람과 화목하게 지내는 것이다. 이것은 낙심을 없애는 또 하나의 방법이다. 다른 사람의 좋은 뜻을 찾아라. 신약 성경은 이러한 권고로 가득 차 있다. 오늘날 개인의 조정 분야가 부각된다. 이것 또한 복음의 결론이다. 실제로 하나님과 우리의 관계는 다른 사람과 우리의 관계와 긴밀하게 연결되어 있다. 바울은 우리에게 모든 사람과 화평할 것을 말하며 베드로는 평화를 구하고 그것을 추구하라고 말한다. 확실히 우리의 사회적 의무는 우리의 구원의 복음에 의해 인정된다.

평화와 함께 우리는 거룩을 추구해야 한다. 이것은 삶의 절정이다. 거룩은 하나님의 존재의 본질이다. 우리는 하나님을 위하여 사랑받는 자로 인정되었고 성화되었고 구별되었다. 이제 우리 삶의 주된 목표와 목적은 성령께서 우리를 존재와 행동에서 우리 구주의 형상으로 만드시는 그것에 순순히 따르는 것이다. 이것은 우리 아버지 하나님의 큰 바람이시다. 우리는 그와 같이 되어야 한다. 믿기 어려울 정도로 충격적인 말이다. 그러나 그것은 엄연한 진리이며 영원하고 불변하는 진리이다.

이 특권의 산으로부터 초라하지만 두려운 들로 내려온다. 우리는 하나님의 명령을 이행하지 못함으로써 하나님의 은혜를 이루지 못하게 되는 것을 경계해야 한다. 우리는 우리 자신을 은혜의 영역의 가능성에서 제외시킨다. 바울이 갈라디아서에서 똑같은 말을 하고 있다. "너희는 은혜에서 떨어진 자로다"(갈 5:4). 에서를 기억하는가? 그는 불경스런 사람과 세속적인 사람과 영적인 것의 영원한 가치를 적절히 평가하지 못한 사람의 전형인데, 이는 그가 그의 마음과 영혼을 현세와 물질에 정착시켰기 때문이다. 바로 육신과 세상의 것에 집중된 아주 추하고 나쁜 죄이다. 그는 장자권을 멸시하여 그것을 팥죽 한 그릇에 팔았다. 참으로 많은 사람들이 매일 하찮은 팥죽 한 그릇에 자기 영혼을 팔고 있다. 하나님은 전혀 생각지 않아도 되는 분이 아니시다. 그러나 하나님을 아예 무시한다. 성령은 업신여김을 받지 않으신다. 그런데 성령을 아예 잊어버렸다. 그러나 깨닫게 하는 심판의 날이 올 때 환멸감은 필연적이고 회개는 불가능하다. 그러므로 하나님의 은혜에서 떨어지지 않도록 부지런히 하나님의 것을 신중히 추구하라!

B. 하나님의 격려.

다시 우리의 저자는 짙은 빛깔에서 고요하고 안정된 위로의 빛깔이 섞인 심판의 밝게 불타는 빛깔로 바꾸고 있다. 거룩한 삶을 추구하는 것이 불가능한 것이 아닌데, 이는 우리가 천둥치고 요란하고 진동하고 흔들리는 타오르는 화염으로 둘러싸인 두려움의 산에 이른 것이 아니기 때문이다. 찬란한 빛을 발하고 마음과 생각을 두려움과 경외로 가득 차게 하고 양심을 고통스럽게 하고 영혼에 좌절을 느끼게 하는 하나님의 거룩을 나타내는 율법의 산에 이른 것이 아니다. 성경은 말을 최대한 활용하여 시내 산에서 거룩하신 하나님의 계시를 묘사하고 있다. 백성들은 모세에게 하나님께서 말씀을 중단하시도록 해달라고 요청하였다. 아주 웅변적인 말도 주의 거룩하심 앞에 있는 죄악된 영혼의 두려움에는 아무 도움이 안 된다. 이것은 형용할 수 없다. 단테와 밀턴과 같은 대가들도 그와 같은 내적인 반응을 비슷하게 표현할 수 없다.

하나님은 말씀을 중단하셨을 뿐만 아니라 그의 백성에게 하나님께서 거룩하심 가운데 자비를 기뻐하시고 죄인이 하나님 앞으로 나아올 길을 여시기 위하여 장차 오실 분의 예언으로서 어린 양의 의식(儀式)을 주시는 그 하나님이심을 확신시키셨다. 그리하여 저자는 이 영광스러운 진리를 선언한다. 우리의 산은 다윗의 산이다. 그 산은 하나님의 도성이다. 그것은 천만 천사들이 기뻐하는 사랑과 기쁨의 성이다. 그 도성은 모든 시대의 성도들로 가득하다. 구름같이 둘러싼 허다한 증인들이 하나님 앞에서 영원히 산다. 그들의 정신은 이제 완전해졌다. 즉 충분히 성숙하였다. 구속의 일은 성취되었다. 그리고 결국에 가서 모든 것의 중심은 예수님이시다. 그는 만대의 두루마리를 받으시기에 합당하신 유다 지파의 사자이시다. 그 앞에 모든 자들이 엎드려 노래한다:

예수의 이름 권세 모두 찬양하니
천사들도 엎드려 절하며
그에게 왕관을 드리세
만유의 주에게 면류관을 드리세.

C. 하나님의 보증.

이 보증은 일단의 권고로 둘러싸여 있다. 이것은 이 서신의 주장의 완벽한 절정이다. 1장에서 시작된 하나님의 궁극적인 말씀은 최종적으로 완벽하게 말씀되었다. 하나님은 더 이상 하실 말씀이 없으시다. 그러므로 이 말씀을 배척하지 말라. 2장에서 익히 들었던 후렴이 다시 들린다. 만일 땅 위의 영감된 사람들의 말이 하나님께 정당성을 인정받았다면 하물며 아들의 하늘의 말씀이 귀하게 여김을 받고 정당성을 인정받지 아니하랴. 그때에는 하나님의 소리가 땅을 진동하였지만 다음에는 하나님께서 하늘도 진동하실 것이다. 심판으로 하늘과 땅을 진동한다. 모든 것이, 땅의 의로우신 재판장이 그리스도 예수 안에서 그의 목적을 성취하실 그날을 향하여 나아가고 있다. 소멸하는 불이신 이 심판장은 그의 세계에서 모든 악한 것을 불사를 것이다. 주의 그 크고 두려운 날을 말로 다 형용할 수 없다. 그날에는 오직 요동하지 않는 영원한 실체만이 남을 것이다. 하나님의 교회에서 보이게 될 하나님의 영원한 말씀과 하나님의 영원한 사랑과 하나님의 영원한 뜻이 영원히 존재할 것이다. 의가 거하는 바 새 하늘과 새 땅이 세상과 부패와 죽음의 시대를 대신할 것이고 성도들이 영생을 유업으로 받을 것이다. 우리에게 더 필요한 격려가 있는가? 우리가 더 받아야 할 것이 있는가?

히브리서 13:1-25

최종적인 권고와 축도

13:1. "형제 사랑하기를 계속하고."
13:7. "너희를 인도하던 자들을 생각하며."
13:20. "우리 주 예수를 영원한 언약의 피로 죽은 자 가운데서 이끌어 내신 평강의 하나님."
13:21. "모든 선한 일에 너희를 온전케 하사."
13:25. "은혜가 너희 모든 사람에게 있을지어다."

I. 역사적 배경

앞 장들을 참조하라.

II. 용어 해설

13:1. "형제애"(필라델피아). 이것은 그리스도인의 믿음과 행동의 핵심이다. 이 사실만이 이교 세계를 놀라게 하였다.

13:2. "손님 대접하기를 잊지 말라." 그리스어로는 문자적으로 후대하는 것을 잊지 말라는 말이다. 이것은 가장 훌륭한 이교도들의 덕 중의 하나였다. 그리스도인들은 비록 박해로 인하여 그 사회와 단절되었을지라도 자신들만 사랑하는 것으로 그쳐서는 안 되었다.

"부지중에 천사들을 대접한 이들이 있었느니라"(창 18장: 삿 13:2). 이것 또한 고대 세계에서 흔히 하는 일이다. 우리도 그렇게 할 수 있다.

13:3. "갇힌 자." 많은 사람들이 감옥에 갇혔는데 그들을 잊어서는 안 되었다. 마태복음 25장에서 예수님은 이 사회적인 덕목을 강조하신다.

13:4. "모든 사람은 혼인을 귀히 여기고." 참으로 모든 점에서. 기독교는

혼인과 성 관계에 새로운 표준을 제시하였다. 그 세계에서 간음은 아주 흔한 일이었다. 그리스도는 완전히 새로운 개념을 제시하셨다. 이 개념은 오늘날 모든 사람으로부터 공격을 받고 있지만 그리스도인은 한 걸음도 양보해서는 안 된다.

13:5. "돈을 사랑치 말고"(트로포스, "마음을 돌이킴"). 생활의 방식이나 태도를 뜻한다. 돈을 사랑치 말고. 이 경고는 신약 성경에서 부정한 것과 관련하여 자주 나온다(고전 5:10; 6:9; 엡 5:3, 5; 골 3:5). 그리스도인은 자기가 가진 것으로 만족하고 세상의 물질적 부 자체에 연연해서는 안 된다. 그는 그의 모든 필요를 채워 주시는 하나님의 약속을 의지할 수 있다(마 6:33; 신 31:6, 8).

13:7, 8. 그들은 믿음을 본받을 만한 그들의 지도자와 선생이었던 자들을 잊지 말라는 충고를 받았다.

"저희 행실의 종말." "종말"이란 단어는 결과를 의미한다. 이것은 그리스도이신 예수를 믿는 그들의 믿음이었다. 8절은 7절과 분리해서는 안 된다. 이것은 언제나 동일하신 하나님의 그리스도를 믿는 그들의 선생들의 믿음을 본받으라고 독자들에게 호소하는 것이다.

13:9. "여러 가지 다른 교훈에 끌리지 말라." 영원하신 그리스도에게 고정시킨 사람이 왜 다른 것에 강한 충동을 느껴야 하는가?

"은혜 … 식물." 오직 하나님의 은혜만이 영혼을 살찌울 수 있고 음식과 의식은 전혀 소용이 없다는 것을 강조하는 또 다른 주장이 여기에 있다.

다음 다섯 구절은 기독교와 옛 언약의 완전한 차이를 뚜렷이 부각시킨다. 그것들은 서로 배타적이다. 이 구절이 의미하는 것을 결코 완전히 이해하지는 못할 것이다. 그것은 음식 곧 종교적인 의식의 음식을 먹는 것과 관련이 있다. 이것은 장막의 제사와 성례를 가리킨다. 유대인과 그리스인들은 음식을 먹는 어떤 종교적인 의식을 지켰다. 이 교회 안에 음식을 먹는 것과 그리스도의 죽음을 관련시켜 생각하고 있던 집단이 있었는가? 그랬을 가능성이 있다고 생각하는 학자들이 더러 있다. 어쨌든 저자는 우리의 제단(모든 영적인 의미가 발견되는 그리스도일 뿐이다)은 음식을 먹는 어떤 생각도 배제한다. 진 바깥에서 불사르고 전혀 먹지 않았던 대속죄일의 희생 제물처럼 그리스도는 도성 바깥에서 죽으셨다. 속죄 제물은 전혀 먹지 않았다. 만일 불경스러운 것을 말끔히 없애지 않으면 어떤 종류의 음식도 소용없다.

13:12. "백성을 거룩케 하려고." 거룩하게 구별하는 것은 성화의 근본 의미이다. 아름다운 사상이 성화의 엄격한 형태를 고집하는 열광자들에 의해 종종 남용되었다.

13:13. "그런즉 우리는 그 능욕을 지고 영문 밖으로 그에게 나아가서." 이 말씀은 신약 성경에서 가장 웅변적인 것에 속한다. 그리스도께서 그의 부끄러움을 참으시고 성읍 바깥에서 돌아가셨듯이(처형은 성문 밖에서 했다), 우리도 우리 십자가를 지고 그 뒤를 따르자. 그의 고난에 참여하자.

13:15. 우리가 드려야 할 제사가 있는가? 물론 드릴 제사가 있다. 먹는 음식이 아니라 모든 것 중에서 가장 즐겁고 동적인 것 곧 마음과 영혼에서 우러나온 찬미의 제사이다. 구속받아 깨끗게 된 마음은 항상 입술에서 감사의 기름을 쏟는다. "입술의 열매"는 70인역의 호세아서에서 나온 말이다: "우리가 입술로 수송아지를 대신하여 주께 드리리이다." 그 아름다움이 우미하다.

13:16. "나눠 주다." 문자적으로 자신의 소유물을 나눠 주는 것이다.

13:20. "평강의 하나님." 구약 성경에서는 나타나지 않는다. 신약 성경에서는 바울 서신과 이 서신에서 나타난다. 평강을 만드시고 평강을 주시는 하나님이라는 뜻이다(롬 15:33; 고전 14:33; 빌 4:9; 살전 5:23). 이것은 화목의 충분히 깊고 영원한 평강이다. 그리스도인의 경험의 어떤 영역에서든 평강이 기본이다.

"이끌어 내신"(아나게인). 서신서에서 그리스도의 부활에 대한 분명한 언급일 뿐이다. 만일 죽음이 아들을 주장하였다면 아들은 영원한 대제사장이 될 수 없었을 것이다. 세상이 조롱과 비웃음으로 "하나님이 죽었다!"고 외칠 것이다. 우리 주의 부활은 그의 죽으심의 정당성을 입증하며 영원한 언약의 피로써 그는 하늘에 들어가셔서 섬김으로 우리를 완전하게 하신다.

"양의 큰 목자." 여기서 저자는 전체 성경에서 가장 사랑스러운 한 비유를 쓰고 있다. 그리스도인이나 유대인에게 그와 꼭 같은 비유는 없다.

13:21. 큰 목자는 교회를 온전케 하기 위하여 화해의 언약을 사용하신다. 온전케라는 말은 신자들의 전체 몸을 가리킨다. 그들은 큰 목자에게 조화함으로써 완전하게 만들어지도록 되어 있다(엡 4:16). 큰 목자의 개념을 위해서는 에스겔 34:11 이하와 이사야 63:11과 예레미야 50:24을 살펴보라.

13:24. "이달리야에서 온 자들도 너희에게 문안하느니라." 이 서신에서는 서신서를 쓴 장소에 대한 언급이 없지만 이 서신서가 이탈리아의 어떤 공동체에게 썼다고 볼 만한 상당한 증거가 있다.

III. 교리적 의의

이 장에서는 십자가로 말미암은 화목을 말하고 있다. 부활의 확실성을 말하고 있다. 그의 양떼를 온전케 하는 그리스도의 대제사장으로서의 사역.

IV. 실천적 목표

한 서신에 저자가 신자의 삶에서 복음의 사회적 관계에 관하여 실제적인 충고와 훈계를 하고 있는 교리적 주장이 아주 완벽하게 가득 차 있다.

V. 설교 개요

이 장은 아주 다양하여 계획의 통일성이 정말 거의 불가능하다. 중요한 단락들에 대한 일련의 설교를 하는 것이 더 좋다. 그것은 다음과 같다:

13:1-6. 그리스도인의 사회적 책임.

13:7-17. 그리스도인의 종교적 책임.

13:18-19. 기도 — 그리스도인을 위한 책임.

13:20-21. 그리스도인을 위한 큰 목자의 축도.

13:22-25. 작별 인사.

신약**강해**설교전집 4

초판 발행 1999년 1월 20일
중쇄 발행 2008년 9월 30일

발행처 **크리스챤**
다이제스트

발행인 박명곤

주소 경기도 고양시 일산동구 정발산동 1193-2

전화 070-7538-9864, 031-911-9864

팩스 031-911-9824

등록 제 98-75호

판권 © 크리스챤다이제스트 1999

총판 (주) 기독교출판유통

전화 031-906-9191~4

팩스 080-456-2580

· 값은 표지에 씌어 있습니다.

● 본사 도서목록은 생명의 말씀사 인터넷서점
(lifebook.co.kr)에서 출판사명을 "크리스챤다이제스트"
로 검색하시면 됩니다.